Strafrechtliche Garantenstellungen von
Wachpersonen des privaten Sicherheitsgewerbes

Europäische Hochschulschriften
Publications Universitaires Européennes
European University Studies

Reihe II
Rechtswissenschaft

Série II Series II
Droit
Law

Bd./Vol. 3098

PETER LANG
Frankfurt am Main · Berlin · Bern · Bruxelles · New York · Oxford · Wien

Susanne Christine Gunia

Strafrechtliche Garantenstellungen von Wachpersonen des privaten Sicherheitsgewerbes

Schutz der öffentlichen Sicherheit und Ordnung durch die Polizei und das private Sicherheitsgewerbe

PETER LANG
Europäischer Verlag der Wissenschaften

Die Deutsche Bibliothek - CIP-Einheitsaufnahme

Gunia, Susanne Christine:

Strafrechtliche Garantenstellungen von Wachpersonen des privaten Sicherheitsgewerbes : Schutz der öffentlichen Sicherheit und Ordnung durch die Polizei und das private Sicherheitsgewerbe / Susanne Christine Gunia. - Frankfurt am Main ; Berlin ; Bern ; Bruxelles ; New York ; Oxford ; Wien : Lang, 2001

(Europäische Hochschulschriften : Reihe 2, Rechtswissenschaft ; Bd. 3098)
Zugl.: Köln, Univ., Diss., 2000
ISBN 3-631-37338-4

D 38
ISSN 0531-7312
ISBN 3-631-37338-4

Für MA, PA
& OE

Vorwort

Diese Arbeit lag im Sommer des Jahres 2000 als Dissertation an der Rechtswissenschaftlichen Fakultät der Universität zu Köln vor. Literatur und Rechtsprechung wurden bis August 1999 berücksichtigt.

Zu Dank verpflichtet bin ich meinem Doktorvater Herrn Prof. Dr. Bernsmann für die Betreuung während der Fertigstellung der Arbeit.

Dank sagen möchte ich darüber hinaus Herrn Polizeidirektor Moll a.D. und Herrn Diefenthaler von der Polizei Köln, die mir bei der Suche und Beschaffung polizeirechtlicher Literatur behilflich waren. Bedanken möchte ich mich weiterhin für die Zusammenarbeit bei Dr. Beste von der Universität Frankfurt.

Nicht zuletzt danke ich Herrn Dirk Wichmann für die Revision des Manuskriptes.
Schließlich gilt mein Dank meiner Familie sowie meinen Freunden und Bekannten, die mich bei der Arbeit unterstützt und sich mit Fragen nach dem Zeitpunkt der Fertigstellung der Arbeit zurückgehalten haben.

Berlin, Oktober 2000

Inhaltsverzeichnis

Abkürzungsverzeichnis

a.A.	andere Ansicht
a.a.O.	am angegebenen Ort
Abs.	Absatz
a.F.	alte Fassung
AG	Amtsgericht
Alt.	Alternative
Anh.	Anhang
Anm.	Anmerkung
AöR	Archiv des öffentlichen Rechts
Art.	Artikel
AtomG	Atomgesetz
BAG	Bundesarbeitsgericht
BAGE	Entscheidungen des Bundesarbeitsgerichts
BayObLG	Bayerisches Oberstes Landesgericht
bay PAG	Gesetz über die Aufgaben und Befugnisse der Bayerischen Staatlichen Polizei - Polizeiaufgabengesetz
BayVBl	Bayerische Verwaltungsblätter
BB	Betriebsberater
bbg PolG	Gesetz über die Aufgaben und Befugnisse der Polizei des Landes Brandenburg- Brandenburgisches Polizeigesetz
BDSG	Bundesdatenschutzgesetz
BDWS	Bund Deutscher Wach- und Sicherheitsunternehmen
BewachV	Bewachungsverordnung
BGB	Bürgerliches Gesetzbuch
BGBl.	Bundesgesetzblatt
BGH	Bundesgerichtshof
BGHSt	Entscheidungen des Bundesgerichtshofes in Strafsachen
BHO	Bundeshaushaltsordnung
BImSchV	Bundesimmissionsschutzverordnung
BKA	Bundeskriminalamt
bln ASOG	Allgemeines Gesetz zum Schutz der öffentlichen Sicherheit und Ordnung in Berlin
BMI	Bundesminister des Innern
br PolG	Bremisches Polizeigesetz
BT	Bundestag
BVerwG	Bundesverwaltungsgericht
BVerwGE	Entscheidungen des Bundesverwaltungsgerichts
BVerfG	Bundesverfassungsgericht
BVerfGE	Entscheidungen des Bundesverfassungsgerichts
bw PolG	Polizeigesetz Baden-Württemberg
bzw.	beziehungsweise
ders.	derselbe
DAR	Deutsches Autorecht
DÖV	Deutsche Öffentliche Verwaltung
DSG NW	Datenschutzgesetz Nordrhein-Westfalen

DSD	Der Sicherheitsdienst
DVBl	Deutsches Verwaltungsblatt
EGStGB	Einführungsgesetz zum Strafgesetzbuch
Einf.	Einführung
ET	Energiewirtschaftliche Tagesfragen
e.V.	eingetragener Verein
FamRZ	Zeitschrift für das gesamte Familienrecht
Fn.	Fußnote
GA	Goltdammer`s Archiv für Strafrecht
GewArch	Gewerbearchiv
GewO	Gewerbeordnung
GG	Grundgesetz
GrS	Großer Senat
Gs	Der Gerichtssaal
GV. NW	Gesetz und Verordnungsblatt des Landes Nordrhein-Westfalen
HDE	Hauptverband des Deutschen Einzelhandels
hess SOG	Hessisches Gesetz über die öffentliche Sicherheit und Ordnung
HGrG	Haushaltsgrundsätzegesetz
h.M.	herrschende Meinung
HS	Halbsatz
HSOG	Hessisches Gesetz über die öffentliche Sicherheit und Ordnung
i.S.d.	im Sinne des
i.V.m.	in Verbindung mit
JA	Juristische Arbeitsblätter für Ausbildung und Examen
JR	Juristische Rundschau
Jura	Juristische Ausbildung
JurBl.	Juristische Blätter
JuS	Juristische Schulung
JZ	Juristenzeitung
KrW-/AbfG	Kreislaufwirtschafts- und Abfallgesetz
KG	Kammergericht
KrimJournal	Kriminologisches Journal
KritV	Kritische Vierteljahresschrift für Gesetzgebung und Rechtswissenschaft
LT	Landtag
LuftVG	Luftverkehrsgesetz
LuftVZO	Luftverkehrszulassungsordnung
MDR	Monatsschrift für deutsches Recht
ME PolG	Musterentwurf zum Polizeigesetz
Mrd.	Milliarde
MschrKrim	Monatsschrift für Kriminologie und Strafrechtsreform
mv SOG	Gesetz über die öffentliche Sicherheit und Ordnung in Mecklenburg-Vorpommern
m.w.N.	mit weiteren Nachweisen
nds GefAG	Niedersächsisches Gefahrenabwehrgesetz

n.F.	neue Fassung
NJW	Neue Juristische Wochenschrift
Nr.	Nummer
NStZ	Neue Zeitschrift für Strafrecht
NStZ-RR	Neue Zeitschrift für Strafrecht Rechtsprechungs-Report
NVwZ	Neue Zeitschrift für Verwaltungsrecht
NW	Nordrhein-Westfalen
nw OBG	Ordnungsbehördengesetz Nordrhein-Westfalen
nw POG	Polizeiorganisationsgesetz Nordrhein-Westfalen
nw PolG	Polizeigesetz Nordrhein-Westfalen
NZV	Neue Zeitschrift für Verkehrsrecht
OLG	Oberlandesgericht
OLGSt	Entscheidungen des Oberlandesgerichts in Strafsachen
OVGE	Entscheidungen des Oberverwaltungsgerichts
OWiG	Ordnungswidrigkeitengesetz
PrOVG	Preußisches Oberverwaltungsgericht
RGSt	Entscheidungen des Reichsgerichts in Strafsachen
rh-pf POG	Polizei- und Ordnungsbehördengesetz Rheinland-Pfalz
Rn.	Randnummer
Rspr.	Rechtsprechung
S.	Seite
saarl PolG	Saarländisches Polizeigesetz
sächs PolG	Polizeigesetz des Freistaates Sachsen
sanh SOG	Gesetz über die öffentliche Sicherheit und Ordnung des Landes Sachsen-Anhalt
schlh LVwG	Landesverwaltungsgesetz Schleswig-Holstein
sog.	sogenannte(r/s)
ständ. Rspr.	ständige Rechtsprechung
StGB	Strafgesetzbuch
StPO	Strafprozeßordnung
StVO	Straßenverkehrsordnung
taz	die tageszeitung
thür PAG	Thüringer Gesetz über die Aufgaben und Befugnisse der Polizei
UZwG	Gesetz über den unmittelbaren Zwang bei Ausübung öffentlicher Gewalt durch Vollzugsbeamte des Bundes
UZwGBw	Gesetz über die Anwendung unmittelbaren Zwanges und die Ausübung besonderer Befugnisse durch Soldaten der Bundeswehr und zivile Wachpersonen
v.	vor
VAPPol II	Verordnung über die Ausbildung und die zweite Fachprüfung für den Laufbahnabschnitt des Landes Nordrhein Westfalen -Ausbildungs- und Prüfungsverordnung Laufbahnabschnitt II
VerwA	Verwaltungsarchiv
VerwRdSch	Verwaltungsrundschau
VGH	Verwaltungsgerichtshof
vgl.	vergleiche

Vor	Vorbemerkung
Vorb.	Vorbemerkung
Vorbem	Vorbemerkung
VRS	Verkehrsrechts-Sammlung
VVDStRL	Veröffentlichungen der Vereinigung der Deutschen Staatsrechtslehrer
WaffG	Waffengesetz
1.WaffV	1.Verordnung zum Waffengesetz
wistra	Zeitschrift für Wirtschaft, Steuer und Strafrecht
W + S Information	Halbjahresschrift des Bundesverbandes des deutschen Wach- und Sicherheitsgewerbes
WZ	Westdeutsche Zeitung
z.B.	zum Beispiel
Ziff	Ziffer
ZRP	Zeitschrift für Rechtspolitik
ZSD	Ziviler Sicherheitsdienst
ZStW	Zeitschrift für die gesamte Strafrechtswissenschaft

Einleitung

Der Einsatz von gewerblichen Wach- und Schutzdiensten, also von solchen Unternehmen oder Einzelpersonen, die ihren Kunden auf vertraglicher Grundlage Sicherheit als Dienstleistung anbieten,[1] ist seit geraumer Zeit Gegenstand einer aktuellen sicherheitspolitischen Diskussion, die in der Politik, im rechtswissenschaftlichen Schrifttum und vor allem auch in der polizeilichen Fachliteratur geführt wird. Im Zuge einer weitgehend zu beobachtenden Privatisierung öffentlicher Aufgaben wurde diese Debatte nicht zuletzt dadurch ausgelöst, daß in vergangener Zeit vor dem Hintergrund einer angespannten Sicherheitslage in der Bundesrepublik Deutschland in zunehmendem Maße über die wirtschaftliche Expansion des Sicherheitsgewerbes und das verstärkte Auftreten von privaten Schutzdiensten im öffentlichkeitsrelevanten Bereich berichtet wurde.[2] Dadurch daß private Wachpersonen im öffentlichen Raum quasi wie Hilfspolizisten auftreten, wird in der Öffentlichkeit der Anschein geweckt, die Sicherheitskräfte seien allgemein zum Schutz der öffentlichen Sicherheit und Ordnung berufen. Dem einzelnen Bürger, der ohnehin nur schwer erkennen kann, ob er einen Hoheitsträger oder einen privaten Wachmann vor sich hat, drängt sich der Eindruck auf, Bedienstete privater Schutzdienste handelten nicht nur im Interesse ihrer Auftraggeber, sondern zum Schutz der Allgemeinheit. Der Anschein, das private Sicherheitsgewerbe fungiere als *Polizeiersatz* wird dadurch verstärkt, daß die gewerblichen Sicherheitskräfte zunehmend in Bereichen agieren, in denen ursprünglich ausschließlich hoheitlich handelnde Polizeivollzugskräfte tätig wurden. Die zu beobachtende Verlagerung von Aufgaben der Polizei auf private Schutzdienste führt dabei zu einer neuen Aufgabenverteilung zwischen privater und öffentlicher Sicherheitsgewährleistung. Damit ist auch das grundlegende Verhältnis von Staat und Gesellschaft tangiert. Indem der Staat entweder öffentliche Aufgaben direkt an Private delegiert oder sich aber *de facto* aus öffentlichen Bereichen zurückzieht und damit eine Aufgabenerledigung durch Private ermöglicht, tritt eine grundlegende Verschiebung der Verantwortungsbereiche ein. Bei denjenigen Staatsaufgaben,[3] die gesellschaftlichen Steuerungsmechanismen überlassen werden und die somit nicht ausschließlich im staatlichen Zuständigkeitsbereich verbleiben, werden Private verstärkt in die staatliche Verantwortung eingebunden. Da sich der Staat oftmals nicht vollkommen seiner Verantwortung in diesem Bereich entledigt,[4] tritt zwischen staatlichen und privaten Aufgabenträgern eine Verantwortungsteilung ein.[5] Es fragt sich nunmehr,

---

[1] Vgl.: Stacharowsky, KrimJournal 17 (1985), 228 (228); Stüllenberg, Kriminalistik 1987, 616 (616).

[2] Vgl. die Presseberichte in: Westfalenpost vom 9.11.1991; Die Welt vom 9.09.1993; Focus vom 30.05.1994; Spiegel vom 15.08.1994; Handelsblatt vom 12.01.1995; Die Zeit vom 20.05.1998.

[3] Vgl. zu dem Begriff der Staatsaufgaben: Osterloh, VVDStRL 54 (1995), 204 (207); Ossenbühl, VVDStRL 29 (1971), 137 (153); Isensee in Isensee/Kirchhof, Handbuch des Staatsrechts III, § 57 Rn.137; Peters, Festschrift Nipperdey S.879 f. Danach sind Staatsaufgaben solche Aufgaben, die der Staat nach geltendem Recht zulässigerweise für sich in Anspruch nimmt.

[4] Vgl. zur staatlichen Gewährleistungsverantwortung: Bull, Allgemeines Verwaltungsrecht Rn.37; Bauer, VVDStRL 54 (1995), 243 (277 ff.); Gallwas, VVDStRL 29 (1971), 211 (225 ff.); Gusy in ders, Privatisierung von Staatsaufgaben S. 341. Zu staatlichen Überwachungs- und Kontrollmöglichkeiten des Staates im Zusammenhang mit der Gefahrenabwehr Privater vgl: Mahlberg, Gewerbliche Sicherheitsunternehmen S. 60, 65, insbesondere Anm.81.

[5] Grundlegend zur Verantwortungsteilung zwischen Staat und Gesellschaft: Gusy, in ders., Privatisierung von Staatsaufgaben S.332. Vgl. auch: Schoch, DVBl 1994, 962 (975). Eine Verantwortungsteilung zwischen Staat und Privaten liegt insbesondere auch dem Kooperationsmodell (sog.Public-Private Partnership) zugrunde. Vgl. dazu näher: Ossenbühl, VVDStRL 29 (1971), 137 (149 f.), mit zahlreichen weiteren Beispielen. Eine sog.Police-Private Partnership wird in neuerer Zeit insbe-

ob und gegebenenfalls wie sich diese Verlagerung der öffentlichen Pflichten und Verantwortungsbereiche von dem Staat auf Private und die veränderte Zuständigkeitsverteilung auf die strafrechtliche Haftung auswirkt. So läßt sich zumindest nicht ausschließen, daß die Reduzierung von staatlichen Pflichten- und Verantwortungsbereichen, zu der der Staat in engen Grenzen aufgrund seiner Definitionsmacht in bezug auf Staatsaufgaben berechtigt sein soll,[6] über den öffentlich-rechtlichen Bereich hinaus auch zu einer Beschränkung der strafrechtlichen Unterlassungshaftung seiner Amtsträger führt. Umgekehrt ist die Möglichkeit in Betracht zu ziehen, daß die Ausweitung der Tätigkeitsbereiche von Privaten im Bereich öffentlicher Aufgaben zu einer Vermehrung strafrechtlicher Handlungspflichten führt. Die Verlagerung von öffentlichen Aufgaben vom Staat auf Private würde in diesem Fall mit einer Verlagerung des strafrechtlichen Haftungsrisikos einhergehen. Die Privatisierung auf dem Gebiet der öffentlichen Sicherheit und Ordnung hätte in diesem Fall weitreichende Folgen und würde Anlaß geben, das gegenwärtige Staatsverständnis grundlegend zu überdenken.

Vor dem aufgezeigten Hintergrund ist es Ziel des Untersuchung, zur Klärung der strafrechtlichen Fragen im Zusammenhang mit dem Einsatz privater Wach- und Schutzunternehmen beizutragen. Untersucht werden sollen die Garantenstellungen privater Sicherheitskräfte, unter deren Voraussetzungen sie im Falle eines Nichteinschreitens bei ihrer Wachtätigkeit wegen unechten Unterlassens nach § 13 StGB strafrechtlich zur Verantwortung gezogen werden können. Das für eine Abgrenzung der Strafbarkeit wegen eines unechten Unterlassungsdelikts nach § 13 StGB von der Strafbarkeit wegen des echten Unterlassungsdelikts der unterlassenen Hilfeleistung nach § 323 c StGB maßgebliche Abgrenzungskriterium der Garantenstellung ist von ausschlaggebender Bedeutung für die Frage, ob Angehörigen privater Wach- und Schutzunternehmen im Bereich der Unterlassungsstrafbarkeit eine erhöhte strafrechtliche Verantwortung zukommt, welche die Annahme einer Sonderstellung gewerblicher Sicherheitsunternehmen im gesellschaftlichen Gefüge zwischen der staatlichen Polizei und den Bürgern rechtfertigt. Dabei gilt es im Verlauf der Untersuchung zu klären, ob und gegebenenfalls unter welchen Voraussetzungen private Wachpersonen Garanten für die Rechtsgüter der Bürger sind. Es stellt sich mithin die Frage, ob gewerbliche Sicherheitskräfte, die beispielsweise von dem Inhaber einer Geschäfts- und Ladenpassage zum Schutz der öffentlichen Sicherheit und Ordnung in den Geschäftsräumen bestellt wurden, für Rechtsgutsverletzungen, gegen die sie in den Räumen nicht einschreiten, als Garanten haften. Dabei ist fraglich, wie die Fälle zu beurteilen sind, daß z.B. ein am Eingang des Ladenzentrums postierter Wachmann bewußt nicht dagegen einschreitet, daß eine mit einem Hausverbot belegte Person die Geschäftsräume betritt oder daß der Wachmann bei einer tätlichen Auseinandersetzung unter den Kunden des Einkaufszentrums nicht eingreift. Damit angesprochen ist zugleich die Frage, ob es im Hinblick auf die

---

sondere von Stober (NJW, 1997, 889 (895 f.); GewArch 1997, 217 (220)) befürwortet. Ebenso: Pitschas, DÖV 1997, 393 (393 ff.).

6 Vgl.: Ossenbühl, VVDStRL 29 (1971), 137 (153 ff.); Osterloh, VVDStRL 54 (1995), 204 (207 f.), Bauer, VVDStRL 54 (1995), 243 (250 Anm.33); Lange, JZ 1981, 698 (699). Zu den Grenzen einer Privatisierung vgl.: Hengstschläger, VVDStRL 54 (1995), 165 (174 ff.); Ossenbühl, VVDStRL 29 (1971), 137 (159 ff.); Bauer, VVDStRL 54 (1995), 243 (263 ff.); Schoch, DVBl 1994, 1 (5 ff.); ders., DVBl 1994, 962 (969 ff.); Lange, JZ 1981, 698 (699 f.). Speziell zur Zulässigkeit einer Privatisierung auf dem Gebiet der Gefahrenabwehr: Schulte, DVBl 1995, 130 (131 ff.); Pitschas, DÖV 1997, 393 (398 ff.); Beinhofer, BayVBl 1997, 481 (481 f.); Gusy, DÖV 1996, 573 (575 ff.); Stober, NJW 1997, 889 (890 ff.); Bracher, Gefahrenabwehr durch Private S.59 ff.; Mahlberg, Gewerbliche Sicherheitsunternehmen S.50 ff.

Unterlassensstrafbarkeit einen Unterschied macht, ob Rechtsgüter des Laden- und Geschäftsinhabers, also des Auftraggebers des Schutzdienstes, oder Rechtsgüter von Kunden des Geschäftszentums, also Dritter, verletzt werden. Dies ist insbesondere von Interesse, weil der Auftraggeber eines gewerblichen Schutzdienstes diesen oftmals gerade im Drittinteresse beauftragt. So bestellt der Geschäfts- und Ladeninhaber den privaten Sicherheitsdienst primär zum Schutz seiner Kunden vor Taschendieben oder sonstigen Straftaten. Darüber hinaus gilt es zu untersuchen, ob und gegebenenfalls unter welchen Voraussetzungen das private Sicherheitspersonal eine Garantenstellung in bezug auf Gefahrenquellen hat. Dabei ist zwischen sachlichen Gefahrenquellen im Herrschaftsbereich des Auftraggebers und gefährlichen Personen zu unterscheiden. So ist z.B. fraglich, ob eine gewerbliche Wachperson als Garant für Rechtsgutsverletzungen haftet, die durch ihre Untätigkeit bei einem Kabelbrand in den Geschäftsräumen des Einkaufszentrums entstanden sind. Von besonderem Interesses ist weiterhin, ob eine private Sicherheitskraft für Rechtsgutsverletzungen als Garant einzustehen hat, die durch das vorsätzliche und rechtswidrige Verhalten von Passanten des Ladenzentrums verursacht worden sind. Da sich die Garantenstellungen von gewerblichen Wachpersonen nur vor dem Hintergrund der allgemeinen Garantenproblematik erhellen lassen, hat sich die Untersuchung weiterhin mit der Frage nach dem Entstehungsgrund und den allgemeinen Voraussetzungen der Garantenstellungen auseinanderzusetzen; diese Frage ist auch nach jahrelanger Diskussion im Schrifttum nach wie vor ungeklärt. Aufgrund der Tatsache, daß die privaten Sicherheitskräfte zunehmend in den öffentlichen Bereich vordringen und, wie Polizeibeamte, im öffentlichen Verkehrsraum uniformiert und bewaffnet Präsenz zeigen, die unter anderem bei den Bürgern ein Sicherheitsgefühl und bei Straftätern Abschreckung bewirken soll, liegt es des weiteren nahe, insoweit zwischen der Polizei und dem Sicherheitsgewerbe Parallelen zu ziehen. Es wird daher der Frage nachzugehen sein, ob die gewerblichen Sicherheitskräfte in gleicher Weise wie die staatlichen Ordnungshüter für unechte Unterlassungen haften bzw. nicht haften. Dies setzt zunächst eine Klärung der nach wie vor in der Literatur und Rechtsprechung umstrittenen Garantenstellungen der Polizeibeamten voraus; auf der Grundlage der Garantenproblematik läßt sich im Anschluß prüfen, ob privaten Sicherheitskräften vergleichbare Garantenstellungen zukommen. Bereits an dieser Stelle ist hervorzuheben, daß es im Rahmen der vorliegenden Untersuchung nicht darum geht, die maßgeblichen Garantieverhältnisse der gewerblichen Sicherheitspersonen im einzelnen zu ermitteln und für die jeweiligen Tätigkeitsbereiche der Bewachungsunternehmen zu konkretisieren. Da Ausgangspunkt der Untersuchung der Umstand ist, daß die privaten Sicherheitsunternehmen zunehmend Aufgaben übernehmen, die früher von polizeilichen Vollzugskräften erfüllt wurden, stellt sich in erster Linie die Frage, ob und gegebenenfalls inwieweit durch die Übernahme der öffentlichen Aufgaben und das Auftreten in Uniform eine Verlagerung der strafrechtlichen Haftung im Bereich der unechten Unterlassungsdelikte eintritt. Im Zentrum der Betrachtung steht dabei vor allem die Frage, ob private Wachpersonen bei ihrer Bewachungstätigkeit generell Rechtsgüter Dritter zu schützen haben und insbesondere gegen Straftaten Dritter einschreiten müssen. Im Rahmen dieser Problemstellung wird die Tätigkeit der privaten Sicherheitskräfte mit der hoheitlichen Schutztätigkeit der Polizei als Träger des staatlichen Gewaltmonopols verglichen und der zunehmende Einsatz privater Bewachungsunternehmen rechtspolitisch bewertet. Zweck einer solchen Vorgehensweise ist die Erarbeitung einer Lösung der Garantenproblematik bei gewerblichen Sicherheitskräften auf der Grundlage einer Zuordnung ihrer Tätigkeit im gesamtgesellschaftlichen Kompetenzgefüge zwischen dem Eigenschutz der Bürger und dem staatlich gewährten Rechtsgüterschutz. Damit ist der Gang der Untersuchung wie folgt vorgezeichnet:

Im ersten Teil der Arbeit sollen zunächst die im Schrifttum im wesentlichen vertretenen Ansätze zur Begründung der Garantenstellungen dargestellt werden. Dabei wird zu untersuchen sein, ob und gegebenenfalls welche Schlußfolgerungen sich anhand der dargestellten Begründungsansätze für die Problematik der Garantenstellungen von Wachpersonen des privaten Sicherheitsgewerbes ziehen lassen. Gleichzeitig werden Kriterien für Restriktionen der maßgeblichen Garantieverhältnisse erarbeitet.

Der zweite Teil der Untersuchung befaßt sich mit den spezifischen Besonderheiten der Polizei und des privaten Sicherheitsgewerbes. Angesichts der dem ersten Anschein nach vergleichbaren Schutzfunktion, die private Wachpersonen und Polizeivollzugskräfte wahrnehmen, wird im zweiten Teil der Untersuchung der Frage nachgegangen, ob sich für die Garantenproblematik bei den privaten Wachpersonen Rückschlüsse aus den Garantenstellungen der Amtsträger ziehen lassen. Die Untersuchung wird sich dabei zunächst allgemein mit der Tätigkeit des Bewachungsgewerbes und der Schutzpolizei auseinandersetzen und in diesem Zusammenhang Übereinstimmungen und Unterschiede herausarbeiten. Im Anschluß daran werden die in der Rechtsprechung und Literatur entwickelten Leitlinien zum Amtswalterunterlassen näher untersucht. Schließlich wird geprüft, ob und inwieweit sich die für die Garantenstellungen der Polizeibeamten tragenden Gründe auf die privaten Bewacher übertragen lassen.

Die Ergebnisse der Untersuchung werden anschließend im letzten Teil der Arbeit zusammengefaßt und bewertet.

Bevor sich die Untersuchung jedoch der Garantenproblematik zuwendet, bedarf es noch einer Konkretisierung des Untersuchungsgegenstandes, die eine Begriffsbestimmung des Wach- und Sicherheitsgewerbes voraussetzt.

Unter dem Bewachungsgewerbe wird in dem vorliegenden Zusammenhang grundsätzlich die gewerbsmäßige, auf den Schutz fremden Lebens oder sonstiger Rechtsgüter vor Gefahren für die Sicherheit gerichtete aktive Obhutstätigkeit verstanden.[7]

Der Begriff des Wach- und Sicherheitsgewerbes verweist damit zunächst auf eine personale Obhutstätigkeit.[8] Diese fehlt bei einer Gefahrenabwehr, die sich auf mechanische oder elektronische Sicherheitsmaßnahmen beschränkt. Nicht Gegenstand der Untersuchung ist damit die Raumüberwachung oder sonstige Überwachung mit elektronischen oder anderen technischen Vorrichtungen. Eine Ausnahme hiervon ist allerdings dann zu machen, wenn die mechanischen und elektrischen

---

[7] Die vorliegende Begriffsbestimmung knüpft an den gewerberechtlichen Begriff des Bewachungsgewerbes an. Vgl. etwa: Bäck/Hoffmann/Janssen/Volmer, GewO § 34 a Anm. II); Friauf-Höfling, GewO, § 34 a Rn.13; Landmann/Rohmer-Marcks, GewO, § 34 a Rn.4; Fröhler/Kormann, GewO, § 34 a Rn.1; Sieg/Leifermann/Tettinger, GewO, § 34 a Rn.2; Lammel, Hessische Polizeirundschau 6/1993, 15 (15); Lehmann, Die Neue Polizei 1980, 265 (265); Schmidt, W + S Information 1980, 155 (157 f.); Katschke/Schmid, Das Recht des Wachgewerbes S.33 ff.

[8] So etwa: Friauf-Höfling, GewO, § 34 a Rn.15; Landmann/Rohmer-Marcks, GewO, § 34 a Rn.4; Sieg/Leifermann/Tettinger, GewO § 34 a Rn.2; Lehmann, Die Neue Polizei 1980, 265 (265); Schmidt, W + S Information 1980, 155 (157 f.); Katschke/Schmid, Das Recht des Wachgewerbes S.33 f.

Sicherungsmaßnahmen ihrerseits Hilfsmittel für eine menschliche Obhutstätigkeit darstellen, wie dies insbesondere bei der Raumüberwachung mit Anschluß an eine Notrufzentrale des Schutzdienstes der Fall ist.[9]

Die ausgeübte Bewachungstätigkeit muß des weiteren zielgerichtet sein. Mangels einer entsprechenden Schutzintention bleibt die bloße Beobachtungs- und Ermittlungstätigkeit von Auskunfteien und Detekteien[10] im Fortgang der Untersuchung außer Betracht. Gleiches gilt ferner für Fürsorge- und Pflegedienste, deren Tätigkeiten nicht final auf eine Bewachung, sondern vielmehr auf fürsorgerische Maßnahmen gerichtet sind. Keine in dem vorliegenden Zusammenhang relevante Bewachung stellt auch der Rettungsdienst dar, der nicht die Verhütung von Gefahren, sondern die Beseitigung oder Eingrenzung einer bereits eingetretenen Gefahr gewährleistet.[11]

Schließlich setzt die Bewachungstätigkeit eine gewerbsmäßige, also mit Gewinnerzielungsabsicht, auf gewisse Dauer angelegte und selbständige Ausübung voraus. An der für die Gewerbsmäßigkeit erforderlichen Gewinnerzielungsabsicht fehlt es bei der obrigkeitlichen Gefahrenabwehr durch Private, wie etwa bei der Tätigkeit der Beliehenen im Verkehrsrecht[12] sowie bei der unentgeltlichen Bewachung aus Gefälligkeit[13].

Die vorliegende Abhandlung beschränkt sich des weiteren ihrem Gegenstand nach auf die Untersuchung der Rechtsstellung der Bediensteten selbständiger Unternehmen, die vorwiegend im der Öffentlichkeit zugänglichen Bereich gefahrenabwehrend tätig werden. Davon abzugrenzen und deshalb allenfalls am Rande zu behandeln, ist dagegen der Schutz der Sicherheit im betriebsinternen Bereich (sog. Werkschutz)[14] durch betriebseigene, unselbständige Einrichtungen (interner Werkschutz) oder durch betriebsfremde, selbständige Sicherheitsunternehmen (externer Werkschutz).[15] [16]

---

9 Vgl. dazu: Seysen, KrimJournal 1992, 179 (188 ff.).

10 Vgl. zu der Anzahl und dem Einsatzbereich der derzeit in der Bundesrepublik tätigen Detekteien: Seysen, KrimJournal 1992, 179 (181 ff.); Weiß, Bürgerrechte & Polizei 43 (1992), 45 (45 ff.); Diederichs, Bürgerrechte & Polizei 43 (1992), 41 (42 f.).

11 Vgl. für das Bewachungsgewerbe im gewerberechtlichen Sinne: Fröhler/Kormann, GewO, § 34 a Rn.1; Friauf-Höfling, GewO, § 34 a Rn.19.

12 Vgl. dazu eingehend: Bracher, Gefahrenabwehr S.26 ff.

13 Jedoch erfolgt im gewerberechtlichen Sinne eine unentgeltliche Bewachung dann gewerbsmäßig, wenn sich der Unternehmer dadurch eine sonstige Gewinnsteigerung verspricht, wie dies etwa bei bewachten Parkplätzen in Kaufhäusern der Fall ist. (Vgl.: Sieg/Leifermann/Tettinger, GewO, § 34 a Rn.1).

14 Zu dem Begriff und zu den Aufgaben des Werkschutzes eingehend: Bericht des BMI 1982, 12 f.; Brehmer, W + S Information 1978, 31 (31); Steinke, Die Neue Polizei 1986, 38 (38); Seysen, KrimJournal 1992, 179 (183 ff.); Hammacher in Werkschutzhandbuch S.19 ff.; Bauer, Werkschutz S.25 ff.; Bauer/Haase, Werkschutz S.14 ff.; Amelunxen, Spionage und Sabotage S.45 ff.

15 Der vorliegenden Abgrenzung liegt die in der Literatur allgemein vorgenommene Differenzierung zwischen dem Werkschutz und dem Wach- und Sicherheitsgewerbe zugrunde. Vgl. nur: Stüllenberg, Kriminalistik 1987, 616 (616); Seysen, KrimJournal 4.Beiheft 1992, 179 (181 ff.); Pohl, Criminal Digest 1/89, 8 (10); Bauer, Werkschutz S.52. Teilweise werden von dem Werkschutz einerseits und dem Wach- und Sicherheitsgewerbe andererseits noch solche Sicherheitsinstitutionen bei Privatpersonen und Verbänden unterschieden, die sich in Form der freiwilligen Selbsthilfe eigene Organe zur Wahrnehmung spezieller Aufgaben geschaffen haben. Siehe dazu: Pfennig, W + S Information 1980, 234 (236).

16 Zur Unterscheidung hinsichtlich der funktionellen Aufgabenwahrnehmung durch den internen und den externen Werkschutz vgl.: Bericht des BMI 1982, 8; Boettcher, W + S Information 1980, 12 (14).

1.Teil: Theoretische Begründung strafrechtlicher Garantenstellungen

Gem. § 13 StGB kann nur derjenige tauglicher Täter eines unechten Unterlassungsdelikts sein, dem eine besondere Pflicht zur Abwendung der Rechtsgutsbeeinträchtigung durch positives Tun (sog.Garantenstellung)[17] obliegt. Unter welchen Voraussetzungen eine solche Erfolgsabwendungspflicht besteht und welches ihre konstituierenden Merkmale sind, ist jedoch auch nach der in § 13 StGB erfolgten Kodifikation der unechten Unterlassungsstrafbarkeit höchst umstritten. Die Bedeutung der anhaltenden Diskussion läßt sich unschwer anhand der Fülle des bislang zu dieser Thematik vorliegenden strafrechtlichen Schrifttums[18] erkennen. Trotz der nach wie vor ungeklärten Rechtslage erlangen die Unterlassungsdelikte und das kriminalpolitische Interesse an ihrer Verfolgung im Zuge einer zunehmenden Arbeitsteilung und Automatisierung steigende praktische Bedeutung.[19] Dies läßt sich unter anderem darauf zurückführen, daß sich bei der auch im Zusammenhang mit dem Einsatz privater Sicherheitskräfte auftretenden Arbeitsteilung und Automatisierung zum Teil die Austauschbarkeit von Handeln und Unterlassen zeigt.[20] Für den hier im Vordergrund des Interesses stehenden Bereich der Unterlassungsstrafbarkeit privater Wachpersonen soll im Wege der deduktiven Vorgehensweise versucht werden, Kriterien zur Ermittlung der maßgeblichen Garantenpflichten herauszuarbeiten. Zunächst sollen aus der Fülle des Schrifttums einige wesentliche theoretische Begründungsansätze dargestellt werden. Dabei ist zu untersuchen, ob und gegebenenfalls welche Schlußfolgerungen sich aus den dargelegten Begründungsansätzen für die Problematik der Garantenstellungen von Wachpersonen des privaten Sicherheitsgewerbes ziehen lassen. Bereits jetzt soll jedoch darauf hingewiesen werden, daß im Rahmen der vorliegenden Abhandlung nicht der Versuch unternommen werden kann, die allgemeine Garantenproblematik umfassend zu untersuchen und den bisher in

---

17 Der Begriff der Garantenstellung hat sich in der Rechtsprechung und Literatur allgemein durchgesetzt. In diesem Zusammenhang ist jedoch unter Hervorhebung der jeweils erforderlichen Beziehung des Unterlassenden zum geschützten Rechtsgut auch von Garantieverhältnissen (vgl.:Kaufmann, Dogmatik S.285; Bärwinkel, Struktur der Garantieverhältnisse S.15, 125) oder in Abgrenzung zu rein sozialethischen und moralischen Bindungen von Rechtspflichten (vgl.: Schönke/ Schröder-Stree, § 13 Rn.7) die Rede. Darüber hinaus wird im allgemeinen zwischen der Garantenstellung und der Garantenpflicht differenziert, wobei unter der Garantenstellung die Summe aller tatbestandlichen Voraussetzungen verstanden wird, wohingegen die aus der Garantenstellung erwachsende Garantenpflicht die gesamte Bewertung des Unterlassens als Unwert erscheinen lassen soll. (Vgl.: BGHSt (GrS) 16, 155 (158); Tröndle/Fischer, § 16 Rn.12; Schönke/Schröder-Eser, § 13 Rn.2; Systematischer Kommentar-Rudolphi, Vor § 13 Rn.25; Jescheck/Weigend, Lehrbuch des Strafrechts Allgemeiner Teil S.630 f.; Baumann/Weber/Mitsch, Strafrecht Allgemeiner Teil § 15 Rn.45) Anders noch: Stratenwerth, Strafrecht Allgemeiner Teil Rn.1039; E.A.Wolff, Kausalität S.49 ff. Besondere Bedeutung kommt dieser Unterscheidung allerdings nur im Rahmen der Irrtumsproblematik und der systematischen Zuordnung der Garantenstellung im Deliktsaufbau zu. Die Begriffe werden deshalb im weiteren Verlauf der Untersuchung synonym verwendet.

18 Aus neuerer Zeit vgl. nur: Schünemann, Grund und Grenzen der unechten Unterlassungsdelikte, (1971); Herzberg, Die Unterlassung im Strafrecht und das Garantenprinzip, (1972); Meyer, Die Garantenstellung beim unechten Unterlassungsdelikt, (1972); Schöne, Unterlassene Erfolgsabwendungen und Strafgesetz, (1973); Brammsen, Die Entstehungsvoraussetzungen der Garantenpflichten, (1986); Sangenstedt, Garantenstellung und Garantenpflicht von Amtsträgern, (1989); Freund, Erfolgsdelikt und Unterlassen, (1992).

19 So auch: Gallas, Studien S.67; Seelmann, GA 1989, 141 (149 f.).

20 Vgl. zur Austauschbarkeit von Handeln und Unterlassen: Timpe, Strafmilderungen des Allgemeinen Teils S.162 f.

der Literatur vertretenen Garantentheorien einen neuen Begründungsansatz hinzuzufügen. Die sich unmittelbar anschließende Darstellung der Garantenlehren erhebt aus diesem Grund keinen Anspruch auf Vollständigkeit.

A) Garantenstellung als außerstrafrechtliche Rechtspflicht

Ausgehend vom Wortlaut des § 13 StGB, wonach derjenige, der es unterläßt, den tatbestandsmäßigen Erfolg abzuwenden, nur dann strafbar ist, wenn er *rechtlich* dafür einzustehen hat, daß der Erfolg nicht eintritt, kommt eine Begründung der Garantenpflichten anhand außerstrafrechtlicher Rechtspflichten in Betracht. Zu klären ist deshalb zunächst, welche Bedeutung den in der vorstrafrechtlichen Rechtsordnung normierten Handlungspflichten zukommt. Dies ist in dem vorliegenden Zusammenhang insoweit von Relevanz, als sich daran denken ließe, die maßgeblichen Garantenstellungen der Wachpersonen des privaten Sicherheitsgewerbes unmittelbar aus der gewerberechtlichen Vorschrift des § 34 a GewO[21], aus den Vorschriften der BewachV[22], aus spezialgesetzlichen Regelungen für die Betätigung privater Sicherheitskräfte in bestimmten Aufgabenbereichen[23]oder aus dem privatrechtlichen Bewachungsvertrag[24] zu ermitteln.

I) Formelle Rechtspflichttheorie

Nach der früher vorwiegend vertretenen formellen Rechtspflichttheorie[25] werden strafrechtliche Garantenstellungen ausschließlich durch die in der vorstrafrechtlichen Rechts-

---

21 Gewerbeordnung vom 1.1.1987 (BGBl I 425), zuletzt geändert durch das Gesetz zur Änderung des Strafgesetzbuches, der Strafprozeßordnung und anderer Gesetze vom 28.10.1994 (BGBl. I 3186 (3196 f.)).

22 Der Bundesminister für Wirtschaft hat von der Verordnungsermächtigung in § 34 a Abs.2 GewO durch den Erlaß der *Verordnung über das Bewachungsgewerbe (Bewachungsverordnung-BewachV)* (BGBl. I, 1602 ff.) vom 7.12.1995 Gebrauch gemacht.

23 Sondervorschriften für den Schutz militärischer Anlagen sind in dem *Gesetz über die Anwendung unmittelbaren Zwanges und die Ausübung besonderer Befugnisse durch Soldaten der Bundeswehr und zivile Wachpersonen (UZwGBw)* vom 2.03.1974 (BGBl. I, 469) enthalten. Spezialgesetzliche Regelungen finden sich darüber hinaus in § 29 c LuftVG, der Kontroll- und Durchsuchungsmaßnahmen von Personen und Gepäck im Luftverkehr regelt. Diese Maßnahmen fallen wegen der mit ihnen notwendigerweise verbundenen Eingriffen in die Privatsphäre in den ausschließlichen Zuständigkeitsbereich der Luftfahrtbehörde, die sich jedoch zur Erfüllung ihrer Aufgaben gem. § 29 c Abs.1 LuftVG privater Wachpersonen bedienen darf. Schließlich kann der Betreiber kerntechnischer Anlagen zur Anlagenbewachung einen privaten Schutzdienst beauftragen, um seiner nach § 7 Abs.2 Nr.5 AtomG bestehenden Verpflichtung zum Schutz gegen Störmaßnahmen oder gegen sonstige Einwirkungen von außen nachzukommen. Vgl. dazu: Lukes ET 1975, 23 (23 ff.); Bracher, Gefahrenabwehr durch Private S.49; Roßnagel, Radioaktiver Zerfall der Grundrechte S.133 ff. Die Schutzverpflichtung wird in den *Anforderungen an den Objektsicherungsdienst und Objektsicherungsbeauftragten in kerntechnischen Anlagen der Sicherungskategorie I* vom 8.4.1986 (Gemeinsames Ministerialblatt des BMI, A 37.Jahrgang, 242 ff.) konkretisiert. Vgl. auch die *Richtlinie für die Sicherheitsüberprüfung von Personal in kerntechnischen Anlagen bei der Beförderung und Verwendung von Kernbrennstoffen* vom 26.5.1987 (Gemeinsames Ministerialblatt des BMI, A 38.Jahrgang, 337 ff.).

24 Zur Rechtsnatur des Bewachungsvertrages vgl.: Dubischar, NJW 1989, 3241 (3242); Cahen in Nelken, Das Bewachungsgewerbe S.440 ff.; Katschke/Schmid, Das Recht des Wachgewerbes S.73, 84, 128.

25 Vgl.: RGSt 10, 100 (101); 22, 332 (333); 39, 397 (398); 40, 165 (166); 51, 9 (12); 58, 130 (131 f.); 64, 273 (275 f.); v.Hippel, Lehrbuch des Strafrechts S.101 f.; Frank, Strafgesetzbuch, § 1 Anm. IV; v.Liszt/Schmidt, Lehrbuch des Deutschen Strafrechts S. 179 f.; Traeger, Festschrift Enneccerus

ordnung normierten Handlungspflichten begründet. Durch diese streng formale Betrachtungsweise wird die Unterlassungshaftung unter Ausschluß nur moralischer und sozialer Handlungspflichten auf rechtlich verfestigte Pflichtenstellungen beschränkt. Gleichzeitig werden alle Verstöße gegen außerstrafrechtliche, handlungspflichtbegründende Normen in den Bereich strafrechtsrelevanten Unterlassens einbezogen. Außerstrafrechtliche Erfolgsabwendungsgebote stellen auf der Grundlage der formellen Rechtspflichttheorie demnach die notwendige, aber auch hinreichende Voraussetzung für das Entstehen von Garantenstellungen dar.

Obwohl der Rückgriff auf vorstrafrechtliche Maßstäbe eine dem Grundsatz der Rechtssicherheit Rechnung tragende Abgrenzung der Garantenpflichten von strafrechtsirrelevanten Pflichten ermöglicht[26] und damit zu einer verifizierbaren Ermittlung von Garantenstellungen im Einzelfall führt, gilt die formelle Rechtspflichttheorie heute zu Recht als allgemein[27] überholt.

Als unhaltbar erwies sich die Einbeziehung aller außerstrafrechtlichen Erfolgsabwendungspflichten in den Bereich des strafbaren Unterlassens zunächst wegen der funktionellen Beschränkung des Strafrechtsschutzes. Da die Strafrechtsordnung ihrer Funktion nach auf den Rechtsgüterschutz gerichtet ist[28] und die strafrechtlichen Sanktionsandrohungen der Sicherung elementarer Grundwerte des Gemeinschaftslebens dienen,[29] weist das Strafrecht lediglich fragmentarischen Charakter[30] auf. Demnach werden nicht alle Verstöße gegen zivil- oder öffentlich-rechtliche Normen strafrechtlich sanktioniert, sondern nur Verhaltensweisen mit schwerwiegendem Unwertgehalt. Dies ergibt sich aus der Bindung des Strafrechts an die verfassungsrechtliche Wertordnung,[31] die innerhalb der Normenhierarchie oberste Geltung beansprucht und eine verfassungskonforme Normsetzung und Rechtsanwendung gebietet. Als limitierendes Regulativ einer Verhaltenskriminalisierung erlangt vor allem der verfassungsrechtliche Grundsatz der Verhältnismäßigkeit[32] Bedeutung, unter dessen Geltung die strafrechtlichen

---

S.66 ff., 79 ff.

26 Eingehend dazu: Sangenstedt, Garantenstellungen S.187 ff. Vgl. auch: Schöne, Unterlassene Erfolgsabwendungen S.330.

27 Vgl. nur: Schaffstein, Festschrift Gleispach S.74 ff.; Drost, Gs 109, (1937), 9 ff.; Nagler, Gs 111 (1939), 23 f.; Grünwald, ZStW 70 (1958), 412 (414); Gallas, Studien S.76; Rudolphi, Gleichstellungsproblematik S.28 ff.; Welp, Vorangegangenes Tun S.65; Herzberg, Unterlassung im Strafrecht S.208; ders., Verantwortung für Arbeitsschutz S.222 ff.; Schünemann, Grund und Grenzen S.63 ff. 218 ff.; Landau, Strafrechtliche Verantwortlichkeit S.18; Sangenstedt, Garantenstellung S.189 ff.

28 Vgl.: Jescheck/Weigend, Lehrbuch des Strafrechts Allgemeiner Teil S.7 f.; Maurach/Zipf, Strafrecht Allgemeiner Teil I, § 7 Rn.4; Systematischer Kommentar-Rudolphi, Vor § 1 Rn.2; ders., Zweck staatlichen Strafrechts S.70 f. Im Ergebnis übereinstimmend auch Welzel (Strafrecht S.4), der den Rechtsgüterschutz jedoch nur als Folge des vom Strafrecht vorrangig intendierten Schutzes der sozialethischen Gesinnungswerte ansieht.

29 Vgl.: BVerfG, NJW 1975, 573 (576); 1977, 1525 (1531); Jescheck/Weigend, Lehrbuch des Strafrechts Allgemeiner Teil S.7; Maurach/Zipf, Strafrecht Allgemeiner Teil I § 7 Rn.4.

30 Grundlegend: Binding, Lehrbuch des Gemeinen Deutschen Strafrechts, Besonderer Teil S. 20 ff. Vgl. auch: Zipf, Kriminalpolitik S.52; Jescheck/Weigend, Lehrbuch des Strafrechts Allgemeiner Teil S.52 f.; Maiwald, Festschrift Maurach S.9 ff.; Vogler, ZStW 90 (1978), 144.

31 Zur funktionellen Beschränkung des Strafrechtsschutzes durch das Grundgesetz: Zipf, Kriminalpolitik S.101 f.; Rudolphi, Festschrift Honig S.158 ff.; Vogler, ZStW 90 (1978), 139; Amelung, Rechtsgüterschutz, S.315 ff.

32 Zur verfassungsrechtlichen Ableitung des Verhältnismäßigkeitsgrundsatzes aus dem Rechtsstaatsprinzip: BVerfGE 23, 127 (133 f.); 38, 348 (368). Allgemein zu den Auswirkungen des Verhältnis-

Sanktionen innerhalb des gesetzgeberischen Instrumentariums nur als *ultima ratio* und nicht etwa als legislatives Regulierungsmittel bei Bagatellverstößen wie z.B. der zivilrechtlichen Vertragpflichtverletzung zu rechtfertigen sind.[33] Infolgedessen darf der Staat nicht mit dem schwersten Geschütz staatlicher Gewalt in Form der Strafe gegen jegliches Unrecht eingreifen, sondern ist auf die Pönalisierung von Verhaltensweisen mit besonders schädlichen Auswirkungen für die soziale Gemeinschaft beschränkt. Die Heranziehung aller außerstrafrechtlichen Handlungspflichtverletzungen zur Begründung strafrechtlicher Garantieverhältnisse, und zwar ohne Rücksicht auf ihre Auswirkungen für das zwischenmenschliche Zusammenleben innerhalb der sozialen Gemeinschaft, verstößt damit gegen das ultima-ratio-Prinzip und führt zu einer verfassungsrechtlich unzulässigen Ausdehnung der Strafbarkeit im Bereich der unechten Unterlassungsdelikte.[34]

Darüber hinaus wurde bereits eingehend nachgewiesen, daß die formelle Rechtspflichttheorie bei konsequenter praktischer Anwendung zu unhaltbaren Ergebnissen im Einzelfall gelangt.[35] Vor allem bei fehlender gesetzlicher Regelung eines Rechtsverhältnisses, bei Unwirksamkeit, rückwirkender Aufhebung oder Anfechtung des Vertrages und wenn der Verpflichtete von Anfang an nicht zur Vertragserfüllung bereit ist, führt die Begründung von Garantenstellungen anhand der formellen Rechtsquellen, Gesetz und Vertrag, zum einen zu einer unangemessenen Einschränkung und zum anderen zu einer über das erträgliche Maß hinausgehenden Ausdehnung der Garantenhaftung. So ist kein einleuchtender Grund dafür ersichtlich, daß die strafrechtliche Beurteilung des Unterlassens von der Wirksamkeit eines Vertrages abhängen soll. Dies gilt insbesondere dann, wenn die Parteien keine Kenntnis von der Unwirksamkeit des Vertrages haben und in beiderseitigem Einvernehmen mit der Vertragserfüllung begonnen haben oder wenn ein wirksamer Vertrag zustandegekommen ist, der Verpflichtete aber von Anfang an gegenüber dem anderen Teil zum Ausdruck bringt, daß er den Vertrag nicht erfüllen werde.

Die Bestimmung strafrechtlicher Garantenstellungen auf der Grundlage der streng formellen Rechtspflichttheorie ist damit insgesamt abzulehnen. Die Gleichsetzung zivilrechtlicher Vertragspflichten mit strafrechtlichen Garantiepositionen würde im Tätigkeitsbereich privater Sicherheitsdienste zu einer uferlosen Ausweitung der Garantenhaftung führen, die sich mit den verfassungsrechtlichen Restriktionsvorgaben des Verhältnismäßigkeitsgrundsatzes nicht in Einklang bringen läßt. Darüber hinaus hätte der Rückgriff auf rein formale Kriterien bei der Unwirksamkeit, rückwirkenden Aufhebung oder Anfechtung des Bewachungsvertrages kriminalpolitisch bedenkliche Strafbarkeitslücken zur Folge. Die Garantenstellungen der Bediensteten des privaten Sicherheitsgewerbes lassen

---

mäßigkeitsgrundsatzes auf die Verhaltenskriminalisierung: Hassemer, Schutzbedürftigkeit S.19 ff.; Rudolphi, Zweck staatlichen Strafens S.72 ff.; Günther, Strafrechtswidrigkeit S.183 ff.; Paulduro, Verfassungsgemäßheit von Strafrechtsnormen S.108 ff.

33 Zur strafrechlichen Sanktion als ultima ratio vgl.: BVerfGE 39, 1 (47). Zur Ableitung des ultima-ratio- Prinzips aus dem Verhältnismäßigkeitsgrundsatz: Günther, Strafrechtswidrigkeit S.192 ff.; Paulduro, Verfassungsgemäßheit von Strafrechtsnormen S.112 f. Anders hingegen in etwa Jescheck/Weigend (Lehrbuch des Strafrechts Allgemeiner Teil S.3), die das ultima-ratio- Prinzip als eine Ausprägung der Gewährleistung der allgemeinen Handlungsfreiheit ansehen.

34 So im Ergebnis auch: Sangenstedt, Garantenstellung S.194 f.; Gallas, Studien S.76 ff.

35 Vgl.: Schaffstein, Festschrift Gleispach S.74 ff.; Drost, Gs 109 (1937), 9 ff.; Henkel, MschrKrim 44 (1961), 184 f.; Seelmann, GA 1989, 241 (243); Schünemann ZStW 96 (1984), 287 (292); Schöne, Unterlassene Erfolgsabwendungen S.330; Rudolphi, Gleichstellungsproblematik S.28 ff.; Welp, Vorangegangener Tun S.65; Freund, Erfolgsdelikt und Unterlassen S.27.

sich deshalb weder allein aus spezialgesetzlichen Vorschriften des Bewachungsgewerbes, noch aus vertraglichen Bestimmungen des zivilrechtlichen Bewachungsvertrages ableiten. Dies hindert zwar nicht, den Inhalt der von den Parteien im Bewachungsvertrag getroffenen Vereinbarungen bei der Bestimmung von Inhalt und Umfang der Garantenstellungen heranzuziehen; eine Ermittlung der maßgeblichen Garantiepositionen allein anhand des Vertrages ist damit jedoch ausgeschlossen.

II) Formell-materielle Rechtspflichttheorie

Nach der von der wohl herrschenden Meinung[36] im Schrifttum vertretenen formell-materiellen Rechtspflichttheorie werden strafrechtliche Garantieverhältnisse durch qualifizierte außerstrafrechtliche Rechtspflichten begründet. Eine Garantenstellung setzt danach die Existenz einer entsprechenden außerstrafrechtlichen Erfolgsabwendungspflicht voraus, so daß denjenigen Handlungspflichten, die keine hinreichende Verankerung in der Rechtsordnung finden, bei der Bestimmung der Garantenstellungen keine Bedeutung zukommt. Andererseits begründet jedoch nicht jede außerstrafrechtliche Pflicht zum aktiven Einschreiten eine Garantenposition. Garantenpflichtkonstituierend wirken vielmehr nur qualifizierte Pflichtenstellungen, deren Verletzung nach spezifisch strafrechtlichen Wertmaßstäben begehungsäquivalent ist. Die außerstrafrechtliche Handlungspflicht ist auf der Grundlage dieser Auffassung folglich notwendige, aber im Gegensatz zur formellen Rechtspflichttheorie keinesfalls hinreichende Voraussetzung eines Garantieverhältnisses.

Auch eine derartige Begrenzung der Garantenstellungen auf rechtlich normierte Pflichten stößt jedoch auf weitgehende Bedenken im Hinblick auf das Verhältnis der Strafrechtsordnung zur außerstrafrechtlichen Rechtsordnung. Zwar hat sich die Strafrechtsordnung nach dem Grundsatz der Einheit der Rechtsordnung[37] an den Vorgaben der vorstrafrechtlichen Rechtsordnung zu orientieren und darf sich nicht mit ihren Verhaltensanforderungen in Widerspruch zur sonstigen Rechtsordnung setzen. Die Kollision von außerstrafrechtlichen Unterlassungsgeboten mit strafrechtlichen Handlungspflichten würde es dem Normadressaten unmöglich machen, sein Verhalten mit der Gesamtrechtsordnung in Einklang zu bringen. Es wurde aber bereits ausgeführt,[38] daß die Strafrechtsnormen an-

---

[36] Vgl.: Jescheck/Weigend, Lehrbuch des Strafrechts Allgemeiner Teil S.621; Leipziger Kommentar-Jescheck § 13 Rn.19; Alternativ-Kommentar-Seelmann, § 13 Rn.10, 47 ff.; Tröndle/Fischer, § 13 Rn.5 ff.; Maurach/Gössel/Zipf, Strafrecht Allgemeiner Teil II, § 46 Rn.64; Samson, Strafrecht I S.37; Schönke/Schröder-Stree, § 13 Rn.8; Stratenwerth, Strafrecht Allgemeiner Teil Rn.989 ff.; Matt, Strafrecht Allgemeiner Teil I § 3 Rn.53 f.; Baumann/Weber/Mitsch, Strafrecht Allgemeiner Teil § 15 Rn.44, 51 ff.; Welzel, Strafrecht S.213; Kohlrausch/Lange, Vorbem II B II 3; Arzt, JA 1980, 647 (650); Geilen, FamRZ 1964, 385 (390 f.); Nowakowski, JZ 1958, 380 (381); Landscheidt, Problematik der Garantenpflichten S. 18 ff.; Schürmann, Unterlassungsstrafbarkeit S.61 ff.; Schultz, Amtswalterunterlassen S.41 f.; Bottke, Suizid und Strafrecht S.273 f.; Fünfsinn, Aufbau des fahrlässigen Verletzungsdelikts durch Unterlassen S. 78.

[37] Allgemein zum Grundsatz der Einheit der Rechtsordnung: Engisch, Einheit der Rechtsordnung S.55 ff.; Maurach/Zipf, Strafrecht Allgemeiner Teil I; § 25 Rn.12 f.; Jescheck/Weigend, Lehrbuch des Strafrechts Allgemeiner Teil S.327. Als Folge davon sind beim Amtswalterunterlassen im Rahmen der Ermittlung von Garantenstellungen auch verwaltungsrechtliche Beurteilungs- und Ermessensspielräume zu berücksichtigen. Vgl.: Tröndle/Fischer, Vor § 324 Rn.6 b; Lackner/Kühl, Vor § 324 Rn.3; Winkelbauer, NStZ 1986, 149 (152); Horn, NJW 1981, 1 (7); Rudolphi, Festschrift Dünnebier S.581 f.; Schünemann, wistra 1986, 235 (239); Rudolphi, JR 1987, 336 (336); Rogall, Strafbarkeit von Amtsträgern S.214 f.

[38] Siehe dazu bereits die Ausführungen zur formellen Rechtspflichttheorie oben unter I).

dererseits Verhaltensweisen mit schwerwiegenden Folgen für die soziale Gemeinschaft pönalisieren. Wie beispielsweise die in den echten Unterlassungsdelikten der §§ 138, 323 c StGB statuierten Solidaritätspflichten zeigen, finden die Strafrechtsnormen nicht in jedem Fall eine Entsprechung in der außerstrafrechtlichen Rechtsordnung. Wenn nun aber kein Ableitungszusammenhang in dem Sinne besteht, daß das Strafrecht aus der Vielzahl der in der außerstrafrechtlichen Rechtsordnung normierten Ver- und Gebote diejenigen mit schwerwiegenden Auswirkungen herausgreift und ihre Verletzung mit strafrechtlichen Sanktionen belegt, sondern selbst eigenständige Pflichten normiert, führt dies zu der Annahme, daß das Strafrecht in seiner Begriffsbestimmung gegenüber der außerstrafrechtlichen Rechtsordnung autonom ist.[39] Dem widerspricht es aber, im Rahmen der unechten Unterlassungsdelikte an die außerstrafrechtlichen Handlungspflichten anzuknüpfen. Weiterhin bleibt auch nach der formell-materiellen Rechtspflichttheorie ungeklärt, anhand welcher spezifisch strafrechtlicher Kriterien sich aus der Fülle der außerstrafrechtlichen Handlungspflichten die Garantieverhältnisse eruieren lassen.

Wie bereits dargelegt,[40] ist schließlich kein Grund dafür ersichtlich, das Vorliegen einer Garantenstellung von dem Bestehen einer gesetzlich normierten Pflicht und dem Zustandekommen eines wirksamen Vertrages abhängig zu machen. Die Rechtsprechung und die ganz herrschende Lehre[41] haben sich aufgrund dessen z.B. bereits frühzeitig von dem Erfordernis des wirksamen Vertrages gelöst und auf die tatsächliche Übernahme einer Schutzfunktion abgestellt. Danach soll maßgeblich sein, ob es der Unterlassende gegenüber dem Geschädigten oder gegenüber einem Dritten zugunsten des Geschädigten tatsächlich übernommen hat, für den Schutz bestimmter Rechtsgüter zu sorgen. In gleicher Weise haben Rechtsprechung und Literatur, obwohl teilweise formal an dem Erfordernis der Rechtspflicht festgehalten wurde, Garantenstellungen allgemein aus engen Lebensgemeinschaften[42] und tatsächlichen Gefahrengemeinschaften[43] abgeleitet, ohne auf das Vorliegen einer rechtlich normierten Pflicht abzustellen.

---

39 So vor allem: Herzberg, Unterlassung im Strafrecht S.215 ff.; ders. , Verantwortung für Arbeitsschutz S.223; Sangenstedt, Garantenstellung S.183 f., 210. Vgl.auch: Rudolphi, Gleichstellungsproblematik S.29 f.; Welp, Vorangegangenes Tun S. 65; Lenckner, ZStW 106 (1996), 502 (511).

40 Siehe dazu bereits die Ausführungen oben zur formellen Rechtspflichttheorie unter I).

41 Vgl: RGSt 17, 260 (261); BGHSt 7, 211 (212); Leipziger Kommentar-Jescheck, § 13 Rn.26 f.; Schönke/Schröder-Stree, § 13 Rn.28; Jescheck/Weigend, Lehrbuch des Strafrechts Allgemeiner Teil S.623; Schaffstein, Festschrift Gleispach S. 79 ff.; Gallas, Studien S.79; Maiwald, JuS 1981, 473 (481); Stree, Festschrift Mayer S.150 ff., 163 f.; Schünemann, ZStW 96 (1984), 287 (292); ders., Grund und Grenzen S.226 f. Anders hingegen: Fünfsinn, Aufbau des fahrlässigen Verletzungsdelikts durch Unterlassen S.88.

42 Eine solche garantenpflichtbegründende enge Lebensgemeinschaft wurde von der Rechtsprechung bei der familiären und häuslichen Gemeinschaft (RGSt 69, 321 (323); 73, 389 (391); 74, 309 (310 f.); BGHSt 2, 150 (153 f.); 19, 167 (168 f.)), bei dem Verlöbnis, wenn die Verlobten tatsächlich in einer Gemeinschaft leben (BGH, JR 1955, 104 (105); NJW 1960, 1821 (1821)) und im Verhältnis des Schwiegersohnes gegenüber der Schwiegermutter (vgl.: BGHSt 13, 162 (166)) angenommen. Weiterhin soll die Garantenstellung zwischen Ehegatten maßgeblich vom tatsächlichen Vollzug der ehelichen Lebensgemeinschaft abhängen und sich nicht rein formal an § 1353 BGB orientieren. (Vgl.: BGHSt 6, 322 (323 f.); Alternativ-Kommentar-Seelmann, § 13 Rn.33; ders., GA 1989, 241 (243); Systematischer Kommentar-Rudolphi, § 13 Rn.50, ders., NStZ 1984, 149 (153); Schünemann, Grund und Grenzen S.355 ff. Anders hingegen: Schönke/Schröder-Stree, § 13 Rn.18 f.; Geilen, FamRZ 1961, 147, (148 f.); ders., FamRZ 1964, 385 (390); Bottke, Suizid und Strafrecht S.280).

43 Eine zu einer Garantenpflicht führende Gefahrengemeinschaft hat die Rechtsprechung bei gemeinsamer Bergnot (RGSt 69, 321 (323)) und bei der Fahrgemeinschaft (BGH, NJW 1959, 1979 (1979)) bejaht. Demgegenüber sollen die bloße Wohngemeinschaft, die Zechgemeinschaft und der gemeinsame Genuß von Betäubungsmitteln keine für die Begründung entsprechender Garantenstellungen

Des weiteren kann die formell-materielle Rechtspflichttheorie bei der von der heute herrschenden Meinung und Rechtsprechung[44] anerkannten Garantenstellung aus Ingerenz keine entsprechende vorstrafrechtliche Rechtspflicht aufzeigen.[45] Bemühungen, eine außerstrafrechtliche Sonderpflicht aus Gewohnheitsrecht[46] abzuleiten, sind bereits angesichts des in Art.103 Abs.2 GG normierten verfassungsrechtlichen *nullum-crimen-Grundsatzes* bedenklich.[47] Indem die Rechtsquellen, Gesetz und Vertrag, um die Entstehungsgründe der faktischen Gewährübernahme, der tatsächlichen Lebens- und Gefahrengemeinschaft und der Ingerenz ergänzt wurden, ist der formale Ausgangspunkt im Verlaufe der Zeit preisgegeben und damit der Rechtspflichtlehre die Grundlage entzogen worden.

Andererseits führte diese Erweiterung der Entstehungsgründe im Hinblick auf die Schutzfunktion des Strafrechts zu einer bedenklichen Ausweitung der Garantenhaftung.[48] So hat die frühere Rechtsprechung[49] beispielsweise eine Garantenstellung des Ehegatten

---

ausreichenden Lebensgemeinschaften darstellen. (Vgl.: BGH NStZ 1983, 454 (454); 1985, 122 (122); NJW 1987, 850 (850); OLG Düsseldorf, NJW 1966, 1175 (1175 f.); OLG Stuttgart, NJW 1981, 182 (182 f.)).

[44] Vgl.: RGSt 58, 244 (246); 70, 226 (227); BGHSt 4, 20 (21 f.); 23, 327 (328); 25, 218 (220); 64, 273, (276); Tröndle/Fischer, § 13 Rn.11; Schönke/Schröder-Stree, § 13 Rn.32; Systematischer Kommentar-Rudolphi, § 13 Rn.38 ff.; Leipziger Kommentar-Jescheck, § 13 Rn.31; Jescheck/ Weigend, Lehrbuch des Strafrechts Allgemeiner Teil S.625;Welp, Vorangegangenes Tun S.177 ff.; kritisch dagegen: Lampe, ZStW 72 (1960), 93 (106); Kaufmann, Dogmatik S.286. Gänzlich abgelehnt wird eine Garantenstellung aus Ingerenz hingegen von: Schünemann, Grund und Grenzen S.313 ff.; ders., GA 1974, 231 (233 ff.); Langer, Das Sonderverbrechen S.504 f.; Pfleiderer, Die Garantenstellung aus vorangegangenem Tun S.76 ff.; Sangenstedt, Garantenstellung S.319 ff.

[45] So auch: Schünemann, ZStW 96 (1984), 287 (291 f.); Herzberg, Unterlassung im Strafrecht S.210 f. Vgl. auch Seelmann, GA 1989, 241 (243); Welp, Vorangegangenes Tun S. 28.

[46] So v.Liszt/Schmidt, Lehrbuch des Deutschen Strafrechts S.179 f..

[47] Zur Kritik an der Ausfüllung des Garantenbegriffs mittels gewohnheitsrechtlich verfestigter Auslegung: Sangenstedt, Garantenstellung S.98 ff.

[48] Kritisch im Hinblick auf eine Ausuferung der Garantenhaftung auch: Jescheck/Goldmann, ZStW 77 (1965), 109 (133); Geilen, FamRZ, 1961, 147 (151); Tenckhoff, JuS 1978, 308 (309); Gallas, Studien S.72 f. Zur Kritik an der Ausweitung der Garantenstellungen aus freiwilliger Übernahme: Leipziger Kommentar-Jescheck, § 13 Rn.27; Jescheck/Weigend, Lehrbuch des Strafrechts Allgemeiner Teil S.624. Gerade in vergangener Zeit sind jedoch von seiten der Rechtsprechung Restriktionsbemühungen erkennbar. Eine restriktive Tendenz zeigt sich vor allem bei der Ingerenz. Die frühere Rspr. des BGH (vgl.: BGHSt 4, 20 (21 f.); 27, 10 (12); BGH, NJW 1966, 1763 (1763)) legte beispielsweise dem Gastwirt eine Garantenstellung zum Schutz aller Rechtsgüter auf, die der Gast im Zustand der Trunkenheit beeinträchtigt und leitete diese Garantenpflicht aus vorangegangenem Tun ab. Unter Berücksichtigung des Umstandes, daß es schließlich der Beruf des Gastwirtes mit sich bringt, den Gästen auch alkoholische Getränke auszuschenken, hat der BGH (BGHSt 19, 152 (154 f.); 26, 35 (38)) in neuerer Zeit die Gastwirthaftung auf ein erträgliches Maß zurückgeführt. Eine Garantenpflicht des Gastwirtes kommt demnach nicht in Betracht, solange der Gastwirt verständigerweise annehmen darf, der Gast sei noch zu eigenverantwortlichem Handeln in der Lage. In gleicher Weise hat die Rechtsprechung, die früher eine Garantenpflicht des Wohnungsinhabers zur Verhinderung von Straftaten in seiner Wohnung aus der Eigenschaft als Wohnungsinhaber ableitete (vgl.: RGSt 72, 373 (374); OGHSt 1, 87 (88)) eine Garantenstellung nur noch unter der Voraussetzung bejaht, daß die Wohnung wegen ihrer besonderen Beschaffenheit oder Lage eine Gefahrenquelle darstellt, die ihr Inhaber derart zu sichern und zu überwachen hat, daß sie nicht zum Mittel für die leichtere Ausführung von Straftaten gemacht werden kann (vgl: BGHSt 30, 391 (396)). Nach BGHSt 27, 10 (12 f.) besteht jedenfalls bei schwerer Kriminalität eine Garantenstellung des Wohnungsinhabers.

[49] Vgl.: RGSt 72, 19 (19); 74, 283 (285); BGHSt 6, 322 (323 f.); BGH, NJW 1953, 591 (591). Diese Rechtsprechung ist in der Literatur weitgehend auf Kritik gestoßen. Vgl nur: Schönke/Schröder-Stree, § 13 Rn. 53; Otto, Grundkurs Strafrecht I S.154 f.; Jescheck/Weigend, Lehrbuch des

zur Verhinderung von Straftaten seines Partners angenommen und damit in nicht mehr vertretbarer Weise eine Unterlassungshaftung des untätigen Ehepartners für sämtliche vom anderen Ehegatten verursachten Rechtsgutsverletzungen angenommen. Wie anhand dieses Beispiels jedoch deutlich wird, kann eine Restriktion der Garantenhaftung nicht anhand des Erfordernisses einer vorstrafrechtlichen Rechtspflicht erfolgen, denn eine entsprechende außerstrafrechtliche Pflicht läßt sich im Verhältnis der Ehegatten aus § 1353 BGB ableiten. Entsprechende Restriktionsbemühungen müssen vielmehr an dem Kriterium des Schutzzwecks der Garantenpflicht[50] ansetzen, nach dem Pflichten zur Verhinderung bestimmter Straftaten oder zur Bekämpfung bestimmter Gefahren nur dann eine Garantenhaftung begründen, wenn sie zumindest auch den Zweck verfolgen, das von dem jeweiligen Straftatbestand geschützte Rechtsgut vor den konkreten ihm drohenden Gefahren zu schützen. Zweck der den Unterlassenden treffenden Handlungspflicht muß demnach der Schutz des von dem jeweiligen Straftatbestand geschützten Rechtsguts sein. Eine Handlungspflicht genügt deshalb selbst dann nicht den an eine unechte Unterlassensstrafbarkeit zu stellenden Anforderungen, wenn ihre Erfüllung zwar die drohende Straftat verhindert, die Verhinderung der Straftat jedoch nicht im Interesse des Verletzten, sondern im Interesse sonstiger Rechtsgüter erfolgt. Wendet man diese Grundsätze auf den vorstehend dargestellten Beispielsfall an, so gelangt man zu der Feststellung, daß den Ehegatten allenfalls eine Handlungspflicht zu ihrem eigenen beiderseitigen Wohlergehen auferlegt ist, nicht dagegen zum Schutz etwaiger Rechtsgüter Dritter, die durch die Straftatbegehung beeinträchtigt werden.[51]

Damit hat sich gezeigt, daß sich die Garantenstellungen privater Sicherheitskräfte auch nicht mit Hilfe der formell-materiellen Rechtspflichttheorie ermitteln lassen. Vergegenwärtigt man sich das Verhältnis der Strafrechtsordnung zur außerstrafrechtlichen Rechtsordnung, so läßt sich feststellen, daß Garantenstellungen der Wachpersonen des privaten Sicherheitsgewerbes keine entsprechende außerstrafrechtlich normierte Rechtspflicht voraussetzen. Folgerichtig hat sich die Rechtsprechung und Literatur unter Heranziehung faktischer Garantenkriterien von dem formellen Ansatz der Rechtspflichtlehre abgewendet. Der teilweise vor allem in der früheren Rechtsprechung zu beobachtenden Tendenz zu einer uferlosen Ausweitung der Garantenhaftung kann entgegen der Rechtspflichtlehre nicht mit einer Beschränkung der Garantenstellungen auf rechtlich verfestigte Handlungspflichten, namentlich auf entsprechende vertraglich begründete Gefahrenabwehrverpflichtungen, begegnet werden.

III) Zwischenergebnis

Die vorstehenden Ausführungen machen deutlich, daß die Rechtspflichttheorien keine tragfähige Grundlage zur Ermittlung der fraglichen Garantieverhältnisse darstellen.

Strafrechts Allgemeiner Teil S.628; Schmidhäuser, Strafrecht Allgemeiner Teil 12/24; Geilen, FamRZ 1961, 147 (157 ff.); Tenckhoff, JuS 1978, 308 (311); Jescheck/Goldmann, ZStW 77 (1965), 109 (136); Welp, Vorangegangenes Tun S.92; Bärwinkel, Struktur der Garantieverhältnisse S.154 ff.

50 Vgl. dazu: Schönke/Schröder-Stree, § 13 Rn.14; Systematischer Kommentar-Rudolphi, § 13 Rn.20; Bärwinkel, Struktur der Garantieverhältnisse S.114 ff.

51 So zutreffend: OLG Hamm, MDR 1970, 162 (162); OLG Stuttgart, NJW 1986, 1767 (1768 f.); Schönke/ Schröder-Stree, § 13 Rn.14, 53; Systematischer Kommentar-Rudolphi, § 13 Rn.20; ders., JR 1987, 336 (337); ders., Gleichstellungsproblematik S.94 f. Vgl. auch: Timpe, Strafmilderungen des Allgemeinen Teils S.204 f. Anm.174; Bärwinkel, Struktur der Garantieverhältnisse S.154 f.;

Aufgrund dessen lassen sich die Garantenstellungen privater Wachpersonen nicht aus den gesetzlichen Vorschriften des Bewachungsgewerbes herleiten. Eine Ableitung der fraglichen Garantieverhältnisse aus § 34 a GewO kommt ohnehin nicht in Betracht, denn § 34 a GewO erlangt nur für die Erteilung einer gewerberechtlichen Erlaubnis zum Betrieb eines Bewachungsgewerbes Bedeutung. Zwar wurde § 34 a GewO durch das am 1.12.1994 in Kraft getretene *Gesetz zur Änderung des Strafgesetzbuches, der Strafprozeßordnung und anderer Gesetze*[52] vom 28.10.1994 geändert. Nach § 34 a GewO a.F. stand die Tätigkeit der Wachunternehmen unter präventivem Verbot mit Erlaubnisvorbehalt, wobei die Erlaubnis zu versagen war, wenn Tatsachen die Annahme der Unzuverlässigkeit des Betriebsinhabers rechtfertigten (§ 34 a Abs.1 Nr.1 GewO a.F.) oder der Gewerbetreibende die für den Gewerbebetrieb erforderlichen Mittel oder Sicherheiten nicht nachwies (§ 34 a Abs.1 Nr.2 GewO a.F.). Dagegen mußte der Gewerbetreibende eines Bewachungsunternehmens keine fachlichen Kenntnisse nachweisen.[53] Durch die Neuregelung des § 34 a GewO wurde nunmehr als weitere Voraussetzung einer Erlaubniserteilung eingefügt, daß der Antragsteller durch eine Bescheinigung der Industrie- und Handelskammer nachweist, an einer Unterrichtung über die für die Ausübung des Gewerbes notwendigen rechtlichen Vorschriften teilgenommen zu haben und mit ihnen vertraut zu sein.[54] Darüber hinaus wurde § 34 a Abs.1 GewO dahingehend ergänzt, daß der Gewerbetreibende mit der Durchführung von Überwachungsaufgaben nur Personen beschäftigen darf, die ihrerseits die Voraussetzungen der Zuverlässigkeit und des Unterrichtungsnachweises erfüllen. Damit werden durch die Neufassung des § 34 a GewO an den Gewerbetreibenden höhere Anforderungen gestellt und ihm im Innenverhältnis zu seinen Angestellten strengere Überprüfungspflichten aufgebürdet. Die Norm enthält jedoch auch in ihrer neuen Fassung keine gesonderten gesetzlichen Handlungspflichten des einzelnen privaten Wachmannes. Ebensowenig enthält die Bewachungsverordnung[55] eine Regelung, aus welcher sich ergibt, welche Rechte und Pflichten privaten Wachleuten gegenüber Dritten zukommen. Die Verordnung legt lediglich Befugnisse und Verpflichtungen bei der Gewerbeausübung fest, die sich insbesondere auf die Pflichten des Gewerbetreibenden bei der Einstellung und Entlassung der im Bewachungsgewerbe tätigen Personen, auf die grundsätzlichen Anforderungen, denen diese Personen genügen müssen, sowie auf die Durchführung des Wachdienstes beziehen. Somit werden dem Gewerbetreibenden wiederum nur im Innenverhältnis zu seinen Bediensteten strengere Überprüfungspflichten auferlegt, ohne daß die Rechtsstellung im einzelnen Gegenstand der Verordnung wäre. Lediglich das im Bereich militärischer Anlagen einschlägige Gesetz über die Anwendung unmittelbaren

---

52 BGBl. I, 3186 (3196 f.).

53 Der fehlende Sachkundenachweis wurde, insbesondere von seiten des Bundesverbandes Deutscher Wach- und Sicherheitsunternehmen (BDWS) (vgl. nur: Olschok-Tautenhahn, Die Polizei 1994, 31 (34); Kusch, Die Polizei 1977, 14 (15)) und Vertretern einzelner etablierter Sicherheitsunternehmen (vgl. nur: Glavic, Die Polizei 1994, 36 (41); Bleck, Die Polizei 1994, 42 (44); ders., Die Polizei 1992, 178 (178 f.); Siemon, Der Kriminalist 1982, 113 (117 f.)) zum zunehmenden Anlaß von Kritik. Mit ihrer Kritik setzten sich jedoch vor allem die Sicherheitsunternehmen dem Verdacht aus, ihre marktbeherrschende Stellung ausbauen und Billiganbieter und unliebsame Konkurrenten auf dem Markt verdrängen sowie das soziale Ansehen der privaten Schutzdienste in der Öffentlichkeit verbessern zu wollen. (Gegen die Einführung eines Fachkundenachweises unter Hinweis auf die sich im Hinblick auf Art.12 GG ergebenden verfassungsrechtlichen Bedenken hingegen: Schuster, Die Polizei 1989, 5 (8); Ehlers, Festschrift Lukes S.356 f. Vgl. auch : BMI 1986, 10 ff.)

54 Zu dem Unterrichtungsverfahren nach § 36 a GewO n.F. siehe eingehend unten: 2.Teil, B), IV).

55 Der Bundesminister für Wirtschaft hat von der Verordnungsermächtigung in § 34 a Abs.2 GewO durch den Erlaß der *Verordnung über das Bewachungsgewerbe (Bewachungsverordnung-BewachV)* (BGBl. I, 1602 ff) vom 7.12.1995 Gebrauch gemacht.

Zwanges und die Ausübung besonderer Befugnisse durch Soldaten der Bundeswehr und zivile Wachpersonen (UZwGBw) normiert neben Eingriffsbefugnissen und den Voraussetzungen für die Anwendung unmittelbaren Zwanges einzelne Handlungspflichten (vgl.: §§ 5 Abs.2, 6 Abs.2, 7 Abs.3 UZwGBw).[56] Diese außerstrafrechtlichen Handlungspflichten erlangen indessen, wie sich aus den vorstehenden Ausführungen ergibt, im Rahmen der strafrechtlichen Garantenproblematik keine Bedeutung.

Bei dem Einsatz privater Wach- und Schutzunternehmen sind strafrechtlich relevante Erfolgsabwendungspflichten schließlich weder mit vertraglichen Handlungspflichten gleichzusetzen, die sich aus dem zwischen dem Geschädigten und dem Schutzunternehmen geschlossenen Bewachungsvertrag ergeben, noch sind die Garantenstellungen ganz oder zum Teil identisch mit Handlungspflichten, die sich aus dem zwischen dem Sicherheitsunternehmen und ihren Wachpersonen geschlossenen Arbeitsvertrag ergeben.[57] Da private Wach- und Schutzunternehmen ihr Dienstleistungsangebot ständig erweitern und in zunehmendem Maße dazu übergehen, nicht mehr nur einzelne Rechtsgüter vor bestimmten Gefahren zu schützen, sondern ihren Kunden auf kommerzieller Grundlage Sicherheit pauschal als Ware anzubieten,[58] würde die Gleichsetzung der vertraglichen Pflichten mit Garantenpflichten zudem eine nicht mehr vertretbare Ausweitung der Garantenhaftung zur Folge habe. Wachpersonen des privaten Sicherheitsgewerbes würden zu allumfassenden Garanten in ihrem Einsatzbereich avancieren. Andererseits setzt die Garantenstellung einer Wachperson nicht unbedingt voraus, daß gegenüber dem Geschädigten eine vertraglich begründete Handlungspflicht besteht, so daß private Sicherheitskräfte im Falle eines Untätigbleibens unter Umständen auch dann für den Eintritt einer Rechtsgutsverletzung haften, wenn sich dem Vertrag weder explizit noch im Wege der Auslegung eine Pflicht zum Einschreiten entnehmen läßt. Bedienstete eines privaten Schutzunternehmens, die beispielsweise als Leibwächter zum Schutz von Leib und Leben eines Politikers bestellt sind, können daher unter Umständen auch Garanten zum Schutz des Eigentums und Vermögens des Politikers sein. Umgekehrt sind die Wachpersonen wegen der ihnen vertraglich auferlegten Pflicht zum Schutz von Leib und Leben nicht in jedem Fall auch strafrechtlich für eine unterbliebene Lebensrettung ihres Auftraggebers zur Verantwortung zu ziehen. Dies bedeutet jedoch nicht, daß den dem Einsatz privater Wachpersonen zugrunde liegenden zivilrechtlichen Verträgen im Rahmen der Garantenproblematik keinerlei Bedeutung zukommt. Bemühungen, der in der früheren Rechtsprechung teilweise zu beobachtenden Tendenz zu einer uferlosen Ausdehnung der Garantenhaftung zu begegnen, haben am Kriterium des Schutzzwecks der Garantenpflicht anzusetzen. Wie noch darzustellen sein wird, kommt den zivilrechtlichen Vertragsverhältnissen dabei eine wesentliche Indizfunktion zu.

---

[56] Vgl. eingehend zur Bewachung militärischer Anlagen durch zivile Wachpersonen auf der Grundlage des UZwGBw die Ausführungen im 2.Teil unter A), I), 3) und unter C), II), 2), a).

[57] Im Rahmen des Einsatzes privater Schutzdienste ist einerseits zwischen dem einer Bewachungstätigkeit zugrunde liegenden Bewachungsvertrag zwischen dem Wachunternehmen und seinem Auftraggeber und andererseits zwischen dem Arbeitsvertrag zwischen dem Wachunternehmen und seinen Bediensteten zu unterscheiden. Zivilrechtlich können beide Verträge einzelne Pflichten des Bediensteten bei der Bewachungstätigkeit begründen. Darüber hinaus erteilen Auftraggeber den Bewachungsunternehmen oftmals gesonderte Anweisungen bezüglich der Ausführung der Bewachung und bedingen sich Weisungs- und Kontrollrechte gegenüber den eingesetzten Sicherheitskräften aus. In diesem Fall entsteht zugleich die arbeitsvertragliche Pflicht der Arbeitnehmer, solchen Anweisungen Folge zu leisten. (Vgl. Dubischar, NJW 1989, 3241 (3243)).

[58] Vgl. eingehend dazu die Ausführungen im 2.Teil unter A), I), 2),3).

B) Soziale Stellung des Unterlassenden als leitender Wertgesichtspunkt zur Begründung von Garantenstellungen

Lassen sich Garantenstellungen somit nicht anhand formeller Rechtspflichten herleiten, so ist fraglich, ob sie sich mit Hilfe der sozialen Stellung des Unterlassenden innerhalb des gesamtgesellschaftlichen Gefüges legitimieren lassen. Als Folge davon wäre der Rechtsanwender auf den außerrechtlichen Bereich der sozialen Gegebenheiten zu verweisen.

I) Darstellung der Garantenlehren

Entsprechende Begründungsansätze hat es in der Literatur unter Zugrundelegung verschiedenster Auffassungen über die *causa* der unechten Unterlassungsdelikte und unter Heranziehung unterschiedlicher Wertungsaspekte gegeben.[59] Im folgenden sollen einige dieser Ansätze dargestellt werden. Im Anschluß daran wird zu erläutern sein, ob und inwieweit sich diese Garantenlehren zur Begründung von Garantieverhältnissen eignen und welche Schlußfolgerungen sich aus ihnen für die Garantenproblematik bei Wachpersonen des privaten Sicherheitsgewerbes ziehen lassen.

1) Garantenstellung als soziales Näheverhältnis nach dem Ansatz Androulakis'

Androulakis[60] stellt in seinem Gleichstellungsansatz auf die *soziale Nähe* als allgemeingültiges Strukturelement der Garantenstellung ab. Methodisch unterscheidet er zunächst zwischen der Unechtheit und der Strafbarkeit der Unterlassung.[61] Konstituierendes Element der Garantenunterlassung soll dabei die *ontologische Vergleichbarkeit der Unterlassung mit einer möglichen und erfolgsabwendenden Handlung* sein. Diese sei nur dann gegeben, wenn sich der Unterlassende in einer sozialen Nähe zur Gefahrenquelle oder zum Träger des geschützten Rechtsgutes befände.[62] Von dieser sozialen Nähe ließe sich die bloß abstandsmäßige Nähe unterscheiden, bei der sich der Unterlassende nicht von Anfang an in einem mitmenschlichen Näheverhältnis befände, sondern erst bei Gefahreinwirkung herbeieilte. Da die Unterlassung als Mittel zur Herbeiführung des tatbestandmäßigen Erfolges in diesem Fall nicht durch eine vergleichbare Handlung ersetzbar sei, erlange die abstandsmäßige Nähe nur im Rahmen der echten Unterlassungsdelikte Bedeutung.[63] Zur Konkretisierung der für die Garantenunterlassung erforderlichen sozialen Nähe, die Androulakis als *schon-vorher da-neben-sein* umschreibt, stellt er zum einen auf die konkrete personifizierbare *Einander-Zugehörigkeit* ab, die eine Einbindung in eine *engere soziale Ordnung* zur Folge habe, und zum anderen auf die Stellung des Unterlassenden *neben der Gefahr*.[64] Für die axiologische Beurteilung der Strafwürdigkeit und Strafbarkeit dieses unechten Unterlassens, also für das Vorliegen eines unechten Unterlassungsdelikts, sei dagegen das jeweils vorherrschende *soziale Klima* maßgeblich. Danach richte sich die Wichtigkeit von objektiven Bewertungsmerkmalen, die Androulakis etwa in der *Monopolstellung zur Erfolgsabwendung*, in dem *Grad der Blutsver-*

---

59 Zur historischen Entwicklung des Kriteriums der sozialen Stellung und zu den verschiedenen Begründungsansätzen im Schrifttum eingehend: Brammsen, Entstehungsvoraussetzungen S.48 ff.

60 Studien S.158 ff., 205 ff.

61 a.a.O. S.205, 219 f.

62 a.a.O. S.158 f., 205.

63 a.a.O. S.159 f.

64 a.a.O. S.206 ff.

wandschaft, in der *Befindlichkeit des Opfers im Herrschaftsbereich des Unterlassers* und in dem *Grade der Konkretisierung der durch vorangegangenes Tun herbeigeführten Gefahr* sieht und mit Hilfe derer er eine Wertdifferenzierung der Garantenstellungen vornehmen will.[65]

2) Garantenstellung als gemeinwohlnotwendige soziale Rolle nach dem Ansatz Bärwinkels

Bärwinkel[66] hingegen versucht die Struktur der Garantieverhältnisse mit Hilfe einer normativ-soziologischen Rollentheorie zu bestimmen und gelangt in diesem Zusammenhang zu der *gemeinwohlnotwendigen sozialen Rolle* als tragendem garantenpflicht-konstituierendem Element. Den Ausgangspunkt seiner Betrachtung bildet eine sozialethisch strukturierte Unrechtslehre, deren oberster Wertungsgrundsatz das *Gemeinwohl* ist. Das Gemeinwohl, unter dem Bärwinkel den Zustand eines gedeihlichen menschlichen Zusammenlebens versteht, werde anhand der *Rechtsgüter* und anhand der *sozialen Rolle* konkretisiert.[67] Da die Stellung des Individuums im Beziehungsgefüge einer Gruppe durch die Zuweisung einzelner Teilfunktionen festgelegt sei, würden dem einzelnen objektivierte und gebündelte Verhaltensweisen vorgegeben. Die durch die gebündelten Verhaltensanforderungen begründete Rolle fordere von dem einzelnen ein rollenkonformes Verhalten und sei demgemäß normativer Art.[68] Grundlegende Bedeutung für das Recht erlange die soziale Rolle, da Rechtsnormen im Interesse eines geordneten Zusammenlebens nur rollengemäßes Verhalten verlangen könnten. Strafrechtlich relevante Pflichten ließen sich aufgrund der sekundären Natur des Strafrechts jedoch nur aus *gemeinwohlnotwendigen Rollen*, also aus strukturbedingten Teilfunktionen einer für das gedeihliche Zusammenleben *notwendigen* Gruppe, herleiten.[69] Mit Hilfe *objektiver Bewertungsmerkmale*,[70] die im wesentlichen den Bewertungskriterien bei Androulakis entsprechen, soll nach Bärwinkel schließlich noch die Gemeinwohlnotwendigkeit im Sinne einer gesteigerten Dringlichkeit festgestellt werden.[71]

3) Garantenstellung als soziale Erwartungserwartung nach dem Ansatz Brammsens

In neuerer Zeit hat Brammsen[72] den Versuch unternommen, Garantenstellungen mit Hilfe *sozialer Erwartungserwartungen* zu konkretisieren. Die zusammen mit Otto entwickelte Garantenlehre gründet auf der Annahme, daß die Pönalisierung von Verhaltensweisen auf real existierenden Verhaltenserwartungen beruhe, deren Anforderungsaspekt je nach

---

65 a.a.O. S.220 f.
66 Struktur der Garantieverhältnisse S.91 ff.
67 a.a.O. S.92 ff.
68 a.a.O. S.104 ff.
69 a.a.O. S.95, 111 ff.
70 Neben der von Androulakis (Studien S.221) genannten *Monopolstellung zur Erfolgsabwendung* und dem *Grade der Konkretisierung der durch vorangegangenes Tun herbeigeführten Gefahr* führt Bärwinkel (a.a.O. S.119) noch die *Hochwertigkeit des Rechtsgutobjekts* an. Eine abschließende Aufzählung der objektiven Bewertungsmerkmale des Gemeinwohls soll nach Bärwinkel (a.a.O.) indessen nicht möglich sein, da die Merkmale unter Berücksichtigung der jeweiligen Gruppensituation und Gruppenaufgabe gesondert und für den Einzelfall festgestellt werden müßten.
71 a.a.O. S.118 ff.
72 Brammsen, Entstehungsvoraussetzungen S.93 ff. et passim; Otto/Brammsen, Jura 1985, 530 (536 ff.).

Stellung und Situation des Erwartungsadressaten unterschiedlich ausgestaltet sein könne. Die dem unechten Unterlassen zugrunde liegenden Erwartungsbeziehungen seien Verhaltenserwartungen, deren Nichtbefolgung von der Rechtsgemeinschaft als sozialschädlich bewertet werde und denen im sozialen Raum eine stabilisierende Funktion zukomme.[73] Für das Garantenunterlassen sei demnach entscheidend, daß der Unterlassende eine an ihn gerichtete Handlungserwartung nicht befolge, obwohl er weiß oder wissen muß, daß andere Personen ihr Verhalten an dem von ihm erwarteten Verhalten orientierten und es im Rahmen ihres alltäglichen Lebens als verläßlichen Faktor berücksichtigten.[74] Die entsprechenden Erwartungserwartungen ließen sich dabei anhand bestimmter sozialer Rollen sowie anhand einer *Analyse des üblichen und typischen Alltagsverhaltens* ermitteln.[75] Garantenpflichtbegründend wirke jedoch nur die unter sozialethischen Wertgrundsätzen zwingend zu beachtende *Muß-Erwartung*. Die Verhaltenserwartung müsse demzufolge von solcher Festigkeit und von solchem Gewicht sein, daß ihre Mißachtung einen gleichsam schweren Schaden für die Vertrauensbasis des Soziallebens zur Folge habe wie die Verletzung durch positives Tun.[76]

4) Garantenstellung als soziale Sonderverantwortlichkeit nach dem Ansatz Herzbergs

Herzberg[77] sieht demgegenüber das materielle Leitkriterium der Garantenstellungen in der *sozialen Sonderverantwortlichkeit* des Täters. Im Rahmen seiner Untersuchung versucht er zunächst das Begehungs- und Unterlassungsdelikt im Wege der Abstraktion auf einen Oberbegriff zurückzuführen. Dabei gelangt er auf der Grundlage eines negativen Handlungsbegriffs, den er auf dem *tertium comparationis* des *vermeidbaren Nichtvermeidens in Garantenstellung* gründet, zu der Geltung des Garantenprinzips beim positiven Tun und beim Unterlassen. Sowohl bei der Unterlassung, die Herzberg in seinen Ausführungen zum Maßstab erhebt, als auch bei dem positiven Tun, vermeide der Täter nicht den Eintritt des tatbestandsmäßigen Erfolges, obwohl ihm dies möglich sei. Tragendes Zurechnungskriterium der Erfolgsherbeiführung beim positiven Tun und Unterlassen sei deshalb die Garantenstellung.[78] Etwas anderes soll nach Herzberg nur im Rahmen der §§ 138, 330 c StGB a.F. gelten, bei denen der Gesetzgeber einen allgemeinen Nichtvermeidensbegriff zugrunde gelegt habe.[79] Unter der Garantenstellung versteht Herzberg die *aus dem gesellschaftlichen Wert- und Pflichtempfinden resultierende Sonderverantwortlichkeit für das Schutzgut oder die Gefahrenquelle*, die spätestens durch den einschlägigen Straftatbestand zur Rechtspflicht avanciere.[80] Im innersten Zentrum des Herrschaftskreises, der zugleich die Sphäre der sozialen Verantwortung bilde, stehe dabei die Person selbst. Bei der aktiven Erfolgsbewirkung ergebe

---

73 Brammsen, a.a.O. S.118 f.; Otto/Brammsen, Jura 1985, 530 (536).

74 Brammsen, a.a.O. S.120 ff.; Otto/Brammsen, Jura 1985, 530 (537).Vgl.auch Otto, Grundkurs Strafrecht I S.153 f.

75 Brammsen, a.a.O. S.124 f; Otto/Brammsen, Jura 1985, 530 (536 f.).Vgl. auch Brammsen, MDR 1989,123 (124).

76 Brammsen, a.a.O. S. 127 ff.; Otto/Brammsen, Jura 1985, 530 (537).

77 Unterlassung im Strafrecht S.175, 195, 215; Strafrechtliche Verantwortung S.11; Verantwortung für Arbeitsschutz S.225 ff.

78 Unterlassung im Strafrecht S.169 ff.

79 a.a.O. S.176, 184.

80 a.a.O. S.175, 215, 291; Verantwortung für Arbeitsschutz S.223 ff.

sich die Garantenstellung deshalb per se aus der besonderen Verantwortlichkeit für den Gefahrenherd der eigenen Person.[81]

II) Kritik

Die Begründung von Garantenstellungen anhand der von Androulakis, Bärwinkel, Brammsen und Herzberg entwickelten materiellen Kriterien erscheint jedoch in mehrfacher Hinsicht problematisch.

Bedenken gegen die Garantenkriterien bestehen zunächst im Hinblick auf den in Art.103 Abs.2 GG normierten *nullum-crimen*-Grundsatz, demzufolge eine Tat nur bestraft werden kann, wenn die Strafbarkeit gesetzlich bestimmt war, bevor die Tat begangen wurde. Nach herkömmlichem Verständnis ist der nullum-crimen-Grundsatz als rechtsstaatliche Schutznorm auf die Sicherung der individuellen Freiheit vor staatlicher Willkür in der Strafrechtspflege gerichtet.[82] Als schwerwiegendster Eingriff in die Rechts- und Freiheitssphäre des einzelnen[83] unterliegt der Einsatz staatlicher Strafgewalt infolgedessen in besonderem Maße den Erfordernissen der Voraussehbarkeit, Berechenbarkeit und Meßbarkeit staatlicher Machtausübung.[84] Konkretisiert wird diese Gewährleistung zum einen auf der Ebene der Recht*setzung* durch den Bestimmtheitsgrundsatz[85] und zum anderen auf der Ebene der Recht*sanwendung* durch die Bindung an die Vorgaben der geschriebenen Strafrechtsordnung.[86] [87] In dem Maße, wie dem Gesetzgeber durch den Bestimmtheitsgrundsatz die Handlungsanweisung erteilt wird, die Voraussetzungen und Rechtsfolgen einer Straftat gesetzlich umfassend und bestimmt zu fixieren, wird die

---

[81] Unterlassung im Strafrecht S.172 f.; Strafrechtliche Verantwortung S.13, Verantwortung für Arbeitsschutz S.213 f., 225 f. Systematisch ordnet Herzberg die Garantenstellung des Aktivtäters den Überwachungsgaranten zu, die neben der Überwachung der eigenen Person auch die Überwachung sonstiger Gefahrenherde des eigenen Herrschaftsbereiches umfassen sollen. (Unterlassung im Strafrecht S.182) Im systematischen Gesamtkontext stellt die Garantenstellung des aktiv handelnden Täters demnach nur einen Unterfall der umfassenderen Überwachungsgaranten dar.

[82] Vgl.: BVerfGE 64, 389 (394); 71, 108 (114); 75, 329 (341); Systematischer Kommentar-Rudolphi, § 1 Rn.2; Krey, Festschrift Blau S.133; ders., Keine Strafe ohne Gesetz; Schreiber, Gesetz und Richter S.213 ff. Dagegen versteht Sax (Bettermann/Nipperdey/Scheuner, Grundrechte III/2 S.909 (998 f.)) den nullum-crimen- Satz im Gegensatz zur herrschenden Lehre nicht als Konkretisierung des Rechtsstaatsgedankens, sondern als spezifische Ausprägung des strafrechtlichen Schuldgrundsatzes und der Unantastbarkeit der Menschenwürde (Art.1 Abs.1 GG). Zutreffend dagegen die Kritik bei Schreiber (Gesetz und Richter S.210 ff.).

[83] Zu den Besonderheiten staatlichen Strafens im Verhältnis zu sonstigen staatlichen Eingriffen: Schmidt-Aßmann in Maunz/Dürig/Herzog/Scholz, Art.103 Abs.2 GG Rn.165.

[84] Vgl. nur: BVerfGE 41, 314 (319); 45, 346 (351); 47, 109 (120); 75, 329 (341); Alternativ Kommentar-Wassermann, Art.103 GG Rn.44; Systematischer Kommentar-Rudolphi, § 1 Rn.2; Maurach/Zipf, Strafrecht Allgemeiner Teil I, § 10 Rn.6; Lenckner, JuS 1968, 304 (304).

[85] Vgl.: BVerfGE 25, 269 (285); 41, 314 (319); 47, 109 (120); 55, 144 (152); 75, 329 (340 f.) ständ.Rspr.; Schmidt-Aßmann in Maunz/Dürig/Herzog/Scholz, Art.103 Abs.2 GG Rn.184; Schönke/Schröder-Eser, § 1 Rn.17 ff.; Tröndle/Fischer, § 1 Rn.1, 5. Vgl. aber auch Nickel (Problematik der unechten Unterlassungsdelikte S. 177 f.), nach dessen Auffassung sich aus Art.103 Abs.2 GG kein Gebot hinreichender Tatbestandsbestimmtheit ableiten läßt.

[86] Vgl.: BVerfGE 64, 389 (393); 71, 108 (114); Schmidt-Aßmann in Maunz/Dürig/Herzog/Scholz, Art.103 Abs.2 GG Rn. 225.

[87] Die Garantien stehen dabei nicht unabhängig nebeneinander, sondern sind eng aufeinander bezogen (Vgl.: Krahl, Rechtsprechung S.52 f.; Schreiber, Gesetz und Richter S.230) und gewährleisten komplementär eine über den allgemeinen Gesetzesvorbehalt hinausgehende rechtsstaatliche Bindung im Bereich des Strafrechts. Zum Verhältnis des in Art.103 Abs.2 GG statuierten Gesetzesvorbehalts zum allgemeinen Gesetzesvorbehalt: Krey, Festschrift Blau S.123 f.

Kompetenz des Rechtsanwenders auf eine Rechtsfindung innerhalb des gesetzlich vorgegebenen Rahmens beschränkt. Nach der verfassungsrechtlichen Kompetenzzuweisung ist der Rechtsanwender damit nur zur Konkretisierung der Strafgesetze innerhalb des gesetzlich konturierten Wertungsrahmens berechtigt, nicht jedoch zur Präzisierung der Strafbestimmungen anhand eigener Werterwägungen. Dem daraus resultierenden Erfordernis, strafrechtliche Garantenstellungen auf objektiv konkretisierbare Kriterien zu stützen, die eine willkürliche und unberechenbare richterliche Entscheidung anhand rein subjektiver Wertmaßstäbe ausschließen, werden die dargelegten Garantenlehren jedoch nicht gerecht. Die soziale Nähe, auf die Androulakis im Rahmen seiner Garantenlehre abstellt, erweist sich als unbestimmter Begriff, der sich mit Hilfe der Umschreibung als *schon-vorher da-neben-sein* nicht näher präzisieren läßt und der infolgedessen keine klare Orientierungsrichtlinie zur Ermittlung des spezifischen Gehalts der Garantenstellungen vermittelt.[88] Auch Bärwinkel bezieht sich im Rahmen seines soziologisch fundierten Ansatzes mit dem Kriterium der sozialen Rolle auf einen sozialtheoretischen Begriff, der infolge seines Abstraktionsgrades und infolge der mangelnden Positivität der Verhaltensanforderungen in der Sozialordnung keine objektiv nachprüfbare Abgrenzung der strafrechtlichen Erfolgsabwendungsgebote ermöglicht.[89] Darüber hinaus stellt der oberste Wertungsgrundsatz des Gemeinwohls auf sich ständig wandelnde Anschauungen der Gesellschaft ab, bei deren Ermittlung der Rechtsanwender mangels justiziabler Wertmaßstäbe jedenfalls dann, wenn es sich nicht ausnahmsweise um elementare Ordnungsprinzipien handelt, ausschließlich auf sein subjektives Wertempfinden verwiesen wird.[90] Brammsens Leitprinzip der Erwartungserwartungen weist demgegenüber keinen höheren Konkretisierungsgrad auf.[91] Indem Brammsen zur Ermittlung der gegenseitigen Erwartungsverhältnisse auf eine Analyse des üblichen und typischen Alltagsverhaltens abstellt, ohne jedoch objektive Maßstäbe für eine derartige Analyse angeben oder auf wissenschaftlich gesicherte Erkenntnisse verweisen zu können, läßt sich nicht rational nachprüfen, wann und warum gerade bestimmte Verhaltensweisen Grundlage von Erwartungserwartungen werden sollen. Schließlich erweist sich auch der Leitbegriff der sozialen Sonderverantwortung in der Garantenlehre Herzbergs als nicht konkretisierungsfähige und inhaltlose Begriffshülse, da es Herzberg auf der Grundlage des negativen Handlungsbegriffs nicht gelingt, die allgemeine soziale Verantwortlichkeit von der Sonderverantwortlichkeit des Garanten abzugrenzen.[92]

---

88 So auch die Kritik bei: Bärwinkel, Struktur der Garantieverhältnisse S.73 ff; Schünemann, Grund und Grenzen S.151 ff.; Schöne, Unterlassene Erfolgsabwendungen S.17 f.; Meyer, Garantenstellung S.90 f.; Sangenstedt, Garantenstellung S.127 ff. Vgl. im übrigen auch die Kritik bei Roxin (ZStW 78 (1966), 214 (244 ff.); Timpe, Strafmilderungen des Allgemeinen Teils S.153 f.

89 Zur Kritik an dem Leitprinzip der sozialen Rolle im Rahmen der Garantenproblematik vgl auch: Schünemann, Grund und Grenzen S.128 ff.; Sangenstedt, Garantenstellung S.134 ff.; Wessel, Abfallbeseitigung durch Unterlassen S.87 f.

90 Vgl. auch die Kritik am Gemeinwohlkriterium Bärwinkels bei: Schünemann, Grund und Grenzen S.128 ff.; Sangenstedt, Garantenstellung S.134 ff.; Wessel, Abfallbeseitigung durch Unterlassen S.87 f.; Hüwels, Fehlerhafter Gesetzesvollzug S.99 f.

91 Vgl. zur Kritik an dem garantenpflichtbegründenden Merkmal der Erwartungserwartungen in der Konzeption Brammsens: Schünemann, wistra 1986, 235 (242 Fn.74); Sangenstedt, Garantenstellung S.145 ff.; Wessel, Abfallbeseitigung durch Unterlassen S.91 f.

92 Zur Kritik an dem Topos der sozialen Sonderverantwortlichkeit siehe auch: Schünemann, GA 1974, 231 (237 ff.); Landau, Strafrechtliche Verantwortlichkeit S.90 f.; Sangenstedt, Garantenstellung S.174 f.; Hüwels, Fehlerhafter Gesetzesvollzug S.85 f., 107 ff. Vgl. ferner zur Kritik am negativen Handlungsbegriff: Schönke/Schröder-Lenckner, Vorbem §§ 13 ff. Rn.36; Maurach/Gössel/Zipf, Strafrecht Allgemeiner Teil II, § 46 Rn.16; Stratenwerth, Festschrift Welzel S.296 f.; Arzt, JA 1980, 553 (555).

Ungeachtet der Unbestimmtheit der Garantenkriterien erlangt jedoch auch eine den Anforderungen von Androulakis, Bärwinkel, Brammsen oder Herzberg entsprechende Sozialbeziehung nicht per se strafrechtliche Relevanz. Das Strafrecht weist zwar einen elementaren Bezug zur bestehenden Sozialordnung auf, indem es auf eine Lenkung und Ordnung menschlichen Verhaltens im sozialen Raum gerichtet ist.[93] Die Sozialordnung stellt jedoch in ihrer Gesamtheit ein komplexes System sich überschneidender und nicht hinreichend voneinander abgrenzbarer sozialer Normenordnungen dar.[94] Innerhalb dieses Normengefüges begründet das Recht und insbesondere das Strafrecht nur *eine* von mehreren sozialen Verhaltensordnungen,[95] so daß die Zuordnung der Strafrechtsordnung zur Sozialordnung noch keine Schlußfolgerung im Hinblick auf die strafrechtliche Relevanz einer sozialerheblichen Verhaltensweise zuläßt. Zwar läßt sich nicht bestreiten, daß die Strukturen der Sozialordnung weitgehend Vorgegebenheiten für die Rechtsordnung enthalten, durch die diese bedingt und in ihren Norminhalten beeinflußt wird. Eine nicht nur einseitig an den Sozialstrukturen ausgerichtete Betrachtung muß andererseits auch dem Umstand Rechnung tragen, daß sich das positive Recht aufgrund seiner normativen Ausrichtung seinerseits konstituierend und gestaltend auf die Sozialordnung auswirkt.[96] Aufgrund des normativen Sinngehalts der Rechtssätze hebt sich das Recht daher von der sozialen Wirklichkeit ab und tritt als eigenständige normative Ordnung aus dem faktischen Sozialgeschehen hervor.[97] Infolgedessen lassen sich rechtliche Verhaltensanforderungen weder als soziologische Fakten, als reine Regelhaftigkeiten sozialen Verhaltens erfassen, noch ohne weiteres aus den Sozialstrukturen ableiten, sondern nur unter Berücksichtigung spezifisch normativer Gesichtspunkte ermitteln.[98] Da der Strafrechtsanwender jedoch nach dem in Art.103 Abs.2 GG statuierten nullum-crimen-Grundsatz strikt an die Wertvorgaben der geschriebenen Strafrechtsordnung gebunden ist, müssen die grundlegenden normativen Kriterien auf das Strafgesetz zurückführbar sein, so daß sich die richterliche Entscheidung als Anwendung des Strafrechtssatzes darstellt und durch die Wertentscheidung des demokratisch legitimierten Normgebers vorgezeichnet und determiniert wird. Neben dem rechtsstaatlichen Schutz vor willkürlichem richterlichen Strafeinsatz gewährleistet der nullum-crimen-Satz insofern in seiner demokratiestaatsrechtlichen Ausprägung die demokratische Legitimation des Eingriffs in die individuelle Freiheitssphäre.[99] Die dargestellten Garantenlehren stellen

---

93 Vgl.: Hassemer, Theorie und Soziologie des Verbrechens S.98 ff.; Rudolphi, Zweck staatlichen Strafrechts S.70 ff.

94 Vgl. dazu: Raiser, Rechtssoziologie S.222 f.; Henkel, Rechtsphilosophie S.44 f; Bechtler, Der soziologische Rechtsbegriff S.23 f., 32; Geiger, Vorstudien einer Soziologie des Rechts S.157.

95 Vgl.: Jescheck/Weigend, Lehrbuch des Strafrechts Allgemeiner Teil S.2; Maurach/Zipf, Strafrecht Allgemeiner Teil I, § 3 Rn.5; Raiser, Rechtssoziologie S.230; Hirsch, Das Recht im sozialen Ordnungsgefüge S.27; Geiger, Vorstudien einer Soziologie des Rechts S.157.

96 Zu dem damit bestehenden Verhältnis wechselseitiger Interdependenz zwischen Rechtsordnung und Sozialleben vgl. nur: Zippelius, Grundbegriffe der Rechts- und Staatssoziologie S.30 f.; Maihofer, Jahrbuch für Rechtssoziologie und Rechtstheorie I (1970) S.16; Hirsch, Das Recht im sozialen Ordnungsgefüge S.27 ff.

97 So: Henkel, Rechtsphilosophie S.46.

98 Grundsätzlich zu den erkenntnistheoretischen Grenzen einer soziologischen Jurisprudenz und zu der Notwendigkeit einer normativen Betrachtung: Larenz, Methodenlehre der Rechtswissenschaft S.65 f. Im Rahmen der Garantenproblematik hat vor allem Schünemann (Grund und Grenzen S. 15 ff.) die Unzulänglichkeit einer rein soziologischen Betrachtung dargelegt. Zu dem Erfordernis einer wertenden Betrachtung im Rahmen der Garantenproblematik vgl. auch : Rudolphi, Gleichstellungsproblematik S.44 f.; Schöne, Unterlassene Erfolgsabwendungen S.21, sowie jüngst wieder Freund, Erfolgsdelikt und Unterlassen S.137 ff.

99 Vgl.: Schmidt-Aßmann in Maunz/Dürig/Herzog/Scholz, Art.103 Abs.2 GG Rn.180; Krey, Fest-

hingegen zu einseitig auf die faktischen Gegebenheiten ab und lassen sich nicht auf den im Strafgesetz zum Ausdruck kommenden Willen des parlamentarischen Gesetzgebers zurückführen, denn das bei der Garantenunterlassung nach den Wertvorgaben der geschriebenen Strafrechtsordnung auf soziale Verhaltensanforderungen abzustellen ist, bleibt eine unbewiesene Behauptung.

III) Zwischenergebnis

Damit hat sich gezeigt, daß die an den sozialen Gegebenheiten orientierten Garantenlehren keine praktikablen und handhabbaren Kriterien angeben können, anhand derer sich eine eindeutige Zuordnung der im Rahmen des Einsatzes privater Schutzdienste zutage tretenden vielschichtigen sozialen Beziehungen vornehmen läßt. Auf der Grundlage der dargelegten Auffassungen läßt sich nur so viel feststellen, daß ein soziales Näheverhältnis, eine gemeinwohlnotwendige soziale Rolle, eine soziale Erwartungserwartung und eine soziale Sonderverantwortlichkeit allenfalls im Verhältnis des privaten Wachmannes zu seinem Auftraggeber, nicht hingegen zu Dritten gegeben ist. Die Anerkennung einer entsprechenden sozialen Stellung privater Sicherheitspersonen gegenüber Dritten kommt ausnahmsweise nur dann in Betracht, wenn der Dritte von dem Auftraggeber des privaten Wachdienstes konkret, nach außen erkennbar und von Anfang an in den Schutz des Bewachungsverhältnisses mit einbezogen wurde.[100] Andernfalls fehlt es zwischen den Beteiligten an jeglicher sozialen Beziehung, die eine soziale Stellung der privaten Wachperson gegenüber dem Rechtsgut oder der Gefahrenquelle begründen könnte. Unter welchen Voraussetzungen jedoch ein den genannten Auffassungen entsprechendes soziales Verhältnis des Angehörigen eines gewerblichen Sicherheitsdienstes zu dem Auftraggeber und zu den in den Schutz ausnahmsweise einbezogenen Dritten besteht, hängt von den Umständen des Einzelfalles abund läßt sich anhand der konkretisierungsbedürftigen Leitprinzipien Androulakis, Bärwinkels, Brammsens und Herzbergs nicht hinreichend verifizierbar, sondern nur anhand rein subjektiver Wertmaßstäbe ermitteln. Die Heranziehung rein subjektiver Maßstäbe führt jedoch zu einer unkalkulierbaren Rechtsfindung, die nicht der nach Art.103 Abs.2 GG erforderlichen Voraussehbarkeit und Berechenbarkeit des Richterspruchs genügt. Zum anderen erlangt eine den Anforderungen der Garantenlehren entsprechende soziale Beziehung der privaten Wachperson zum geschützten Rechtsgut oder zum Rechtsgutsträger keine garantenpflichtkonstituierende Wirkung, da es den maßgeblichen Garantenkriterien an der erforderlichen Anbindung an die Wertvorgaben der geschriebenen Strafrechtsordnung mangelt, so daß die Garantenlehren nicht die nach Art.103 Abs.2 GG unabdingbare Legitimation der richterlichen Entscheidung gewährleisten. Hinzu kommt, daß die Anerkennung garantenpflichtkonstituierender sozialer Positionen von Angehörigen privater Wachpersonen auf der Grundlage der dargelegten Garantenlehren zu einer normativen Anerkennung des kommerziellen Sicherheitsgewerbes im Strafrecht führen würde. Die Auffassungen bergen die Gefahr der Einebnung sozialer Institutionen durch die Gleichstellung unterschiedlicher Beziehungsformen in der Gesellschaft in sich.[101] Die Gleichstellung sozialer Rollen bewirkt, daß die von der Rechtsordnung anerkannten oder

---

schrift Blau S.133; ders., Keine Strafe ohne Gesetz S.103 f., 129, 139.

[100] So werden beispielsweise bei der Bestellung eines privaten Wachunternehmens zur Bewachung eines Wohnhauses vor Einbruchdiebstählen nicht nur Rechtsgüter des Auftraggebers, sondern auch seiner Familienangehörigen in den Schutz der Wachtätigkeit einbezogen, dagegen werden Rechtsgüter von Nachbarn nicht ohne weiteres von dem Schutzzweck erfaßt.

[101] So zu Recht: Hüwels, Fehlerhafter Gesetzesvollzug S.108 ff.

herausgestellten Institutionen ihre Exklusivität als Problemlösungsstrategien durch das Strafrecht verlieren. Durch den Rückgriff der Strafrechtsordnung auf soziale Verhaltenserwartungen würden die Verhaltensbindungen strafrechtlich abgesichert, und zwar mit der Folge, daß die Strafrechtsordnung aus dem Gesellschaftsgefüge diesen Institutionen eine Sonderstellung einräumt und sie aus dem gesellschaftlichen Gefüge als normativ garantiert heraushebt. Unbestritten haben sich private Schutzdienste faktisch zu einem bedeutsamen Ordnungsfaktor in der heutigen Gesellschaft entwickelt. Die generelle Gleichsetzung der sozialen Erwartungen an das privaten Wach- und Sicherheitsgewerbes mit denjenigen an die staatliche Organisationsgewalt, namentlich mit den an die polizeilichen Einsatzkräfte gerichteten Verhaltenserwartungen, würde jedoch gegen das staatliche Gewaltmonopol verstoßen.[102] Das verfassungsrechtlich abgesicherte Gewaltmonopol des Staates duldet keine nichtstaatliche Ordnungsinstanz mit gleichen Rechten und mit gleichem Status wie die Polizei. Es ist auch nicht ersichtlich, daß der gesetzgeberische Wille dahin geht, das private Sicherheitsgewerbe über die Gebote des Strafrechts am staatlichen Institutionenschutz teilhaben zu lassen und als Institutionalisierung der staatlichen Organisationsgewalt gleichzusetzen. Dagegen spricht vor allem auch die kommerzielle Ausrichtung des Wachgewerbes, die es mit sich bringt, daß die von dem Gewerbe angebotenen und erbrachten Dienstleistungen marktgerecht nach den Bedürfnissen und Wünschen der einzelnen Auftraggeber ausgestaltet sind.[103] Des weiteren sind private Sicherheitsbedienstete nicht in die demokratische, rechtsstaatliche Kontrolle der staatlichen Hoheitsträger eingebunden und agieren infolgedessen frei von rechtsstaatlichen Bindungen und Beschränkungen.[104] Im Hinblick auf die strafrechtlichen Garantenstellungen von Wachpersonen des privaten Sicherheitsgewerbes lassen sich auf der Grundlage der von Androulakis, Bärwinkel, Brammsen und Herzberg entwickelten Garantenlehren demnach keine grundlegenden Aussagen machen, mit Ausnahme der Feststellung, daß - abgesehen von der konkreten, ursprünglichen und nach außen sichtbar werdenden Einbeziehung nahestehender Dritter in den Bewachungsbereich - eine Garantenstellung allenfalls *inter partes* zwischen privater Wachperson und Auftraggeber in Betracht kommt.

C) Herrschaft des Unterlassenden als garantenpflichtkonstituierendes Kriterium

Nachdem sich die vornehmlich soziologisch ausgerichteten Garantentheorien als unhaltbar erwiesen haben, stellt sich nunmehr die Frage, ob und inwieweit der Herrschaftsgedanke für die Garantenproblematik nutzbar gemacht werden kann.

I) Darstellung der Garantenlehren

Die Bedeutung der Herrschaft des Unterlassenden wurde im Schrifttum[105] mehrfach hervorgehoben, ohne daß der Herrschaftsbegriff dabei in den Mittelpunkt der Betrachtung gestellt wurde. Eine zentrale Bedeutung als Leitkriterium strafrechtlicher Garantenstellungen erlangt der Herrschaftsgedanke in den Garantentheorien von Rudolphi,

[102] Siehe eingehend zum staatlichen Gewaltmonopol unten: 2.Teil, C), I), 1), b), 2), b).
[103] Dazu näher unten: 2.Teil, B), I).
[104] Siehe näher dazu: 2.Teil, B), II).
[105] So etwa bei: Herzberg, Unterlassung im Strafrecht S. 172 f., 320 ff.; ders., Verantwortung für Arbeitsschutz S.225 ff.; Nickel, Problematik der unechten Unterlassungsdelikte S.181 ff.; Schultz, Amtswalterunterlassen S.142 f.

Schünemann und Sangenstedt, die im folgenden eingehender zu überprüfen sein werden. Das Herrschaftskriterium ist im vorliegenden Kontext insoweit von Interesse, als private Wachpersonen im Rahmen ihrer Tätigkeit nicht selten die maßgebliche Herrschaft über die von ihnen bewachten Rechtsgüter und Gefahrenquellen erlangen. Dabei ist die Herrschaftsbegründung oftmals notwendige Vorbedingung für ihre Bewachungstätigkeit; ohne die Herrschaftsgewalt kann die Wachtätigkeit in der Regel nicht oder nur unzureichend ausgeübt werden. Indessen lassen sich verschiedene Konstellationen unter den Herrschaftsbegriff fassen.

1) Garantenstellung als Schutzfunktion der Zentralgestalt des zur Rechtsgutsverletzung hindrängenden Geschehens nach dem Ansatz Rudolphis

In der Garantenlehre Rudolphis[106] stellt die Stellung des Unterlassenden als *Zentralgestalt des zur Rechtsgutsverletzung hindrängenden Geschehens* das allgemeine Ordnungsprinzip dar, auf das sich die strafrechtlichen Garantiepositionen zurückführen lassen. Den Ausgangspunkt seines Ansatzes bildet die Überlegung, daß sich die materiellen Voraussetzungen der Garantenstellungen im Wege der Analogie durch Übertragung der das Begehungsdelikt konstituierenden materiellen Unrechtselemente auf das unechte Unterlassungsdelikt ermitteln lassen. Im Rahmen der Unrechtsanalyse beim vorsätzlichen Begehungsdelikt stellt Rudolphi zur Ermittlung des spezifischen Handlungsunwerts auf das Wesen der Handlung als zweckgerichtete, finale und auf die Verwirklichung tatbestandlichen Unrechts gerichtete menschliche Tätigkeit ab. Da der einzelne zur Vorausberechnung und finalen Steuerung des Kausalgeschehens fähig sei, werde der spezifische Handlungsunwert dadurch bestimmt, daß der Handelnde die maßgebliche Entscheidung über das *Ob* der Unrechtsverwirklichung getroffen und realisiert habe.[107] Darüber hinaus sei für den Handlungsunwert von Bedeutung, daß der Unrechtserfolg seine letzte Ursache in den im Inneren des Täters wirkenden Kräften und Motiven finde und der Täter den von seiner Person ausgehenden Gefahren für strafrechtlich geschützte Rechtsgüter nicht wirksam entgegengetreten sei.[108] Durch Übertragung dieser Grundsätze auf den Unterlassungsunwert gelangt Rudolphi[109] zu der Gleichwertigkeit des Unterlassens, wenn *der Unterlassende im sozialen Leben eine Schutzfunktion ausübt, kraft derer er in der Weise zur Abwendung der einem bestimmten Rechtsgut drohenden Gefahren berufen ist, daß ihm die maßgebliche Entscheidung über den Eintritt der drohenden Rechtsgutsverletzung obliegt*, der Unterlassende also die *Zentralgestalt des zur Rechtsgutsverletzung hindrängenden Geschehens* ist. Nur in diesen Fällen beherrsche der Unterlassende das den tatbestandsmäßigen Unrechtserfolg bewirkende Geschehen in einer dem Begehungstäter vergleichbaren Weise und erscheine damit als Garant für die Unversehrtheit des bedrohten Rechtsgutes.[110] Den so entwickelten Garantenbegriff will Rudolphi jedoch als ausfüllungsbedürftigen Leitgesichtspunkt verstanden wissen, mit dessen Hilfe sich nicht per se Aussagen über Inhalt und Ausmaß einzelner Garantenpflichten machen lassen und den es zu konkretisieren gelte, indem zunächst durch eine sinnerfassende Betrachtungsweise die verschiedenen sozialen Erscheinungsformen der Garantenstellungen in ihren Grundkategorien ermittelt werden, daran anschließend die maßgeblichen gesetzlichen Wertungsprinzipien festgelegt und schließlich

[106] Gleichstellungsproblematik S.83 ff.
[107] a.a.O. S.97 f.
[108] a.a.O. S.98.
[109] a.a.O. S.98 f.
[110] NStZ 1984, 149 (151); Festschrift für Dünnebier S.574 f.

anhand dieser Wertmaßstäbe die sozialen Erscheinungsformen des unechten Unterlassens gewertet werden.[111]

2) Garantenstellung als Herrschaft über den Grund des Erfolges nach dem Ansatz Schünemanns

In der Gleichstellungslehre Schünemanns[112] hingegen stellt die *Herrschaft über den Grund des Erfolges* das strukturbildende Element der Garantenstellungen dar. Schünemann geht, wie zuvor bereits Rudolphi, im Rahmen eines analogistischen Verfahrens zunächst von der Prämisse aus, daß es für die Pönalisierung des unechten Unterlassens nach der gesetzlichen Wertentscheidung auf die Begehungsgleichwertigkeit ankomme. Entscheidend für die Begehungsgleichwertigkeit sei dabei nicht die Bestrafbarkeit als solche, sondern der Grund der Bestrafbarkeit, also die für die Wertung relevante Struktur.[113] Bei den Erfolgsdelikten, auf die sich Schünemann in seinen Ausführungen beschränkt, werde dem Täter der durch eine Handlung herbeigeführte Erfolg aufgrund der *Beziehung zwischen dem personalen Steuerungszentum und der den Erfolg verursachenden Körperbewegung* zugerechnet. Sachlogischer Grund der Bestrafbarkeit bei der Erfolgsverursachung durch positives Tun sei demnach die das Verhältnis der Person zur Körperbewegung kennzeichnende absolute Herrschaft der Person über den Körper.[114] Da die Körperbewegung als unmittelbarer Grund des Erfolges erscheine, begründe die unmittelbare Herrschaft über diesen Grund zugleich den mittelbaren Grund des Erfolges.[115] Beim unechten Unterlassen werde die Erfolgszurechnung analog zu der Herrschaft über die Körperbewegung beim Begehungsdelikt durch die *aktuelle Herrschaft über den Grund des Erfolges* begründet, die sich zum einen aus der *Herrschaft über eine Station des Kausalverlaufs* und zum anderen aus der *Herrschaft über die besondere Hilflosigkeit des Opfers* ergeben könne.[116] Die Begehungsgleichheit der Unterlassung setze dabei jedoch die aktuelle gegenwärtige Herrschaft über die Erfolgsbedingung voraus, wobei unter der Herrschaft nach dem natürlichen Verständnis die Willensmacht zu verstehen sei. Bei der aus einem Willensakt erwachsenden Herrschaft müsse die Herrschaft demnach tatsächlich ergriffen werden; die bloße Ergreifungsmöglichkeit begründe dagegen kein aktuelles Herrschaftsverhältnis.[117]

3) Garantenstellung als Korrelat der faktischen Entscheidungshoheit über eine dem eigenen unmittelbaren Zugriff unterworfene Gestaltungs- und Verfügungssphäre nach dem Ansatz Sangenstedts

Sangenstedt,[118] der in seiner Gleichstellungslehre an den Herrschaftsgedanken Schünemanns anknüpft und diesen unter Hervorhebung der nach der grundgesetzlichen Wertordnung gewährleisteten Bestimmungsmacht des einzelnen normativ ausrichtet, sieht den maßgeblichen Wertgesichtspunkt der Garantenstellung in der *faktischen Entscheidungshoheit über eine dem eigenen unmittelbaren Zugriff unterworfenen Gestaltungs- und*

---

[111] Gleichstellungsproblematik S.100.
[112] Grund und Grenzen S.229 ff.
[113] a.a.O. S.232 f.
[114] a.a.O. S.235 f.
[115] a.a.O. S.236.
[116] a.a.O. S.241.
[117] a.a.O. S.243 f.
[118] Garantenstellung S.367 ff.

Verfügungssphäre. Wie bereits Schünemann sucht Sangenstedt im Rahmen seines Begründungsansatzes nach der *causa* der Erfolgszurechnung beim Begehungsdelikt, um die eine Handlungsäquivalenz des Unterlassungserfolgsdelikts begründenden Wertgesichtspunkte aus der Unrechtsstruktur des Begehungsdelikts zu ermitteln. Der Zurechnungszusammenhang beim positiven Tun beruht nach Sangenstedt dabei auf dem Umstand, daß *der Handelnde durch körperlichen Energieeinsatz eine rechtlich mißbilligte Erfolgsgefahr erzeugt hat, die in dem konkreten erfolgsrelevanten Geschehen ihren tatsächlichen Niederschlag gefunden hat.*[119] Die strafrechtliche Erfolgszurechnung erweise sich in diesem Zusammenhang als *Kehrseite und Korrelat der Entscheidungshoheit des Menschen über seine Körperbewegungen*. Es schaffe zu der im individuellen Handeln zum Ausdruck kommenden Autonomie der Person das notwendige und adäquate Gegengewicht, ohne welches das Subjekt seinen Mitbürgern gegenüber ein ständiger, weitgehend unberechenbarer und unkontrollierbarer Unsicherheits- und Risikofaktor wäre.[120] Der Grund der personalen Zurechnung einer Erfolgsherbeiführung durch positives Tun bestehe somit darin, daß die *Risikogenese durch eine Körperbewegung vermittelt wird, mit deren Vollzug der Täter den in seinem Innern nach Umsetzung in der Wirklichkeit strebenden destruktiven und rechtsfeindlichen Impulsen nachgibt*, die zur Rechtsgutsbeeinträchtigung führende Gefahr ihren Ursprung mithin in einem leiblich-seelischen Komplex hat, der nach rechtlicher Wertung typischerweise dem jederzeitigen ungehinderten Einfluß des Begehenden, also primär seiner autonomen Bestimmungsmacht, unterliegt.[121] Aus den Haftungsgrundsätzen beim Begehungsdelikt schließt Sangenstedt *per analogiam* auf eine Erfolgszurechnung beim Unterlassen, wenn der *Omittent bei seiner Inaktivität das faktische Entscheidungsprimat über die Funktionseinheit innehat, so daß er kraft seiner Entscheidungs- und Verfügungshoheit andere von eigenmächtigen Eingriffen in seine Herrschaftssphäre ausschließen kann.* Danach habe der Omittent als originärer Überwachungsgarant für den Unrechtserfolg der Unterlassung einzustehen, wenn er es versäumt, das von ihm beherrschte Risikopotential gegen die Hervorbringung schädlicher Außenwirkungen abzusichern.[122] Dagegen sei der Omittent als originärer Schutzgarant für den Unterlassungserfolg verantwortlich, wenn er als faktischer Inhaber der Funktionseinheit seine Verteidigeraufgaben im Hinblick auf Fremdinteressen verfehlt, die seiner rechtlichen Dispositionsbefugnis entzogen sind.[123] Darüber hinaus hafte auch der Nichtinhaber der faktischen Entscheidungshoheit als sekundärer Garant für den Unrechtserfolg, wenn ihm die Überwachungs- oder Schutzgarantie wirksam übertragen wurde.[124]

II) Kritik

Soweit es die methodische Vorgehensweise betrifft, die konstituierenden Elemente der Garantenpflichten im Wege der Analogie aus der Struktur der Begehungsdelikte abzuleiten, verdienen die dargestellten Garantenlehren uneingeschränkte Zustimmung.

---

119 a.a.O. S.375.
120 a.a.O. S.378.
121 a.a.O. S.378 f.
122 a.a.O. S.379 ff.
123 a.a.O. S.412 ff.
124 a.a.O. S.383 ff, 405 f., 435 ff.

Nach dem Wortlaut des § 13 Abs.1 StGB ist nur derjenige nach diesem Gesetz strafbar, der es unterläßt, einen Erfolg abzuwenden, der zum Tatbestand eines Strafgesetzes gehört, wenn er *rechtlich dafür einzustehen hat, daß der Erfolg nicht eintritt*, und wenn das *Unterlassen der Verwirklichung des gesetzlichen Tatbestandes durch ein Tun entspricht*. Erforderlich ist demgemäß eine Entsprechensrelation zwischen der durch Unterlassen und der durch positives Tun bewirkten Rechtsgutsverletzung. Dabei ist innerhalb der Schrifttums umstritten, in welchem Verhältnis das in § 13 Abs.1, 1.Halbsatz StGB normierte Erfordernis des rechtlichen Einstehenmüssens zu der in § 13 Abs.1, 2.Halbsatz StGB zum Ausdruck kommenden Entsprechensklausel steht. Die herrschende Meinung[125] in der Literatur geht davon aus, der Unterlassende habe nur bei einer Begehungsgleichwertigkeit rechtlich für den Unrechtserfolg einzustehen, wobei bei den reinen Erfolgsdelikten die Handlungsäquivalenz ohne weiteres aus der rechtlichen Einstandspflicht folge und der Entsprechensklausel nur für die Modalitätenäquivalenz bei solchen Straftatbeständen besondere Bedeutung beigemessen wird, die nicht jede Verursachung eines bestimmten Unrechtserfolges unter Strafe stellen, sondern darüber hinaus bestimmte Modalitäten der Tatbegehung erfordern. Demgegenüber trennt die Gegenauffassung[126] die Problematik, ob der inaktive Täter rechtlich für den Erfolg einzustehen hat, von der gesondert davon zu beantwortenden Frage nach der Handlungs- und Modalitätenäquivalenz, wobei auch bei den reinen Erfolgsdelikten die Frage nach der Handlungsäquivalenz eigenständige Bedeutung erlangt. Dieser Meinungsstreit kann indessen dahinstehen, denn jedenfalls besteht Einigkeit darüber, daß die Begehungsäquivalenz unabdingbare Voraussetzung einer Erfolgszurechnung beim unechten Unterlassungsdelikt ist. Wird nunmehr der Frage nachgegangen, unter welchen Voraussetzungen eine solche Begehungsäquivalenz vorliegt, muß zunächst auf den Unwertgehalt abgestellt und der causa der Erfolgszurechnung bei den Begehungsdelikten auf den Grund gegangen werden. Sodann kann aus der für die Begehungsdelikte maßgeblichen Unrechtsstruktur auf den Unwert der unechten Unterlassungsdelikte geschlossen werden. Die durch eine solche Vorgehensweise gewonnenen Erkenntnisse stehen im Einklang mit dem verfassungsrechtlich in Art.103 Abs.2 GG statuierten nullum-crimen-Grundsatz, denn sie gründen sich ausschließlich auf die bei den Begehungsdelikten vorhandenen Unrechtsmerkmale und finden ihre Grundlage damit in den gesetzlichen Wertvorgaben. Da der Rechtsanwender in dem von § 13 StGB vorgegebenen Rahmen auf die in der geschriebenen Strafrechtsordnung zum Ausdruck kommenden Wertentscheidungen anknüpft, ohne daß auf rein subjektive Strafwürdigkeitserwägungen abgestellt wird, steht ein solches Vorgehen mit dem strafrechtlichen Analogieverbot in Einklang.

---

125 So etwa: Schönke/Schröder-Stree, § 13 Rn.4; Leipziger Kommentar-Jescheck, § 13 Rn.4 ff.; Jescheck/Weigend, Lehrbuch des Strafrechts Allgemeiner Teil S.629 f.; Baumann/Weber/Mitsch, Strafrecht Allgemeiner Teil, § 15 Rn.77 ff.; Schmidhäuser, Strafrecht Allgemeiner Teil 12/58; Roxin, JuS 1973, 197 (199); Welp, Vorangegangenes Tun S.18 ff.; Timpe, Strafmilderungen des Allgemeinen Teils S.153 f.; Kühne, Geschäftstüchtigkeit S.90 f.; Schünemann, Grund und Grenzen S.279 f.; Rudolphi, Gleichstellungsproblematik S.58 ff.

126 Vgl.: Kaufmann, Dogmatik S.284 f.; ders., JuS 1961, 173 (177); Kaufmann/Hassemer, JuS 1964, 152 (15311); Henkel, MSchrKrim 1961, 178 (178 f.); Arzt, JA 1980, 712 (716 f.); Schöne, Unterlassene Erfolgsabwendungen S.333 f.; Schürmann, Unterlassungsstrafbarkeit S.61 ff.; Androulakis, Studien S.205 ff., 219 ff. Im Ergebnis so wohl auch Tröndle/Fischer, § 13 Rn.17.

Ungeachtet der methodischen Vorgehensweise können die dargestellten Garantentheorien jedoch im Ergebnis nicht überzeugen.

Rudolphi gelingt es nicht, aus der Struktur der Begehungsdelikte geeignete Kriterien zur Begründung der Garantieverhältnisse abzuleiten.[127] Das im Wege des Analogieschlusses aus dem Handlungsunwert ermittelte Erfordernis der maßgeblichen Entscheidungshoheit des Unterlassenden über den Eintritt der drohenden Rechtsgutsverletzung stellt kein garantenspezifisches Merkmal dar,[128] denn ein Unterlassen setzt generell voraus, daß der Täter die reale Möglichkeit zur Abwendung des rechtsgutsverletzenden Geschehens hat.[129] Auch die Deutung der Ausführungen Rudolphis dahin, die unechten Unterlassungsdelikte erforderten im Gegensatz zu den echten Unterlassungsdelikten nicht nur die Möglichkeit zu einer Entscheidung über die Gefahrenabwendung, sondern eine dementsprechende Kompetenz trägt nicht zur Lösung der Garantenproblematik bei, denn innerhalb dieser Problematik stellt sich gerade die Frage, durch welche objektiven Merkmale sich eine Zuständigkeit des Unterlassenden zur Erfolgsabwendung feststellen läßt. Weiterhin erweist sich der Begriff der Zentralgestalt des zur Rechtsgutsverletzung hindrängenden Geschehens bei näherer Betrachtung als nicht sachgerechte Grundlage zur Ermittlung der maßgeblichen Garantiepositionen. Dies wird insbesondere an dem von Rudolphi[130] gewählten Beispiel des sechsjährigen Kindes deutlich, das vor den Augen zahlreicher Passanten in einen Fluß stürzt und mangels Rettung zu Tode kommt. Gesetzt den Fall, der Vater des Kindes befindet sich unter den Passanten, konzentrierten sich - so Rudolphi - alle Blicke auf ihn und er trete deutlich aus der Masse der anwesenden Personen hervor, wodurch er als Zentralgestalt des Geschehens und damit als Garant für die Unversehrtheit des Kindes einzustehen hätte. Anhand dieses Beispiels wird deutlich, daß Rudolphi eine vergleichende Betrachtung vornimmt, bei der er aus einer Mehrzahl von Personen die im Mittelpunkt stehende Gestalt eruiert. Eine solche Betrachtung bereitet jedoch zumindest dann Schwierigkeiten, wenn verschiedene Bezugspersonen vorhanden sind, die in eine vergleichende Betrachtung mit einbezogen werden könnten.[131] Geht man in dem vorliegenden Beispielsfall von der Anwesenheit mehrerer Beteiligter neben dem Kindesvater aus, so läßt sich nicht ohne weiteres feststellen, ob der Vater eine Stellung im Zentrum des Geschehens einnimmt. Eine solche Feststellung hängt im positiven Sinne von den inbezuggenommenen Vergleichspersonen ab. Wenn unterstellt wird, neben dem Kindesvater sei auch die Kindesmutter oder das für das Kindeswohl Sorge tragende Kindermädchen an dem Geschehen beteiligt, kann nicht davon ausgegangen werden, der Vater trete im Verhältnis zu der Mutter oder dem Kindermädchen in besonderem Maße in den Mittelpunkt des Geschehens. Es handelt sich bei dem Vorgehen Rudolphis damit

---

[127] Eingehend zur Kritik an der Garantenlehre Rudolphis: Schünemann, Grund und Grenzen S.161 ff.; Bärwinkel, Struktur der Garantieverhältnisse S.82 ff.; Nickel, Problematik der unechten Unterlassungsdelikte S.81 ff.; Brammsen, Entstehungsvoraussetzungen S.53 f., 291 f.; Hüwels, Fehlerhafter Gesetzesvollzug S.79 ff.; Sangenstedt, Garantenstellung S.281 ff.

[128] So zutreffend Sangenstedt (Garantenstellung S.284 f.).

[129] Vgl nur: Schönke/Schröder-Lenckner, Vorbem §§ 13 ff. Rn.141 ff.; Leipziger Kommentar-Jescheck, Vor § 13 Rn.85; Jescheck/Weigend, Lehrbuch des Strafrechts Allgemeiner Teil S.616, 630; Baumann/Weber/Mitsch, Strafrecht Allgemeiner Teil, § 15 Rn.15 f.; Maurach/Gössel/Zipf, Strafrecht Allgemeiner Teil II § 46 Rn.157; Schmidhäuser, Strafrecht Allgemeiner Teil 12/38 f.; Gössel, Strafrecht S.6; Haft, Strafrecht Allgemeiner Teil S.176; Bockelmann/Volk, Strafrecht Allgemeiner Teil S. 134 f., 152; Welzel, Strafrecht S.200 f.; Kaufmann, Dogmatik S.27 ff., 35 ff.

[130] Gleichstellungsproblematik S.99.

[131] Ähnlich auch Schünemann (Grund und Grenzen S. 163), dem zufolge der Begriff der Zentralgestalt die Beteiligung mehrerer Personen an einer Straftat voraussetzt, von denen eine im Zentrum steht.

um eine relative Betrachtung, die entscheidend von der Wahl der in den Vergleich einbezogenen Bezugspersonen und von eigenen subjektiven Wertungen abhängt. Aber auch im übrigen weist das Garantenkriterium Rudolphis keinen wesentlichen materiellen Gehalt auf. Die in dem vorstehenden Beispielsfall von Rudolphi getroffene Feststellung, der Vater erscheine unter den übrigen Passanten als Zentralgestalt auf den sich die Blicke richteten, trifft zweifelsohne auch dann zu, wenn anstatt des Kindesvaters eine Nachbarin oder eine entfernte Bekannte der Eltern dem Geschehen beiwohnt und Maßnahmen zur Rettung des Kindes unterläßt. In diesem Fall läßt sich nicht leugnen, daß die Nachbarin oder die Bekannte der Eltern, wenn auch nur aufgrund einer weitläufigen Bekanntschaft mit den Kindeseltern in einem besonderen Verhältnis zu dem unheilvollen Geschehen steht. Die Tatsache, daß sich unter zahlreichen Passanten nunmehr entweder die Nachbarin oder eine Bekannte der Eltern befindet, auf die sich die Blicke des unvoreingenommenen Betrachters konzentrieren und die infolgedessen als Zentralgestalten des Geschehens erscheinen, bedeutet aber unter den gegebenen Umständen nur, daß eine Garantenstellung in Betracht kommen *kann*, nicht aber, daß eine solche auch tatsächlich vorliegt. Die Annahme einer strafrechtlich relevanten Sonderpflicht aller, dem Geschehen beiwohnender Personen, die in einem wie auch immer gearteten besonderen Verhältnis zu dem Kausalverlauf stehen, würde hingegen zu einer uferlosen Ausweitung der Unterlassensstrafbarkeit führen und ist bereits deshalb abzulehnen. Sieht man jedoch von der fehlenden Aussagekraft des Leitkriteriums einmal ab, läßt sich Rudolphi entgegenhalten, daß dem Begriff der Zentralgestalt bereits im Rahmen der Abgrenzung der Täterschaft von der Teilnahme Bedeutung zukommt.[132] Ein erneutes Anknüpfen an dieses Kriterium im Rahmen der Garantenproblematik würde zu einer Gleichsetzung der Täterschaft mit der Garantenstellung führen,[133] die jedenfalls dann unzulässig ist, solange man an der Möglichkeit einer Teilnahme am Unterlassen durch einen Garantenpflichtigen festhält.[134]

Darüber hinaus hat auch die Ausrichtung der Garantenlehre Schünemanns an dem Herrschaftsprinzip in der Literatur[135] zu Recht Kritik erfahren. Zutreffend wurde hervorgehoben, daß der von Schünemann geprägte Begriff der Herrschaft mehrdeutig ist.[136] Obwohl Schünemann[137] ausdrücklich auf die *faktische* Herrschaft abstellt, bleibt unklar, ob unter der Herrschaftsbeziehung die tatsächliche Gewalt über den Grund des Erfolges

---

[132] Vgl.: Roxin, Täterschaft und Tatherrschaft S.25 ff.

[133] Vgl. auch: Schünemann, Grund und Grenzen S.163; Bärwinkel, Struktur der Garantieverhältnisse S.82.

[134] Ob der Garantenpflichtige Teilnehmer am Unterlassen sein kann, ist indessen umstritten. Während die ganz herrschende Meinung und Rechtsprechung (vgl. nur: RGSt 66, 71 (74 f.); Leipziger Kommentar-Jescheck, § 13 Rn.51 f.; Maurach/Gössel/Zipf, Strafrecht Allgemeiner Teil II, § 50 Rn.69; Jakobs, Strafrecht Allgemeiner Teil 29/108 ff.; Arzt, JA 1980, 553 (557 f.)) die Möglichkeit einer Teilnahme am Unterlassen anerkennt, lehnt die Gegenauffassung (vgl.: Kaufmann, Dogmatik S.291 ff.; Welzel, Strafrecht S.206 f., 221) dies wegen Fehlens eines Unterlassungsvorsatzes ab.

[135] Vgl.: Maiwald, JuS 1981, 473 (480 f.); Seelmann, GA 1989, 241 (244); Maurach/Gössel/Zipf, Strafrecht Allgemeiner Teil II § 46 Rn.61; Herzberg, Unterlassung im Strafrecht S.192 ff.; Landau, Strafrechtliche Verantwortlichkeit S.78 ff.; Brammsen, Entstehungsvoraussetzungen S.69 ff.; Otto/Brammsen, Jura 1985, 530 (534); Hüwels, Fehlerhafter Gesetzesvollzug S.68 ff.; Freund, Erfolgsdelikt und Unterlassen S.140 ff.; Gürbüz, Strafbarkeit von Amtsträgern S.136 f.; Timpe, Strafmilderungen des Allgemeinen Teils S.164 ff.; Fünfsinn, Aufbau des fahrlässigen Verletzungsdelikts durch Unterlassen S.80, Anm.209.

[136] So: Maiwald, JuS 1981, 473 (480); Brammsen, Entstehungsvoraussetzungen S.75 f.; Hüwels, Fehlerhafter Gesetzesvollzug S.68; Sangenstedt, Garantenstellung S.291, 294 f., 299 f.
Vgl. auch Otto/Brammsen, Jura 1985, 530 (534).

[137] ZStW 96 (1984), 287 (294).

oder eine normative Zuordnung des Erfolgsgrundes zu verstehen ist. So sollen nach Schünemann[138] die Kindeseltern im allgemeinen auch dann eine Garantenstellung innehaben, wenn sie ihr Kind alleine gelassen und sich zeitweilig räumlich an einen anderen Ort begeben haben. Zumindest während ihrer Abwesenheit kann jedoch von einer tatsächlichen Beherrschung des Kausalverlaufs durch die Eltern keine Rede sein. Eine entsprechende aktuelle Herrschaftsbeziehung läßt sich in diesem Falle nur durch eine normative Zuordnung konstruieren. Weiterhin fraglich bleibt, unter welchen Voraussetzungen ein Herrschaftsverhältnis begründet und wieder aufgehoben wird. Vor allem bei einer Straftatbegehung durch Dritte spricht vieles für die Annahme, daß sich der Unterlassende im Zeitpunkt der Deliktsbegehung von dem Geschehen abwendet und seiner zuvor bestehenden Herrschaftsbeziehung bewußt entledigt, wohingegen der aktiv handelnde Dritte bei der Begehung der Straftat von außen in die Sphäre des Opfers eingreift und willentlich ein eigenes tatsächliches Herrschaftsverhältnis begründet, indem er den ursprünglichen Herrschaftsinhaber aus seiner bisherigen Stellung verdrängt, denn so wird ihm die Begehung der von ihm gewollten Straftat erleichtert, wenn nicht gar erst ermöglicht.[139] [140] Die Unbrauchbarkeit des Herrschaftskriteriums zeigt sich schließlich auch an dem Umstand, daß es zahlreiche Formen faktischer Herrschaft gibt, die - folgt man dem Schrifttum - jedenfalls keine Garantenstellungen begründen. So ergibt sich aus der Herrschaft über den eigenen Körper, die nach Schünemann den Zurechnungsgrund beim Begehungsdelikt darstellt, keine strafrechtliche Handlungspflicht, Gefahren vom eigenen Körper abzuwenden.[141] Auch aus der Herrschaft über fremde Vermögensgegenstände, an denen ohne oder gegen den eigenen Willen - etwa im Wege ungewollter Zusendung - Besitz begründet wird, läßt sich keine entsprechende Garantenstellung ableiten.[142] Wenn Schünemann[143] ausführt, die Herrschaftsbegründung durch eigenen Zugriff setze nach allgemeinem Verständnis und entsprechend dem Gewahrsamsbegriff in § 242 StGB einen Herrschaftswillen voraus und ein garantenpflichtbegründendes Herrschaftsverhältnis läge bei der ungewollten Warenzusendung mangels eines entsprechenden Herrschaftswillens des Empfängers nicht vor, kann dem nicht gefolgt werden. Im Rahmen des Gewahrsamsbegriffs ist anerkannt, daß der Inhaber eines räumlich umgrenzten Herrschaftsbereichs in der Regel den generellen Willen hat, die tatsächliche Gewalt über alle Sachen auszuüben, die in seine Sphäre gelangen.[144]

---

138 Vgl.: Grund und Grenzen S.346.

139 Vgl. dazu Maiwald (JuS 1981, 473, (480)), der die berechtigte Frage aufwirft, ob der Einbrecher, der während der Abwesenheit der Eltern in das Haus eindringt und die faktische Herrschaft über die Kinder erlangt, nunmehr in die Garantenstellung der Eltern einrückt. Wenn Schünemann (ZStW 96 (1984), 287 (294)) dagegen einwendet, der Einbrecher übe nicht die garantenpflichtbegründende Herrschaft aus, da er keinen entsprechenden Herrschaftswillen besitze, kann dem nicht gefolgt werden. Ein entsprechender Herrschaftswille liegt jedenfalls dann vor, wenn der Einbrecher die alleinige Anwesenheit der wehrlosen Kinder bewußt in seinen Tatplan miteinbezogen hat und die Herrschaftsmacht ihm zumindest die Begehung des Einbruchs erleichtert.

140 Vgl. in diesem Zusammenhang auch die Ausführungen Landaus (Strafrechtliche Verantwortlichkeit S.80 f.), wonach der Grund des Erfolges im Fall der besonderen Hilflosigkeit des Opfers nicht - wie Schünemann annimmt - die Anfälligkeit oder Hilflosigkeit des Opfers sein soll, sondern vielmehr ein sich von außen auf das Opfer zu bewegender Angriff; diesen Erfolgsgrund beherrsche der Unterlassende jedoch nicht, so daß derjenige, der zum Schutz eines Rechtsgutes auf Posten gestellt ist, im Sinne Schünemanns regelmäßig nicht für den eingetretenen Erfolg strafrechtlich verantwortlich wäre.

141 Maiwald, JuS 1981, 473 (480).

142 Maiwald, a.a.O.

143 ZStW 96 (1984), 287 (294).

144 Vgl. nur: Wessels/Hillenkamp, Strafrecht Besonderer Teil 2 Rn.79; Kindhäuser, Strafrecht

Demgemäß erlangt der Empfänger von Postsendungen schon mit dem Einwurf in den Hausbriefkasten Gewahrsam, auch wenn er abwesend ist und von dem Zugang keine Kenntnis hat.[145] Gründe, warum das Vorliegen eines Herrschaftswillens im vorliegenden Fall abweichend von diesen Grundsätzen zu beurteilen sein soll, sind demgegenüber nicht ersichtlich.[146] Aber auch im übrigen löst das Herrschaftskriterium Widersprüche aus, die sich vor allem im Rahmen der Garantenstellungen kraft faktischer Übernahme offenbaren. Wer den Schutz seiner Person oder sonstiger Rechtsgüter einem anderen anvertraut, überträgt damit nicht immer gleichzeitig auch die Herrschaft über den Erfolgsgrund, und umgekehrt erlangt die schutzbereite Person durch den Übertragungsakt nicht ohne weiteres eine dementsprechende faktische Herrschaft, so daß bei der Obhutsgewähr aus Übernahme durchaus denkbar ist, daß Garantenpflichtiger und Inhaber der faktischen Herrschaft nicht identisch sind.[147] Weiterhin erscheint auch das Merkmal der Herrschaft über den *Grund des Erfolges* als Zurechnungskriterium zweifelhaft. Wie Maiwald[148] am Beispiel des sich in die Obhut von Familienangehörigen begebenden pflegebedürftigen Verwandten, der infolge mangelnder Pflege zu Tode kommt, zutreffend ausgeführt hat, läßt sich der Grund des Erfolges zunächst als bloße Erfolgsabwendungsmöglichkeit des Unterlassenden verstehen. Wie bereits ausgeführt, ist die bloße Möglichkeit einer Abwendung des Erfolges jedoch kein spezifisches Kriterium der strafrechtlichen Garantieverhältnisse, sondern allgemeine Voraussetzung einer Strafbarkeit wegen unechten Unterlassens nach § 13 StGB und wegen echten Unterlassens in Form der unterlassenen Hilfeleistung nach § 323 c StGB.[149] Stellt man dagegen auf die freiwillige Begründung des Obhutsverhältnisses als Erfolgsgrund ab, so begründet bereits die freiwillige Übernahme eine Garantenstellung der Familienangehörigen, ohne daß ein zusätzlicher Rückgriff auf den Herrschaftsbegriff als materiellem Garantenkriterium erforderlich ist.

Schließlich gibt auch die von Sangenstedt entwickelte Garantenlehre zu durchgreifenden Bedenken Anlaß.[150] Nicht nachvollziehbar ist zunächst, inwieweit sich Rückschlüsse für die unechten Unterlassungsdelikte aus der Feststellung Sangenstedts ziehen lassen sollen,

---

Besonderer Teil II/1 S.61; Krey, Strafrecht Besonderer Teil 2 Rn.17. Vgl. auch: Otto, Grundkurs Strafrecht 2 S.149, der dies zumindest bei öffentlich zugänglichen Gebäuden und Räumen annimmt.

145 Vgl.: Lackner/Kühl, § 242 Rn.11; Schönke/Schröder-Eser, § 242 Rn.30; Krey, Strafrecht Besonderer Teil 2 Rn.17; Otto, Grundkurs Strafrecht 2 S.149.

146 Für eine Anlehnung an die zu den Gewahrsamsverhältnissen entwickelten Grundsätzen spricht vielmehr, daß sich Schünemann (ZStW 96 (1984), 287 (294)) in seinen Ausführungen explizit auf den Gewahrsamsbegriff beruft. Darüber hinaus läßt sich in dem oben genannten Beispiel ohne weiteres ein aktuelles Herrschaftsverhältnis der abwesenden Eltern über die zurückgebliebenen Kinder durch eine entsprechende Anwendung der Grundsätze zur Gewahrsamslockerung herleiten, wonach es für ein Gewahrsamsverhältnis nicht allein auf die körperliche Nähe, sondern auch auf die Anschauungen des täglichen Lebens ankommt, mit der Folge, daß ein Gewahrsamsverhältnis trotz kurzfristiger räumlicher Trennung fortbestehen kann. (Vgl.: BGHSt 16, 271 (273 f.); Lackner/Kühl, § 242 Rn.9; Mitsch, Strafrecht Besonderer Teil 2, § 1 Rn.66).

147 So zutreffend Sangenstedt (Garantenstellung S.316 f.), der als Beispiel unter anderem den von Schünemann (Grund und Grenzen S.341, 344) erörterten Fall aufgreift, in dem sich der pflegebedürftige Verwandte in die Obhut seiner Angehörigen oder eines Pflegeheims begibt. Die Begründung des Obhutsverhältnisses, so Sangenstedt (a.a.O.), berühre nicht die freie Selbstbestimmung des Pflegebedürftigen über seinen Körper und lasse grundsätzlich seine Fähigkeit unberührt, einen Lebenswandel nach seinen Vorstellungen zu führen, weshalb von der Begründung eines Herrschaftsverhältnisses über die Pflegepersonen nicht ausgegangen werden könne.

148 JuS 1981, 473 (480 f.).

149 Vgl. dazu bereits oben die Ausführungen in diesem Abschnitt zur Garantenlehre Rudolphis.

150 Vgl. auch die Kritik an der Garantenlehre Sangenstedts bei: Freund, Erfolgsdelikt und Unterlassen S.150 ff.; Wessel, Abfallbeseitigung durch Unterlassen S.129 f.

wonach der Handelnde durch körperlichen Energieeinsatz eine rechtlich mißbilligte Erfolgsgefahr schaffe, die in dem konkreten rechtsgutsverletzenden Geschehen ihren tatsächlichen Niederschlag finde. Zum einen wird die Unterlassung dadurch gekennzeichnet, daß der Täter seine körperliche Energie gerade nicht zur Abwendung der Rechtsgutsverletzung einsetzt. Zum anderen handelt es sich bei dem Merkmal der Schaffung einer rechtlich mißbilligten Erfolgsgefahr, die in der Rechtsgutsverletzung ihren tatsächlichen Niederschlag findet, um ein allgemeines Kriterium der objektiven Zurechnung. [151] Dieses Kriterium kennzeichnet nicht den spezifischen Zurechnungszusammenhang bei den Begehungsdelikten, sondern gewährleistet generell im Rahmen der Erfolgsdelikte eine Verknüpfung der Tathandlung mit dem Erfolg, und es beansprucht sowohl bei den Begehungsdelikten als auch bei den Unterlassungsdelikten gleichermaßen Gültigkeit.[152] Das Fehlen eines entsprechenden Zurechnungszusammenhangs bei den echten Unterlassungsdelikten[153] läßt sich dabei schlicht und ergreifend darauf zurückführen, daß sich der Unrechtsgehalt der echten Unterlassungsdelikte in dem Verstoß gegen eine Gebotsnorm und in dem bloßen Unterlassen einer bestimmten gesetzlich geforderten Tätigkeit erschöpft und keinen Erfolgsbezug voraussetzt.[154] Die Ausführungen Sangenstedts beziehen sich damit lediglich auf die allgemeine Deliktsstruktur und lassen in keiner Weise Schlußfolgerungen auf den spezifischen Unrechtsgehalt der unechten Unterlassungsdelikte zu. In gleicher Weise ist auch der Ausgangspunkt Sangenstedts, die strafrechtliche Erfolgszurechnung erweise sich als Kehrseite und Korrelat der Entscheidungshoheit des einzelnen über seine Körperbewegungen, nicht zur Ermittlung des spezifischen Unrechtsgehalts der unechten Unterlassungsdelikte geeignet. Zwar trifft es durchaus zu, daß die Begehungsdelikte die Entscheidungshoheit des Täters über seine Körperbewegungen voraussetzen und nicht steuerbare Bewegungen strafrechtlich irrelevant sind. Indessen werden mit der Steuerungsfähigkeit eines Verhaltens nur gewisse, tatsächlich bei den Begehungsdelikten vorhandene Umstände beschrieben,

---

[151] Vgl. zur Lehre von der objektiven Zurechnung: Leipziger Kommentar-Jescheck, Vor § 13 Rn.59 ff.; Jescheck/Weigend, Lehrbuch des Strafrechts Allgemeiner Teil S.286 ff; Roxin, Strafrecht Allgemeiner Teil I, § 11 Rn.36 ff. Speziell zu dem Erfordernis der rechtlich mißbilligten Gefahr vgl.: Roxin, Strafrecht Allgemeiner Teil I § 11 Rn.55 ff.; Maurach/Zipf, Strafrecht Allgemeiner Teil I, § 18 Rn.57; Jakobs, Strafrecht Allgemeiner Teil 7/35 ff.; Haft, Strafrecht Allgemeiner Teil S.64.

[152] Zur objektiven Zurechnung bei den unechten Unterlassungsdelikten: Maurach/Gössel/Zipf, Strafrecht Allgemeiner Teil II, § 46 Rn.18 ff.; Jakobs, Strafrecht Allgemeiner Teil 29/19; Kühl, Strafrecht Allgemeiner Teil, § 18 Rn.40.

[153] Vgl. Sangenstedt, Garantenstellung S.375.

[154] Zwar kann die Nichtvornahme der gesetzlich geforderten Handlung mit sozialschädlichen Folgen verbunden sein, für die Strafbarkeit des Verhaltens kommt es jedoch nicht auf den Eintritt eines dementsprechenden Erfolges, sondern allein auf das Unterlassen des rechtlich gebotenen Tuns an. Die echten Unterlassungsdelikte bilden damit das Gegenstück zu den schlichten Tätigkeitsdelikten. (Vgl.: RGSt 45, 210 (213); BGHSt 14, 280 (281); Bockelmann/Volk, Strafrecht Allgemeiner Teil S.152; Leipziger Kommentar-Jescheck, Vor § 13 Rn.84; Jescheck/Weigend, Strafrecht Allgemeiner Teil S.605 f.; Jescheck/Goldmann, ZStW 77 (1965), 109 (122); Böhm, JuS 1961, 177 (178)). Dem wird von einer Meinung im Schrifttum (vgl.: Schöne, Unterlassene Erfolgsabwendungen S.56 ff., 138 ff.; Jakobs, Strafrecht Allgemeiner Teil, 28/11; Kaufmann, Dogmatik S.206 ff., 275; Herzberg, Unterlassung im Strafrecht S.24 ff.; Freund, Erfolgsdelikt und Unterlassen S.298 f.) entgegengehalten, daß auch die §§ 138, 323 c StGB letztlich dazu dienten, den Eintritt von Rechtsgutsverletzungen zu verhindern, so daß sie ebenso wie die unechten Unterlassungsdelikte einen Erfolgsbezug aufwiesen. Dieser Einwand kann jedoch nicht darüber hinwegtäuschen, daß der Erfolgseintritt nicht zum gesetzlichen Tatbestand der echten Unterlassungsdelikte gehört und diese jedenfalls einen schwächeren Erfolgsbezug aufweisen, der auch in der unterschiedlich hohen Strafandrohung zum Ausdruck kommt (so zutreffend auch: Niepoth, Der untaugliche Versuch S.139).

ohne daß Sangenstedt damit jedoch deren Unrechtsstruktur ermittelt hätte.[155] Darüber hinaus kommt bei fehlender Steuerungsfähigkeit eines Verhaltens auch eine Strafbarkeit wegen eines echten Unterlassungsdelikts nicht in Betracht. Den Ausgangspunkt der Garantenlehre Sangenstedts bilden damit allgemeine Kriterien der objektiven Zurechnung und Handlungsfähigkeit, aus denen sich keine Haftungsgrundsätze bei den unechten Unterlassungsdelikten ableiten lassen.[156] Da Sangenstedt seiner Garantenlehre zwar zutreffende, aber nicht den Unwertgehalt der Begehungsdelikte kennzeichnende Erwägungen zugrunde legt, entbehrt sein Leitgesichtspunkt der faktischen Entscheidungshoheit über eine dem eigenen unmittelbaren Zugriff unterworfene Gestaltungs- und Verfügungssphäre einer tragfähigen Grundlage. Dessenungeachtet gelangt Sangenstedt bei der Konkretisierung seines Gleichstellungsansatzes zu Ergebnissen im Einzelfall, die sich mit den von ihm entwickelten Wertkriterien nicht in Einklang bringen lassen. Im Rahmen der Garantenstellungen aus der Überwachung einer Gefahrenquelle geht Sangenstedt[157] zunächst davon aus, daß als Überwachungsgarant nur derjenige in Betracht kommt, dem im Zeitpunkt der ausbleibenden Handlung die Entscheidungshoheit über die maßgebliche Einflußsphäre zustehe. Ausgehend von dieser Prämisse gelangt Sangenstedt[158] zur Ablehnung der Garantenstellung aus vorangegangenem Tun. In diesem Zusammenhang führt er aus, eine Garantenpflicht sei ohne weiteres unter dem Gesichtspunkt der allgemeinen Überwachungsgarantie feststellbar, soweit die gefährliche Entwicklung den Organisationsbereich des Urhebers noch nicht überschritten habe.[159] Demgegenüber läge keine Garantenstellung des Gefahrverursachers vor, sofern die gefährliche Entwicklung seinen Organisationskreis bereits verlassen habe und sich in fremden Einflußsphären fortsetze.[160] Als Begründung gibt Sangenstedt an, nach Verlassen des tätereigenen Organisationsbereichs reduziere sich die aktuelle Beziehung des Gefahrverursachers zu dem gefahrbringenden Geschehen auf eine schlichte Abwendungsmöglichkeit, wie sie jeder Unbeteiligte habe. Da es an dem garantenpflichtkonstituierendem Merkmal der Herrschaft fehle, sei für eine Garantenstellung aus Ingerenz neben den allgemeinen Überwachungsgarantien kein Raum.[161] [162] Die von Sangenstedt vorgenommene Differenzierung kann jedoch von vornherein nicht überzeugen. [163]Auch bei der Deliktsverwirklichung durch

---

155 So zutreffend: Freund, Erfolgsdelikt und Unterlassen S.150.

156 Vgl. auch Freund (Erfolgsdelikt und Unterlassen S.151): „Wer gewissermaßen mit dem Skalpell an ein Begehungsdelikt herangeht und tatsächliche Momente heraustrennt, die ihm mehr oder weniger zufällig als dessen Besonderheit ins Auge springen, darf sich nicht wundern, wenn er schließlich ein naturalistisches Teilstück in Händen hält, das das Wesen begehungsdeliktsspezifischen *Unrechts* gar nicht mehr erkennen läßt, weil es als Faktum nur im Zusammenhang eines Gesamtkomplexes unrechtskonstitutiver Momente Aussagekraft besitzt." (Hervorhebung im Original)

157 Garantenstellung S.319.

158 a.a.O. S.319 ff.

159 a.a.O. S.320.

160 a.a.O. S.320 f.

161 a.a.O. S.321.

162 Sangenstedt (a.a.O. S.320 f.) erläutert dies unter anderem an dem Beispiel des Gewerbetreibenden, auf dessen Betriebsgelände ein Brand ausbricht, der auf das Nachbargrundstück überzugreifen droht. Der Gewerbetreibende, der den Brand durch sein fahrlässiges Verhalten verursacht hat, solle kraft seiner Herrschaft über eine Gefahrenquelle verpflichtet sein, eine Ausbreitung der Flammen über die eigenen Grundstücksgrenzen hinaus zu unterbinden, solange das Feuer sich noch nicht ausgebreitet habe. Sobald jedoch das Feuer bereits auf das Nachbargrundstück übergegriffen habe, sei der Kausalverlauf der Herrschaft des Brandverursachers entglitten und könne von ihm nicht mehr beeinflußt werden als durch jeden anderen, so daß mangels einer entsprechenden Herrschaft des Unterlassenden keine Garantenstellung vorliege.

163 Geht man von dem dargestellten Beispielsfall aus, so ist bereits fraglich, welchen Unterschied es machen soll, daß der Brandverursacher eine Erfolgsabwendung unterläßt, solange sich das Feuer

positives Tun findet das rechtsgutsverletzende Geschehen zunächst seinen Ursprung im Inneren des Täters. Der Umstand, daß die rechtsfeindliche Motivation, vermittelt durch die tätereigene Körperbewegung, Wirkung auf die Außenwelt erlangt, hindert dabei nicht die Zurechnung des Erfolges. Betrachtet man nun den Zurechnungszusammenhang bei den Begehungsdelikten, dann wird deutlich, daß Sangenstedt im Rahmen seiner Ausführungen die Ursache des Geschehens mit deren Folgen verwechselt.[164] Die Überlegungen Sangenstedts zu der Garantenstellung aus vorangegangenem Tun stellen demnach pauschale Behauptungen dar, die zumindest in ihrer Verallgemeinerung so nicht zutreffen.

III) Zwischenergebnis

Abschließend läßt sich festhalten, daß der Rückgriff auf den Herrschaftsgedanken nicht geeignet ist, zur Lösung des Garantenproblems im allgemeinen und der Garantenproblematik bei gewerblichen Wachpersonen im besonderen beizutragen. Zustimmung finden die Begründungsansätze Rudolphis, Schünemanns und Sangenstedts nur insoweit, als sie den Versuch unternehmen, die maßgeblichen garantenpflichtbegründenden Kriterien durch eine Analyse des Unwertgehalts bei den Begehungsdelikten zu ermitteln. Daß ihre Bemühungen, die Wertmaßstäbe aus den gesetzlichen Vorgaben zu bestimmen, trotz des methodisch richtigen Vorgehens letztlich ohne Erfolg bleiben, ist vor allem auf eine unzureichende Analyse der Unrechtsstruktur der Begehungsdelikte und auf die fehlende materielle Aussagekraft der Garantenkriterien zurückzuführen. So gelangt Rudolphi zu einem Leitkriterium, welches keinen nennenswerten materiellen Gehalt aufweist. Darüber hinaus sind die Ergebnisse der von ihm vorgenommenen vergleichenden Betrachtung abhängig von den jeweiligen in den Vergleich einbezogenen Bezugspersonen. Ob die private Wachperson eines Sicherheitsdienstes bei einem konkreten Geschehen als deren Zentralgestalt erscheint, hängt demgemäß entscheidend von der Vergleichsperson ab. Im Verhältnis zu den polizeilichen Vollzugskräften richten sich die Blicke des unbefangenen Betrachters primär auf die staatlichen Ordnungshüter und erst sekundär auf private Sicherheitskräfte, die lediglich auf vertraglicher Grundlage im Einzelfall handeln. Dies ergibt sich bereits aus dem umfassenden Auftrag der Polizei zur Kriminalitätsbekämpfung und allgemeinen Gefahrenabwehr im Allgemeininteresse im Gegensatz zu der bloßen Verpflichtung ziviler Einsatzkräfte zu einer entsprechenden Wachtätigkeit im Individualinteresse aufgrund des mit dem Auftraggeber geschlossenen Bewachungsvertrages.[165] Die Polizeikräfte treten auch aus der Masse sonstiger Personen

---

ausschließlich auf seinem Grundstück befindet oder nachdem bereits das Nachbargrundstück vom Feuer erfaßt wurde.

[164] So verkennt er in dem erörterten Beispielsfall, daß der auf das Nachbargrundstück übergegriffene Brand seine Ursache nach wie vor in der Sphäre des Gewerbetreibenden findet und sich lediglich auf die fremde Einflußsphäre auswirkt. Dies zeigt sich besonders deutlich, wenn der oben dargestellte Beispielsfall etwa dahingehend abgeändert wird, daß der Brand durch auf dem Betriebsgrundstück ausfließendes Benzin geschürt wird. In diesem Fall kann nicht ernstlich bezweifelt werden, daß der Brandverursacher nach wie vor die Entscheidungshoheit über die maßgebliche Einflußsphäre hat, denn das Feuer hat seinen Ursprung in seiner Sphäre und kann nur durch Maßnahmen auf seinem Gelände eingedämmt werden. Dies gilt unabhängig davon, ob das Feuer bereits auf das Nachbargrundstück übergegriffen hat; das Ausbreiten des Feuers über die Grundstücksgrenzen hinaus stellt unter diesem Blickwinkel nicht die Ursache des Geschehens dar, sondern lediglich deren Folge; es muß - ebenso wie die durch positives Tun herbeigeführten Verletzungs-folgen - unberücksichtigt bleiben.

[165] Siehe dazu eingehend unten: 2.Teil, B), I).

unter dem Gesichtspunkt des staatlichen Gewaltmonopols hervor, wonach ausschließlich staatliche Ordnungs- und Kontrollorgane zu Hoheitseingriffen befugt sind, die nach Art. 20 Abs.3 GG umfassend an Recht und Gesetz gebunden sind und einer demokratischen und rechtsstaatlichen Kontrolle unterliegen.[166] Im Verhältnis zu sonstigen am Geschehen nicht beteiligten Personen treten jedoch private Wachpersonen ins Zentrum der Betrachtung, denn sie werden allgemein gegen Entgelt auf vertraglicher Grundlage gefahrenabwehrend und ordnungssichernd tätig und vermitteln wegen ihres äußerlichen Auftretens, insbesondere ihrer Uniformierung und Bewaffnung, den Eindruck quasi hoheitlichen Handelns im Allgemeininteresse. Schünemanns Garantenkonzeption führt ebenfalls bereits durch die Mehrdeutigkeit des von ihm entwickelten Herrschaftsbegriffs zu Ungereimtheiten. Die Begründung der maßgeblichen Garantenstellungen mit Hilfe des Herrschaftsgedankens gibt zu Bedenken Anlaß, soweit Erfolgsabwendungspflichten in bezug auf Rechtsgutsverletzungen in Rede stehen, die durch vorsätzliche Straftaten Dritter herbeigeführt werden. In diesem Zusammenhang läßt Schünemann klare Abgrenzungskriterien für die Herrschaftsbegründung und -aufgabe vermissen. So spricht vieles für die Annahme, daß ein Bediensteter eines gewerblichen Wachunternehmens, der vertragswidrig nicht gegen Straftaten Dritter einschreitet, seine ursprünglich begründete Herrschaftsbeziehung freiwillig aufgibt, indem er sich bewußt von dem Geschehen abwendet. Demgegenüber ergreift der Straftäter die unmittelbare Herrschaft und verdrängt die gewerbliche Schutzperson zum Zwecke der Deliktsverwirklichung vollständig aus ihrer Herrschaftsposition. Zudem wurde eingehend dargelegt, daß die faktische Herrschaft insbesondere bei der Obhutsübernahme nicht mit einer Garantenstellung gleichgesetzt werden kann. Indessen leidet Sangenstedts Versuch, den Herrschaftsgedanken mit Hilfe grundgesetzlicher Wertmaßstäbe normativ auszurichten, im wesentlichen an einer unzureichenden Ermittlung des spezifischen Unrechtsgehalts der Begehungsdelikte. Darüber hinaus hat sich gezeigt, daß Sangenstedt bei der Konkretisierung seiner Garanten-ehre zu nicht nachvollziehbaren Ergebnissen im Einzelfall gelangt, die sich vor allem im Rahmen seiner Ausführungen zur Garantenstellung aus vorangegangenem Tun offenbaren. Diese Ungereimtheiten sind auf eine Verwechslung von Ursachen und Folgen zurückzuführen, die Sangenstedts Ausführungen zur sog. Ingerenz kennzeichnen. Ungeachtet der Frage, ob die Ingerenz im Ergebnis Zustimmung oder Ablehnung verdient, besteht jedenfalls kein einleuchtender Grund, die Garantenstellungen einer privaten Wachperson allein deshalb zu verneinen, weil das gefährliche Geschehen bereits externe Wirkungen zeigt. Der Umstand, daß sich ein Geschehen bereits auf einen fremden Bereich ausgewirkt hat, ändert jedenfalls nichts an der Herrschaft über den Kausalverlauf. Die Auswirkungen eines Verhaltens müssen, wie auch bei den Begehungsdelikten, außer Betracht bleiben. Die dargelegten Garantenlehren sind damit insgesamt betrachtet nicht zur Herleitung der fraglichen Garantenstellungen von Wachpersonen des privaten Sicherheitsgewerbes geeignet. Soweit von Rudolphi, Schünemann und Sangenstedt hervorgehoben wird, die Garantenunterlassung erfordere die Möglichkeit der Erfolgsabwendung, ist diese Feststellung zwar zutreffend, sie beansprucht jedoch in gleicher Weise Gültigkeit für die echten Unterlassungsdelikte mit der Maßgabe, daß im Rahmen der echten Unterlassung nicht die Erfolgsabwendung, sondern die schlichte Handlungsvornahme möglich sein muß. Es handelt sich bei der Erfolgsabwendungsmöglichkeit folglich nicht um ein garantenspezifisches Merkmal. Über die physisch- reale Erfolgsabwendungsmöglichkeit hinaus muß jedoch das, den Unrechtserfolg verhindernde Handeln auch nach dem Grundsatz der Einheit der Rechtsordnung

[166] Näher dazu unter: 2.Teil, B), II).

rechtlich möglich sein. Dem Unterlassenden darf von der Strafrechtsordnung kein positives Tun abverlangt werden, zu welchem er nach der außerstrafrechtlichen Rechtsordnung nicht befugt ist, denn ansonsten würde sich die Strafrechtsordnung in unerträglichen Widerspruch zu der Gesamtrechtsordnung setzen. Wie noch im einzelnen darzulegen sein wird, werden Inhalt und Umfang der Garantenstellungen von Angehörigen gewerblicher Wachunternehmen aufgrund dessen maßgeblich von ihren Eingriffsbefugnissen bestimmt.

D) Gedanke des Vertrauens- und Abhängigkeitsverhältnisses als Grundlage der Garantenhaftung

In der Literatur[167] wird vermehrt darauf hingewiesen, daß, zumindest im Rahmen der Garantenstellungen kraft Übernahme nicht die Herrschaft, sondern vielmehr ein gefahrenbegründendes Vertrauens- und Abhängigkeitsverhältnis zwischen dem Unterlassenden und dem Inhaber der Gefahrenquelle bzw. dem Inhaber des beeinträchtigten Rechtsgutes garantenpflichtkonstituierende Wirkung erlangt. Vereinzelt hat das Vertrauensprinzip auch in der Rechtsprechung[168] bei der Ermittlung von Garantenstellungen Anklang gefunden.

I) Darstellung der Garantenlehren

Nach einem Teil des Schrifttums[169] kommt dem Vertrauens- und Abhängigkeitsgrundsatz indessen darüber hinaus Bedeutung als allgemeinem Leitprinzip für die Begründung von Garantieverhältnissen zu, so daß sich nicht nur die Garantenstellungen kraft Übernahme, sondern auch sonstige Garantenstellungen auf die genannten Kriterien zurückführen lassen sollen. Einige dieser Garantenlehren sollen im folgenden eingehender untersucht werden. Für die Frage nach den Garantenstellungen privater Wachpersonen könnten sie insoweit von Bedeutung sein, als daß sich die Erfolgsabwendungspflichten der privaten Sicherheitskräfte im einzelnen nach dem in sie gesetzten Vertrauen und der Abhängigkeit ihrer Auftraggeber beurteilen lassen. Zu berücksichtigen wird in diesem Zusammenhang jedoch nicht nur das Vertrauen des Auftraggebers in eine gefahrenabwehrende Tätigkeit privater Schutzdienste sein, sondern auch das Vertrauen, welches die Allgemeinheit der Tätigkeit gewerblicher Wach- und Sicherheitsunternehmen im Rahmen einer zunehmenden Privatisierung hoheitlicher Aufgaben auf dem Gebiet der Gefahrenabwehr

---

[167] Vgl.: Lackner/Kühl, § 13 Rn.15; Baumann/Weber/Mitsch, Strafrecht Allgemeiner Teil § 15 Rn.59, 61; Jakobs, Strafrecht Allgemeiner Teil 29/46, 67 ff.; Haft, Strafrecht Allgemeiner Teil S.182; Stratenwerth, Strafrecht Allgemeiner Teil Rn.998 ff.; Matt, Strafrecht Allgemeiner Teil I § 3 Rn.54; Mezger, Lehrbuch S.144; Hillenkamp, JR 1988, 301 (303); Maiwald, JuS 1981, 473 (481 f.); Stree, Festschrift Mayer S.153 ff.; Blei, Festschrift Mayer S.122, 140 ff.; Welp, Vorangegangenes Tun S.178 ff.; Schultz, Amtswalterunterlassen S.135 ff.; Nickel, Problematik S.181 ff. Vgl. auch die Übersicht zur historischen Entwicklung des Vertrauensprinzips innerhalb der Garantenproblematik bei Brammsen (Entstehungsvoraussetzungen S.78 ff.).

[168] Vgl.: RGSt 66, 56 (58); 70, 45 (46 f.); BGHSt 27, 10 (13); 30, 177 (181 f.); BGH NJW 1971, 1093 (1095); OLG Celle NJW 1961, 1939 (1940); OLG Braunschweig GA 1977, 240 (241).

[169] So vor allem bei Jescheck/Weigend, Lehrbuch des Strafrechts Allgemeiner Teil S.620, 622; Leipziger Kommentar-Jescheck, § 13 Rn.4; Kühne, Geschäftstüchtigkeit S.80 ff.; Maaß, Betrug verübt durch Schweigen S.17; Vogler, Festschrift Lange S.281; Wolff, Kausalität S.36 ff.; Meyer, Garantenstellung beim unechten Unterlassungsdelikt S.160 ff.

entgegenbringt.[170] Des weiteren wird zu klären sein, welche Bedeutung dem Vertrauen zukommt, welches die privaten Sicherheitskräfte durch ihr bewußt äußerliches Auftreten im öffentlichen Sozialbereich für sich beanspruchen. In diesem Zusammenhang wird der Frage nachzugehen sein, ob und inwieweit es im Rahmen der Garantenproblematik überhaupt auf etwaige Vertrauens- und Abhängigkeitsbeziehungen ankommt und gegebenenfalls welche im Rahmen des Einsatzes privater Schutzdienste zutage tretenden Beziehungen insoweit in strafrechtlicher Hinsicht von Relevanz sind.

1) Garantenstellung als objektives Vertrauensverhältnis nach dem Ansatz Voglers

Im Rahmen seiner Abhandlung zu der Frage, ob dem Teilnehmer des unechten Unterlassungsdelikts die Akzessorietätslockerung des § 28 StGB zugute kommen soll, widmet sich Vogler[171] unter anderem auch dem Entstehungsgrund der Garantenstellungen. Das allgemeingültige Prinzip der Garantenpflichten sieht er darin begründet, daß *der Schutz des gefährdeten Rechtsguts von einer positiven Leistung einer bestimmten Person abhängt*, die *Beteiligten sich auf den aktiven Einsatz dieser Person verlassen* und *im Vertrauen darauf entweder rechtsgutsgefährdend handeln oder andere Sicherungsmaßnahmen unterlassen*.[172] Vogler[173] geht davon aus, die Verletzung der Garantenpflicht bewirke besonderes Unrecht und erhöhte Strafwürdigkeit im Vergleich zu dem Untätigbleiben des Nichtgaranten. Der Gesetzgeber bediene sich bei den unechten Unterlassungsdelikten als Sonderdelikten des Garantenpflichtigen der *Täterqualifikation zur Umschreibung einer besonderen Pflichtenstellung*, in der ein spezifisches Unrecht zum Ausdruck komme.[174] Die das spezifische Unrecht kennzeichnende Umschreibung der besonderen Pflichtenstellung des Täters finde sich auch im Rahmen der Amtsdelikte. Die besondere Pflichtenstellung des Amtsträgers innerhalb der Gemeinschaft verleihe dem Amtsdelikt über die Sozialschädlichkeit hinaus einen zusätzlichen Makel unter ethischen Wertmaßstäben.[175] Der Grund für die besondere Strafwürdigkeit liege in dem durch die soziale Rolle des Täters geschaffenen *Vertrauenstatbestand*, der den Rechtsbruch als besonders verwerflich erscheinen lasse. Aus der Rolleninhaberschaft ergebe sich - quasi als Kehrseite der Vermutung rechtmäßigen Amtshandelns - die *objektiv begründete Erwartung pflichtgemäßen Verhaltens*, die über die an jeden Bürger zu stellende Erwartung des rechtstreuen Verhaltens hinausgehe.[176] Den derart herausgearbeiteten Vertrauensgrundsatz überträgt Vogel sodann auf die unechten Unterlassungsdelikte.[177] Indessen will Vogler[178] den Vertrauensgrundsatz im Anschluß an

---

[170] Vgl. zum Erwartungshorizont unten: 2.Teil, B), III).

[171] Festschrift Lange S.278 ff.

[172] a.a.O. S.281.

[173] a.a.O. S.271.

[174] a.a.O. S.278 ff.

[175] a.a.O. S.278 f.

[176] a.a.O. S.279.

[177] Im Gegensatz zu Mezger (Lehrbuch S.144), Stree (Festschrift Mayer S.153 ff.) und Blei (Festschrift Mayer S.122, 140 ff.), die den Geltungsbereich des Vertrauensprinzips im wesentlichen auf die Garantenstellungen kraft Übernahme beschränken, erlangt der Vertrauensgrundsatz bei Vogler (a.a.O. S. 281 f.) Bedeutung als allgemeingültiges Ordnungsprinzip, auf welches sich - so Vogler - auch die Garantenstellung aus Ingerenz zurückführen ließe. Dies gelte jedenfalls dann, wenn man die Garantenstellung aus vorangegangenem Tun nicht nur durch die Erfordernisse einer adäquaten Gefahr und eines objektiv pflichtwidrigen Vorverhaltens, sondern darüber hinaus auf die Fälle beschränkt, in denen entweder ein *bestehendes Schutzverhältnis aufgehoben* oder eine *neue Gefahrenquelle eröffnet* werde. Unter diesen Voraussetzungen liege ein Eingriff in den Zustand relativer Sicherheit vor, auf dessen Fortbestand zu vertrauen begründeter Anlaß bestehe.

Blei[179] nicht psychologisch und kausal verstanden wissen. Zwar sei ein Vertrauen erforderlich, welches das Verhalten anderer bestimme. Es komme jedoch nicht auf den subjektiven Nachweis der Ursächlichkeit in dem Sinne an, daß andere infolge des Vertrauens unterlassen haben, was sie zum Schutz eines Rechtsgutes oder zur Beherrschung einer Gefahrenquelle sonst getan hätten; maßgebend sei vielmehr der soziale Tatbestand im Sinne der objektiv begründeten Erwartung eines bestimmten Folgeverhaltens.

2) Garantenstellung als besonderes, kommunikatives Vertrauensverhältnis nach dem Ansatz Kühnes

Kühne[180] stellt im Rahmen seiner Untersuchung zur Begründung strafrechtlicher Garantenpflichten auf die auf dem Vertrauensprinzip aufbauenden Gründe ab, die das Verhältnis des Unterlassenden zu dem Garantenpflichtbegünstigten prägen. Immer sei es eine *Vertrauensposition*, die bei Verstoß gegen eine Garantenpflicht sanktioniert werde. Dabei könne der Adressat des Vertrauens zum einen eine konkrete Person sein, zum anderen könne das Vertrauen auch gegenüber einer, nur nach allgemeinen Merkmalen bestimmbaren Person bestehen, die zu dem Rechtsgutsträger in keiner individuellen Beziehung steht.[181] Das einer unbekannten Person entgegengebrachte Vertrauen könne ebensogut als ein *allgemeines Vertrauen in die Ordnung der Dinge* umschrieben werden.[182] Die Gründe, die ein Vertrauen als strafrechtlich relevant erscheinen lassen und auf die sich alle Garantenpflichten zurückführen ließen, seien unbeschadet der unterschiedlichen Vertrauensadressaten die *Rechtsgutsgefährdung* und die *tatsächliche Gefahrenschutzübernahme* für ein Rechtsgut.[183] Für den Bereich der Rechtsgutsgefährdung sieht Kühne[184] den materiellen Gehalt der Garantenstellungen darin begründet, daß derjenige, der eine objektive Gefahr für ein strafrechtlich geschütztes Rechtsgut setzt, die Verantwortung für die Erfolgsabwendung zu tragen hat, wenn der tatbestandsmäßige Erfolg einzutreten droht. Bei der Gefahrenschutzübernahme orientiert sich Kühne[185] im wesentlichen an § 263 StGB und stellt zunächst fest, daß es ein vertragliches oder öffentlich-rechtliches Vertrauensverhältnis sei, welches den Garantenstellungen aus Schutzübernahme zugrunde liege. Als garantenpflichtkonstituierendes Verhältnis komme jedoch nur ein *besonderes Vertrauensverhältnis* in Betracht.[186] Nicht jegliches vertragswidrige Schweigen ziehe eine entsprechende Aufklärungspflicht nach sich, denn gewöhnliche Vertragsverhältnisse könnten die Parteien nicht im kommunikativen Vertrauen aneinander binden.[187] Ebensowenig führe ein einseitiges Vertrauen zu einer entsprechenden Vertrauensbindung.[188] Den Anforderungen an eine betrugsspezifische Garantenpflicht genüge vielmehr nur ein Vertrauensverhältnis, das auf einer besonderen und explizit vertrauensbegründenden Abmachung beruht, welche dem Täter mit seiner Zustimmung eine konkrete Informationspflicht auferlegt. Diesbezüglich bedürfe es einer konkreten Annahme durch den Adressaten, denn für eine Einbeziehung in

---

178 a.a.O. S.281.
179 Festschrift Mayer S.140 f.
180 Geschäftstüchtigkeit S.80.
181 a.a.O. S.80 f.
182 a.a.O. S.81.
183 a.a.O. S.81.
184 a.a.O. S.81, 83.
185 a.a.O. S.84.
186 a.a.O. S.85 unter Berufung auf die Rechtsprechung des BGH.
187 a.a.O. S.85, 88.
188 a.a.O. S.89 f.

die Verantwortung sei eine Mitwirkung des Verpflichteten erforderlich.[189] Die Beteiligten, die sich über die *Ausweitung der Grenzen ihrer wechselseitigen Informationspflicht* geeinigt haben, verzichteten damit gleichsam auf weitere Kontrolle in diesem Bereich.[190] Bei Vorliegen einer entsprechenden Vereinbarung bestehe ein *spezielles kommunikatives Vertrauensverhältnis*, welches eine Garantenpflicht aus Schutzübernahme begründe.[191]

3) Garantenstellung als rechtliches Abhängigkeitsverhältnis nach dem Ansatz Wolffs

Wolff[192] mißt indessen im Rahmen seiner Kausalitätslehre dem *rechtlichen Abhängigkeitsverhältnis* die maßgebende pflichtenbegründende Funktion zu. Innerhalb seiner Garantentheorie, in der er von der Prämisse ausgeht, die Äquivalenz von Handlung und Unterlassung sei eine Frage der Kausalität,[193] stellt Wolff auf das Verhältnis des Unterlassenden zu dem Opfer ab. Voraussetzung des *Bewirkens durch Unterlassen* sei, daß zwischen den Beteiligten ein *ursprüngliches* Abhängigkeitsverhältnis bestehe, in dem das Opfer dem Unterlassenden unselbständig gegenübertrete.[194] Die geforderte Abhängigkeit dürfe dabei *keine besondere Vergünstigung* für den Rechtsgutsinhaber darstellen, sondern müsse zu seinem normalen bestimmungsgemäßen Leben gehören. Die Abhängigkeit von der Aktivität des anderen müsse derart sein, daß die Entscheidung zum Untätigbleiben die Verhältnisse des Abhängigen zum Schlechten wendet.[195] Dabei müsse das Abhängigkeitsverhältnis auf der *freien Entscheidung* im Hinblick auf den Fortgang des Geschehens beruhen, so daß eine echte Wahl zwischen zwei realen Möglichkeiten bestehe.[196] Aus den Beziehungen der Menschen untereinander ergebe sich die, eine Abhängigkeit konstituierende und die menschliche Freiheit anerkennende *Sollensordnung*. Soweit diese Abhängigkeit Voraussetzung der Strafe sei, gründe sie auf einer *rechtlichen* Sollensordnung.[197] Da es jedoch keine gesetzliche Regelung der Abhängigkeitsverhältnisse gebe, müßten derartige Verhältnisse aus der *Rechtsordnung als ganzer* eruiert werden.[198] Auszugehen sei dabei im Grundsatz von der Unabhängigkeit des einzelnen. Ein ursprüngliches Abhängigkeitsverhältnis bestehe demgegenüber nur ausnahmsweise bei einem *Mangel der einen Person* und bei *Mängeln der eigenen Gestaltungsmöglichkeit*, die durch die Tätigkeit bestimmter anderer zu kompensieren seien.[199] [200]Für das rechtliche Verhältnis komme es jedoch nicht darauf an, ob der

---

189 a.a.O. S.88.

190 a.a.O. S.89.

191 a.a.O. S.88 f.

192 Kausalität S.33 ff.

193 Obwohl Wolff ausdrücklich auf die Kausalität des Unterlassens abstellt und damit zu erkennen gibt, an die ontologischen Strukturen anknüpfen zu wollen, stützt er sich im Rahmen seiner Untersuchung ersichtlich auf normative Erwägungen, so daß die Annahme gerechtfertigt ist, Wolff stelle in Wahrheit nicht auf die Kausalität im engeren Sinne, sondern auf die Zurechnung des Kausalitätsverhältnisses ab. (Vgl. dazu eingehend: Schünemann, Grund und Grenzen S.102; Sangenstedt, Garantenstellung S. 236 ff.)

194 a.a.O. S.37.

195 a.a.O. S.37.

196 a.a.O. S.38, 45.

197 a.a.O. S.38.

198 a.a.O. S.38.

199 a.a.O. S.40.

200 Nach Wolff (a.a.O. S.40) könne man dieses Verhältnis auch Vertrauensverhältnis nennen, denn der einzelne baue darauf, daß die anderen ihre Verpflichtung wirklich erfüllten und durch dieses Ver-

Betroffene tatsächlich auf ein Einschreiten vertraut hat, maßgeblich sei vielmehr, ob er darauf vertrauen durfte.[201] Von den sonstigen Formen des Unterlassens unterscheide sich das garantenspezifische Abhängigkeitsverhältnis dadurch, daß der Geschädigte - im Gegensatz zu den Fällen echten Unterlassens - darauf vertrauen durfte, daß der andere Beteiligte zur Stelle sei und einschreite, so daß ihm vorzuwerfen sei, daß er es dem anderen zum Schlechten wendete und nicht nur, daß er es ihm nicht zum Guten gewendet hat.[202]

4) Garantenstellung als soziales Abhängigkeitsverhältnis nach dem Ansatz Nickels

Das in der Garantenlehre Wolffs herausgearbeitete Kriterium des Abhängigkeitsverhältnisses wurde im Anschluß vor allem von Nickel[203] aufgegriffen und im Sinne eines *sozialen Abhängigkeitsverhältnisses* weiterentwickelt. Nickel[204] knüpft dabei an die von Wolff untersuchte Bedeutung der Garantenfunktion für die Situation des Opfers in ihrer strukturellen Ähnlichkeit mit der Beziehung des Täters zum Opfer bei den Begehungsdelikten an.[205] Im Anschluß an Wolff[206] und Welp[207] sieht er die Gleichwertigkeit von strafbarer Handlung und Garantenunterlassung im Hinblick auf den jeweiligen Unrechts- und Schuldgehalt in dem Fall gegeben, in dem ein gleichartiges Verhältnis besonderer Abhängigkeit zwischen Täter und Opfer einerseits, sowie zwischen Unterlassendem und Opfer andererseits existiert.[208] Bei den Begehungsdelikten werde das Abhängigkeitsverhältnis zum einen durch das *Determinationsvermögen des Täters über den Eintritt der Rechtsgutsverletzung (Herrschaft über den Kausalverlauf)* und zum anderen durch die *typischerweise bestehende Wehrlosigkeit des Opfers gegenüber verbotenem rechtsgutsverletzendem Tun* begründet.[209] Für die Wehrlosigkeit des Opfers im Bereich der Begehungsdelikte konstituierten die sozialen Verhaltensregeln der rechtsgutsschützenden strafrechtlichen Verbotsnormen eine *gesteigerte Abhängigkeit* zwischen Täter und Opfer, weil unter der Geltung der Strafrechtsordnung darauf vertraut werden dürfe, daß andere ihr Verhalten derart steuerten, daß eine Rechtsgutsverletzung vermieden wird. Dem strafrechtlichen Verbot entspreche aufgrund dessen das berechtigte Vertrauen auf das Ausbleiben der verbotenen Verletzungshandlung.[210] Im Rahmen der unechten Unterlassungsdelikte bestehe zwischen dem Garanten und dem Opfer eine Abhängigkeitsbeziehung, die durch die *Erfolgsabwendungsmöglichkeit des Garanten* kraft seiner Herrschaft über den Kausalverlauf und durch die *gesteigerte Wehrlosigkeit* des Opfers gegenüber den, aus einer Passivität resultierenden Gefahren zu charakterisieren sei.[211] Für die garantenspezifische Wehrlosigkeit des Opfers müsse jedoch -

---

trauen sei er von ihnen abhängig.

201 a.a.O. S.40, 42.

202 a.a.O. S.44.

203 Problematik der unechten Unterlassungsdelikte S.180 ff.

204 a.a.O. S.180 f.

205 Neben Wolff (Kausalität S.37 ff.) stützt sich Nickel (a.a.O.) darüber hinaus auf die Lösungsansätze von Kohler (Studien S.45 ff.), Nagler (Gs 111, 1 (59 ff.)), Vogt (ZStW 63, 381 (398 ff.)) und Bärwinkel (Struktur der Garantieverhältnisse S. 104 ff.), die sozial-funktionelle Positionen in den Mittelpunkt der Garantenproblematik stellen, sowie auf den Begründungsansatz Welps (Vorangegangenes Tun S.171 ff.).

206 Kausalität S.137 ff.

207 Vorangegangenes Tun S.171 ff.

208 a.a.O. S.181.

209 a.a.O. S.181.

210 a.a.O. S.182.

211 a.a.O. S. 182.

anders als bei den Begehungsdelikten- auf die Innehabung von *Schutzfunktionen* auf Grund außerrechtlicher *Funktionszuweisungen* abgestellt werden.[212] Durch die metarechtliche Zuweisung von Schutzfunktionen, auf deren Erfüllung das Opfer zum Schutz seiner Rechtsgüter zwingend angewiesen sei, entstehe im Rahmen der unechten Unterlassungsdelikte ein spezifisches Abhängigkeitsverhältnis zwischen Täter und Opfer. Der *plötzliche, typischerweise unerwartete und unberechenbare aktive Einbruch in eine vorher bestehende Rechtsgutsintegrität* stehe in diesem Fall dem *plötzlichen, typischerweise unerwarteten und unberechenbaren Ausfall einer vorher bestehenden Schutzinstanz* gleich.[213] Zur Abgrenzung der rein sozialethischen von den im Bereich des Strafrechts bedeutsamen sozialethischen Pflichtenstellungen will Nickel[214] schließlich auf zusätzliche Wertungsaspekte abstellen, die sich vor allem am *gesetzlich fixierten unterlassungsoffenen Tatbestand*, dem *durch ihn geschützten Rechtsgut*, und der *Struktur des durch ihn verbotenen rechtsgutsverletzenden Tuns* orientieren sollen.

II) Kritik

Der Gedanke des Vertrauens- und Abhängigkeitsverhältnisses ist in der Literatur[215] zu Recht überwiegend auf Ablehnung gestoßen.

Zunächst ist fraglich, warum gerade ein objektives Vertrauens- oder Abhängigkeitsverhältnis strafrechtliche Handlungspflichten auslösen soll. Dies wird von Vogler im Rahmen seiner Ausführungen ohne nähere Begründung mit Hinweis auf den Charakter der Amtsdelikte als sog. Pflichtdelikte unterstellt. Dabei geht er bereits im Ansatz verfehlt von der Annahme aus, die erhöhte Strafwürdigkeit der Amtsdelikte beruhe auf dem, einem Amtsträger *persönlich* entgegengebrachten Vertrauen, wobei sich die derart umschriebene spezifische Pflichtenstellung auf die unechten Unterlassungsdelikte übertragen ließe. Dem ist zunächst entgegenzuhalten, daß sich ein einheitliches Rechtsgut der Amtsdelikte von vornherein nicht bestimmen läßt.[216] Zutreffend ist lediglich, daß die Mehrzahl der Amtsdelikte die ordnungsgemäße Amtsführung und damit das staatliche Interesse an der Rechtmäßigkeit von Verwaltung und Rechtspflege und das öffentliche Vertrauen in die Integrität des Staatsapparats schützt.[217] Vertrauensadressat ist demnach

---

212 Eine Berufung auf die strafrechtlichen Vorschriften komme deshalb nicht in Betracht, da deren Geltung für die Garantenunterlassung gerade *thema probandum* sei. (Nickel, a.a.O. S.183).

213 a.a.O. S.183.

214 a.a.O. S.183 f.

215 Vgl: Alternativ Kommentar-Seelmann, § 13 Rn.39, 42 ff.; Schünemann, Grund und Grenzen S.102 f., 106 ff., 251, 352 f.; Bärwinkel, Struktur der Garantieverhältnisse S.64 f.; Sangenstedt, Garantenstellung S. 221 ff., 228 ff., 236 ff., 246 ff.; Brammsen, Entstehungsvoraussetzungen S.85 ff., 188 f.; Seelmann, GA 1989, 241 (244); Maiwald, ZStW 91 (1979), 923 (975 f.); Tenckhoff, JuS 1978, 308 (309 f.); Honig, Festschrift Schaffstein S.93; Fünfsinn, Aufbau des fahrlässigen Verletzungsdelikts durch Unterlassen S.87; Cadus, Faktische Betrachtungsweise S.160.

216 So auch: Schönke/Schröder-Cramer, Vorbem §§ 331 ff. Rn.1; Leipziger Kommentar-Jescheck, Vor § 331 Rn.8; Haft, Strafrecht Besonderer Teil S.295. Nach Tröndle/Fischer (§ 331 Rn.3) ist die Funktionsfähigkeit der staatlichen Verwaltung Rechtsgut der §§ 331 ff. StGB.

217 Streitig. So wie hier: Schönke/Schröder-Cramer, Vorbem. §§ 331 ff. Rn.1; Leipziger Kommentar-Jescheck, Vor § 331 Rn.8; Systematischer Kommentar-Rudolphi, Vor § 331 Rn.6; Tröndle/Fischer, Vor § 331 Rn.1. Demgegenüber unterteilt Wagner (Amtsverbrechen S.236 f.) die Amtsdelikte in *Staatszurechnungsdelikte, individualrechtsgutsverletzende Nichtstaatszurechnungsdelikte* und *reine Nichtstaatszurechnungsdelikte*. Während die Staatszurechnungsdelikte nach Wagner (a.a.O. S.149 ff., 168, 171, 300 ff.) die Rechtstaatlichkeit schützen sollen, soll geschütztes Rechtsgut der individualrechtsgutsverletzenden und reinen Nichtstaatszurechnungsdelikte ein bestimmtes staatliches

die öffentliche Verwaltung und staatliche Rechtspflege und nicht der Amtswalter persönlich. Der Unrechtsgehalt der Amtsdelikte bei einem pflichtwidrigen Verhalten eines Amtsträgers oder eines für den öffentlichen Dienst besonders Verpflichteten resultiert aus der Verletzung des öffentlich-rechtlichen Dienst- und Treueverhältnisses und aus dem Mißbrauch des Amtes,[218] der gleichzeitig zu einer Erschütterung des Vertrauens der Allgemeinheit in die Staatsgewalt führt. Aber selbst wenn man die Prämisse Voglers als richtig unterstellen würde, so läßt sich daraus noch nicht ableiten, daß die unechten Unterlassungsdelikte, ebenso wie die Amtsdelikten an ein objektives Vertrauensverhältnis anknüpfen. Zwar stellt - wie Vogler[219] zutreffend ausgeführt hat - das Pflichtdelikt der veruntreuenden Unterschlagung (§ 246 Abs.1, 2.Alt. StGB) ebenfalls auf eine Vertrauensbeziehung zwischen dem Täter und dem Eigentümer der Sache oder einem Dritten ab. Im Gegensatz zu § 13 StGB hat der Gesetzgeber bei § 246 Abs.1, 2.Alt. StGB jedoch ausdrücklich auf ein Anvertrauensverhältnis Bezug genommen. Sog. Pflichtdelikte, deren Tatbestand eine besondere Pflichtenstellung voraussetzt und bei denen die Möglichkeit der Täterschaft von der Verletzung einer tatbestandsspezifischen Sonderpflicht abhängt, stellen aber auch die §§ 121, 142 StGB dar. Dabei ist offensichtlich und bedarf daher keiner näheren Erörterung, daß ein wie auch immer geartetes Vertrauen im Rahmen dieser Straftatbestände unerheblich ist. Warum nun aber bei den unechten Unterlassungsdelikten ein Vertrauensverhältnis maßgeblich sein soll, bleibt bei Vogler ungeklärt. Ebenso wie Vogler läßt auch Kühne eine Begründung dafür vermissen, warum bei den unechten Omissivdelikten auf ein Vertrauensverhältnis abzustellen sein soll. Dabei vermag er eine Begründung auch nicht zu ersetzen, indem er ausführt, Adressat des Vertrauens könne eine konkrete Persönlichkeit oder eine nur nach allgemeinen Merkmalen bestimmbare Person sein, denn damit gibt er lediglich darüber Aufschluß, daß Vertrauensadressat seiner Auffassung nach eine individuelle Person ist, mag diese bereits bestimmt oder anhand objektiver Kriterien bestimmbar sein. Der Ansatz Kühnes ist mangels Begründung daher einer näheren Untersuchung auf seine Tragfähigkeit hin nicht zugänglich. Seine Aussage, es sei immer eine Vertrauensposition, die bei einer Garantenpflicht sanktioniert werde, stellt eine durch nichts belegte Behauptung dar. Gegen ihre Richtigkeit ist vor allem anzuführen, daß der Rechtsordnung an keiner Stelle zu entnehmen ist, daß schon das Herstellen einer Vertrauenslage als solches besondere Rechtspflichten erzeugt.[220] In der Garantenlehre Wolffs ist hingegen bereits der Ausgangspunkt unzutreffend, nach dem die Garantenproblematik bei den unechten Unterlassungsdelikten als ein Problem der Kausalität angesehen wird. Nach heute einhelliger Auffassung[221] ist die Garantenproblematik nämlich nicht eine Frage der Kausalität, sondern der objektiven Zurechnung. Im Hinblick auf die Kausalität hat sich im Zuge

---

Rechtsgut sein, durch dessen Verletzung ein besonderer Geltungsschaden herbeigeführt wird. Kritisch zur Auffassung Wagners: Schönke/Schröder-Cramer, Vorbem §§ 331 ff. Rn.10; Leipziger Kommentar-Jescheck, Vor § 331 Rn.9; Systematischer Kommentar-Rudolphi, Vor § 331 Rn.7.

218 Vgl. auch: Schönke/Schröder-Cramer, Vorbem §§ 331 ff. Rn.8; Systematischer Kommentar-Rudolphi, Vor § 331 Rn.7.

219 Festschrift Lange S.283.

220 Vgl.: Stree, Festschrift Mayer S.154; Fünfsinn, Aufbau des fahrlässigen Verletzungsdelikts durch Unterlassen S.87.

221 Vgl.: Leipziger Kommentar-Jescheck, § 13 Rn.4; Jescheck/Weigend, Lehrbuch des Strafrechts Allgemeiner Teil S.629; Schönke/Schröder-Stree, § 13 Rn.61; Maurach/ Gössel/ Zipf, Strafrecht Allgemeiner Teil, § 46 Rn.23; Schmidhäuser, Strafrecht Allgemeiner Teil 12/46 f.; Jakobs, Strafrecht Allgemeiner Teil 29/15; Stratenwerth, Strafrecht Allgemeiner Teil Rn.1024 f.; Bockelmann/Volk, Strafrecht Allgemeiner Teil S.68;Fünfsinn, Aufbau des fahrlässigen Verletzungsdelikts durch Unterlassen S.109; Schultz, JuS 1985, 270 (272).

der Auseinandersetzung mit den Kausalitätslehren[222] gezeigt, daß es eine Kausalität im naturwissenschaftlichen Sinne bei Unterlassungen nicht gibt und daß unter Kausalitätsaspekten nur zwischen der Unterlassung rettungstauglicher Handlungen und der Unterlassung rettungsuntauglicher Handlungen, nicht aber innerhalb der Unterlassung rettungstauglicher Handlungen unterschieden werden kann.[223] Da die Unterlassung nicht für den Eintritt der Rechtsgutsverletzung kausal im eigentlichen Sinne ist, denn sie kann hinweggedacht werden, ohne daß die Rechtsgutsverletzung entfiele, ist im Rahmen der Unterlassung die *potentielle Kausalität* maßgeblich, nach der es auf den gesetzmäßigen Zusammenhang in dem Sinne ankommt, daß die rechtsgutserhaltende Handlung nicht hinzugedacht werden kann, ohne daß die Rechtsgutsverletzung aller Voraussicht nach entfiele.[224] Indessen wird man Wolff auch nur so verstehen können, daß nicht auf ontologische Strukturen abzustellen ist, sondern vielmehr normative Zurechnungskriterien heranzuziehen sind.[225] Jedoch vermag auch Wolff letztendlich keine befriedigende Erklärung dafür zu geben, warum zur Begründung der maßgeblichen Garantieverhältnisse auf ein Abhängigkeitsverhältnis abzustellen ist, für welches auf die Gesamtheit der Rechtsordnung, namentlich auf vorstrafrechtliche Rechtspflichten zurückzugreifen ist.[226] Gegen einen Rückgriff auf die in der außerstrafrechtlichen Rechtsordnung normierten Pflichten spricht vor allem, daß - sollen Handeln und Unterlassen gleichwertig sein - konsequenterweise auch die Erfolgszurechnung bei den Begehungsdelikten stets auf eine Verletzung der zivil- oder öffentlich-rechtlichen Vorschriften beruhen müßte.[227] Im übrigen kann, soweit Wolff die maßgeblichen Garantieverhältnisse aus außerstraf-

---

[222] Eingehend zu den Kausalitätslehren: Nagler, Gs 111 (1938), 1 (3 ff.); Jescheck/Goldmann, ZStW 77 (1965), 109 (114 f.); Welp, Vorangegangenes Tun S.25 ff.; Brammsen, Entstehungsvoraussetzungen S.49 f.; Schaffstein, Lehren vom Verbrechen S.56 ff.; Binding, Normen und ihre Übertretung, II/1 S.521 ff.; Traeger, Festschrift Enneccerus S.28 ff.; van Gelder, Entwicklung der Lehre von der sog. Erfolgsabwendungspflicht S.4 ff.

[223] Vgl.: Jescheck/Goldmann, ZStW 77 (1965), 109 (116); Kahlo, GA 1987, 66 (68 ff.); Schünemann, ZStW 96 (1984), 287 (290); Kaufmann, Dogmatik S.61 ff.; Sangenstedt, Garantenstellung S.236; Freund, Erfolgsdelikt und Unterlassen S.19 f.

[224] Insoweit besteht in der heute herrschenden Lehre und Rechtsprechung weitgehend Einigkeit. Vgl.: RGSt 63, 392 (393); 75, 49, (50); BGHSt 6,1 (2); BGH bei Dallinger, MDR 1971, 361(361); BGH, NStZ 1985, 26 (27); Schönke/Schröder-Stree, § 13 Rn.61; Leipziger Kommentar-Jescheck, § 13 Rn. 15, 18; Jescheck/Weigend, Lehrbuch des Strafrechts Allgemeiner Teil S.620; Jescheck/Goldmann, ZStW 77 (1965), 109 (116); Maurach/Gössel/Zipf, Strafrecht Allgemeiner Teil II, § 46 Rn.22 ff.; Welzel, Strafrecht S.212; Kahlo, GA 1987, 66 (72 f.); Schlüchter, JuS 1976, 793 (794); Ulsenheimer, JuS 1972, 252 (253); Freund, Erfolgsdelikt und Unterlassen S.19 f.; Welp, Vorangegangenes Tun S.170; Kaufmann, Dogmatik S.64 ff.; Engisch, Kausalität S.29 ff. Anders hingegen: Herzberg, MDR 1971, 881 (882); Spendel, JZ 1973, 137 (140). Umstritten ist dagegen, welche Anforderungen an die hypothetische Kausalität zu stellen sind. Nach der Rechtsprechung und einem Teil des Schrifttums (vgl.: RGSt 51, 127 (127); 58, 130 (131); 63, 392 (393); 75, 49 (50); 75 372 (373 f.); BGH, NStZ 1985, 26 (27); Tröndle/Fischer, Vor § 13 Rn.14; Welzel, Strafrecht S.212; Schlüchter JuS 1976, 793 (794 f.)) ist erforderlich, daß die Vornahme der gebotenen Handlung den tatbestandsmäßigen Erfolg mit einer an Gewißheit grenzenden Wahrscheinlichkeit abgewendet hätte. Demgegenüber ist nach anderer Ansicht (vgl.: Systematischer Kommentar-Rudolphi, Vor § 13 Rn.16 f.; Otto, Grundkurs Strafrecht I S.168 f.; Maurach/Gössel/Zipf, Strafrecht Allgemeiner Teil II, § 46 Rn.23; Brammsen, MDR 1989, 123 (126); Ulsenheimer, JuS 1972, 252 (253); differenzierend: Kahlo, GA 1987, 66 (75 ff.)) die Feststellung ausreichend, daß die unterlassene Handlung die einem Rechtsgut drohende Gefahr eindeutig vermindert hätte.

[225] Vgl. dazu bereits oben unter: I), 3).

[226] Darauf, daß im Rahmen der Garantenlehre Wolffs die außerstrafrechtlichen Rechtspflichten zum maßgeblichen Kriterium des *Bewirkens durch Unterlassen* werden, weisen zutreffend auch Schünemann (Grund und Grenzen S.98) und Sangenstedt (Garantenstellung S.240) hin.

[227] So zutreffend: Sangenstedt, Garantenstellung S.240.

rechtlichen Rechtspflichten konkretisiert, zur Vermeidung von Wiederholungen vollumfänglich auf die Ausführungen im Rahmen der Auseinandersetzung mit den formellen Rechtspflichttheorien verwiesen werden.[228] Schließlich rekrutiert Nickel seine Gleichstellungskriterien zwar im Wege des methodisch richtigen Vorgehens durch eine Analyse des Unwertgehalts bei den Begehungsdelikten.[229] Bedenken begegnet seine Gleichstellungstheorie jedoch insoweit, als er ein legitimes Vertrauen bei den Begehungsdelikten auf die strafrechtlich normierten Verbote zurückführt, aufgrund einer fehlenden Umschreibung eines entsprechenden Normvertrauens in § 13 StGB bei den unechten Unterlassungsdelikten ein entsprechendes Vertrauensverhältnis jedoch anhand sozialer Funktionszuweisungen konstituieren will. Zwar ist Nickel zuzugeben, daß im Rahmen der Unterlassungsdelikte, will man einen Zirkelschluß vermeiden, nicht auf die strafrechtlichen Begehungstatbestände abgestellt werden kann. Damit ist jedoch noch nicht gesagt, daß die entsprechenden Sozialnormen für die Garantenunterlassung Relevanz erlangen. Diese Annahme läßt sich auch nicht mit der Feststellung rechtfertigen, bei den Strafrechtsnormen handele es sich zugleich um soziale Verhaltensregeln, denn wie sich bereits gezeigt hat,[230] stellt das Strafrecht nur eine von mehreren sozialen Verhaltensordnungen dar, wobei zwischen der Sozialordnung und der Strafrechtsordnung darüber hinaus ein Verhältnis wechselseitiger Interdependenz festzustellen ist. Diese Wechselwirkungen verbieten eine einseitige Ableitung der strafrechtlichen Erfolgsabwendungspflichten aus den Geboten der faktischen Sozialordnung. Auch insoweit kann jedoch zwecks Vermeidung von Wiederholungen auf die Ausführungen im Zusammenhang mit den an den sozialen Gegebenheiten orientierten Garantenlehren Bezug genommen werden.[231] Nach alledem ist kein einleuchtender Grund dafür ersichtlich, bei der Ermittlung von Garantenstellungen auf ein Vertrauens- oder Abhängigkeitsverhältnis abzustellen.

Darüber hinaus hat Schünemann[232] hervorgehoben, das Vertrauen sei nicht Grund, sondern Folge einer Garantenstellung. Wird - wie es bei Vogler, Kühne, Nickel und Wolff der Fall ist - auf das Vorliegen eines objektiven Vertrauenstatbestandes in dem Sinne abgestellt, daß auf ein Einschreiten des Unterlassenden vertraut werden *darf*, so stellt sich unmittelbar daran anschließend die Frage, unter welchen Voraussetzungen von einem *berechtigten* Vertrauen ausgegangen werden kann. Damit geraten die hinter einem solchen berechtigten Vertrauensverhältnis stehenden normativen Wertaspekte in den Vordergrund der Betrachtung;[233] das objektive Vertrauen ist damit nur eine Folgeerscheinung der hinter dieser Bezeichnung verborgenen normativen Anforderungen, die ihrerseits bestimmen, wann ein Vertrauen legitimerweise besteht.[234] Das Verhältnis zwischen einer Garantenstellung und dem objektiven Vertrauensverhältnis stellt sich folglich so dar, daß sich bei Vorliegen einer Garantenstellung ohne weiteres auf ein objektives Vertrauensverhältnis schließen läßt, andererseits jedoch zur Ermittlung des

228 Siehe oben unter: A), I), II).

229 Zur methodischen Vorgehensweise bei der Ermittlung der Gleichstellungskriterien siehe oben unter: C), II).

230 Siehe oben unter: B), II).

231 Siehe oben unter: B), II).

232 Grund und Grenzen S.251; Vgl. auch: Nagler, Gs 111 (1938), 1 (68); Welp, Vorangegangenes Tun S.178 f., 216 f.; Sangenstedt, Garantenstellung S.223, 224; Gürbüz, Strafbarkeit von Amtsträgern S.121. Einschränkend hingegen: Schultz, Amtswalterunterlassen S.137.

233 Vgl. auch Bärwinkel (Struktur der Garantieverhältnisse S.64), dem zufolge dem Vertrauensbegriff neben den maßgeblichen vertrauensbildenden Kriterien keine selbstständige Bedeutung zukommen soll. Ähnlich auch Maiwald, ZStW 91 (1979), 923 (975).

234 So vor allem: Sangenstedt, Garantenstellung S.223 f.

objektiven Vertrauensverhältnisses, aus dem sodann eine strafrechtliche Garantenstellung begründet werden soll, auf rein normative oder normativ-faktische vertrauensbildende Kriterien zurückgegriffen werden muß.[235] Damit hat sich allerdings noch nicht die Untauglichkeit des Vertrauens- und Abhängigkeitskriteriums erwiesen. Inwieweit die genannten Kriterien einen Beitrag zu Lösung der Garantenproblematik leisten, läßt sich erst nach der Untersuchung der von den Autoren erarbeiteten, den Vertrauensbegriff ausfüllenden Leitkriterien beurteilen. Indessen zeigt sich bereits bei näherer Betrachtung, daß die vertrauensbildenden Kriterien nicht hinreichend konkretisiert und bestimmt sind. Weder die Umschreibung des Vertrauens als *objektiv begründete Erwartung pflichtgemäßen Verhaltens* durch Vogler, noch die Differenzierung Kühnes zwischen dem *Vertrauen in eine konkrete Person* und dem *Vertrauen in die Ordnung der Dinge* geben näheren Aufschluß darüber, unter welchen Voraussetzungen ein berechtigtes Vertrauensverhältnis besteht. Der Begründungsansatz Kühnes ist darüber hinaus im wesentlichen an dem Betrugstatbestand (§ 263 StGB) ausgerichtet und vermag insoweit keine allgemeingültigen Kriterien für die Konstitution strafrechtlicher Garantenstellungen hervorzubringen. Auch Wolff gelingt es nicht mit dem von ihm aufgestellten Erfordernis eines ursprünglichen Abhängigkeitsverhältnisses, welches *keine besondere Vergünstigung* für den Rechtsgutsinhaber darstellt, den von ihm herausgestellten Begriff des Vertrauens- und Abhängigkeitsverhältnisses zu präzisieren, denn zum einen läßt sich mit Hilfe des Ursprünglichkeitskriteriums allenfalls feststellen, daß als Garant nicht in Betracht kommt, wer nicht vor Eintritt des zur Rechtsgutsverletzung führenden Geschehens, sondern erst in einem späteren Zeitpunkt eine entsprechende Abhängigkeit erzeugt hat, ohne daß damit jedoch dargelegt werden würde, welcher Art die Vertrauensbeziehung sein muß. Zum anderen ist bereits fraglich, wann eine Handlung eine außergewöhnliche Vergünstigung und wann eine zum normalen Leben gehörige Leistung darstellt. [236] [237] Schließlich vermag auch Nickel keine exakten Kriterien zur Ermittlung der maßgeblichen sozialethischen Pflichtenstellungen anzugeben, so daß seine Lehre insgesamt eine konkretisierungsfähige materielle Richtlinie für eine verifizierbare Abgrenzung der in strafrechtlicher Hinsicht relevanten sozialethischen Pflichtenpositionen von bloß innerhalb des sozialen Ordnungsgefüges Geltung beanspruchender Erwartungen vermissen läßt.[238] Bereits im Rahmen der Auseinandersetzung mit den an den sozialen Gegebenheiten orientierten Garantenlehren[239] wurde darauf hingewiesen, daß sich die entsprechenden sozialen Handlungserwartungen mangels Positivität der Verhaltensanforderungen in der Sozialordnung und mangels gesicherter wissenschaftlicher Erkennt-

---

[235] Nach Schünemann (Grund und Grenzen S.251) stellt der auf dem Vertrauensmoment basierende Schluß auf eine Garantenpflicht nur eine *petitio principii* dar, denn die Feststellung, daß der Unterlassende ein schutzwürdiges Vertrauen enttäuscht hat, setze immer voraus, daß die Garantenstellung zuvor insgeheim bejaht wurde, da das Vertrauen nur in diesem Fall schutzwürdig sei.

[236] So auch bereits die Kritik bei: Schünemann, Grund und Grenzen S.96; Sangenstedt, Garantenstellung S.240 ff. Zustimmung findet die Ansicht Schünemanns (Grund und Grenzen S.95 f.), nach der sich bei der Differenzierung von Handlungen, die eine extraordinäre Vergünstigung darstellen und solchen Handlungen, die der alltäglichen Normalität zuzuordnen sind, allenfalls ein gradueller, nicht hingegen struktureller Unterschied ausfindig machen läßt.

[237] Eine dem nullum-crimen-Grundsatz (Art.103 Abs.2 GG) hinreichend Rechnung tragende Bestimmtheit weist der Ansatz Wolffs ausschließlich durch die Bezugnahme auf vorstrafrechtliche Rechtspflichten auf. Insoweit muß sich Wolff jedoch entgegenhalten lassen, daß sich die vorstrafrechtlichen Handlungspflichten nicht aus dem Vertrauensprinzip ableiten lassen, so daß es eines Rückgriffs auf den Begriff des Vertrauens nicht bedurft hätte.

[238] Vgl. auch die Kritik bei: Schünemann, Grund und Grenzen S.95 ff.; Sangenstedt, Garantenstellung S.231 f.

[239] Siehe dazu oben unter: B), II).

nisse nicht ohne weiteres ermitteln lassen. Darüber hinaus unterliegen soziale Erwartungen sich ständig wandelnden Anschauungen in der Gesellschaft. Bei deren Ermittlung wird der Rechtsanwender mangels justiziabler Maßstäbe in Grenzbereichen ausschließlich auf sein subjektives Wertempfinden verwiesen.

Die dargelegten Garantenlehren sind folglich nicht in der Lage, die hinter dem Begriff des Vertrauens verborgenen, normativen Aspekte offenzulegen und hinreichend bestimmte, vertrauensbildende Kriterien hervorzubringen. Ungeklärt bleibt aufgrund dessen, wann von einem garantieschaffenden Vertrauensverhältnis gesprochen werden kann, unter welchen Voraussetzungen das Vertrauen objektiv berechtigt ist, wer Adressat des Vertrauens sein soll und ob bei der Beurteilung auf das Vertrauen des Rechtsgutsinhabers oder das Vertrauen der Allgemeinheit abzustellen ist.

III) Zwischenergebnis

Damit hat sich, wie bereits zuvor der Herrschaftsgedanke, auch der Gedanke des Vertrauens- und Abhängigkeitsverhältnisses als untauglich zur Lösung der Garantenproblematik erwiesen. Zum einen gelingt es den Autoren nicht, eine tragfähige Begründung dafür anzugeben, daß nach Wortlaut, Entstehungsgeschichte, Systematik und gesetzgeberischer Intention des § 13 StGB ein Vertrauens- und Abhängigkeitsverhältnis garantenpflichtkonstituierend wirkt. Insofern ist auch kein Grund ersichtlich, bei der Ermittlung der Garantenstellungen von Wachpersonen des privaten Sicherheitsgewerbes auf ein Verhältnis des Vertrauens und der Abhängigkeit abzustellen. Zum anderen wurden die den Begriff des Vertrauens- und Abhängigkeitsverhältnisses tragenden Wertaspekte nicht hinreichend transparent gemacht und konkretisiert, so daß eine dem Bestimmtheitsgrundsatz (Art.103 Abs.2 GG) genügende Voraussehbarkeit, Berechenbarkeit und Meßbarkeit staatlicher Machtausübung bei der Rechtsanwendung nicht gewährleistet ist. Vielmehr wird der Rechtsanwender bei der Frage, wann ein garantenpflichtkonstituierendes Vertrauens- und Abhängigkeitsverhältnis vorliegt vorrangig auf sein subjektives Wertempfinden verwiesen. Abgesehen davon, daß die dargelegten Garantenlehren damit auf grundlegende Bedenken stoßen, lassen sich aus ihnen aber auch im Hinblick auf die Garantenpflichten privater Sicherheitskräfte keine Rückschlüsse ziehen. Zwar läßt sich auf der Grundlage der Auffassungen ein berechtigtes Vertrauen in ein Einschreiten einer gewerblichen Wachperson zumindest dann nicht leugnen, wenn der Auftraggeber das Bewachungsunternehmen in einer *spezifischen Gefahrenlage* gerade zur Abwehr der dem Rechtsgut drohenden Gefahr bestellt und im Hinblick auf die Bestellung des Unternehmens von anderweitigen Sicherheitsvorkehrungen abgesehen hat. Dagegen läßt sich ein legitimes Vertrauen in einen gefahrenabwehrenden Einsatz privater Schutzdienste im Hinblick auf das staatliche Gewaltmonopol im Rahmen der *allgemeinen Gefahrenabwehr*, namentlich im Bereich präventiver Kriminalitätsbekämpfung, nicht ohne weiteres annehmen. Zwar ist das Auftreten gewerblicher Sicherheitspersonen im öffentlichen Bereich vor allem auf eine Stärkung des subjektiven Sicherheitsgefühls der Bürger gerichtet.[240] Die augenfällige Präsenz der Wachleute in Stationen und sonstigen

---

[240] Das subjektive Unsicherheitsgefühl der Bürger stellt eines der Hauptursachen für den Einsatz privater Wach- und Schutzunternehmen dar. Vgl. nur: Murck, Deutsche Polizei 9/93, 10 (10); Schult, Die Polizei 1994, 25 (25); Arzt, JurBl. 1978, 173 (180 f.). Nach einer von der Forschungsgruppe *Kommunale Kriminalprävention in Baden-Württemberg* im Jahre 1998 durchgeführten Untersuchung denken in Westdeutschland 8,5 % der männlichen und 19,2 % der weiblichen Befragten oft oder sehr oft daran, Opfer einer Straftat zu werden; in Ostdeutschland ist der Anteil mit 15,7 % der

Betriebsstätten des öffentlichen Nahverkehrs, in Ladenpassagen und Einkaufszentren macht es den Bürgern oftmals nicht erkennbar, ob es sich bei der Schutzperson um einen Amtsträger oder einen privaten Wachmann handelt.[241] Das Auftreten der Sicherheitskräfte ist dabei final darauf gerichtet, Vertrauen zu erwecken.[242] Dadurch daß sich die in der Öffentlichkeit präsenten Wachpersonen als allgemeine Ordnungshüter gerieren, die nicht nur zur Verteidigung der Rechtsgüter ihrer Auftraggeber, sondern zur allgemeinen Abwehr von Gefahren auf Posten stehen,[243] wird von dem Bewachungsgewerbe auf käuflicher Basis die Stärkung des subjektiven Sicherheitsgefühls als Dienstleistung angeboten. Das Angebot, nicht nur bestimmte Personen und ihre Rechtsgüter vor konkreten Gefahren zu schützen, sondern gleichsam wie eine Privatpolizei einen Rundumschutz, gegebenenfalls kombiniert mit sonstigen Dienstleistungen gegen Entgelt, zu gewährleisten und Sicherheit pauschal als Ware anzubieten, führt jedoch dazu, daß in diesem Bereich das Vertrauen des einzelnen auf einen wirksamen Schutz im Einzelfall nicht schutzwürdig ist. Die gegenteilige Annahme würde auf die Anerkennung einer Privatpolizei hinauslaufen und das verfassungsrechtlich gewährleistete staatliche Gewaltmonopol unterlaufen, nach dem im Kompetenzgefüge zwischen Bürger und Staat die Ausübung von Gewalt ausschließlich dem Staat vorbehalten ist.[244] Darüber hinaus zeigen neuere empirische Untersuchungen, daß die Bevölkerung dem Einsatz privater Wach- und Schutzunternehmen kein besonderes Vertrauen entgegenbringt.[245] Von einem berechtigten Vertrauen kann aufgrund dessen keine Rede sein. Des weiteren ist bei der Ermittlung der Garantenstellungen kein Grund dafür ersichtlich, auf Vertrauens- und Abhängigkeitsverhältnisse bei dem Einsatz privater Sicherheitskräfte abzustellen.

---

männlichen und 26,9 % der weiblichen Befragten noch wesentlich höher. (Vgl.: MSchrKrim 1998, 68 (73)). Der in den letzten Jahren zu beobachtende Anstieg der Kriminalitätsfurcht ist vor allem auf die Art der Berichterstattung in den Medien, auf eine allgemeine soziale Verunsicherung aufgrund von steigender Arbeitslosigkeit, Armut und Verelendung in der Gesellschaft sowie vor allem darauf zurückzuführen, daß bestimmte gesellschaftliche, strafrechtlich irrelevante Phänomene, wie etwa die Ansammlung von Jugendlichen und Obdachlosen bei den Bürgern irrationale Ängste hervorrufen und undifferenziert mit Kriminalität gleichgesetzt werden. (Vgl. zu den Ursachen steigender Kriminalitätsfurcht: Weiß/Plate-Bernhardt, Privatisierung von polizeilichen Aufgaben S.59 f.; Arzt, Der Ruf nach Recht und Ordnung S.13 ff., 134 ff.). Indessen besteht zwischen der Kriminalitätsfurcht und dem tatsächlichen Viktimisierungsrisiko eine erhebliche Diskrepanz. (Vgl.: Hitzler, Bürgerrechte & Polizei 48 (1994), 67 (67 f.); Weiß/Plate-Obergfell-Fuchs, Privatisierung von polizeilichen Aufgaben S.133) Dies zeigt beispielsweise ein von der Police-Foundation in den Vereinigten Staaten von Amerika durchgeführtes Forschungsprojekt, bei dem Polizisten angewiesen wurden, Fußstreifen in Wohngebieten zu patrouillieren. Eine Auswertung des Projektes ergab, daß die Kriminalitätsraten durch die Fußstreifen unverändert blieben, wohingegen das Sicherheitsgefühl der Bewohner der durch die Fußstreifen bewachten Gebiete wesentlich erhöht wurde. (Vgl. dazu eingehend: Wilson/ Kelling, KrimJournal 1996, 121 (121 ff.)).

241 Vor diesem Hintergrund ist § 12 BewachV (BGBl. I 1995, 1602 ff.) zu sehen. Nach § 12 Satz 1 BewachV hat der Wachunternehmer zur Vermeidung von Verwechselungen dafür Sorge zu tragen, daß die Dienstkleidung der Wachpersonen nicht mit Uniformen der Angehörigen von Streitkräften oder der behördlichen Vollzugsorgane verwechselt werden kann und daß keine Abzeichen verwendet werden, die Amtsabzeichen zum Verwechseln ähnlich sind.

242 Vgl. allgemein zu den Bestrebungen der kommerziellen Sicherheitsunternehmen, sich zur Erhöhung ihrer Marktanteile und damit auch ihres Profits in der Öffentlichkeit als vertrauenswürdig und sicherheitsnützlich zu präsentieren: Nogala, DSD 1/99, 11 (11).

243 Vgl. im einzelnen: 2.Teil, A), I), 2), 3).

244 Ausführlich zum staatlichen Gewaltmonopol: 2.Teil, C), I), 1), b), 2), b).

245 Vgl. dazu eingehend unten: 2.Teil, B), III).

E) Gefahrschaffungskriterium als Leitprinzip der Garantenpflicht

In engem Zusammenhang mit dem Vertrauensgedanken steht das Bemühen, die strafrechtlichen Garantenstellungen auf die Verursachung oder Beherrschung eines Gefahrenzustandes zurückzuführen.

I) Darstellung der Garantenlehren

Nachdem Stree[246] das Gefährdungskriterium zunächst nur auf die Übernahmegarantenstellung anwendete, wurde alsbald von Arzt[247] und Schultz[248] die These vertreten, allen Garantenstellungen sei ein Gefahrschaffungselement gemein. Diese Rückführung der Garantenpflichten auf ein Moment der Gefahrschaffung hat im Schrifttum[249] zum Teil Zustimmung gefunden. Es kann an dieser Stelle jedoch nicht auf die in der Literatur im einzelnen hierzu vertretenen Auffassungen eingegangen werden. Aufgrund dessen sollen erneut nur die grundlegenden Ansätze von Stree, Arzt und Schultz exemplarisch herausgegriffen und auf ihre Tragfähigkeit hin überprüft werden. Am Schluß der Betrachtung soll wiederum der hier im Vordergrund stehenden Frage nachgegangen werden, ob sich auf der Grundlage der dargestellten Garantenlehren die Garantenstellungen der Wachpersonen des privaten Sicherheitsgewerbes ermitteln lassen. Angesichts der Tatsache, daß der Einsatz gewerblicher Schutzdienste auf die Gefahrenabwehr abzielt, erscheint eine Begründung der maßgeblichen Garantieverhältnisse anhand des Kriteriums der Gefahrenverursachung und -beherrschung auf den ersten Blick zumindest fragwürdig.

1) Garantenstellung als Gefährdung der zu schützenden Rechtsgüter nach dem Ansatz Strees

Stree,[250] der seine Ausführungen, wie bereits dargelegt, im wesentlichen auf die Garantenstellung kraft Übernahme beschränkt, sieht das maßgebliche garantenpflichtbegründende Kriterium in dem *Gefahrenmoment*, daß darin besteht, daß andere Personen entweder *rechtsgutsgefährdend handeln* oder *eigene Schutz- bzw. Überwachungs-*

---

246 Festschrift Mayer S.145 ff., 148.

247 JA 1980, 553 ff., 647 ff., 712 ff.

248 Amtswalterunterlassen S.138 ff.

249 Für die Garantenstellung kraft Übernahme vgl.: Jescheck/Weigend, Lehrbuch des Strafrechts Allgemeiner Teil S.623.; Haft, Strafrecht Allgemeiner Teil S.182; Schönke/Schröder-Stree, § 13 Rn.27; Systematischer Kommentar-Rudolphi, § 13 Rn.58; Leipziger Kommentar-Jescheck, § 13 Rn.27; Maurach/Gössel/Zipf, Strafrecht Allgemeiner Teil II, § 46 Rn.84; Schmidhäuser, Strafrecht Allgemeiner Teil 12/25 f.; Welzel, Strafrecht S.214 f. Oftmals werden der Vertrauens- und der Gefährdungsgedanke im Schrifttum jedoch nicht streng voneinander getrennt. Vgl.: Schönke/ Schröder- Stree, § 13 Rn.27; Systematischer Kommentar-Rudolphi, § 13 Rn.58; Haft, Strafrecht Allgemeiner Teil S. 182; Timpe, Strafmilderungen des Allgemeinen Teils S. 189 Anm. 131, die im Rahmen der Übernahmegarantenstellungen alternativ auf das Vertrauens- und Gefährdungskriterium abstellen. Anders hingegen Jakobs (Strafrecht Allgemeiner Teil 29/46 ff., 29/67 ff.), der bei der Übernahme sowie bei der Ingerenz auf den Gefährdungsgedanken und im übrigen auf den Vertrauensgedanken abstellt. Insgesamt läßt sich festhalten, daß der Vertrauensgedanke die Person des Vertrauenden in den Vordergrund stellt, während der Gefährdungsgedanke verstärkt das Verhalten des Rechtsguts- oder Gefahrenquelleninhabers in die Betrachtung einbezieht. Nach Schultz (Amtswalterunterlassen S.143 ff.) soll dem Vertrauenskriterium Indizfunktion für das maßgebliche Gefahrenmoment zukommen. Schultz (JuS 1985, 270 (273)) betont in diesem Zusammenhang, Vertrauens- und Gefährdungsgedanke würden sich gegenseitig ergänzen und nicht widersprechen.

250 Festschrift Mayer S.145 ff.

maßnahmen unterlassen. Ausgangspunkt seiner Betrachtung ist dabei zunächst die Feststellung, daß die strafrechtliche Unterlassungshaftung von vertraglichen Verpflichtungen unabhängig ist.[251] Im Rahmen der an die Stelle der früher als ausschlaggebend erachteten Vertragskategorie tretenden tatsächlichen Übernahme einer Schutz- oder Überwachungsposition,[252] die auf der *Schaffung einer Vertrauenslage* basiere,[253] sieht Stree[254] es als notwendig an, das *Verhalten des Vertrauenden* mit in die Betrachtung einzubeziehen. Grund dafür sei, daß derjenige, der sich auf ein gefahrenabwehrendes Tätigwerden eines anderen verlasse, oftmals sein eigenes Verhalten danach ausrichte. Entscheidend seien demnach die *Auswirkungen einer Pflichtenübernahme*. Nur wenn im Vertrauen auf ein Eingreifen des Übernehmers besondere Gefahren auf sich genommen werden, von persönlichen Schutzmaßnahmen abgesehen oder unterlassen werde, sonstige Personen zum Schutz der Rechtsgüter heranzuziehen, lägen die Voraussetzungen einer Garantenstellung vor.[255] Darüber hinaus seien die Voraussetzungen einer Garantenpflicht zu bejahen, wenn eine schutzbereite Person deshalb von einer rechtsgutserhaltenden Handlung absieht, weil sie aus dem erkennbaren Verhalten des anderen auf dessen Eingreifen schließt.[256] Die Übernahme bewirke demzufolge ein Gefahrenmoment, indem der Rechtsgutsträger zu einem rechtsgutsgefährdenden Handeln veranlaßt werde oder eine sonstige schutzpflichtige oder -bereite Person zu eigenen rechtsgutserhaltenden Maßnahmen oder von der Veranlassung fremden Tätigwerdens abgehalten werde oder auch Personen, die eine Gefahrenquelle überwachen, zum Verlassen ihres Postens bewegt würden. Nach Stree[257] ähnelt die Garantenstellung kraft Übernahme insofern der Garantenpflicht aus vorangegangenem gefahrenbegründenden Tun. Die Handlungspflicht bei der Ingerenz resultiere aus dem gesetzlichen Verbot, andere zu verletzen. Dieses Verbot enthalte gleichzeitig das Gebot, selbstgeschaffene Gefahren zu beseitigen, wenn sie fremde Rechtsgüter zu verletzen drohten. Entsprechendes gelte auch für die Garantenstellung kraft Übernahme. Wer die Verantwortung für ein Rechtsgut oder eine Gefahrenquelle übernehme und seinen Beitrag zur Gefährdung eines Rechtsguts frei entfalten lasse und tatenlos zusehe, wie sich infolge des von ihm bewirkten Gefahrenmomentes ein verbotswidriger Erfolg einstelle, setze sich in gleicher Weise in Widerspruch zu dem *Verletzungsverbot*, aus welchem sich ein entsprechendes *Verhinderungsgebot* ergebe. Einer Einschränkung bedürfe es nur insoweit, als daß bei der Übernahme nur auf ein Gefahrenmoment für solche Rechtsgüter abzustellen sei, deren Schutz gewährleistet werden solle.[258]

---

[251] a.a.O. S.148 ff.

[252] Nach Stree (a.a.O. S.148) ist die Garantenstellung kraft Übernahme Schutz- und Überwachungsgarantie. Er erläutert dies an dem Beispiel des Aufsichtspflichtigen, der es übernommen hat, auf ein Kind achtzugeben. Die aufsichtsführende Person habe in diesem Fall zum einen das Kind vor ihm drohenden Gefahren zu schützen und zum anderen zugleich den von dem Kinde ausgehenden Gefahren für andere entgegenzutreten. Kritisch dagegen: Herzberg, Unterlassung im Strafrecht S.348 f.

[253] Das Merkmal der *Schaffung einer Vertrauenslage* ist nach Stree (a.a.O. S.154) indessen kein ausreichendes Kriterium zur Begründung der Garantenpflichten.

[254] a.a.O. S. 154.

[255] a.a.O. S.154 f., 158.

[256] a.a.O. S.155.

[257] a.a.O. S. 155 ff.

[258] a.a.O. S.156.

2) Garantenstellung als unmittelbare oder mittelbare Gefährdung von Rechtsgütern nach dem Ansatz Arzt'

Ähnlich wie bereits zuvor Stree führt auch Arzt[259] die Garantenstellungen auf den *Gedanken der Gefahrschaffung* zurück. Dogmatischer Ausgangspunkt seiner Betrachtung ist dabei die Erkenntnis, Begehen und Unterlassen ließen sich unter ontologischen und normativen Aspekten auf einen gemeinsamen Oberbegriff zurückführen, so daß die Grundregeln der Begehungsdelikte grundsätzlich auch auf die Unterlassungsdelikte Anwendung fänden.[260] Während jedoch die *äußerste Reichweite* der tatbestandsmäßigen Handlung bei den Begehungsdelikten durch die *Kausalität* bestimmt werde, komme bei den unechten Unterlassungsdelikten der *Garantenstellung* die elementare Funktion zu, den Kreis der potentiellen Unterlassungstäter festzulegen.[261] Aufgrund der *Verwandtschaft von Tun und Unterlassen* gingen die Unterlassung der Erfolgsabwendung und die Erfolgsherbeiführung durch Tun so ineinander über, daß eine exakte Grenzziehung nicht mehr möglich sei.[262] Bei allen Garantenstellungen ließe sich dabei der *Sinnzusammenhang zwischen Erfolgsherbeiführung und Erfolgsabwendung* aufzeigen. In allen Garantenstellungen stecke eine *rudimentäre Gefahrschaffung als Begehungselement*, wobei die Gefahr *unmittelbar* oder *mittelbar* erzeugt werden könne.[263] Schutzpflichten aus *Gesetz* begründeten aufgrund dessen nur dann eine Garantenstellung, wenn nach dem Vorverhalten die Erwartung gerechtfertigt sei, daß der Verpflichtete seinen Pflichten auch nachkommen werde. Insoweit sei vor allem der Gedanke der Lebensgemeinschaft heranzuziehen, dem die Gefahrschaffung in Form der Enttäuschung berechtigten Vertrauens immanent sei.[264] Bei den Garantenstellungen aus *Vertrag* trete das Element der Verantwortung kraft Gefahrschaffung besonders deutlich hervor, denn die vertragswidrige Nichtgewährung vertraglich geschuldeten Schutzes gefährde mittelbar das Opfer.[265] Auch insoweit soll nach Arzt[266] jedoch ergänzend auf gesetzliche Verpflichtungen, faktische Vertragsverhältnisse und die tatsächliche Übernahme zurückzugreifen sein. Im Rahmen der Garantenstellung kraft Übernahme fordert Arzt[267] im Anschluß an Stree ebenfalls ein Gefahrschaffungsmoment.[268] Im Zusammenhang mit der Garantenstellung aus *Lebensgemeinschaft*, die auf der Erwartung gegenseitiger Pflichterfüllung beruhe, werden - so Arzt[269]- wiederum gesetzliche und vertragliche Verpflichtungen relevant. Insoweit sei auf ausdrückliche und konkludente Vereinbarungen oder auf faktische Verträge oder Gesellschaften abzustellen. Demgegenüber beruhe die

---

[259] JA 1980, 553 ff., 647 ff., 712 ff.

[260] a.a.O. S.554 f.

[261] Arzt (a.a.O. S.557) bezeichnet die unechten Unterlassungsdelikte aufgrund dessen im Anschluß an Roxin (Täterschaft und Tatherrschaft S.459) als Pflichtdelikte.

[262] a.a.O. S.555, 560.

[263] a.a.O. S.560, 714.

[264] a.a.O. S.650.

[265] a.a.O. S.652.

[266] a.a.O. S. 652 f.

[267] a.a.O. S.713.

[268] In Abweichung von Stree (Festschrift Mayer S.155, 157), der den Nachweis verlangt, daß von anderen wegen der eingeleiteten Hilfe keine Rettungsversuche unternommen wurden, sieht Arzt (a.a.O. S.713, 717 Anm.28) es als ausreichend an, daß andere Personen möglicherweise von Rettungsmaßnahmen abgehalten wurden.

[269] a.a.O. S.713.

Garantenstellung aus *vorangegangenem Tun* auf dem Verbot, andere zu verletzen, welches zugleich das Gebot enthalte, selbstgeschaffene Gefahren zu beseitigen.[270]

3) Garantenstellung aufgrund der zurechenbaren Schaffung einer Innengefahr oder Beherrschung einer Außengefahr nach dem Ansatz Schultz'

Nach Schultz[271] ist ein Erfolg bei den unechten Unterlassungsdelikten dann zuzurechnen, wenn eine *Innen- und Außengefahr* besteht, wobei entweder die *Innengefahr bei Bestehen der Außengefahr zurechenbar geschaffen* oder die *Außengefahr bei schon bestehender Innengefahr zurechenbar beherrscht* wird. Die Suche nach allgemeingültigen Kriterien zur Begründung der Garantenstellungen müsse bei der besonderen Stellung des *Handlungspflichtigen* ansetzen.[272] Insoweit sei im Anschluß an Stree auf die *Bewirkung eines Gefahrenmoments* abzustellen.[273] Zur Konkretisierung der maßgeblichen Gefahr und ihrer Realisierung müsse jedoch zwischen der Innen- und Außengefahr differenziert werden, zwischen denen ein *Gefahrverwirklichungszusammenhang* bestehe.[274] Die Außengefahr und ihre Realisierung könnte dem Unterlassenden bei Schaffung der Innengefahr zugerechnet werden. Die Innengefahr werde originär dadurch geschaffen, daß der Rechtsgutsinhaber auf andere Sicherungsmaßnahmen verzichtet und seine Rechtsgüter nicht anderweitig schützt.[275] Daneben komme eine derivative Ableitung der Innengefahr durch einen Übertragungsakt in Betracht, durch den eine bereits durch einen zeitlich davor liegenden Übertragungsvorgang geschaffene Innengefahr aufrechterhalten wird, so daß der Übernehmer die bestehende Innengefahr durch eigene Handlung mitverursacht.[276] Die Innengefahr beruhe in diesem Fall nicht auf dem Verzicht anderweitiger Sicherungsvorkehrungen durch den Rechtsgutsinhaber, sondern auf dem Verhalten desjenigen, von dem die Aufgabe übernommen wurde, denn dieser hat nur den Unterlassenden als Sicherungsmittel eingesetzt und im übrigen auf Vorkehrungen verzichtet. Darüber hinaus sei die Innengefahr bei Beherrschung der Außengefahr zurechenbar. Dadurch daß der Unterlassende die Herrschaft über die Außengefahr begründe, die einem oder mehreren bestimmten oder unbestimmten Rechtsgütern drohe, resultiere eine Innengefahr, da der Schutz des bedrohten Rechtsgutes gegenüber bestimmten Gefahren ohne entsprechende Sicherungsmaßnahmen zumindest stark eingeschränkt sei.[277] Dabei werde die Herrschaft über die Außengefahr originär erlangt durch eigene Handlung.[278] Eine derivative Begründung der Herrschaft über die Außengefahr erfolge demgegenüber durch Eintreten in die Herrschaftsposition eines anderen unter Mitwirkung und Disposition des vorherigen Herrschaftsinhabers.[279]

---

270 a.a.O. S.714.
271 Amtswalterunterlassen S. 135 ff., 147. Vgl. auch ders., JuS 1985, 270 (272).
272 a.a.O. S.139.
273 a.a.O. S.139 f.
274 a.a.O. S.140.
275 a.a.O. S.140 f.
276 a.a.O. S.141 f.
277 a.a.O. S. 142. Beispiele bilden nach Schultz (a.a.O.) die *Übernahme des Streudienstes vom Hausbesitzer* und die *Sicherung eines Baus vom Bauherrn.*
278 a.a.O. S.142. Als Beispiele nennt Schultz (a.a.O.) die Fälle der *Herrschaft über Gefahrenquellen.*
279 a.a.O. S.142 f.

II) Kritik

Obwohl die dargestellten Garantenlehren durchaus bedenkenswerte und erörterungswürdige Aspekte der Garantendogmatik aufzeigen, ist eine Herleitung der Garantenstellungen anhand des Gefährdungsgedankens in der Literatur[280] im Ergebnis auf überzeugende Kritik gestoßen.

Zunächst muß in Zweifel gezogen werden, ob dem Gefährdungskriterium überhaupt eine selektierende Funktion bei der Abgrenzung der maßgeblichen Garantiepositionen von den einfachen Hilfeleistungspflichten, wie sie in etwa von den echten Unterlassungsdelikten der §§ 138, 323 c StGB hervorgebracht werden, zukommt. Bei den Begehungsdelikten wird die strafrechtliche Haftung im Bereich des objektiven Unrechtstatbestandes durch die Lehre von der objektiven Zurechnung[281] begrenzt. Danach ist die Grenze der Erfolgszurechnung mit Rücksicht auf den Schutzzweck der Norm und unter dem Blickwinkel der objektiven Voraussehbarkeit und Vermeidbarkeit des tatbestandlichen Erfolges, der Beherrschbarkeit des Kausalgeschehens durch menschliches Handeln und der Verwirklichung des vom Täter geschaffenen oder gesteigerten Risikos eines Schadenseintritts zu bestimmen. Ein vom Täter verursachter Erfolg ist daher nicht zuzurechnen, wenn sich in dem eingetretenen Schaden eine andersartige, als die von dem Täter geschaffene Gefahr realisiert und die sich in der Rechtsgutsverletzung tatsächlich niedergeschlagene Gefahr keinen Zusammenhang zu dem pflichtwidrigen Täterverhalten aufweist.[282] Darüber hinaus entfällt die objektive Zurechnung, wenn der Schadenseintritt außerhalb des menschlichen Beherrschungsvermögens liegt[283] und wenn der Erfolgseintritt auf einer eigenverantwortlichen Selbstschädigung oder Selbstgefährdung des Rechtsgutsinhabers beruht,[284] mag der Täter auch durch sein Verhalten aktiv eine Gefahr hervorgerufen oder aufrechterhalten haben. In gleicher Weise ist der Fall zu beurteilen, daß der Täter zwar eine Gefahr für das Rechtsgut geschaffen hat, die Gefahr sich jedoch

---

280 Vgl.: Alternativ Kommentar-Seelmann, § 13 Rn. 38, 45; Brammsen, Entstehungsvoraussetzungen S.133, 184 ff.; Schünemann, ZStW 96 (1984), 287 (296 f. Anm.32); ders., wistra 1986, 235 (243 f.); Herzberg, Unterlassung im Strafrecht S.350 ff.; Welp, Vorangegangenes Tun S.41 f.; Hüwels, Fehlerhafter Gesetzesvollzug S.118 ff.; Binding, Normen und ihre Übertretung II/1 S.532 f., 561.

281 Zur Lehre von der objektiven Zurechnung: Leipziger Kommentar-Jescheck, Vor § 13 Rn.59 ff.; Jescheck/Weigend, Lehrbuch des Strafrechts Allgemeiner Teil S.286 ff.; Roxin, Strafrecht Allgemeiner Teil I, § 11 Rn.36 ff.; Otto, Festschrift Maurach S. 91 ff.; Frisch, Tatbestandsmäßiges Verhalten und Zurechnung des Erfolges S.66 ff., 509 ff. et passim, der jedoch die Erfolgszurechnung als Erfolgsverursachung durch rechtlich verbotenes Verhalten ansieht. Die Rechtsprechung nimmt eine Haftung im Unrechtsbereich durch Heranziehung objektiver Zurechnungskriterien nach wie vor nur in Einzelfällen vor. (Vgl.: BGHSt 11, 1 (7); 32, 262 (264 f.); BGH, NStZ, 1985, 25 (26)).

282 Vgl. zu dem im Rahmen der objektiven Zurechnung erforderlichen Pflichtwidrigkeitszusammenhang: Systematischer Kommentar-Rudolphi, Vor § 1 Rn.63; Schönke/Schröder-Lenckner, Vorbem §§ 13 ff. Rn.92 a, 99; Roxin, Strafrecht Allgemeiner Teil I, § 11 Rn.63 ff.; Otto, Festschrift Maurach S.102.

283 Vgl.: Schönke/Schröder- Lenckner, Vorbem §§ 13 ff. Rn.93.

284 Zur Einschränkung der Erfolgszurechnung anhand des Prinzips der Eigenverantwortlichkeit und der normativ gebotenen Abschichtung von Verantwortungsbereichen: BGHSt 32, 262 (264 f.); BGH, NStZ 1985, 25 (26); OLG Zweibrücken, NStZ 1995, 89 (90); Haft, Strafrecht Allgemeiner Teil S.66 f.; Jescheck/Weigend, Lehrbuch des Strafrechts Allgemeiner Teil S.288; Roxin, NStZ 1984, 411 (411 f.); Frisch, NStZ 1992, 1 (1 ff.); ders., Tatbestandmäßiges Verhalten und Zurechnung des Erfolges S.472 ff. Einschränkend hingegen BGHSt 37, 179 (182). Vgl. auch Schultz (JuS 1985, 270 (273)), der den Ausschluß der Erfolgszurechnung jedoch unter dem Gesichtspunkt der nachträglichen Aufhebung einer Garantenstellung erörtert.

innerhalb des erlaubten Risikos hält und die dafür geltenden Regeln nicht überschreitet.[285] Die objektive Zurechnung ist schließlich auch dann zu verneinen, wenn sich die Gefahr auch bei pflichtgemäßem Täterverhalten realisiert hätte[286] und wenn sich eine von dem Täter geschaffene Gefahr verwirklicht, die nicht von dem Schutzzweck der Norm erfaßt wird.[287] Auch wenn der Täter in diesen Fällen jeweils eine Gefahr für das Rechtsgut geschaffen oder aufrechterhalten hat, ist ihm der Erfolg im Rahmen der Begehungsdelikte nicht objektiv zurechenbar. Daraus folgt, daß im Rahmen der Begehungsdelikte trotz aufweisbarer aktiver Gefahrschaffung nicht zwingend eine Verantwortlichkeit für die verursachte Rechtsgutsverletzung besteht, so daß kein Ableitungszusammenhang zwischen Gefahrschaffung und Erfolgszurechnung existiert.[288] Bereits nach den allgemeinen Grundsätzen der Lehre von der objektiven Zurechnung führt demnach nicht jede beliebige Rechtsgütergefährdung zu einer Erfolgszurechnung; erforderlich ist vielmehr eine qualifizierte Gefährdung von strafrechtlich geschützten Gütern. Da die allgemeinen Grundsätze der Lehre von der objektiven Zurechnung auf die Unterlassungsstrafbarkeit Anwendung finden,[289] ist auch die Erfolgszurechnung bei den unechten Unterlassungsdelikten von einer qualifizierten Gefahrenschaffung abhängig. Eine einfache Gefährdung genügt demnach nicht, mag man sie wie Stree in der *Veranlassung rechtsgutsgefährdenden Handelns* oder heraufbeschworenen *Unterlassung eigener Schutz- oder Überwachungsmaßnahmen* sehen oder mit Arzt als *rudimentäre Gefahrschaffung* bezeichnen oder aber im Anschluß an Schultz bei der maßgeblichen Bewirkung des Gefahrenmoments auf eine *Innen- und Außengefahr* abstellen. Den genannten Garantenkriterien kommt sonach keine nennenswerte Selektivfunktion zu; sie sind allenfalls geeignet, solche Konstellationen aus dem Anwendungsbereich des § 13 StGB herauszusondieren, in denen bereits die verursachte Rechtsgutsverletzung nach den allgemeinen, auch im Rahmen der Begehungsdelikte anwendbaren Grundsätze der Lehre von der objektiven Zurechnung nicht zurechenbar ist. Hingegen werden qualifizierende Anforderungen, wie etwa die Schaffung einer rechtlich mißbilligten Gefahr und der Ausschluß der Zurechnung bei eigenverantwortlicher Selbstgefährdung, nicht hinreichend berücksichtigt.[290]

Folgerichtig bleibt auch außer acht, daß die Rechtsgütergefährdung, die nach der Auffassung von Stree, Arzt und Schultz durch die Übernahme einer Schutz- und Überwachungsfunktion bewirkt wird, regelmäßig - will man sie überhaupt als eine

---

[285] Zu dem Erfordernis einer rechtlich mißbilligten Gefahr vgl.: Schönke/Schröder-Lenckner, Vorbem §§ 13 ff. Rn.93; Roxin, Strafrecht Allgemeiner Teil I, § 11 Rn.55 ff.; Maurach/Zipf, Strafrecht Allgemeiner Teil I, § 18 Rn.57; Jakobs, Strafrecht Allgemeiner Teil 7/35 ff.; Haft, Strafrecht Allgemeiner Teil S.64 f.

[286] Zum Einwand des pflichtgemäßen Alternativverhaltens bei den Fahrlässigkeitsdelikten vgl.: BGHSt 11, 1 (7); 21, 59 (61); 33, 61 (63); BGH, VRS 21, 341 (342); Leipziger Kommentar-Jescheck, Vor § 13 Rn.63; Jescheck/Weigend, Lehrbuch des Strafrechts Allgemeiner Teil, S.288 f.; Frisch, Tatbestandsmäßiges Verhalten und Zurechnung des Erfolges S.529 ff.

[287] Vgl. zum Schutzzweck der Norm: BGHSt 33, 61 (65); Leipziger Kommentar-Jescheck, Vor § 13 Rn.62; Schönke/Schröder-Lenckner, Vorbem §§ 13 ff. Rn.95 f.; Roxin, Strafrecht Allgemeiner Teil I, § 11 Rn.68 ff. Kritisch hingegen: Frisch, Tatbestandsmäßiges Verhalten und Zurechnung des Erfolges S. 80 ff.

[288] In diesem Sinne zu Recht auch Freund (Erfolgsdelikt und Unterlassen S. 68 ff., 112 ff.), mit Hinweis auf die Fälle des sog. normativen Unterlassens. Anders noch: Otto, Festschrift Maurach S.101 f.

[289] Vgl. nur: Maurach/Gössel/Zipf, Strafrecht Allgemeiner Teil II, § 46 Rn.23 f.; Jakobs, Strafrecht Allgemeiner Teil 29/19; Kühl, Strafrecht Allgemeiner Teil, § 18 Rn.40.

[290] Ähnlich auch Sangenstedt, Garantenstellung S.263 ff.

Gefährdung ansehen -[291] eine dem Übernehmer nicht zurechenbare, eigenverantwortliche Selbstgefährdung des Rechtsgutsinhabers darstellt, die sich zudem in den Grenzen des erlaubten Risikos hält. Bei der Überantwortung einer Schutz- oder Überwachungsaufgabe begibt sich der Betreffende regelmäßig im Wege des eigenverantwortlichen Handelns in Gefahr; das Risiko, eine zuverlässige Person mit dem Schutz seiner Rechtsgüter ausgewählt und betraut zu haben, fällt alleine in seinen Verantwortungsbereich. Nach dem Schutzzweck der verletzten Norm, dem Prinzip der Eigenverantwortlichkeit und entsprechend der normativ gebotenen Abschichtung der Verantwortungsbereiche trägt derjenige, der seine eigenen Rechtsgüter aus freien Stücken gefährdet die alleinige Verantwortung für die Schadensfolgen aus dem bewußt eingegangenen Risiko. Eine durch die Übernahme bewirkte Gefährdung ist somit sein eigenes Werk und nicht dem Übernehmer objektiv zuzurechnen.[292] Die Übertragung von Schutz- und Überwachungsaufgaben auf Schutzinstitutionen oder schutzbereite Einzelpersonen stellt des weiteren innerhalb einer auf zunehmender Arbeitsteilung und Spezialisierung ausgerichteten Gesellschaft eine sozialübliche und nützliche Verhaltensweise dar, die kein rechtlich mißbilligtes Risiko hervorbringt.[293] Der einzelne ist weniger denn je in der Lage, den ihm primär obliegenden Aufgaben gerecht zu werden und muß einen Teil der Aufgaben aus diesem Grund auf andere arbeitsteilig übertragen. Von der Sozietät wird die Überantwortung von Gefahrenabwehraufgaben im Grundsatz als sozialadäquat gebilligt. Dies gilt um so mehr, als daß die eigene Handlungsfreiheit des Gefährdeten durch die Abwälzung von Aufgaben erweitert wird. Auch wenn davon ausgegangen wird, daß die Übertragung von Schutz- und Überwachungsaufgaben an Dritte eine Rechtsgutsgefährdung bewirkt, so stellt die bewirkte Gefährdung damit jedenfalls keine rechtlich mißbilligte Gefahr dar und ist dem Übernehmer auch aus diesem Grund nicht zuzurechenen. Eine Überschreitung des erlaubten Risikos kann zudem auch dann nicht angenommen werden, wenn die Aufgaben der Gefahrenabwehr auf eine Person übertragen werden, die ansonsten stets die erforderliche Sorgfalt im übernommenen Pflichtenkreis hat walten lassen und wenn es sich bei der Pflichtverletzung um ein einmaliges Versagen handelt,[294] so daß dem Rechtsgutsinhaber kein Auswahlverschulden

---

[291] Vgl. dazu unten.

[292] In diesem Sinne auch Sangenstedt (Garantenstellung S.266 ff.), der jedoch abweichend von der hier vertretenen Auffassung in der Schutzüberantwortung offensichtlich nur im Ausnahmefall eine freiverantwortliche Selbstgefährdung erblickt. Er begründet dies damit, daß die Übertragung der Schutz- oder Überwachungsfunktion gerade darauf gerichtet sei, die Primärzuständigkeit für die Integrität des Rechtsgutes auf den Übernehmer zu verlagern, mit der Folge, daß der Rechtsguts- oder Gefahrenquelleninhaber aus der Verantwortung für eine Risikoverwirklichung entlassen werde, soweit die Übernahme reicht. Sangenstedt übersieht dabei jedoch, daß die maßgebliche Gefährdung - jedenfalls auf der Grundlage der an dem Gefährdungsgedanken orientierten Garantenlehren - darin zu sehen ist, daß nicht anderweitige Schutzvorkehrungen getroffen werden. Daß nun aber beispielsweise eine eigenverantwortliche Entscheidung darüber getroffen wird, ob dem Nachbarn oder einem privaten Schutzdienst die Bewachung des Einfamilienhauses während der urlaubsbedingten Abwesenheit anvertraut wird, kann nicht ernsthaft bezweifelt werden. Sangenstedt verkennt insoweit, daß das freiwillig eingegangene Risiko nicht in der Schädigung, sondern vielmehr in dem unterlassenen anderweitigen Schutz zu sehen ist. Zum Ausschluß der objektiven Zurechnung bei eigenverantwortlicher Selbstgefährdung siehe bereits oben.

[293] So zu Recht auch: Sangenstedt, Garantenstellung S.268 f.; Rudolphi, Gleichstellungsproblematik S.107.

[294] Vgl. auch Blei, Festschrift Mayer S. 138 Anm.89. Davon scheint im übrigen auch Schultz (Amtswalterunterlassen S.143 f.) auszugehen, wenn er umgekehrt eine Unterbrechung des Zurechnungszusammenhangs annimmt und damit eine zurechenbare Gefährdung für den Fall verneint, daß eine objektive Sorgfaltswidrigkeit des Disponenten im Hinblick auf die Pflichterfüllung des Übernehmers gegeben ist. Schultz (a.a.O.) stellt in diesem Zusammenhang lediglich auf die Perspektive des Über-

im Hinblick auf die in seinem Bereich tätig werdenden Schutzpersonen zur Last fällt. Gleiches muß für den Fall gelten, daß sich der Rechtsguts- oder Gefahrenquelleninhaber durch die kumulative Übertragung der Aufgaben auf mehrere Personen oder Institutionen mehrfach vor ihm drohenden Beeinträchtigungen absichert.[295]

Kann somit bereits an dieser Stelle die Feststellung getroffen werden, daß der Übernehmer durch den Antritt einer Schutz- und Überwachungsposition jedenfalls bei dem Geschädigten keine *zurechenbare* Rechtsgutsgefährdung auslöst, so ist weitergehend zu fragen, ob die Überantwortung einer Aufgabe überhaupt eine, wie auch immer geartete Gefährdung des Rechtsgutes bewirkt. Dagegen ist anzuführen, daß eine Übertragung von Gefahrenabwehraufgaben auf eine andere Person unter mehreren Aspekten zu einer Gefahrenminimierung für das Schutzgut führt.

Zum einen werden in der arbeitsteilig organisierten und spezialisierten Gesellschaft oftmals gerade Schutzinstanzen und Schutzpersonen mit gefahrenabwehrenden Aufgaben im eigenen Verantwortungbereich beauftragt, weil die Ergreifung von Schutzmaßnahmen in der eigenen Person nicht möglich oder wesentlich erschwert ist. In diesem Fall resultiert gerade die Übernahme aus fehlenden oder verringerten Eigenschutzmöglichkeiten, so daß entsprechende Schutzvorkehrungen von dem Geschädigten nicht aufgrund der versprochenen Übernahme unterlassen werden.[296] Zum anderen werden Schutz- und Überwachungsfunktionen oftmals auf solche Institutionen und Personen übertragen, die aufgrund von technischen Mitteln, besonderer Spezialisierung und Erfahrung über bessere Schutz- und Überwachungsmöglichkeiten als der Rechtsguts- oder Gefahrenquelleninhaber verfügen, so daß auch von daher von einer Verminderung des Verletzungsrisikos auszugehen ist.[297] Ebenso häufig werden aber auch dementsprechende Aufgaben zusätzlich auf fremde Personen übertragen, ohne daß von eigenen

---

nehmers ab, wenn er ausführt, der Übernehmer dürfe seinerseits darauf vertrauen, daß keine gefahrschaffende oder -aufrechterhaltende Disposition von seiten des Rechtgutsinhabers getroffen wird, so daß er innerhalb des erlaubten Risikos bleibt, wenn die Nichterfüllung der Pflichten objektiv voraussehbar war. Eine Ausnahme davon soll wiederum dann gelten, wenn für den Übernehmer erkennbar sei, daß der Disponent die Nichterfüllung der Pflichten und damit die Gefährlichkeit der Übertragung der Schutzfunktion nicht erkennen werde. (Schultz a.a.O.)

[295] Vgl. auch die Kritik bei Brammsen (Entstehungsvoraussetzungen S.187 Anm. 214).

[296] So ist es beispielsweise schwer vorstellbar, daß eine Familie nur deshalb in den Urlaub fährt, weil die Nachbarin zugesagt hat, das verlassene Einfamilienhaus zu bewachen. Nach allgemeiner Lebenserfahrung wird die Familie nicht von dem geplanten Urlaub Abstand nehmen, nur weil sich keine hilfsbereite Person zur Bewachung des Hauses finden läßt. Vielmehr werden sich die Bewohner des Hauses gerade aufgrund ihrer urlaubsbedingten Abwesenheit, also aufgrund eines erhöhten Schutzbedürfnisses und mangelnder Eigenschutzmöglichkeiten, nach einer hilfsbereiten Person umsehen. Im Vergleich zum fehlenden Eigenschutz bewirkt die Übernahme der Aufgabe damit eine Gefahrminimierung.

[297] In dem jeweiligen Fall anzunehmen, eine Risikoerhöhung ergebe sich aus dem Umstand, daß der Betreffende gerade den Unterlassenden und nicht eine andere Person mit den Aufgaben betraut hat, kann hingegen wegen der damit einhergehenden uferlosen Ausweitung des Gefahrenbegriffs nicht überzeugen. Eine entsprechende Gefährdung ließe sich in diesem Fall stets aus dem bloßen Eintritt der Rechtsgutsbeeinträchtigung ableiten, anhand derer regelmäßig erkennbar wird, daß der Betreffende keine effektiveren Schutzvorkehrungen getroffen hat. Eine Gefährdung wäre unter dieser Prämisse nur bei einem unabwendbaren Ereignis zu verneinen, vor dem sich der Betreffende in keiner Weise schützen konnte. Dementsprechend könnte sich der Unterlassende im Strafprozeß dahingehend einlassen, das Schutzgut sei auch ohne seine Hilfszusage schutzlos preisgegeben gewesen, dem Rechtsgutsinhaber sei ein effektiver Eigenschutz unmöglich und eine andere, zum Schutz bereite Person sei nicht auffindbar gewesen. (Vgl. auch: Welp, Vorangegangenes Tun S.42).

Schutzmaßnahmen abgesehen wird.[298] Durch die Übertragung von Gefahrenabwehraufgaben auf einen anderen wird demzufolge keine Gefahr begründet oder aufrechterhalten. Das nach Übertragung der Aufgabe auf eine fremde Person das Risiko besteht, daß die Aufgabenerfüllung in der Person des Übernehmers aus irgendeinem Grund verhindert wird, stellt ein allgemeines Lebensrisiko dar, welches auch in der Person des Rechtsguts- oder Gefahrenquelleninhabers besteht, wenn dieser die Aufgaben höchstpersönlich erfüllt. Es handelt sich demzufolge lediglich um einen Risikoaustausch, bei dem das Risiko der Eigenverhinderung durch das Risiko der Fremdverhinderung ersetzt wird. Dementsprechend kann es nicht überzeugen, wenn in dem Antritt einer Schutz- oder Überwachungsstellung durch eine Institution oder Einzelperson, die *primär Gefahrenabwehraufgaben* mit ihrer Tätigkeit verfolgt, eine garantenpflichtauslösende Gefahrschaffung oder -aufrechterhaltung für die geschützten Rechtswerte gesehen wird.[299] Zumindest würde aber eine etwaige mittelbare Gefährdung durch die von der gefahrenabwehrenden Tätigkeit ausgehende unmittelbare Schutzwirkung überlagert und kompensiert.[300] Eine Rechtsgutsgefährdung ist mithin nicht ersichtlich. Die dargelegten Garantenlehren vermögen auch aus diesem Grund nicht zu überzeugen.

III) Zwischenergebnis

Damit hat sich der erste Eindruck bestätigt, nach dem auch eine Ableitung der strafrechtlichen Garantenpflichten anhand des Gefährdungsgedankens keine Aussicht auf Erfolg verspricht. Dies läßt sich einerseits darauf zurückführen, daß Stree, Arzt und Schultz jeweils die Bedeutung und Tragweite des Gefährdungsaspektes überschätzen und dabei verkennen, daß nach der Lehre von der objektiven Zurechnung nicht jegliche, sondern nur eine qualifizierte Gefährdung zu einer Erfolgszurechnung führt. Andererseits verliert der Gefahrenbegriff vollends seine Konturen, wenn in dem Antritt einer Schutz- oder Überwachungsposition durch eine gefahrenabwehrende Institution oder Einzelperson eine garantenpflichtauslösende Gefährdung gesehen wird. Dies wird im besonderen Maße im vorliegenden Kontext der Tätigkeit privater Schutzdienste deutlich. Die Tätigkeit der Polizei und privater Wachunternehmen auf dem Gebiet der Gefahrenabwehr ist final auf die Erhöhung der Sicherheit des Rechtsgutsbestandes gerichtet und kann nicht als Gefahrenbegründung oder -aufrechterhaltung gewertet werden. Aufgrund des staatlichen Gewaltmonopols stehen ausschließlich der Polizei hoheitliche Eingriffsbefugnisse zu, die mittels staatlichen Zwangs und Gewalt durchsetzbar sind. Private Wachpersonen haben demgegenüber allenfalls die sog. Nothilferechte.[301] Weitergehende

[298] In dem Beispielsfall, daß der Bewohner eines Einfamilienhauses in einem Villenviertel einen privaten Schutzdienst mit der Bewachung des Hauses beauftragt, kann nicht davon ausgegangen werden, daß der Auftraggeber nunmehr eigene Sicherungsmaßnahmen unterläßt. Er wird weder die Haustür wegen der gewerblichen Bewachungstätigkeit unversperrt lassen, noch wird er weniger vorsichtig reagieren, wenn er nachts im Haus Geräusche vernimmt. Vgl. dazu auch Binding (Normen und ihre Übertretung II/1 S.533) mit zahlreichen weiteren Beispielsfällen.

[299] In diesem Sinne auch: Blei, Festschrift Mayer S.137 f.; Sangenstedt, Garantenstellung S.265 f.; Brammsen, Entstehungsvoraussetzungen S.187 Anm.214; Binding, Normen und ihre Übertretung II/1 S.532 f., 561. Vgl. auch: Kühne, Geschäftstüchtigkeit S.89.

[300] So auch: Kühne, Geschäftstüchtigkeit S.89. Eingehend zur Kompensation erhöhter Schutzbedürfnisse: 2.Teil, C), II), 1), a), 3).

[301] Ausnahmsweise stehen privaten Sicherheitspersonen weitergehende Rechte zu nach dem *Gesetz über die Anwendung unmittelbaren Zwanges und die Ausübung besonderer Befugnisse durch Soldaten der Bundeswehr und zivile Wachpersonen (UZwGBw)* vom 12.08.1965 (BGBl. I 796), geändert durch Art.159 EGStGB vom 2.03.1974 (BGBl. I 469). Vgl. dazu eingehend: 2. Teil, C), II), 2), a).

Befugnisse stehen ihnen grundsätzlich nur insoweit zu, als sie ihre Rechte von dem Rechtsgutsinhaber oder sonstigen Berechtigten übertragen oder zur Ausübung überlassen erhalten.[302] Dies bezieht sich jedoch nur auf disponible Rechte. Auch insoweit reichen die Rechte der privaten Sicherheitskräfte aber niemals weiter, als diejenigen Rechte, die der Rechtsgutsinhaber für sich in Anspruch nehmen kann. Die privaten Wachpersonen des Sicherheitsgewerbes nehmen aufgrunddessen keine Sonderstellung ein. Über den Einsatz und ein Einschreiten der Polizei kann der einzelne Bürger, anders als bei der Tätigkeit gewerblicher Sicherheitsdienste, nicht disponieren. Die Polizei ist staatliche Gefahrenabwehrbehörde und Strafverfolgungsorgan und auch im Einsatzgebiet privater Wachunternehmen primär zuständige Gefahrenabwehrinstanz mit dem ausschließlichen Recht zu Hoheitseingriffen. Private Schutzdienste können aufgrund dessen die Polizei nicht ersetzen, sondern allenfalls daneben tätig werden und die Polizeiaktivitäten ergänzen.[303] Die Beauftragung eines gewerblichen Bewachungsunternehmens beinhaltet infolgedessen grundsätzlich auch keinen Verzicht auf polizeilichen Schutz. Soweit gelegentlich zugunsten einer Entlastung der Polizei angeführt wird, mit dem verstärkten Einsatz privater Sicherheitskräfte würden in deren Einsatzgebiet personelle und sachliche Kapazitäten der Polizei freigesetzt, die zum verstärkten Schutz anderer Gebiete eingesetzt werden könnten,[304] so kann auch unter diesem Gesichtspunkt nicht von einer Disposition des Bürgers über den Polizeischutz die Rede sein. Aus der Sicht des Auftraggebers stellt sich

---

[302] So üben private Wachpersonen bei der Bewachung von Häusern, Gebäuden, Geschäfts- und Ladenzentren das Hausrecht des Inhabers aus. (Vgl. dazu: Beste in Gusy, Privatisierung von Staatsaufgaben S.187 ff.; Schenkelberg, Streife 6/95, 10 (11); Mahlberg, Gewerbliche Sicherheitsunternehmen S.173 ff.; Honigl, Tätigwerden von Privaten S.62, 71 ff.). Umstritten ist jedoch, wie weit das Hausrecht bei befriedeten Besitztümern reicht, die von dem Hausrechtsinhaber zum Betreten durch die Öffentlichkeit gewidmet wurden. Das OLG Oldenburg (NJW 1985, 1352 (1352)) hat in einer Entscheidung im Gegensatz zu den Vorinstanzen angenommen, daß auch die der Öffentlichkeit allgemein zugänglich gemachte Warenhauspassage eine von § 123 StGB geschützte Räumlichkeit sei (zustimmend: Müller-Christmann, JuS 1987, 19 (19 ff.)). Darüber hinaus ist das Hausrecht nach der Rspr. (vgl.: OLG Frankfurt, NJW 1994, 946 (946)) in solchen faktisch öffentlichen Räumen nicht notwehrfähig, so daß keine Gewalt zur Durchsetzung des Hausrechts angewendet werden darf. (Vgl. dazu auch: Weiß/Plate- Ahlf, Privatisierung von polizeilichen Aufgaben S.16). Allgemein zu einer Delegation der Ausübungsberechtigung des Hausrechts vgl.: Bernsmann, Jura 1981, 403 (405).

[303] Vgl. zu den Bestrebungen einer verstärkten Kooperation der Polizei mit privaten Sicherheitsunternehmen: Glavic, Die Polizei 1994, 36 (41); Bleck, Die Polizei 1994, 42 (43); Bernhard, Die Polizei 1994, 55, (59); Stümper, Kriminalistik 1975, 193 (195); Pitschas, DÖV 1997, 393 (393 ff.); Ebert, Polizei und private Sicherheitseinrichtungen S.10. Für den Werkschutz auch: Bauer, Werkschutz S.150 ff., 179. Kritisch dagegen: Murck, Deutsche Polizei 9/93, 10 (12); Zimmermann, Die Polizei 1994, 60 (62); ders., CD Sicherheits-Management 3/95, 10 (17); Weiß/Plate-Murck, Privatisierung polizeilicher Aufgaben S.125 f. In Nordrhein-Westfalen haben sich jüngst Kommunen, Polizei, Einzelhändler und private Sicherheitsdienste zu sog. Ordnungspartnerschaften zusammengeschlossen, deren Zweck die Verbesserung der Sicherheit in den innerstädtischen Einkaufszonen und Ladenstraßen sein soll. Vgl. dazu die Berichte in der Frankfurter Allgemeinen Zeitung vom 17.04.1998; Kölner Stadt-Anzeiger vom 16.04.1998; Handelsblatt vom 16.04.1998; Generalanzeiger vom 16.04.1998; Rheinische Post vom 16.04.1998 Zu einem entsprechenden Modellprojekt einer Sicherheitspartnerschaft in Hannover siehe auch: Frankfurter Allgemeine Zeitung vom 14.11.1997. Zu weiteren Projekten vgl. auch: Brauser-Jung, Die Polizei 1998, 326 (327 ff.).

[304] So vor allem: Rupprecht, Die Polizei 1994, 46 (47); Wehner, Kriminalistik 1980, 34 (35); Eberstein, BB 1980, 863 (868); Schwabe, ZRP 1978, 165 (165). Siehe aber auch zu einer überdurchschnittlichen Inanspruchnahme staatlichen Schutzpotentials durch den Einsatz privater Schutzdienste vor allem durch den Anschluß von Alarmzentralen privater Sicherheitsunternehmen an den polizeilichen Notruf: Stümper, Kriminalistik 1975, 193 (194); Weiß/Plate-Ahlf, Privatisierung von polizeilichen Aufgaben S.19 f.; Weiß/Plate-Murck, Privatisierung von polizeilichen Aufgaben S.126.

die Beauftragung eines Wachdienstes als *zusätzliche* Sicherungsmaßnahme dar, die eigene und polizeiliche Schutzmaßnahmen ergänzt. Diese Betrachtungsweise ist auch objektiv gerechtfertigt. Mag man auch Zweifel hegen, ob der Einsatz privater Sicherheitsunternehmen insgesamt zu einer Verbesserung der Sicherheitslage und zu einer effektiveren Kriminalitätsbekämpfung beiträgt,[305] so läßt sich nicht bestreiten, daß die Betätigung des privaten Schutzdienstes im konkreten Einzelfall grundsätzlich zu einer Erhöhung der Sicherheit und damit zu einer Minimierung des Opferrisikos bei dem Betreffenden führt.[306]

F) Ergebnis

Nach der Darstellung und Würdigung der verschiedenen Garantenkonzeptionen läßt sich abschließend festhalten, daß die dargelegten Lehren nicht in der Lage sind, eine umfassende und allgemeinverbindliche Lösung der Garantenproblematik aufzuzeigen. Abgesehen von einigen beachtenswerten und erörterungswürdigen Ansatzpunkten haben sich sämtliche Garantenlehren bislang nicht als sehr überzeugend erwiesen.

Während die formelle Rechtspflichttheorie gegen den verfassungsrechtlichen Verhältnismäßigkeitsgrundsatz verstößt und zu kriminalpolitisch bedenklichen Ergebnissen im Einzelfall gelangt, verkennt die formell-materielle Rechtspflichttheorie das Verhältnis der Strafrechtsordnung zur außerstrafrechtlichen Rechtsordnung und läßt sich mit den auf faktischer Grundlage ermittelten Garantenstellungen nicht in Einklang bringen. Die Garantenstellungen der privaten Sicherheitskräfte lassen sich aufgrund des fehlenden Ableitungszusammenhangs der strafrechtlichen Garantenpflichten zu außerstrafrechtlichen Handlungspflichten daher weder aus allgemeinen oder besonderen gesetzlichen

---

[305] Vgl. zur Verdrängung der Kriminalität durch den Einsatz gewerblicher Wachpersonen und zu den Auswirkungen der Kriminalitätsverlagerung auf ungeschützte Bereiche und wirtschaftlich schwächere Gesellschaftsmitglieder: Hoffmann-Riem, ZRP 1977, 277 (280); Schuster, Die Polizei 1989, 5 (7); Stacharowsky, KrimJournal 17 (1985), 228 (233); Zimmermann, CD Sicherheits - Management 3/95, 10 (14); Stümper, Kriminalistik 1975, 193 (194); Kunz, ZStW 95 (1983), 973 (980); Arzt, Kriminalistik 1976, 433 (434); ders., JurBl. 1978, 173 (180 f.); ders., Der Ruf nach Recht und Ordnung S.48 ff.; Weiß/Plate-Streng, Privatisierung von polizeilichen Aufgaben S.108 f. Daß lediglich eine bloße Verlagerung des Opferrisikos auf weniger gesicherte Personengruppen stattfindet, hat Seysen (KrimJournal 1992, 179 (187 f.)) am Beispiel der Geld- und Werttransporte aufgezeigt. In der von Seysen (a.a.O.) dargestellten Statistik wird in den Jahren 1975 bis 1977 ein steiler Anstieg der Banküberfälle erkennbar sowie im Anschluß daran ein Rückgang der entsprechenden Kriminalitätsrate bis zum Jahre 1980. Demgegenüber sei bei den Überfällen auf Geld- und Werttransporte ab dem Jahre 1979 ein starker Anstieg zu verzeichnen sowie daran anschließend eine Stagnation der Kriminalitätsrate bei diesen Delikten auf hohem Niveau. Der starke Zuwachs Anfang der 80er Jahre bei den Überfällen auf die Geld- und Werttransporte lasse sich dabei - so Seysen (a.a.O.) - mit einer Verlagerung der Überfälle von den Geldinstituten auf die Geld- und Werttransporte erklären, die wiederum auf die zu dieser Zeit eingeleiteten privaten Sicherungsmaßnahmen in den Bankinstituten, etwa durch Installation optischer Überwachungsgeräte, zurückzuführen sei.

[306] So vor allem auch Arzt (Der Ruf nach Recht und Ordnung S.48), der gegenüber der privaten Verbrechensbekämpfung den Vorwurf erhebt, den Schwerpunkt ihrer Tätigkeit, im Gegensatz zur staatlichen Kriminalitätsbekämpfung, die auf einer Besserung der Straftäter und Sicherung der Allgemeinheit gerichtet sei, auf die Sicherung des *einzelnen* zu legen. (Hervorhebung nicht im Original) Die Sicherung des einzelnen sei bereits durch bloße *Umverteilung des Opferrisikos* zu erreichen. (Hervorhebung im Original)

Vorschriften des Bewachungsgewerbes noch anhand einer Auslegung des Bewachungsvertrages ermitteln.

Demgegenüber verstoßen die an der sozialen Stellung orientierten Garantenlehren gegen den in Art.103 Abs.2 GG normierten *nullum-crimen-Grundsatz,* demzufolge eine Tat nur bestraft werden kann, wenn ihre Strafbarkeit gesetzlich bestimmt war, bevor die Tat begangen wurde. Sie verkennen darüber hinaus, daß wegen der wechselseitigen Interdependenz von Rechts- und Sozialordnung eine sozialerhebliche Sonderbeziehung nicht auch *per se* strafrechtliche Relevanz erlangt. Aufgrund dessen hat sich auch eine eingehende Analyse der bei dem Einsatz privater Sicherheitsdienste zu Tage tretenden sozialen Beziehungen erübrigt. Ungeachtet der Tatsache, daß sich die vielschichtigen Sozialbeziehungen mangels konkreter, objektiver Leitkriterien nicht verifizierbar ermitteln lassen, würde die Anerkennung strafrechtlich relevanter Sozialbeziehungen bei dem Einsatz gewerblicher Wach- und Schutzunternehmen ferner im Ergebnis auf eine normative Anerkennung und Absicherung des Sicherheitsgewerbes hinauslaufen, die von der Strafrechtsordnung jedoch erkennbar nicht intendiert ist.

Den an den Herrschaftsgedanken anknüpfenden Begründungsansätzen ist zwar insoweit zuzustimmen, als daß sie den Versuch unternehmen, die garantenpflichtkonstituierenden Merkmale im Wege einer Analyse der Unrechtsstruktur bei den Begehungsdelikten zu ermitteln. Rudolphi, Schünemann und Sangenstedt müssen sich jedoch entgegenhalten lassen, daß es ihnen trotz der methodisch richtigen Vorgehensweise nicht gelingt, auf der Grundlage einer Analyse der Begehungsdelikte materiell aussagekräftige, den Herrschaftsbegriff ausfüllende Leitgesichtspunkte zu entwickeln, die nicht nur allgemeine Zurechnungskriterien, sondern den spezifischen Gehalt der strafrechtlichen Garantenstellungen wiedergeben.

Die an den Gedanken des Vertrauens- und Abhängigkeitsverhältnisses angelehnten Konzeptionen Voglers, Kühnes, Wolffs und Nickels gehen überwiegend bereits von verfehlten Prämissen aus und vermögen insbesondere nicht zu erklären, warum - anders als bei der Deliktsverwirklichung durch positives Tun - im Rahmen des Unterlassens bei § 13 StGB ein Vertrauen oder eine Abhängigkeit maßgeblich sein soll. Weiterhin gelingt es Vogler, Kühne, Wolff und Nickel nicht, konkrete und hinreichend transparente Wertaspekte zur Beantwortung der Frage anzugeben, unter welchen Voraussetzungen ein garantenpflichterzeugendes Vertrauens- und Abhängigkeitsverhältnis gegeben ist. Mag auch das Auftreten privater Schutzpersonen im öffentlichen Sozialraum und ihr Verhalten auf eine Erhöhung des subjektiven Sicherheitsgefühls der Bürger gerichtet sein, so läßt sich aus dem Umstand, daß von den privaten Ordnungshütern gezielt Vertrauen hervorgerufen werden soll nicht ohne weiteres auf ein schutzwürdiges Vertrauen und damit auf Garantenstellungen zum Schutz jeglicher Rechtsgüter schließen. Dies würde ersichtlich darauf hinauslaufen, daß private Sicherheitspersonen entgegen dem staatlichen Gewaltmonopol als Privatpolizisten agierten und zu allumfassenden Garanten avancierten.

Schließlich hat sich gezeigt, daß den auf dem Gedanken der Gefahrschaffung gründenden theoretischen Ansätzen keine nennenswerte Selektivfunktion bei der Abgrenzung der Garantenstellungen von den einfachen Hilfeleistungspflichten zukommt. Die genannten Auffassungen verkennen des weiteren, daß es sich bei der Überantwortung einer Schutz-

oder Überwachungsfunktion grundsätzlich um eine, dem Übernehmer nicht zurechenbare, eigenverantwortliche Selbstgefährdung des Rechtsgutsinhabers handelt, die sich innerhalb der Grenzen des erlaubten Risikos hält. Darüber hinaus tragen Stree, Arzt und Schultz nicht hinreichend dem Umstand Rechnung, daß die Übernahme gefahrenabwehrender Aufgaben durch eine Schutzperson oder Schutzinstanz unter mehreren Aspekten zu einer Risikoverringerung und nicht zu einer zusätzlichen Gefährdung für das Schutzgut führt. Dementsprechend kann weder die Tätigkeit der Polizei, noch der Einsatz privater Wach- und Schutzunternehmen auf dem Gebiet der Gefahrenabwehr als garantenpflichtauslösende Gefahrenschaffung gewertet werden. Insbesondere kann der einzelne Bürger aufgrund des staatlichen Gewaltmonopols nicht zugunsten privater Schutzunternehmen disponieren; die Polizei bleibt auch im Einsatzbereich privater Schutzdienste ausschließliche Gefahrenabwehrinstanz mit hoheitlichen Eingriffsbefugnissen.

Die bisherigen Ausführungen machen deutlich, daß die Garantenproblematik auch nach wie vor als einer der umstrittensten Themenbereichen der gesamten Strafrechtswissenschaften bezeichnet werden kann.

Die Auseinandersetzung mit den verschiedenen in der Literatur vertretenen Ansätzen hat jedoch nicht nur in negativer Hinsicht die Schwierigkeiten einer Konkretisierung des § 13 StGB aufgezeigt. Darüber hinaus wurden insbesondere unter Berücksichtigung der verfassungsrechtlichen Rahmenvorgaben auch Kriterien erarbeitet, die geeignet sind, einer uferlosen Ausweitung der Garantenpflichten im allgemeinen und bei privaten Schutzdiensten im besonderen entgegenzuwirken und die für den weiteren Fortgang der Untersuchung von Bedeutung sind. So hat sich im Rahmen der Auseinandersetzung mit den formellen Rechtspflichttheorien gezeigt, daß eine Begrenzung der Garantenstellungen an dem Merkmal des Schutzzwecks der Handlungspflicht anzusetzen hat, wobei den sich aus dem Bewachungsvertrag ergebenden zivilrechtlichen Pflichten indizielle Wirkung zukommen kann. Des weiteren konnte bei der Betrachtung der sozialen Garantentheorien der Kreis der durch eine Garantenstellung begünstigten Rechtsguts- oder Gefahrenquelleninhaber durch die Feststellung eingegrenzt werden, daß eine strafrechtliche Garantenpflicht der gewerblichen Sicherheitskraft nur *inter partes* gegenüber dem Auftraggeber, nicht hingegen gegenüber sonstigen Personen in Betracht kommt. Eine Ausnahme von diesem Grundsatz gilt für den Fall, daß der Auftraggeber des Schutzdienstes von Anfang an und erkennbar konkret Dritte in die Schutz- und Wachtätigkeit einbezogen hat. Demgegenüber reicht die generelle Einbeziehung einer unbestimmten Vielzahl von Personen, die bei dem Antritt der Wachtätigkeit lediglich nach allgemeinen Merkmalen konkretisierbar sind, nicht aus, so daß diesen Personen gegenüber eine Garantenstellung von vornherein ausscheidet. Im Zusammenhang mit den an dem Herrschaftsgedanken orientierten Garantentheorien wurde hervorgehoben, daß eine Unterlassungsstrafbarkeit nur in Betracht kommt, wenn dem Unterlassenden die Erfolgsabwendung physisch - real möglich war. Dabei wurde verdeutlicht, daß eine strafrechtliche Handlungsverpflichtung nach dem Grundsatz der Einheit der Rechtsordnung nur angenommen werden kann, soweit dem Betreffenden ein Einschreiten auch *rechtlich* erlaubt ist. Aufgrund dessen wird der Rahmen der maßgeblichen Garantenstellungen von Bediensteten privater Schutzunternehmen durch die privaten Eingriffsbefugnisse begrenzt. Soweit private Sicherheitskräfte nach allgemeinen Grundsätzen in der konkreten Situation nicht zu einem Einschreiten befugt sind, kann ihnen auch keine strafrechtliche Handlungsverpflichtung auferlegt werden, deren Verletzung durch einen

Rückgriff auf die unechten Unterlassungsdelikte sanktioniert werden kann. Im Rahmen der kritischen Würdigung der Garantenlehren, die auf ein Vertrauens- und Abhängigkeitsverhältnis abstellen, wurde herausgestellt, daß eine Garantenstellung von Angehörigen privater Schutzdienste gegenüber dem Auftraggeber dann in Betracht kommt, wenn das gewerbliche Schutzunternehmen in einer spezifischen Gefahrenlage tätig wird. Dagegen besteht keine Garantenstellung, soweit Angehörige gewerblicher Sicherheitsunternehmen lediglich präventiv in einer allgemeinen Gefahrenlage tätig werden, also ohne konkreten Anlaß zum Schutz beliebiger Rechtsgüter vor jeglichen Gefahren bestellt wurden. Schließlich wurde bei der Darstellung der an dem Gefahrenschaffungskriterium orientierten Begründungsansätze verdeutlicht, daß sich Garantenstellungen privater Sicherheitskräfte grundsätzlich nur innerhalb des Bereichs einer Privatisierung hoheitlicher Aufgaben im Sinne einer Ausgliederung staatlicher Aufgabenfelder der Gefahrenabwehr in den privaten Bereich auffinden lassen. Demgegenüber scheiden Garantenstellungen gewerblicher Wachpersonen aus, wenn private Schutzdienste lediglich unterstützend neben Polizeikräften gefahrenabwehrende Aufgaben übernehmen oder sich neue Aufgabenfelder erschließen.

2.Teil: Privatisierung auf dem Gebiet der öffentlichen Sicherheit und Ordnung und Verlagerung des strafrechtlichen Haftungsrisikos

A) Einführung

Nachdem im ersten Teil anhand der allgemeinen Unterlassungsdogmatik zahlreiche Garantenrestriktionen erarbeitet wurden, soll nunmehr im weiteren Verlauf der Untersuchung vertieft auf die Garantenstellungen privater Wachpersonen eingegangen werden. Während bisher die allgemeine Unterlassungsproblematik im Vordergrund stand, wird im folgenden in besonderem Maße auf die Besonderheiten des privaten Sicherheitsgewerbes und der Polizei einzugehen sein. Dabei soll zunächst die Tätigkeit privater Schutzdienste näher untersucht werden. Im Anschluß daran werden die Entwicklung der Polizei sowie allgemeine Tendenzen einer Entstaatlichung und Privatisierung, insbesondere auf dem Gebiet der Gefahrenabwehr aufgezeigt, in die sich der zunehmende Einsatz privater Sicherheitsdienste einfügt.

I) Entstehung und Entwicklung des privaten Sicherheitsgewerbes

Ausgangspunkt der weiteren Betrachtung ist zunächst die Entstehung und Entwicklung des privaten Sicherheitsgewerbes, die in ihren Grundzügen dargestellt werden soll.

1) Historische Ursprünge

Im Schrifttum[307] wird verschiedentlich darauf verwiesen, daß es sich bei dem privaten Wach- und Sicherheitsgewerbe dem Grunde nach um keine Neuerscheinung der Gegenwart handelt. Sieht man von dem Nachtwachwesen des späten Mittelalters ab,[308] so werden die Ursprünge des deutschen Sicherheitsgewerbes auf den Anfang des 20.Jahrhunderts zurückgeführt. Die Grundlagen für das Entstehen des Wach- und Sicherheitsgewerbes wurden dabei in Deutschland bereits mit dem Aufkommen des politischen und wirtschaftlichen Liberalismus gelegt, mit dem sich das liberale Bürgertum des 19.Jahrhunderts gegen die Bevormundung und Reglementierung des Staates wandte und unter Reduzierung der staatlichen Verwaltungstätigkeit eine Orientierung der privaten gesellschaftlichen und wirtschaftlichen Tätigkeit an dem Prinzip des freien Wettbewerbs forderte. Mit dem Ausbau einer liberalen Wirtschafts- und Gesellschaftsordnung und der Einführung der durch den Erlaß der Gewerbeordnung im Jahre 1869 postulierten Gewerbefreiheit waren die Vorbedingungen zur Entstehung des Sicherheitsgewerbes ge-

---

[307] Vgl.: Stüllenberg, Kriminalistik 1995, 596 (596); Pohl, Criminal Digest 1/89, 8 (9); Honigl, Tätigwerden von Privaten S.17 f. Insbesondere von Seiten des Bundesverbandes Deutscher Wach- und Sicherheitsunternehmen (BDWS) wird auf die frühen historischen Ursprünge des Sicherheitsgewerbes verwiesen. Vgl. nur: Kusch, Die Polizei 1977, 14 (14); Olschok-Tautenhahn, Die Polizei 1994, 31 (31).

[308] Da bereits im 15. und 16.Jahrhundert Nachtwächter für die Aufrechterhaltung der öffentlichen Sicherheit und Ordnung sorgten, wird teilweise das städtische Nachtwachwesen des Mittelalters als historischer Ausgangspunkt des Wach- und Sicherheitsgewerbes angesehen. Siehe: Gallus, BKA-Vortragsreihe 1976, 71 (71); Häring, W + S Information 1979, 224 (224). Wie Mahlberg (Gewerbliche Sicherheitsunternehmen, S.25) zutreffend ausführt, kann das mittelalterliche Nachtwachwesen aber gleichermaßen als historischer Vorläufer der öffentlichen Polizei angesehen werden.

schaffen. Nachdem der preußische Staat aufgrund des preußischen Polizeikostengesetzes von 1892 die Kosten für das Nachtwachwesen übernahm und dessen Aufgaben in den Zuständigkeitsbereich staatlicher Schutzmannschaften überführte, verringerte sich in den Städten der Nachtschutz, so daß sich die Bürger nach Privatwächtern umsahen und es zur Gründung der ersten Wach- und Schließunternehmen in Deutschland kam.[309]

2) Weitere Entwicklung

Seit seiner Entstehung hat das deutsche Wach- und Sicherheitsgewerbe grundlegende Veränderungen erfahren. Durch steigende Kriminalitätszuwachsraten und eine erhöhte Kriminalitätsfurcht erlangte die Kriminalitätsbekämpfung im präventiven und repressiven Bereich einen neuen Stellenwert in der politischen Auseinandersetzung und avancierte in den siebziger Jahren zu einem zentralen Thema in der öffentlichen Diskussion.[310] Die Diskussion wurde dabei entscheidend durch ein klassisch liberales Staatsverständnis geprägt, welches durch den Rückzug staatlichen Zwangs eine umfassende Verwirklichung der Menschen- und Freiheitsrechte impliziert und es unter der Hervorhebung der Verantwortlichkeit des einzelnen dem Staatsbürger überläßt, sich gegen private und gesellschaftliche Zwänge selbst zu schützen.[311] Mit der Beschränkung polizeilicher Aktivitäten auf Schutzfunktionen im Kernbereich des öffentlichen Interesses setzten Bemühungen ein, das Selbstschutzdenken der Bürger zu fördern.[312] Mit dem Ruf nach Eigenvorsorge wurde staatlicherseits die Verantwortung für die Kriminalprävention zu großen Teilen in den Verantwortungsbereich des Bürgers überführt und Prävention zur Bürgerpflicht erhoben. Als gesellschaftliche Notwendigkeit wurde gefordert, daß diejenigen Bürger, die über schützenswerte und gefährdete Rechtsgüter verfügten, einen besonderen Beitrag zur Sicherheitsgewährleistung erbringen sollten.[313] Als Folge eines faktischen Rückzuges des Staates aus weiten Bereichen der Kriminalprävention unter Hervorhebung des Eigenschutzes der Bürger und durch eine steigende Kriminalitätsfurcht[314] wurden bisher von der Polizei wahrgenommene Aufgaben von privaten Schutz-

---

[309] Die Gründung der ersten Wach- und Schließunternehmen in Deutschland wurde entscheidend von amerikanischen Sicherheitsunternehmen beeinflußt. So entstand am 15.7.1901 nach den Vorbildern der nordamerikanischen security companies das *Hannoversche Wach- und Schließinstitut Jacobs & Co.* Weitere Unternehmensgründungen dieser Art folgten unmittelbar darauf auch in anderen Städten. Bereits im Jahre 1904 wurde in Köln die *Centralstelle der vereinigten Wach- und Schließgesellschaften (Kölner Verband)* gegründet, der 18 Wachgesellschaften mit insgesamt 2000 Wächtern angehörten. Vgl. eingehend dazu: Nelken, Das Bewachungsgewerbe S. 56 ff.; Bauer, Werkschutz S.9; Honigl, Tätigwerden von Privaten S.19; Mahlberg, Gewerbliche Sicherheitsunternehmen S.27. Zur Entstehung des Bewachungsgewerbes vgl. auch: Diederichs, Bürgerrechte & Polizei 43 (1992), 24 (24); Katschke/Schmid, Das Recht des Wachgewerbes S.10 f.

[310] Zur Bewegung für Recht und Ordnung in Deutschland im Vergleich zu der *law and order Bewegung* in den Vereinigten Staaten: Arzt, Der Ruf nach Recht und Ordnung S.132 ff.

[311] Kritisch dazu: Arzt, Der Ruf nach Recht und Ordnung S.164..

[312] Vgl.: Stümper, Kriminalistik 1975, 193 (194); Gallus, BKA-Vortragsreihe 1976, 71 (73); Zimmermann, Kriminalprävention S.7. Kritisch zu dieser Entwicklung: Arzt, Kriminalistik 1976, 433 (434); ders., Der Ruf nach Recht und Ordnung S.43 ff., 138 f.; Weichert in Gössner S.271 f.; Murck, Polizei 1994, 13 (14 ff.).

[313] So vor allem: Stümper, Kriminalistik 1975, 193 (194); Wehner, Kriminalistik 1980, 34 (35); Eberstein, BB 1980, 863 (868); Glavic, Die Polizei 1994, 36 (40); Zimmermann, Kriminalprävention S.7. In der Literatur wird darüber hinaus hervorgehoben, es sei in ersten Linie Aufgabe jedes einzelnen, für den eigenen Schutz der Rechtsgüter zu sorgen. So etwa: Loyo, der Kriminalist 1995, 2 (2); Glavic, Die Polizei 1994, 36 (40); Eberstein, BB 1980, 863 (863); Häring, W + S Information 1979, 224 (226); Zimmermann, Kriminalprävention S.7, 11.

[314] Allgemein zu den Ursachen eines vermehrten Einsatzes privater Schutzdienste: Schult, Die Polizei

diensten übernommen und dem privaten Wach- und Sicherheitsgewerbe neue Betätigungsfelder erschlossen. Diese Tendenz wurde zusätzlich noch durch das größere Angebot privater Sicherheitsanbieter verstärkt, welches seinerseits die Nachfrage nach gewerblichen Sicherheitsleistungen und -vorrichtungen erhöhte. Die Folge dieser Entwicklung war eine wirtschaftliche Expansion[315] sowie Professionalisierung und Spezialisierung des Wachgewerbes.

Vor dem Hintergrund dieser Entwicklung forderte die SPD-Fraktion im Jahre 1996 die damalige Bundesregierung auf, einen Gesetzesentwurf über Rechte, Pflichten und Aufgabengebiete privater Sicherheitsunternehmen vorzulegen. Darin sollten eine klare Begrenzung der Tätigkeitsfelder gewerblicher Schutzdienste und ihrer Befugnisse insbesondere im öffentlichen Verkehrsraum oder sonstigen öffentlichen und halböffentlichen Räumen vorgesehen und Verantwortlichkeiten und Rechte privater Sicherheitskräfte unter Beachtung des Verhältnismäßigkeitsgrundsatzes abschließend geregelt werden.[316] Die Vorlage eines entsprechenden Gesetzes wurde von der damaligen Bundesregierung jedoch abgelehnt.[317] Nach dem Wechsel der Regierungsverantwortung haben SPD und Bündnis 90/ Die Grünen nunmehr in ihrem Koalitionsvertrag ein Gesetz zur Regelung von Aufgaben und Befugnissen des privaten Sicherheitsgewerbes vorgesehen.[318] Ob das Gesetz in naher Zukunft verabschiedet wird, bleibt hingegen abzuwarten.

3) Aufgaben und Betätigungsfeld privater Schutzdienste

Allgemein lassen sich die Aufgaben privater Schutzdienste gegenwärtig dahingehend beschreiben, Eigentum und körperliche Unversehrtheit dort zu schützen, wo der einzelne sich zum eigenen Schutz außerstande sieht und auch der Staat seinen Schutz vor Gefahren versagt, weil er ihn nicht gewährleisten kann oder will.[319] Während die Wach- und Schließgesellschaften Anfang des 20.Jahrhunderts ausschließlich den Nachtschutz wahrnahmen, gehören zum derzeitigen Betätigungsfeld neben der Personen- und Transportbewachung, der Schutz von Industrieanlagen, die Bewachung militärischer Anlagen, die Fluggastkontrolle, die Fahrzeug- , Schiffs- und Baubewachung, der Kassen-, Absperr-, Ordnungs- und Kontrolldienst bei öffentlichen und privaten Veranstaltungen und der Raumschutz mit elektronischen und sonstigen Sicherheitsvorrichtungen.[320] [321]

1994, 25 (25); Bleck, Die Polizei 1994, 42 (43); Loyo, der Kriminalist 1995, 2 (2 f.); Rupprecht, Die Polizei 1994, 46 (46 f.).

315 Vgl. zur Expansion des Wachgewerbes die Ausführungen unten unter 4).

316 Vgl. BT Drucksachen 13/3432 vom 5.01.1996 S.1.

317 Vgl. Plenarprotokoll 13/129 vom 11.10.1996, Tagesordnungspunkt 16.

318 Vgl. zum derzeitigen Stand: Schnekenburger, DSD 1999, 3 (3).

319 Olschok-Tautenhahn, Die Polizei 1994, 31 (31).

320 Zum Betätigungsfeld im einzelnen: BMI 1982, 8; Loyo, der Kriminalist 1995, 2 (2); Olschok-Tautenhahn, Die Polizei 1994, 31 (31); Schuster, Die Polizei 1989, 5 (7); Stüllenberg, Kriminalistik 1995, 596 (596 f.); ders., Kriminalistik 1987, 616 (616); vgl. auch: Gallus, BKA-Vortragsreihe 1976, 71 (72); Seysen, KrimJournal 1992, 179 (180 f.); Weichert in Gössner, S.264 f.; Hueck, Der Staat 36 (1997), 211 (214 f.); Landmann / Rohmer - Marcks, GewO § 34 a Rn.9.

321 Bei der Tätigkeit kann differenziert werden zwischen der sog. Separatbewachung, bei der einzelne Objekte durch dauernde Anwesenheit des Wachpersonals gesichert werden, dem sog. Revier- und Funkstreifendienst, bei dem Wachobjekte punktuell und unregelmäßig durch Sicherheitskräfte angefahren und kontrolliert werden und der sog. Revierbewachung, bei der eine Anzahl von Objekten mehrfach nach einem festgelegten Kontrollplan überprüft werden. Vgl.: Stacharowsky, KrimJournal 17 (1985), 228 (228); Katschke/Schmid, Das Recht des Wachgewerbes S.68 f.

Aufsehen erregte Anfang 1993 z.B. die Beauftragung eines gewerblichen Sicherheitsdienstes im Kölner Villenviertel Hahnwald.[322] Nachdem es zu zahlreichen Einbruchsdiebstählen in dem Wohnviertel kam, beauftragten die Anwohner private Wächter, die seitdem in den Straßen des Vorortes als *Privatpolizisten* patroullieren. Des weiteren werden gewerbliche Wachpersonen beispielsweise bei Fußballspielen, Konzertveranstaltungen oder sonstigen Großverantstaltungen[323] sowie innerhalb von Einkaufszentren und Ladenpassagen tätig[324]. Zu beobachten ist weiterhin, daß eine Vielzahl von Verkehrsbetrieben private Sicherheitskräfte einsetzen, um die Sicherheit ihrer Fahrgäste zu gewährleisten und Beschädigungen und Verunreinigungen in den Verkehrsmitteln und auf dem Betriebsgelände zu verhindern.[325] Nach Maßgabe einer vom nordrhein-westfälischen Justizminister gebilligten Handlungsanweisung[326] werden in Nordrhein-Westfalen seit geraumer Zeit auch Abschiebehaftanstalten von Privatfirmen bewacht.[327] In Betracht gezogen wird ferner, Strafvollzugsanstalten nach dem Vorbild von Großbritanien und den USA zu privatisieren und zur Bewachung von Strafgefangenen private Sicherheitsfirmen einzusetzen.[328] Wegen der gesetzlich normierten Verpflichtung des Betreibers, kerntechnische Anlagen gegen Störmaßnahmen Dritter zu schützen,[329] werden private Wachpersonen darüber hinaus zur Durchführung von Eigenschutzmaßnahmen in dem hochsicherheitsempfindlichen Bereich der Kernenergieanlagen tätig.[330] Auch im Luftverkehrsgesetz (§§ 19 b, 20 a LuftVG) werden den Luftfahrt- und Flughafenunternehmen weitreichende Eigensicherungspflichten auferlegt, mit denen ein präventiver Grundschutz in baulicher, technischer und personeller Hinsicht gewährleistet wird und die zum Teil von privaten Sicherheitsunternehmen wahrgenommen werden.[331] [332] Des weiteren wurde in den letzten Jahren eine Aufgabenübertragung an Private im

---

[322] Vgl. die Berichte in: Aachener Volkszeitung vom 4.11.1992; Die Welt vom 9.9.93, Rheinische Post vom 5.02.1994; Kölner Stadtanzeiger vom 21.04.1994.

[323] Vgl. dazu die Berichte in: Süddeutsche Zeitung vom 27.05.1989; Der Spiegel 9/75 S.53.

[324] Siehe den Bericht in der Kieler Lokalpresse vom 25.05.1988.

[325] Zur Entwicklung und zu den Hintergründen des Einsatzes privater Sicherheitskräfte im öffentlichen Nahverkehr am Beispiel Berlins vgl.: Püttner, Bürgerrechte & Polizei 43 (1992), 32 ff. Zur Bewachung der Münchener U-Bahn durch den *Zivilen Sicherheitsdienst (ZSD)*, einem privaten Schutzdienst, der unter dem Namen *Schwarze Sheriffs* bekannt wurde: Seysen, KrimJournal 1992, 179 (190 f.). Zur Bewachung der Hamburger U-Bahn durch die *Hamburger U-Bahnwache* vgl. den Bericht in der Zeitung für Kommunale Wirtschaft vom 2.05.1998. Vgl. ferner die Berichte in: Welt am Sonntag vom 24.05.1992; Kölner Stadtanzeiger vom 21.02.1994.

[326] Information der Landesregierung Nordrhein-Westfalen vom 27.08.1993 -603/8/93- S.93 ff.

[327] Vgl. dazu auch die Berichte in: Frankfurter Rundschau vom 3.04.1993 und vom 8.01.1994; Welt am Sonntag vom 3.04.1993; Kölner Stadtanzeiger vom 3.04.1993; Ruhr-Nachrichten vom 28.08.1993.

[328] Siehe dazu den Bericht in der Süddeutschen Zeitung vom 13.07.1998. Vgl. auch: Krölls, GewArch 1995, 129 (130).

[329] Vgl.: § 7 Abs.2 Nr.5 AtomG. Vergleichbare spezialgesetzliche Eigensicherungpflichten enthalten die §§ 45, 46 LuftVZO; §§ 3 ff. der 12. BImSchV. Eingehend zu den spezialgesetzlichen Pflichten zur Eigensicherung: Ehlers, Festschrift Lukes S.346 ff.

[330] Zum Schutz kerntechnischer Anlagen durch private Schutzdienste: BT Drucksachen 13/3432 S.4 f.; Roßnagel, ZRP 1983, 59 (59 ff.); ders. Radioaktiver Zerfall der Grundrechte S.133 ff.; Seysen, KrimJournal 1992, 179 (185 f.); Ehlers, Festschrift Lukes S.348. Das BVerwG (DVBl 1989, 517 (517 ff.)) hat es für zulässig erachtet, daß die Genehmigungsbehörde dem Betreiber einer Kernenergieanlage die Einrichtung eines bewaffneten Werkschutzes auferlegt. (ablehnend: Bracher, DVBl 1989, 529 (520 ff.); Lukes, ET 1975, 23 (26 ff.); Seysen, KrimJournal 1992, 179 (186)).

[331] Vgl.: BT Drucksachen 13/3432 S.5; Ehlers, Festschrift Lukes S.34 f.; Bracher, Gefahrenabwehr durch Private S.47 f.

[332] Von diesen Eigensicherungspflichten sind die spezifischen Kontroll- und Durchsuchungsmaßnahmen von Personen und Gepäck im Sinne des § 29 c LuftVG zu unterscheiden, die in den Kompetenzbereich der Luftfahrtbehörde fallen. Die Kontroll- und Durchsuchungsbefugnisse stehen wegen

Bereich der Straßenverkehrsüberwachung in Erwägung gezogen.[333] Schon längst werden militärische Anlagen der Bundeswehr überwiegend von privaten Schutzdiensten überwacht.[334] Damit wird deutlich, daß zu den Kunden des Sicherheitsgewerbes neben Privatpersonen und Unternehmen auch öffentlich - rechtliche Körperschaften und Behörden gehören.[335] So setzte beispielsweise das Mainzer Umweltministerium bei einer Bürgeranhörung im Genehmigungsverfahren zum Bau des Kernkraftwerkes Mülheim - Kärlich private Sicherheitskräfte ein.[336] Das hier nur anhand von einzelnen Beispielen dargestellte Betätigungsfeld macht deutlich, daß private Sicherheitsunternehmen ihr Dienstleistungsangebot auf verschiedenste Lebensbereiche erstrecken und sowohl im hoheitlichen als auch im privaten Bereich zunehmend an Bedeutung gewinnen. Schwerpunktmäßig schützt das private Wachgewerbe vor Kriminalität; private Sicherheitskräfte werden aufgrund dessen präventiv oder repressiv gegen Straftäter eingesetzt. Erst sekundär richtet sich der Einsatz von Sicherheitsfirmen gegen Naturkatastrophen, technische Störfälle und sonstige Gefahren.[337]

Während sich private Schutzdienste in früherer Zeit auf die Sicherung bestimmter Lebensbereiche in spezifischen Gefahrenlagen beschränkten und für die Öffentlichkeit kaum wahrnehmbar tätig wurden, indem sie etwa im betriebsinternen Bereich Aufgaben des Werkschutzes übernahmen, drängen sie nunmehr zunehmend in den öffentlichen Raum.[338] Sie übernehmen Aufgaben der allgemeinen Gefahrenabwehr, die ursprünglich ausschließlich von staatlichen Organen erfüllt wurden, wobei sie im Rahmen ihrer Tätigkeit öffentlich Präsenz zeigen. Private Wachdienste werden dabei verstärkt dazu eingesetzt, den Bürgern ein Gefühl der Sicherheit durch augenfällige Präsenz in gefährdeten oder vermeintlich gefährlichen Bereichen zu vermitteln. Die gewerblichen Sicherheitskräfte erhalten unter anderem den Auftrag, Obdachlose, Bettler, Drogenabhängige, alkoholisierte oder sonstige unerwünschte Personen aus bestimmten Lebensbereichen

---

der mit ihnen notwendigerweise verbundenen Eingriffe in die Privatsphäre ausschließlich der Luftfahrtbehörde zu, die sich aber gem. § 29 c Abs.1 LuftVG geeigneter Personen als Hilfsorgane bedienen darf. Teilweise werden für die entsprechenden Kontrollen private Schutzdienste beauftragt, die in diesem Fall aufgrund eines formellen Beleihungsaktes Hoheitsbefugnisse ausüben. (Vgl.: BGH, NJW 1999, 2378 (2379); Beinhofer, BayVBl 1997, 481 (481); Bracher, Gefahrenabwehr durch Private S.29 f.).

333 Vgl. den Bericht zum 27. Deutschen Verkehrsgerichtstag von Jung, DAR 1989, 140 (141) und zum 36. Deutschen Verkehrsgerichtstag von Klein, Die Polizei 1998, 112 (112). Zur Zulässigkeit einer Verkehrsüberwachung durch Private: Hassemer/Topp, NZV 1995, 169 (173); Scholz, NJW 1997, 14 (15 ff.); Janker, DAR 1989, 172 (176 ff.). In Frankfurt am Main wurde im Rahmen eines neunmonatigen Modellprojektes die Überwachung des ruhenden Verkehrs einem privaten Sicherheitsunternehmen übertragen (vgl. den Bericht in der Frankfurter Rundschau vom 10.12.1995 sowie Hassemer/Topp, NZV 1995, 169 (172 f.)). Kritisch zur Privatisierung von Verkehrsüberwachungsmaßnahmen: von Walsleben, Bürgerrechte & Polizei 43 (1992), 14 (16); Steegmann, NJW 1997, 2157 (2157 ff.).

334 Siehe den Bericht in der Süddeutschen Zeitung vom 10.12.1983. Vgl. eingehend zur Bewachung militärischer Einrichtungen der Bundeswehr durch private Schutzdienste auf der Grundlage des *Gesetzes über die Anwendung unmittelbaren Zwanges und die Ausübung besonderer Befugnisse durch Soldaten der Bundeswehr und zivile Wachpersonen (UZwGBw)* unten: 2.Teil, C), II), 2), a).

335 Vgl.: Stüllenberg, Kriminalistik 1987, 616 (616); Gallus, BKA-Vortragsreihe 1976, 71 (72). Vgl. auch die Anwort des Senats der Bürgerschaft der Hansestadt Hamburg auf eine große Anfrage zu privaten Wach- und Sicherheitsdiensten in Hamburg, Bürgerschaftsdrucksachen 15/676 S.2.

336 Vgl. den Bericht in der taz vom 4.09.1989. Kritisch: Seysen, KrimJournal 1992, 179 (181).

337 Vgl. Nogala, Bürgerrechte & Polizei 43 (1992), 18 (20).

338 Zur neueren Entwicklung vgl. auch: Hueck, Der Staat 36 (1997), 211 (219); Freiberg, Kriminalistik 1999, 362 (364).

und Räumlichkeiten wie etwa U- Bahnhöfen, Geschäftszentren oder Ladenpassagen zu verdrängen;[339] ihr Einsatz dient damit der Durchsetzung rein privater Geschäftsinteressen.[340] Ihre Tätigkeit erstreckt sich daher auch auf die Wahrnehmung reiner Ordnungs- und Kontrollfunktionen außerhalb akuter Gefahrensituationen. Da diese Aufgaben nicht selten unter Anwendung von Gewalt erfüllt werden, kommt es zwangsläufig zu Kollisionen mit Rechten Dritter. Insgesamt läßt sich feststellen, daß private Wach- und Schutzunternehmen mittlerweile nicht nur Gefahrenabwehraufgaben, sondern zunehmend auch Aufgaben zur Aufrechterhaltung und Herstellung der allgemeinen Ordnung wahrnehmen, durch ihre Tätigkeit im öffentlichen Raum mit Rechten Dritter in Konflikt geraten und unliebsame Bevölkerungsgruppen aus öffentlich zugänglichen Räumen verdrängen.[341]

4) Empirische Bestandsaufnahme

Während die Zahl der in der Bundesrepublik Deutschland tätigen Sicherheitsunternehmen im Jahr 1980 noch 542 betrug, stieg sie 1990 auf 900 Unternehmen an und hat sich im Jahre 1994 im Vergleich zu 1980 bereits auf 1.320 mehr als verdoppelt.[342] Der stetige

---

339 So sind private Sicherheitskräfte etwa in den Berliner Verkehrsbetrieben im Jahre 1992 unter anderem in über 35.000 Fällen gegen alkoholisierte Fahrgäste, in ungefähr 25.000 Fällen gegen Obdachlose und in über 15.000 Fällen gegen Jugendliche eingeschritten. (Vgl. dazu den Bericht von: Püttner, Bürgerrechte & Polizei 43 (1992), 32 (35)). Vgl. auch den Bericht über die Gründung einer Interessengemeinschaft von Geschäftsleuten und Anliegern auf der Düsseldorfer Königsallee, die einem privaten Sicherheitsdienst den Auftrag erteilten, störende Bettler, Hausierer und Musikanten von der Prachtstraße zu vertreiben, in: Frankfurter Allgemeine vom 31.10.1994. Nach Aussagen des Leiters des Düsseldorfer Ordnungsamtes, Wolfgang Tolkmitt, zeigt die Präsenz des Wachdienstes und des Kommunalen Ordnungsdienstes bereits Wirkungen, denn die *Zahl der Punker* sei *nicht gestiegen, die Bettler* seien *nicht mehr so aggressiv* und *die Anzahl der Ladendiebstähle* bliebe *zumindest konstant*. (Vgl. dazu den Bericht in der Rheinischen Post vom 16.04.1998). Der Präsident des Deutschen Einzelhandels, Hermann Franzen, forderte darüber hinaus grundsätzlich den Schulterschluß aller Verantwortlichen auf Polizei-, Gemeinde- und Händlerebene, um Hand in Hand gegen *aggressive Bettelei, Rowdies, Drogenszene* sowie *Taschen- und Ladendiebe* vorzugehen. (Siehe die Berichte in der WZ vom 16.04.1998 und im Generalanzeiger vom 16.04.1998). Einen vergleichbaren Auftrag wie die Anlieger der Düsseldorfer Königsallee erteilte die *Arbeitsgemeinschaft City e.V.* einem privaten Schutzdienst für den Berliner Kurfürstendamm. Siehe eingehend dazu: Eick, Bürgerrechte & Polizei 51 (1995), 30 (30 ff.).

340 Welchen Stellenwert die Bekämpfung sozial unerwünschter Verhaltensweisen und die Verdrängung gesellschaftlicher Randgruppen von Geschäftsleuten eingeräumt wird, zeigt eine Umfrage des Hauptverbandes des Deutschen Einzelhandels (HDE), die im Mai und Juni 1997 durchgeführt wurde und bei der 1.542 Antworten von Einzelhändlern aller Branchen und Unternehmensgrößen überwiegend aus dem innerstädtischen Bereich ausgewertet wurden. Nach dem Ergebnis der Umfrage sehen insgesamt 65 % aller befragten Unternehmen ihren Standort durch Verunreinigungen von Straßen und Plätzen, 44 % durch Graffiti und Parolen an den Wänden der Geschäftshäuser, 37 % durch die Drogenszene, 31 % durch aggressives Betteln und ähnliche Verhaltensweisen, 30 % durch alkoholisierte Gruppen und 24 % durch Vandalismus als wirtschaftlich bedroht an. (Vgl. insoweit die Umfrage des HDE zur Gefährdung des Einzelhandels durch Kriminalität und Umfeldverschlechterung S.4 f.).

341 Vgl. Püttner, Bürgerrechte & Polizei 43 (1992), 32 (37).

342 Zur Anzahl und zur Entwicklung der in der Bundesrepublik tätigen Sicherheitsunternehmen in den vergangenen Jahren, zu dem von ihnen erwirtschafteten Umsatz und zur Anzahl der in dem Gewerbe Beschäftigten vgl.: BT Drucksachen 13/3432 S.2; BT Drucksachen 12/5246 S.2 ff.; BMI 1982, 10 f.; Freiberg, Kriminalistik 1999, 362 (364); Loyo, der Kriminalist 1995, 2 (2); Friauf-Höfling, § 34 a GewO Rn.8 f.; Diederichs, Bürgerrechte & Polizei 1992, 24 (26 ff.); Seysen, KrimJournal 1992, 179 (180 f.); Schöpflin, Kriminalistik 1993, 689 (689); Olschok-Tautenhahn, Die Polizei 1994, 31 (32); Schulte, DVBl 1995, 130 (131); Pitschas, DÖV 1997, 393 (395);

Anstieg bei der Anzahl der Unternehmen, der durch die Wiedervereinigung Deutschlands noch forciert wurde,[343] spiegelt sich ferner auch in dem Umsatz der Sicherheitsbranche, der 1980 noch bei etwa 1,1 Mrd. DM lag, sich 1990 auf 2,3 Mrd. DM erhöhte und schließlich im Jahre 1992 etwa 3,5 Mrd. DM betrug. Derzeit erwirtschaften nach Angaben des Bundesverbandes Deutscher Wach- und Sicherheitsunternehmen etwa 1.850 Unternehmen im Sicherheitsgewerbe einen Umsatz von rund 5 Mrd. DM[344].[345] Nahezu 50 % des Gesamtumsatzes wird durch die zehn größten Unternehmen der Branche erwirtschaftet.[346] Die Verwaltungsgenossenschaften registrierten Ende 1992 rund 194.000 Beschäftigte, einschließlich Aushilfs- und Teilzeitkräften, in dem Gewerbezweig. Hieraus errechnen sich etwa 110.000 Vollzeitarbeitsplätze.[347] Daneben sind rund 70.000 Mitarbeiter im unternehmenseigenen Werkschutz beschäftigt. Die Zuwachsraten bei der Anzahl der Sicherheitsunternehmen, ihrem Umsatz und der Zahl der Beschäftigten liegen damit fast durchgängig im zweistelligen Prozentbereich. Eine Stagnation ist dabei noch nicht in Sicht.[348] [349]

II) Privatisierung der öffentlichen Sicherheit

Die anhand der Entwicklung und wirtschaftlichen Expansion des Sicherheitsmarktes aufgezeigte wachsende Bedeutung des privaten Sicherheitsgewerbes ist vor dem Hintergrund eines Wandels der Auffassungen über Wesen und Funktion des Staates und im Rahmen einer allgemeinen Privatisierung öffentlicher Aufgaben zu sehen.

Mahlberg, Gewerbliche Sicherheitsunternehmen S.32; Beste in Gusy, Privatisierung von Staatsaufgaben S.187 ff.; Knemeyer, Polizei- und Ordnungsrecht S.29. Vgl. ferner die Presseberichte in: Westfälische Nachrichten vom 2.06.1993; Focus vom 14.06.1993; Frankfurter Rundschau vom 14.08.1993; Die Welt vom 9.09.1993. Teilweise weisen die einzelnen Zahlenangaben erhebliche Differenzen auf. Bei der Anzahl der Sicherheitsunternehmen sind diese Divergenzen zum Teil auf Doppelzählungen von Filialbetrieben zurückzuführen. Bei dem erzielten Umsatz weisen die genannten Zahlen erhebliche Größenunterschiede auf, je nachdem, ob der auf den Gebieten der elektronischen und mechanischen Sicherheitstechnik getätigte Umsatz mit einberechnet wird oder, wie im Rahmen der vorliegenden Untersuchung, gesondert ausgewiesen wird.

343 Vgl. zu den Auswirkungen der Wiedervereinigung Deutschlands auf die Strukturen des Sicherheitsgewerbes: Friauf-Höfling, § 34 a GewO Rn.8 a.

344 Hinzukommen 4,2 Mrd. DM Umsatz auf dem Gebiet der elektronischen und 6,4 Mrd. DM auf dem Gebiet der mechanischen Sicherheitstechnik. (Vgl. Beste in Gusy, Privatisierung von Staatsaufgaben S.187).

345 Vgl. die Presseberichte in: Die Zeit vom 20.03.1998; Kölner Stadtanzeiger vom 30.09.1998; Handelsblatt vom 8.10.1998.

346 Ein Überblick über die größten gewerblichen Schutzdienste in der Bundesrepublik Deutschland findet sich bei: Diederichs, Bürgerrechte & Polizei 43 (1992),24 (26 ff.); Beste in Gusy, Privatisierung von Staatsaufgaben S.188).

347 Die Beschäftigtenzahlen beziehen sich auf den gesamten Bereich des Sicherheitsgewerbes und umfassen demnach auch die in dem Bereich der elektronischen und mechanischen Sicherheitstechnik Beschäftigten.

348 Anders hingegen Mahlberg (Gewerbliche Sicherheitsunternehmen S.33), dessen Zahlen jedoch mittlerweile überholt sein dürften.

349 Vgl. auch zur Anzahl der privaten Sicherheitsfirmen und zur Lage in den Vereinigten Staaten: Hueck, Der Staat 36 (1997), 211 (225 ff.); Freiberg, Kriminalistik 1999, 362 (364); Nogala, Bürgerrechte & Polizei 43 (1992), 18 (19); Weichert in Gössner, S.264. Eingehend zur Marktstruktur und Entwicklung in den USA: Hallcrest Report II S.115 ff.

1) Historische Ursprünge und weitere Entwicklung der Polizei

Die Polizei, deren Aufgaben nunmehr in zunehmendem Maße von privaten Schutzdiensten übernommen werden, wurde historisch als *gute Ordnung des Gemeinwesens*[350] angesehen.[351] Nach den Reichspolizeiordnungen umfaßte der Tätigkeitsbereich der Polizei weite Bereiche des gesellschaftlichen Zusammenlebens[352] und normierte eine Vielzahl von Verhaltensregeln für den einzelnen. Eine maßgebliche Wendung trat ein, als die Polizeigewalt im absoluten Fürstenstaat des 18.Jahrhunderts zu einem Hoheitsrecht des absoluten Herrschers wurde, kraft dessen er durch seine Beamten mit verbindlichen Anordnungen das gesamte soziale Leben seiner Untertanen reglementieren und seine Anordnungen zwangsweise durchsetzen konnte. Die Polizeigewalt wurde Ausdruck der absoluten Staatsgewalt des Territorialfürsten und umfaßte die gesamte innere Staatsverwaltung.[353] Inhaltlich erstreckte sich der polizeiliche Tätigkeitsbereich sowohl auf die Gewährleistung der Sicherheit im Staat als auch auf die Förderung der öffentlichen Wohlfahrt. Erst mit den staatstheoretischen Auffassungen der Aufklärung und im Zuge einer Begrenzung des Staatszweckes setzte sich die Auffassung durch, daß die Beförderung der Wohlfahrt nicht eigentlich Sache der Polizei und die Polizeigewalt lediglich auf die Gefahrenabwehr zu beschränken sei.[354] Der aus dem liberal geprägten Staatsideal hervorgegangene Ausschluß der Wohlfahrtspflege fand positivrechtlich Ausdruck im Preußischen Allgemeinen Landrecht von 1794.[355] Zu einer nachhaltigen Beschränkung der Polizeitätigkeit kam es jedoch erst, als sich im Laufe des 19.Jahrhunderts der liberale bürgerliche Rechtsstaat politisch durchsetzte.[356] In Preußen vollzog sich die Beschränkung der Polizeigewalt auf die Gefahrenabwehr mit dem Kreuzberg-

---

350 Dieser Polizeibegriff lag den Reichspolizeiordnungen von 1530, 1548 und 1577 sowie den Polizeiordnungen der Landesherren und Städte zugrunde. (Vgl.: Drews/Wacke/Vogel/Martens, Gefahrenabwehr S.2 f.; Meixner, HSOG Einf. Rn.1; von Unruh in Jeserich/Pohl/v.Unruh, Deutsche Verwaltungsgeschichte I, S.368, 369 ff.).

351 Eingehend zur historischen Entwicklung der Polizei: Götz, Allgemeines Polizei- und Ordnungsrecht Rn.6 ff.; Friauf in Schmidt-Aßmann, Besonderes Verwaltungsrecht S.112 ff.; Meixner, HSOG Einf. Rn.1 ff.; Drews/Wacke/Vogel/Martens, Gefahrenabwehr S.2 ff.; Wolffgang/Hendricks/Merz, Polizei- und Ordnungsrecht S.5 ff.; von Unruh in Jeserich/Pohl/v.Unruh, Deutsche Verwaltungsgeschichte I, S.389 ff.; Rüfner in Jeserich/Pohl/v.Unruh, Deutsche Verwaltungsgeschichte II, S.470 ff.; Stolleis, Geschichte des öffentlichen Rechts I S.334 ff.

352 Zum Bereich der Polizei gehörten beispielsweise das Vertragswesen, der Wirtschaftsverkehr sowie das Vormundschafts-, Liegenschafts- und Erbrecht.

353 Nicht zu den Aufgaben der Polizei gehörten lediglich die auswärtigen Angelegenheiten, das Heerwesen sowie die Finanz- und Justizverwaltung. (Vgl.: Drews/Wacke/Vogel/Martens, Gefahrenabwehr S.3).

354 Eingehend dazu: Meixner, HSOG Einf. Rn.2 f.; Drews/Wacke/Vogel/Martens, Gefahrenabwehr S.4; von Unruh in Jeserich/Pohl/v.Unruh, Deutsche Verwaltungsgeschichte I, S.409, 419 ff.

355 § 10 Teil II Titel 17 des Allgemeinen Landrechts für die Preußischen Staaten vom 1.06.1794 lautet: *Die nöthigen Anstalten zur Erhaltung der öffentlichen Ruhe, Sicherheit und Ordnung und zur Abwendung der dem Publiko, oder einzelnen Mitgliedern desselben bevorstehenden Gefahr zu treffen, ist das Amt der Polizey.* Vgl. zur Entwicklung: Wolff/Bachof/Stober, Verwaltungsrecht I, § 8 Rn.1 ff.; Götz, Allgemeines Polizei- und Ordnungsrecht Rn.10 f.; von Unruh in Jeserich/Pohl/v.Unruh, Deutsche Verwaltungsgeschichte I, S.423 ff. Es gilt heute jedoch als gesicherte Erkenntnis, daß der Staatszweck durch das Preußische Allgemeine Landrecht nicht auf die Abwehr von Gefahren für die öffentliche Sicherheit und Ordnung beschränkt wurde. (Siehe eingehend dazu: Götz, Allgemeines Polizei- und Ordnungsrecht Rn.11; Drews/Wacke/Vogel/Martens, Gefahrenabwehr S.5).

356 Vgl.: Wolff/Bachof/Stober, Verwaltungsrecht I, § 9 Rn.1.

Urteil des Preußischen OVG[357] aus dem Jahre 1882, in dem das OVG, gestützt auf das Preußische Allgemeine Landrecht, die Polizeiaufgabe auf den Schutz von Sicherheit und Ordnung beschränkte und die Feststellung traf, die Polizei sei für Maßnahmen der Wohlfahrtspflege nicht zuständig.[358] Nach dem Zusammenbruch des Deutschen Reiches und nach Ende des zweiten Weltkrieges wurde die Polizei sodann auf den Befehl der Besatzungsmächte in der damaligen britischen und amerikanischen Besatzungszone auf vollzugspolizeiliche Aufgaben beschränkt; gleichzeitig wurden verwaltungspolizeiliche Aufgaben in den Kompetenzbereich der Verwaltungsbehörden überführt.[359] Aber auch nach der organisatorischen Trennung von Vollzugspolizei und Ordnungsverwaltung blieb die Polizei in wesentlichen Bereichen zuständig. Im Zuständigkeitsbereich der Ordnungsbehörden wurde den Polizeivollzugsbehörden in den landesrechtlichen Polizeigesetzen[360] eine subsidiäre Eingriffskompetenz für den Eilfall eingeräumt.[361] [362] Darüber hinaus erhielten die Polizeibehörden auf bestimmten Gebieten der Gefahrenabwehr spezielle Aufgaben als Sonderordnungsbehörden übertragen.[363] Für die Ermittlung und Verfolgung begangener Straftaten und Ordnungswidrigkeiten blieben die Polizeivollzugskräfte auf der Grundlage der §§ 163 StPO, 53 OWiG nach wie vor zuständig und führten die wesentlichen Ermittlungen eigenständig, als Hilfsbeamte der Staatsanwaltschaft oder als Ermittlungsorgane der Verwaltungsbehörden durch.

2) Entstaatlichung und Privatisierungstendenzen

Auf der anderen Seite wurde im Rahmen einer allgemein zu beobachtenden Privatisierung[364] öffentlicher Aufgaben, die sich zunächst auf den wirtschaftlichen

[357] PrOVG 9, 353 ff.

[358] Zur *ersten Entpolizeilichung* durch das Kreuzberg-Urteil des Preußischen OVG vgl.: Drews/Wacke/Vogel/Martens, Gefahrenabwehr S.6 f.; Friauf in Schmidt-Aßmann, Besonderes Verwaltungsrecht, S.113; Schrödter, DVBl 1975, 846 (846). Zur rechtsstaatlichen Beschränkung der Polizeigewalt in den süddeutschen Staaten: Drews/Wacke/Vogel/Martens, Gefahrenabwehr S.7 f.; Meixner, HSOG Einf. Rn.4.

[359] Zur *zweiten Entpolizeilichung* und zur Entwicklung der Polizei in den verschiedenen Besatzungszonen vgl.: Drews/Wacke/Vogel/Martens, Gefahrenabwehr S.14 f., 50; Meixner, HSOG Einf. Rn.8; Bernet/Groß, Polizeirecht, Einl. Rn.13 ff.

[360] Vgl. etwa: §§ 4 Abs.1 bln ASOG, § 2 bbg PolG, § 7 Abs.1 Nr.3 mv SOG, § 1 Abs.2 nds GefAG, § 1 Abs.1 nw PolG; § 1 Abs.6 rh-pf POG, § 2 Abs. 2 sanh SOG, § 168 Abs.1 Nr.3 schlh LVwG, § 3 thür PAG, Art.3 bay PAG.

[361] In den Bundesländern, in denen die Trennung von Polizei- und Ordnungsverwaltung nicht strikt durchgeführt wurde, besteht im Ergebnis kein Unterschied, denn in diesem Fall sind die Polizeivollzugskräfte aufgrund behördeninterner Aufgabenzuweisung zuständig. (Vgl. im einzelnen: Götz, Allgemeines Polizei- und Ordnungsrecht Rn.358; Drews/Wacke/Vogel/Martens, Gefahrenabwehr S.51).

[362] Zutreffend weist Götz (Allgemeines Polizei- und Ordnungsrecht Rn.358) darauf hin, daß es sich rechtstechnisch bei der polizeilichen Zuständigkeit auf dem Gebiet der Gefahrenabwehr um eine Ausnahme von der grundsätzlichen Zuständigkeit der allgemeinen Verwaltungsbehörden handelt, praktisch die Exekutivaufgaben der Polizei in diesem Bereich jedoch nicht an Bedeutung verloren haben.

[363] Nach §§ 36, 44 Abs.2 StVO ist die Polizei für die Regelung des Verkehrs im Interesse seiner Sicherheit und Leichtigkeit zuständig. Darüber hinaus ist die Polizei in Nordrhein-Westfalen etwa auf dem Gebiet des Versammlungs-, Sprengstoff-, Waffen- und Munitionswesens sonderordnungsbehördlich zuständig, § 11 Satz 1 nw POG. In Hessen wird die Polizei dagegen im Bereich des Paß- und Ausländerwesens sowie auf dem Gebiet der Lärmbekämpfung als Sonderordnungsbehörde tätig. Zu weiteren, den Polizeibehörden aufgrund spezialgesetzlicher Vorschriften zugewiesenen Aufgaben vgl.: Meixner, HSOG § 1 Rn.26.

[364] Zu dem Begriff und zu den verschiedenen Erscheinungsformen der Privatisierung: Bull, Allgemeines

Tätigkeitsbereich der öffentlichen Hand beschränkte,[365] allmählich auch der klassische staatliche Aufgabenbereich der öffentlichen Sicherheit erfaßt.[366] Die zunehmende staatliche Bereitschaft, sicherheitsrechtliche Kompetenzen an Private zu delegieren zeigt auf dem Gebiet des Polizei- und Ordnungsrechts beispielsweise die Übertragung bauaufsichtsbehördlicher Prüfrechte, die bisher den Bauaufsichtsbehörden vorbehalten waren, auf private Sachverständige.[367] Die wachsende Tendenz einer Privatisierung wird des weiteren im Bereich der Abfallentsorgung erkennbar, in dem durch das Kreislaufwirtschafts- und Abfallgesetz[368] der Schwerpunkt von der staatlichen Abfallbeseitigung auf die den Privatunternehmen obliegende Abfallvermeidung, Abfallverwertung und -beseitigung verlagert wurde.[369] Auf der Grundlage der Neufassung des Luftverkehrsgesetzes werden neuerdings schließlich staatliche Flugsicherungsaufgaben von einer privaten Gesellschaft wahrgenommen.[370] Auch im Rahmen des repressiven Tätigkeits-

---

Verwaltungsrecht Rn.39; Osterloh, VVDStRL 54 (1995), 204 (210, 222 f.); Bauer, VVDStRL 54 (1995), 243 (250 ff.); Ossenbühl, VVDStRL 29 (1971), 137 (145 ff.); Schoch, DVBl 1994, 962 (962 f.); Krölls, GewArch 1995, 129 (130 ff.); Schuppert, DÖV 1995, 761 (766 f.); Wahl in Gusy, Privatisierung von Staatsaufgaben S.263 ff. Im Schrifttum wird im allgemeinen zwischen der *echten* oder *materiellen Aufgabenprivatisierung*, bei der staatlich wahrgenommene öffentliche Aufgaben ganz oder teilweise in die Verantwortung von Privatunternehmen überführt werden, wobei die Aufgaben fortan der privatwirtschaftlichen Gewinnerzielung unterstellt werden und der *Organisationsprivatisierung* differenziert, bei der lediglich vom Staat die Organisationsform von einer öffentlich-rechtlichen Form in eine Form des Verwaltungsprivatrechts gewechselt wird, so daß die gemeinwirtschaftliche Ausrichtung der Aufgabenerfüllung prinzipiell erhalten bleibt. Von der Organisationsprivatisierung begrifflich zu unterscheiden ist wiederum die Privatisierung der Handlungsformen öffentlicher Aufgabenerfüllung. (Zu den verschiedenen Handlungsformen der Verwaltung vgl.: Wolff/Bachof/Stober, Verwaltungsrecht I, § 23 Rn.1 ff.). Zwischen der *echten Aufgabenprivatisierung* und der *Organisationsprivatisierung* steht die *unechte Aufgabenprivatisierung*, bei der in der Regel die öffentlich-rechtliche Organisationsform durch eine privatrechtliche Unternehmensform ersetzt und die bisherige öffentliche Aufgabe in eine privatwirtschaftliche Aufgabenstellung überführt wird. Die privatrechtliche Aufgabenerfüllung wird jedoch öffentlich-rechtlichen Regulierungsbefugnissen unterstellt, die eine Gemeinwohlbindung des Unternehmens sicherstellen sollen. Die Terminologie weicht im Einzelfall jedoch erheblich voneinander ab.

[365] Vgl. zur Entwicklung des Privatisierungsprozesses: Lecheler, BayVBl 1994, 555 (555 ff.). Siehe zum gegenwärtigen Stand und den Entwicklungen der Privatisierungspolitik: Krölls, GewArch 1995, 129 (129 f.); Pieper, VerwRdSch 1996, 12 (12 ff.); Bull, VerwA 1995 (86), 621 (625 ff.); Schoch, DVBl 1994, 1 (1 f.); ders., DVBl 1994, 962 (964); Bauer, VVDStRL 54 (1993), 243 (245 ff.). Haushaltsrechtlich haben die gegenwärtigen Privatisierungsbestrebungen Niederschlag in den §§ 7 BHO, 6 HGrG gefunden. Nach diesen Vorschriften ist von dem Bund, den Ländern und den Kommunen nach den Grundsätzen der Wirtschaftlichkeit und Sparsamkeit zu prüfen, ob und inwieweit staatliche Aufgaben durch Entstaatlichung oder Privatisierung erfüllt werden können.

[366] Stober (NJW 1997, 889 (891)) spricht insoweit von der *dritten Entpolizeilichung*. Vgl. auch Bauer, VVDStRL 54 (1995), 243 (246 f.).

[367] Vgl. dazu den Bericht in der Süddeutschen Zeitung vom 14./15.05.1994 S.6. Vgl. auch Krölls, GewArch 1995, 129 (135); Jäde, GewArch 1995, 187 (192); Ritter, DVBl 1996, 542 (545 ff.). Allgemein zur Privatisierung im Baugenehmigungsverfahren vgl. auch: Ortloff/Rapp, NJW 1996, 2346 (2347 ff.).

[368] Gesetz vom 27.09.1994, BGBl. I, 2705.

[369] Nach §§ 5 Abs.2, 11 Abs.1 KrW-/AbfG sind nunmehr grundsätzlich die Erzeuger oder Besitzer für die ordnungsgemäße Verwertung und Beseitigung von Abfällen zuständig. Damit wurde die Regelzuständigkeit von den öffentlich-rechtlichen Körperschaften auf die privaten Erzeuger und Besitzer verlagert. Vgl. dazu: Kahl, DVBl 1995, 1327 (1328 ff.); Bauer, VVDStRL 54 (1995), 243 (271 f.); Versteyl/Wendenburg, NVwZ 1994, 833 (838 f.); Wahl in Gusy, Privatisierung von Staatsaufgaben S.262 f., 278 ff.; Knemeyer, Polizei- und Ordnungsrecht, § 46 Rn.393; Pippke, Öffentliche und private Abfallentsorgung S.33 ff.

[370] Siehe: Art.87 d Abs.1 Satz 2 GG, eingefügt durch Art.1 des Gesetzes zur Änderung des Grundgesetzes vom 14.07.1992 (BGBl. I, 1254); § 31 b Abs.1 LuftVG i.V.m. der Verordnung zur

bereiches werden Privatisierungstendenzen deutlich. So wurde in den letzten Jahren etwa eine Überwachung des ruhenden und fließenden Straßenverkehrs und eine Ahndung von entsprechenden Ordnungswidrigkeiten durch Private in Erwägung gezogen und zum Teil bereits praktiziert.[371] [372] Insgesamt läßt sich eine wachsende Privatisierung auf dem Gebiet der öffentlichen Sicherheit und Ordnung sowie bei der Verfolgung von Straftaten und Ordnungswidrigkeiten feststellen.[373]

3) Bewertung

Die Verlagerung von Aufgaben der Polizei auf private Schutzdienste fügt sich dabei insgesamt in das Bild einer aus historischer Perspektive kontinuierlichen Entwicklung der Entpolizeilichung und zunehmenden Entstaatlichung und Privatisierung im präventiven und repressiven Bereich ein. Die Privatisierung der Polizeiaufgaben erreicht dabei bereits jetzt eine Dimension, in der es nicht mehr bloß um eine Stagnation des öffentlichen bei gleichzeitiger Ausweitung des privaten Sicherheitssektors geht, sondern vielmehr um eine grundlegend neue Aufgabenverteilung zwischen privater und öffentlicher Sicher-

---

Beauftragung eines Flugsicherungsunternehmens vom 11.11.1992 (BGBl. I, 1928). Vgl.: Krölls, GewArch 1995, 129 (132); Schmidt-Bleibtreu/Klein, GG, Art.87 d Rn.2 a; Uerpmann in v.Münch/ Kunig, GG, Art.87 d Rn.3, 10 ff. Zur Zulässigkeit einer Beleihung der *Deutschen Flugsicherungs-GmbH* mit Exekutivbefugnissen des Bundes vgl.: Krölls, GewArch 1995, 129 (136). Kritisch hingegen: Uerpmann in v.Münch/Kunig, GG, Art.87 d Rn.20.

[371] Vgl. dazu bereits die Ausführungen oben im 2.Teil unter: I), 3). Zur Frage der Zulässigkeit einer Verkehrsüberwachung durch Private vgl. ferner: BayObLG, NZV 1997, 276 (276 ff.); KG, NZV 1997, 48 (48 ff.); AG Berlin-Tiergarten, DAR 1996, 326 (326 f.); Waechter, NZV 1997, 329 (337 ff.); Steiner, DAR 1996, 272 (273 ff.); Radtke, NZV 1995, 428 (429 f.); Joachim/Radtke, NZV 1993, 94 (95 f.); Steegmann in Gusy, Privatisierung von Staatsaufgaben S.240 ff. Grundsätzlich wird die Verkehrsüberwachung und Ahndung von Ordnungswidrigkeiten durch Private im Bereich des Straßenverkehrs ohne eine entsprechende Beleihung mit hoheitlichen Befugnissen als unzulässig angesehen. (Vgl. nur: BayObLG, NZV 1997, 276 (277); KG, NZV 1997, 48 (48); AG Berlin-Tiergarten, DAR 1996, 326 (326); AG Alsfeld, NJW 1995, 1503 (1503); Waechter, NZV 1997, 329 (337); Steiner, DAR 1996, 272 (274); Radtke, NZV 1995, 428 (430)). Gänzlich ablehnend: Steegmann in Gusy, Privatisierung von Staatsaufgaben S. 246.

[372] In Berlin hatte der Berliner Senat mit Beschluß Nr.5016/94 vom 26.07.1994 in einigen Gebieten Berlins die Feststellung von Park- und Halteverstößen im Rahmen der flächendeckenden Parkraumbewirtschaftung aufgrund öffentlich-rechtlichen Vertrages einem privaten Sicherheitsunternehmen übertragen. Das Privatunternehmen sollte eigene Kräfte einsetzen, den ruhenden Verkehr überwachen und Ordnungswidrigkeiten verfolgen und ahnden, indem Verkehrszuwiderhandlungen von ihnen festgestellt und diese Feststellungen zur weiteren Ahndung an die Polizei weitergeleitet wurden. Dies erfolgte in der Weise, daß die privaten Wachpersonen die Parkverstöße sowie Tatort, Tatzeit und amtliche Kennzeichen des Fahrzeugs in ein elektronisches Erfassungsgerät eingaben und die so erfaßten Daten auf direktem Weg an das Berliner Landesamt für Informationstechnik übermittelten, wo schriftliche Verwarnungsgeldangebote (§ 56 OWiG) erstellt wurden. Das KG (NZV 1997, 48 ff.) und das AG Berlin-Tiergarten (DAR 1996, 326 f.) haben die Parkraumüberwachung durch Privatunternehmen nach dem Berliner Parkraumüberwachungskonzept für unzulässig erklärt und ein Beweisverwertungsverbot angenommen. Das BayObLG (NZV 1997, 276 ff.) und das OLG Frankfurt (NZV 1995, 368) im Anschluß an das AG Alsfeld (NJW 1995, 1503 ff.) haben eine Verkehrsüberwachung durch private Unternehmen im fließenden Verkehr für unzulässig erachtet.

[373] Der Vollständigkeit halber ist anzuführen, daß auch eine Privatisierung staatlicher Strafgewalt zu beobachten ist, auf die hier jedoch nicht näher eingegangen werden soll. (Vgl. dazu: Naucke, KritV 1993, 135 (139 ff.)). So gesehen wird nunmehr der gesamte Bereich des Strafrechts und Strafprozeßrechts von dem Privatisierungsprozeß erfaßt. (Vgl. im einzelnen zu den Erscheinungsformen der Privatisierung des Strafrechts: Jung, GA 1996, 507 (513 f.); dies., Private Verbrechenskontrolle S.409, 410 f.). Im Ergebnis steht damit das staatlich organisierte System der Strafrechtspflege insgesamt auf dem Prüfstand. (So vor allem: Jung, Private Verbrechenskontrolle S.409).

heitsgewährleistung. Der Staat zieht sich aus weiten Bereichen der Strafverfolgung und Gefahrenabwehr zurück,[374] während gleichzeitig Private[375] in den Sektor der inneren Sicherheit vordringen.[376] Dies erfolgt entweder, indem Private die ihnen von staatlicher Seite unmittelbar zugewiesenen Aufgaben erfüllen (sog. unmittelbare Aufgabenprivatisierung) oder indem sie schlicht das durch die staatliche Aufgabenrestriktion entstehende Sicherungsbedürfnis kompensieren (sog. mittelbare Aufgabenprivatisierung).[377] Bevor nunmehr der Frage nachgegangen werden soll, ob sich die Verlagerung der öffentlichen Pflichten und Verantwortungsbereiche von dem Staat auf Private auf die strafrechtliche Haftung auswirkt und ob die Übernahme polizeilicher Aufgaben durch private Sicherheitsdienste auch eine Verlagerung des strafrechtlichen Haftungsrisikos im Bereich der unechten Unterlassungsdelikte nach sich zieht, ist zunächst zu klären, ob sich im Hinblick auf die gefahrenabwehrende Tätigkeit privater Schutzdienste Parallelen zur hoheitlichen Gefahrenabwehr durch Polizeivollzugskräfte ergeben. Angesichts der dargestellten Entwicklung, nach der private Sicherheitskräfte allfällig Präsenz zeigen und sich zunehmend als Privatpolizisten im öffentlichen oder halböffentlichen Raum präsentieren, ist fraglich, ob und vor allem welche Schlußfolgerungen sich aus einer vergleichenden Betrachtung des kommerziellen Sicherheitsgewerbes und der Polizei ziehen lassen.

B) Gefahrenabwehr und Strafverfolgung durch die Schutzpolizei und das private Sicherheitsgewerbe

Zunächst ist zu klären, ob bei der Polizei und dem privaten Wach- und Sicherheitsgewerbe faktische und rechtliche Übereinstimmungen festzustellen sind, die prima vista für eine Gleichbehandlung im Rahmen der strafrechtlichen Garantenhaftung sprechen oder ob die tatsächliche und rechtliche Ausgangsposition der Berufsgruppen derart unterschiedlich ist, daß eine Übernahme des strafrechtlichen Haftungsrisikos durch das Wachgewerbe von vornherein ausgeschlossen erscheint.

I) Funktionen der Polizei und des Sicherheitsgewerbes

Ausgangspunkt der Betrachtung muß dabei die Frage sein, welche Funktionen die Schutzpolizei und das private Bewachungsgewerbe jeweils erfüllen. Im Zusammenhang mit den Aufgaben und Funktionen staatlicher und privater Sicherheitsgewährleistung wird oftmals betont, daß die Polizei und das private Sicherheitsgewerbe vergleichbare Aufträge hätten.[378] Gewerbliche Wach- und Schutzunternehmen seien ebenso wie die

---

374 So auch: Gusy, DÖV 1996, 573 (573 f.). Vgl. ferner: Greifeld, DÖV 1981, 906 (906); Arzt, JurBl. 1978, 173 (179 f.); Freiberg, Kriminalistik 1999, 362 (362).

375 Unter Privaten werden in diesem Zusammenhang alle Bürger und Organisationen verstanden, die selbst oder deren Mitarbeiter nicht durch Personalrecht in die öffentliche Verwaltung eingegliedert sind. (Übereinstimmend: Hengstschläger, VVDStRL 54 (1995), 165 (174); Bracher, Gefahrenabwehr durch Private S.24).

376 Vgl. auch Lange in Gusy, Privatisierung von Staatsaufgaben S.215 ff., der die These aufstellt, daß die Zunahme privater Sicherheitsproduktion auf die polizeiinternen Organisationsreformen zurückzuführen sei. Vor dem Hintergrund einer kontinuierlichen Spezialisierung der Polizei- und Ordnungsverwaltung fände de facto ein Rückzug aus vielen Bereichen der öffentlichen Sicherheit statt.

377 Vgl. zur Differenzierung zwischen der unmittelbaren und der mittelbaren Aufgabenprivatisierung: Krölls, GewArch 1995, 129 (132) mit zahlreichen Beispielen.

378 Vgl.: Franzheim, W + S Informationen 1979, 152 (152). Vgl. ferner: Kusch, Die Polizei 1977, 14

Polizei zum Schutz der Sicherheit mit Aufgaben des Rechtsgüterschutzes betraut. Indessen zeigt sich bei genauerer Betrachtung, daß die Funktionen der Polizeivollzugsbehörden und der privaten Sicherheitskräfte grundverschieden sind.

Der Polizei obliegt nach den landespolizeilichen Vorschriften[379] die Abwehr von Gefahren für die öffentliche Sicherheit und Ordnung.[380] Zum Schutzgut der öffentlichen Sicherheit gehören neben den kollektiven Rechtsgütern, der Unversehrtheit der objektiven Rechtsordnung und den grundlegenden Einrichtungen des Staates und sonstiger Träger hoheitlicher Gewalt auch die Individualrechtsgüter des einzelnen.[381] Zum Schutz privater Rechte, wie etwa Eigentum und Besitz, sind die Polizeivollzugskräfte jedoch nur dann zu einem Einschreiten befugt, wenn die Gefahrenabwehr im öffentlichen Interesse liegt; der Schutz privater Rechtsgüter ist vom Schutzauftrag der Polizei demnach insoweit umfaßt, als an dem Schutz des individuellen Rechtsgutes zumindest auch ein öffentliches Interesse besteht.[382] Demgegenüber schützen gewerbliche Sicherheitskräfte private Rechte und Rechtsgüter in dem persönlichen Gefahrenverantwortungsbereich ihres Auftraggebers unabhängig von dem Vorliegen eines öffentlichen Interesses

---

(14); Schriml, W + S Information 1978, 5 (5); Boettcher, W + S Information 1979, 45 (47); Geerds, Kriminalistik S.260. Kritisch dagegen: Schuster, Die Polizei 1989, 5 (8). Indessen ist nicht zu verkennen, daß gerade in neuerer Zeit Bemühungen der Befürworter des privaten Wachgewerbes erkennbar werden, die unterschiedliche Tätigkeit von privatem Sicherheitsgewerbe und der Polizei herauszustellen, die Kompetenzbereiche abzugrenzen und eine sinnvolle Ergänzung zu verlangen. (Vgl. nur: Stober, GewArch 1997, 217 (221)).

379 Vgl.: § 1 Abs.1 ME PolG, § 1 Abs.1 nw PolG; § 1 Abs.1, § 2 Abs.1 bw PolG; Art.2 Abs.1 bayPAG; § 1 Abs.1, Abs.2 bln ASOG, § 2 Abs.1, 12 Abs.1 mv SOG; § 1 Abs.1, Abs.2 nds GefAG; § 1 Abs.1 rh-pf POG; §§ 1 Abs.1, 2 Abs.1, Abs.2 sanh SOG; § 164 Abs.1 schlh LVwG.

380 In den meisten Ländern wurde freilich das herkömmliche Schutzgut der öffentlichen Ordnung aus den polizeilichen Generalermächtigungen gestrichen. So etwa in Bremen (§§ 1 Abs.1, 10 br PolG), im Saarland (§§ 1 Abs.2, 8 Abs.1 saarl PolG) und in Nordrhein-Westfalen (§§ 1 Abs.1, 8 Abs.1 nw PolG). Demgegenüber wurde der Schutz der öffentlichen Ordnung in § 14 Abs.1 nw OBG aufrechterhalten.

381 Vgl.: BVerfGE 69, 315 (352); Götz, Allgemeines Polizei- und Ordnungsrecht Rn.75; Drews/Wacke/Vogel/Martens, Gefahrenabwehr S.232 ff.; Friauf in Schmidt-Aßmann, Besonderes Verwaltungsrecht S.119; Wolff/Bachof, Verwaltungsrecht III, § 125 Rn.11; Meixner, HSOG § 1 Rn.4; Gornig/Jahn, Sicherheits- und Polizeirecht S.115, 154, 255; Ule/Rasch, Allgemeines Polizei- und Ordnungsrecht § 1 Rn.33 ff. Vgl. auch die gesetzliche Legaldefinition des Begriffs der öffentlichen Sicherheit in § 2 Nr.2 br PolG.

382 Zu dem Erfordernis eines öffentlichen Interesses an der Gefahrenabwehr: Götz, Allgemeines Polizei- und Ordnungsrecht Rn.78; Drews/Wacke/Vogel/Martens, Gefahrenabwehr S.228 ff.; Wolff/Bachof, Verwaltungsrecht III, § 125 Rn.11, 16; Gornig/Jahn, Sicherheits- und Polizeirecht S.256; Ule/Rasch, Allgemeines Polizei- und Ordnungsrecht § 1 Rn.50 ff. Aufgrund des fehlenden öffentlichen Interesses an der Gefahrenabwehr ist die Polizei beispielsweise bei einer ausschließlichen Selbstgefährdung nicht zum Einschreiten auf der Grundlage der polizeirechtlichen Generalklausel befugt. (Vgl. nur: Meixner, HSOG § 1 Rn.15; Gornig/Jahn, Sicherheits- und Polizeirecht S.256; Friauf in Schmidt-Aßmann, Besonderes Verwaltungsrecht S.120; Ule/Rasch, Allgemeines Polizei- und Ordnungsrecht § 1 Rn.51 m.w.N.) Darüber hinaus wird der polizeiliche Schutzauftrag beim Schutz von Individualrechtsgütern durch das Subsidiaritätsprinzip beschränkt, nach dem der staatliche Schutz privater Rechte primär der ordentlichen Gerichtsbarkeit obliegt und die Polizei nur dann zum Einschreiten befugt ist, wenn gerichtlicher Schutz nicht rechtzeitig zu erlangen ist und wenn ohne polizeiliche Hilfe die Verwirklichung des Rechts vereitelt oder wesentlich erschwert werden würde. Vgl. zum polizeirechtlichen Subsidiaritätsprinzip: Götz, Allgemeines Polizei- und Ordnungsrecht Rn.77; Gornig/Jahn, Sicherheits- und Polizeirecht S.256; Drews/Wacke/Vogel/Martens, Gefahrenabwehr S.228 ff., 237 f.; Ule/Rasch, Allgemeines Polizei- und Ordnungsrecht, § 1 Rn.54 ff.). Eingehend dazu unten: 2.Teil, C), II), 2), b), bb), (2).

nach Maßgabe des privatrechtlichen Bewachungsvertrages[383] und nach Weisungen ihres Auftraggebers. Zum Schutz der öffentlichen Sicherheit sind Angehörige privater Schutzdienste andererseits grundsätzlich nur insoweit berufen, als die öffentliche Sicherheit, konkretisiert in Form von Individualrechtsgütern ihrer Auftraggeber betroffen ist; nicht vom Schutzauftrag umfaßt wird hingegen die Gewährleistung der Unverletzlichkeit der objektiven Rechtsordnung sowie der Schutz des Bestandes und der Funktionsfähigkeit staatlicher Einrichtungen und kollektiver Rechtsgüter. Nicht in den Aufgabenbereich privater Sicherheitskräfte fällt ferner der Schutz der öffentlichen Ordnung, also der Schutz der Gesamtheit jener ungeschriebenen Ordnungsvorstellungen, deren Beachtung nach den jeweils herrschenden Anschauungen als unerläßliche Voraussetzung eines geordneten zwischenmenschlichen Zusammenlebens anzusehen ist.[384] [385] Soweit private Unternehmen im Einzelfall öffentliche Gebäude und Liegenschaften bewachen und der Staat als Auftraggeber kommerzieller Schutzunternehmen auftritt,[386] liegt zwar eine Annäherung an den polizeilichen Auftrag vor. Indessen läßt sich auch insoweit kein grundlegender Unterschied zu privaten Auftraggebern feststellen, [387]denn der Staat handelt bei der Beauftragung des privaten Schutzdienstes, anders als bei der Beleihung, wie jeder Private. Die Schutzaufträge der Polizei und der gewerblichen Wach- und Sicherheitsunternehmen weisen damit in bezug auf die Schutzobjekte und die Intention des Tätigwerdens nur zu einem geringen Teil Übereinstimmungen auf. Während bei der polizeilichen Gefahrenabwehr, vor allem bei dem Schutz von Individualrechtsgütern, das öffentliche Interesse im Vordergrund steht, ist bei der Bewachungstätigkeit gewerblicher Sicherheitsdienste das private Interesse des Auftraggebers von ausschlaggebender Bedeutung.

Darüber hinaus ist das unternehmerische Handeln privater Schutzdienste regelmäßig grundrechtlich geschützte und damit freiheitliche Tätigkeit,[388] welche anders als staat-

---

[383] Zur rechtlichen Qualifizierung des Bewachungsvertrages siehe bereits oben: 1.Teil, A).

[384] Zum Begriff der öffentlichen Ordnung vgl.: BVerfGE 69, 315 (352); OVG Münster OVGE 12, 112 (115); VGH München, NVwZ 1984, 254 (254); Meixner, HSOG § 1 Rn.5 ff.; Gornig/Jahn, Sicherheits- und Polizeirecht S.121, 214; Drews/Wacke/Vogel/Martens, Gefahrenabwehr S.245 ff.; Wolff/Bachof, Verwaltungsrecht III, § 125 Rn.12. Kritisch im Hinblick auf die rechtsstaatliche Bestimmtheit des Begriffs: Götz, Allgemeines Polizei- und Ordnungsrecht Rn.95.

[385] Wie noch im einzelnen zu zeigen sein wird, steht privaten Sicherheitskräften auch keine Befugnis zum Schutz der öffentlichen Ordnung zu. Gleiches gilt für den Schutz der öffentlichen Sicherheit, soweit nicht gleichzeitig Individualrechtsgüter derart tangiert sind, daß ein notwehrbegründender Angriff i.S.d. § 32 StGB gegeben ist. Die privaten Wachpersonen des Sicherheitsgewerbes können sich, soweit lediglich Rechtsgüter der Allgemeinheit beeinträchtigt sind oder die Unverletzlichkeit der Rechtsordnung als solche gewährleistet werden soll, jedenfalls nicht auf Nothilfe nach § 32 StGB stützen, denn bei Rechtsgütern der Allgemeinheit und der Unverletzlichkeit der Rechtsordnung handelt es sich nicht um notwehrfähige Rechtsgüter. Siehe dazu eingehend unter: 2.Teil, C), II), b), bb), (1).

[386] Vgl. zur Beauftragung gewerblicher Schutzdienste durch Behörden und öffentlich-rechtliche Körperschaften: 2.Teil, A), I), 3).

[387] So zu Recht auch: Gusy, Polizeirecht Rn.159.

[388] Die Grundrechtsgeltung ergibt sich dabei aus Art.19 Abs.3 GG, wonach die Grundrechte auch für inländische juristische Personen gelten, soweit sie ihrem Wesen nach auf sie anwendbar sind. Zwar hat das BVerfG ausgeführt, daß die Grundrechte ausnahmsweise auch auf juristische Personen des öffentlichen Rechts Anwendung finden, wenn die juristische Person unmittelbar dem durch die Grundrechte geschützten Lebensbereich zuzuordnen sind. (Vgl.: BVerfGE 31, 314 (322); 39, 302 (314)). Außerhalb dieses autonomen Bereichs ist der Staat jedoch Verpflichteter und nicht Berechtigter der Grundrechte. (Vgl.: BVerfGE 21, 362 (369 ff.); 68, 193 (205 ff.)).

liches Handeln keiner besonderen rechtlichen Legitimation bedarf.[389] Dabei wird das unternehmerisch motivierte Verhalten der Wachunternehmen von dem Streben nach Gewinnerziehlung bestimmt, wobei ein zugleich verwirklichtes Gemeinwohlinteresse allenfalls Nebenzweck der Tätigkeit ist. Demgegenüber ist das staatliche Handeln der Polizei primär an Gemeinwohlinteressen orientiert, wobei eine Gewinnerzielung allenfalls Nebeneffekt der staatlichen Tätigkeit ist. Faßt man die bisherigen Ausführungen zusammen, so läßt sich festhalten, daß die von dem privaten Sicherheitsgewerbe und der Polizei ausgeübten Funktionen ihrem Wesen nach verschieden sind.

II) Bindung an die Rechtsordnung und Kontrollmechanismen

Unterschiede zwischen der privaten unternehmerischen Tätigkeit des Wach- und Sicherheitsgewerbes und der staatlichen Tätigkeit der Schutzpolizei bestehen des weiteren im Hinblick auf die Bindung an die Rechtsordnung. Die Grundrechte begründen in erster Linie Abwehrrechte des Bürgers gegen den Staat.[390] Der Staat ist als Verpflichteter im Verhältnis zum Bürger an Recht und Gesetz und insbesondere an die Grundrechte gebunden (Art.1 Abs.3, 20 Abs.3 GG). Demgegenüber sind private Schutzdienste mangels einer sog. unmittelbaren Drittwirkung der Grundrechte[391] nicht an die Grundrechte gebunden und können nach dem Grundsatz der Privatautonomie frei unternehmerisch tätig werden. Das hoheitliche Handeln der Polizei ist zahlreichen Einschränkungen des öffentlichen Rechts unterworfen.[392] Die Beachtung der öffentlich-rechtlichen Beschränkungen wird durch die streng hierarchische Struktur innerhalb der Polizei, durch aufsichtsrechtliche und disziplinarrechtliche Maßnahmen sowie durch die Verwaltungsgerichtsbarkeit sichergestellt. Das Sicherheitsgewerbe unterliegt demgegenüber lediglich den allgemeinen Beschränkungen der Rechtsordnung. Insoweit ist insbesondere § 34 a Abs.1 Satz 1 GewO zu berücksichtigen, der ein präventives Verbot mit Erlaubnisvorbehalt enthält, nach dem die Tätigkeit des Bewachungsgewerbes grundsätzlich erlaubnispflichtig ist.[393] Die privaten Schutzdienste werden durch die staatliche

---

[389] Grundlegend zu den Unterschieden bei öffentlicher und privater Wahrnehmung von öffentlichen Aufgaben: Gusy in ders., Privatisierung von Staatsaufgaben S.335 f.

[390] Vgl.: BVerfGE 7, 198 (198)- Lüth-Urteil; Schmidt-Bleibtreu/Klein, GG, Vorb. v. Art.1 Rn.5; Dürig in Maunz/Dürig/Herzog/Scholz, GG, Art. 1 Abs.3 Rn.99. Darüber hinaus verkörpert sich in den Grundrechtsbestimmungen des Grundgesetzes nach der Rechtsprechung des Bundesverfassungsgerichts (grundlegend: BVerfGE 7, 198 (198)) eine objektive Wertordnung, die als verfassungsrechtliche Grundentscheidung für alle Bereiche des Rechts gilt. (Vgl.auch: Pieroth/Schlink, Staatsrecht II Rn.76 ff.; Schmidt-Bleibtreu/Klein, GG, Vorb.v. Art.1 Rn.8). Aus der grundgesetzlich statuierten objektiven Wertordnung lassen sich im Einzelfall staatliche Schutzpflichten ableiten. (Vgl.: BVerfGE 39, 1 (41 ff.); 46, 160 (164); 49, 24 (53); 49, 89 (140 ff.); 53, 30 (57); 56, 54 (73 ff.)). Aus den Grundrechten ergeben sich des weiteren im Einzelfall subjektive Gewährleistungs- und Teilhaberechte. (Vgl.: BVerwGE 1, 159 (161); 9, 78 (80); 27, 360 (362), 52, 339 (344); 61, 15 (20); BVerwG, NVwZ 1985, 111 (111)).

[391] Vgl. zur mittelbaren Drittwirkung der Grundrechte nach h.M und Rspr.: BVerfGE 7, 198 (204 ff.); 18, 85 (92 f.); Pieroth/Schlink, Staatsrecht II Rn.173 ff.; Hesse, Grundzüge des Verfasungsrechts Rn.351 ff.; Schmidt-Bleibtreu/Klein, GG, Vorb. v. Art.1 Rn.6 ff.; Dürig in Maunz/Dürig/Herzog/Scholz, Art.1 Abs.3 GG Rn.127 ff. Anders hingegen die frühere Rspr. des 1.Senates des BAG (BAGE 1, 185 (191 ff.)), die unter Berufung auf den Bedeutungswandel der Grundrechte von einer unmittelbaren Grundrechtswirkung auch zwischen Privatrechtssubjekten ausging.

[392] Vgl. insbesondere zum Verhältnismäßigkeitsgrundsatz als Direktive und Schranke des polizeilichen Handelns: Götz, Allgemeines Polizei- und Ordnungsrecht Rn.249 ff.; Knemeyer, Polizei- und Ordnungsrecht Rn.200 ff.; Kay/Böcking, Polizeirecht Rn.325 ff.; Tettinger, Besonderes Verwaltungsrecht I Rn.365 ff.

[393] Vgl. dazu bereits oben: 1.Teil, A). Zu den Voraussetzungen einer gewerberechtlichen Erlaubnis-

Gewerbeaufsicht überwacht; den Gewerbeaufsichtsämtern stehen zur Überwachung spezielle Auskunfts- und Nachschaurechte sowie das allgemeine gewerberechtliche Aufsichts- und Kontrollinstrumentarium zur Verfügung.[394]

Aus den unterschiedlichen Bindungen der Polizei und des Sicherheitsgewerbes ergeben sich des weiteren verschiedene Modalitäten im Hinblick auf die Art und Weise ihrer Tätigkeit. Bei der Strafverfolgung sind Polizeibeamte grundsätzlich an die Vorschriften der Strafprozeßordnung gebunden und haben nach § 163 a Abs.4 StPO insbesondere die §§ 136, 136 a StPO zu beachten, wohingegen die strafprozessualen Vorschriften auf private Schutzdienste keine Anwendung finden.[395] Die Polizei ist als staatliches Strafverfolgungsorgan nach dem Legalitätsprinzip (§§ 152 Abs.2, 160, 163 Abs.1 StPO) zur Aufnahme von Ermittlungen verpflichtet, sobald sie vom Verdacht einer Straftat Kenntnis erlangt. Privaten Schutzpersonen obliegt dagegen lediglich die allgemein geltende Anzeigepflicht nach § 138 StGB für besonderes schwere Straftaten.[396] Während den Polizeibehörden des weiteren die Erhebung, Verarbeitung und Aufbewahrung personenbezogener Daten nur nach Maßgabe der landespolizeigesetzlichen Vorschriften möglich ist,[397] unterliegen private Schutzdienste datenschutzrechtlich den weiter gefaßten allgemeinen Bestimmungen der §§ 27 ff. BDSG.[398] [399] Durch diese unterschiedliche Inpflichtennahme der staatlichen Strafverfolgungsorgane und der privaten Sicherheitsanbieter wird dem Umstand Rechnung getragen, daß private Schutzdienste nicht unmittelbar dem Staat, sondern lediglich ihrem jeweiligen Auftraggeber gegenüber verantwortlich sind.

---

erteilung: Landmann/Rohmer-Marcks, GewO, § 34 a Rn.17 ff.; Friauf-Höfling, GewO, § 34 a Rn.36 ff; Lehmann, Die Neue Polizei 1980, 265 (265 f.); Schmidt, W + S Information 1980, 155 (156 ff.).

394 Vgl. insoweit §§ 14, 15 BewachV und § 11 GewO. Zu dem Überwachungsinstrumentarium der Gewerbeaufsicht im Bewachungsgewerbe vgl.: Friauf-Höfling, GewO, § 34 a Rn.42 b; Stober, GewArch 1997, 217 (224); Schnekenburger, DSD 1999, 3 (9 f.); Mahlberg, Gewerbliche Sicherheitsunternehmen S,250 ff.; Honigl, Tätigwerden von Privaten S.48 f. Kritisch zur derzeitigen Überwachung : Weichert in Gössner S.280.

395 Vgl. indessen zu Überlegungen, den Anwendungsbereich der §§ 136, 136 a StPO auf die Tätigkeit des internen Werkschutzes auszuweiten: Neukirchner, W + S Information 1978, 26 (26 f.); Hammacher, Die Neue Polizei 1980, 259 (263); Amelunxen, Werkschutz und Betriebskriminalität S.70 f. Nach richtiger Ansicht (vgl.: Bauer, Werkschutz S.132) ist der Werkschutz mangels Rechtsgrundlage jedoch nicht zur Vernehmung von Verdächtigen befugt. Eine Vernehmung wird weder durch die Selbsthilferechte noch von den Regelungen in der Betriebsordnung gedeckt.

396 Vgl. zu diesem Aspekt auch: Beinhofer, BayVBl 1997, 481 (483).

397 Vgl. zur Erhebung und Verarbeitung der personenbezogenen Daten durch die Polizei: Drews/Wacke/Vogel/Martens, Gefahrenabwehr S.195 f.; Friauf in Schmidt-Aßmann, Besonderes Verwaltungsrecht, 2.Abschnitt Rn.120 ff. Vgl. in diesem Zusammenhang auch BVerfG (E 65, 1 (46 ff.)) zum Recht auf informationelle Selbstbestimmung, welches den Schutz des einzelnen gegen unbegrenzte Erhebung, Speicherung, Verwendung und Weitergabe seiner persönlichen Daten gewährt; eine Einschränkung dieses Rechts ist nur im überwiegenden Allgemeininteresse und durch Gesetz zulässig.

398 Zu den informationellen Befugnissen privater Schutzdienste nach dem BDSG: Weichert in Gössner S.269, 274; ders., Die Polizei 1994, 313 (314 f.).

399 Zwar finden die datenschutzrechtlichen Vorschriften des Bundesdatenschutz- und der Landesdatenschutzgesetze grundsätzlich auch auf die polizeiliche Tätigkeit Anwendung. Die in den Landespolizeigesetzen enthaltenen Regelungen über die Sammlung, Erhebung, Auswertung und Abgleichung von Daten gehen jedoch als bereichsspezifische Vorschriften den Landesdatenschutzgesetzen vor. Vgl. etwa zum Verhältnis der Vorschriften des BDSG und des DSG NW zu den Landespolizeigesetzen: Kay/Böcking, Polizeirecht Rn.108.

III) Erwartungshorizont an die Polizei und das Sicherheitsgewerbe

Nachdem die unterschiedlichen Funktionen und Rechtsbindungen der Polizei und des Wachgewerbes festgestellt wurden, stellt sich in rechtstatsächlicher Hinsicht die Frage nach den in der Bevölkerung an die Tätigkeit der jeweiligen Sicherheitsinstitutionen gestellten Erwartungen. Anhand der empirischen Erwartungen läßt sich beurteilen, ob das private Sicherheitsgewerbe aus Sicht der Bevölkerung als *Polizeiersatz* fungiert. Insoweit ist zum einen die Bewertung der Polizeiarbeit und zum anderen das in private Sicherheitsanbieter gesetzte Vertrauen fraglich.

Neueren empirischen Erkenntnissen zufolge wird die Polizeiarbeit überwiegend als gut oder zumindest durchschnittlich bewertet.[400] Dies zeigt in etwa eine im Jahre 1994 durchgeführte Untersuchung zu dem Bild der Polizei in der Öffentlichkeit. Dabei beurteilten insgesamt 61, 5 % der Befragten die Arbeit der Polizei auf dem Gebiet der Verbrechensbekämpfung als gut oder zumindest überwiegend gut.[401] Zu ähnlichen Ergebnissen gelangt eine durch die Fachhochschule für Polizei durchgeführte Studie, bei der 71,6 % der Befragten angaben, mit den Umgangsformen und der Tätigkeit der Polizei zufrieden, 12,8 % zum Teil zufrieden und 15,6 % unzufrieden zu sein.[402]

Demgegenüber wird privaten Schutzdiensten in der Bevölkerung deutlich weniger Vertrauen entgegengebracht. Nach einer ebenfalls im Jahre 1994 durchgeführten Untersuchung sahen 27 % der Befragten in einer verstärkten Präsenz der Polizei ein geeignetes Mittel zur Kriminalitätsbekämpfung. 16,9 % hielten Bildungs- und Aufklärungsmaßnahmen, 11,2 % ökonomische Maßnahmen und 9,7 % die Schaffung von Arbeitsplätzen für zweckmäßig, um die Kriminalität zu verringern. Lediglich 0,4 % der Befragten erklärten hingegen, gegen Kriminalität sei der Einsatz privater Schutzdienste ihrer Auffassung nach sinnvoll.[403] Diese Ergebnisse werden durch eine von EMNID im

---

400 So auch: Schneider, Kriminologie S.214; Lehne in Kaiser/Kerner/Sack/Schellhoss S.394; Obergfell-Fuchs in Weiß/Plate, Privatisierung von polizeilichen Aufgaben S.136; Kaiser, Kriminologie § 33 Rn.18. Vgl. auch den Bericht aus dem Pilot- und Begleitforschungsprojekt *Kommunale Kriminalitätsprävention in Baden Württemberg* von Heinz (Kriminalistik 1997, 426 (430 f.)) sowie ferner Kürzinger (Kriminologie Rn.142 ff.) mit eingehender Darstellung der zu diesem Thema durchgeführten Untersuchungen. Kürzinger (Kriminologie Rn.144) verweist zwar darauf, daß neuere Untersuchungsergebnisse erkennen ließen, daß das in den siebziger und achziger Jahren festgestellte positive Bild der Polizei in der Bevölkerung gelitten habe. Tatsächlich läßt sich diese Negativentwicklung jedoch auf eine Einbeziehung der Ostdeutschen in die Untersuchungsergebnisse zurückführen, bei denen nachweislich ein negativeres Bild von der Polizei als bei den Westdeutschen feststellbar ist. (Vgl. dazu die von Murck im Jahre 1994 durchgeführte Untersuchung in Kriminalistik 48 (1994), 447 (450)). Zur Einschätzung der Polizeiarbeit durch die verschiedenen Bevölkerungsgruppen vgl.: Lehne in Kaiser/Kerner/Sack/Schellhoss S.394; Kürzinger, Kriminologie Rn.144, 146. Siehe aber auch zur Kritik an der Polizeiarbeit: Schneider, Kriminologie S.57 f. mit Hinweis auf zahlreiche Studien. Zu Übergriffen und Mißhandlungen von Personen durch die Polizei- und Strafvollzugsbeamten siehe: Kaiser, Kriminologie § 38 Rn.43.

401 Vgl.: Obergfell-Fuchs in Weiß/Plate, Privatisierung polizeilicher Aufgaben S.132. Bei der in Freiburg im Breisgau durchgeführten Bevölkerungsbefragung wurden insgesamt 1.118 Fragebögen ausgewertet. Bei einer Einschätzung der Polizeiarbeit auf einer Notenskala von 1 (sehr gut) bis 6 (ungenügend) gaben 2,9 % der Befragten der Polizei die Note 1, 18 % die Note 2 und 40,6 % die Note 3. Lediglich 38,5 % der Befragten werteten die Polizeiarbeit schlechter.

402 Vgl.: Hermanutz, Die Polizei 1995, 281 (281 ff.). Bei der in Baden-Württemberg durchgeführten Untersuchung wurden zwei Stichproben durchgeführt und insgesamt 109 Personen befragt.

403 Vgl.: Feltes, Kommunale Kriminalitätsprävention S.11 ff. Bei der in Freiburg durchgeführten Untersuchung wurden 2.022 Antworten ausgewertet, bei denen drei frei formulierte Antwort-

Jahre 1994 durchgeführte Umfrage bestätigt, die ergab, daß sich 76 % der befragten Ostdeutschen und 69 % der Westdeutschen für die Durchführung von Fußstreifen in ihrem Wohngebiet durch Polizeibeamte aussprachen, wohingegen entsprechende Bewachungsmaßnahmen durch private Wachleute lediglich von 13 % der ostdeutschen und 12 % der westdeutschen Befragten befürwortet wurden.[404]

Selbst wenn diesen Untersuchungen nur eingeschränkte Aussagekraft zukommt,[405] läßt sich auf der Grundlage des empirischen Materials die These aufstellen, daß die Bevölkerung zumindest gegenwärtig der Polizei größeres Vertrauen entgegenbringt und die Arbeit der Polizei besser bewertet als die von den privaten Schutzdiensten ausgeübte Tätigkeit. Der tatsächliche Erwartungshorizont gegenüber dem privaten Sicherheitsgewerbe ist folglich mit dem Erwartungshorizont gegenüber der Polizei als Träger des staatlichen Gewaltmonopols nicht vergleichbar.

IV) Ausbildungs- und Ausrüstungslage bei der Polizei im Vergleich zum Sicherheitsgewerbe

Zu den Grundvoraussetzungen, die den Einsatz der privaten Wachunternehmen und der Polizei im wesentlichen prägen, gehört vor allem die derzeitige Ausbildungs- und Ausrüstungssituation.

Bei der Polizei kommen vor allem die Beamten des mittleren und gehobenen Dienstes[406] zum Einsatz, deren Regelausbildung zwischen zwei und drei Jahren beträgt.[407] Während der Ausbildungszeit an der Fachhochschule, die sich in eine fachwissenschaftliche und

---

vorschläge gemacht werden konnten. Zu der Freiburger Studie vgl. auch: Ahlf in Weiß/Plate, Privatisierung von polizeilichen Aufgaben S.26; Obergfell-Fuchs in Weiß/Plate, Privatisierung von polizeilichen Aufgaben S.135 f.

404 EMNID-Meinungsumfrage im Auftrag des BKA zu Fragen der inneren Sicherheit, 1994/1995. Vgl.: Dörmann, Wie sicher fühlen sich die Deutschen, S.49. Bei der im gesamten Bundesgebiet durchgeführten Repräsentativumfrage wurden jeweils 2.000 Ost- und Westdeutsche zu Aspekten der inneren Sicherheit befragt. Dabei wurden zehn Fragen gestellt. Vgl. auch zu der von EMNID durchgeführten Untersuchung: Ahlf in Weiß/Plate, Privatisierung von polizeilichen Aufgaben S.23 ff.; Villmow in Weiß/Plate, Privatisierung von polizeilichen Aufgaben S.96 f.

405 So ist denkbar, daß die von der Mehrzahl der Befragten befürwortete Polizeipräsenz nicht Ausdruck des Vertrauens in die Polizei und ihre Arbeit, sondern die Folge des steigenden subjektiven Unsicherheitsgefühls der Bürger ist. Zur begrenzten Aussagekraft derartiger Untersuchungen vgl. auch: Kürzinger, Kriminologie Rn.146; Obergfell-Fuchs in Weiß/Plate, Privatisierung von polizeilichen Aufgaben S.135; Steffenhagen, Polizei 1994, 8 (8).

406 Derzeit sind im polizeilichen Wach- und Wechseldienst noch mehrheitlich Beamte des mittleren Dienstes beschäftigt. In Nordrhein-Westfalen werden indessen aufgrund der Neuorganisation der Polizei seit dem Jahre 1992, mit der die organisatorische Trennung zwischen Kriminal- und Schutzpolizei aufgegeben und zugleich die Einheitsausbildung eingeführt wurde, in Zukunft nur noch Polizeianwärter in den gehobenen Dienst eingestellt. (Vgl. zur Polizeineuorganisation der Polizei in Nordrhein-Westfalen den Bericht in: Kriminalistik 1996, 470 (470); Kriminalistik 1996, 322 (322)). Da sich die Laufbahn des mittleren Dienstes bei der Polizei im Auslauf befindet, konzentrieren sich die nachfolgenden Ausführungen auf die Ausbildung im gehobenen Dienst.

407 Die Ausbildungszeit ist bundesweit nicht einheitlich geregelt und hängt unter anderem von der Vorbildung des Beamten ab. Die Regelausbildung im gehobenen Dienst in Nordrhein-Westfalen beträgt drei Jahre. (§ 8 der Verordnung über die Ausbildung und die zweite Fachprüfung für den Laufbahnabschnitt des Landes Nordrhein-Westfalen-Ausbildungs- und Prüfungsverordnung Laufbahnabschnitt II-VAPPol II vom 21.03.1995). Vgl. zu der Ausbildungsdauer im gehobenen Dienst in den einzelnen Ländern: Diefenthaler, Die Deutsche Polizei 1997, 8 (9). Vgl. zur Ausbildung der Beamten im gehobenen Dienst: Feltes/Huser, Die Polizei 1994, 233 (238 f.); Diefenthaler, Die

eine fachpraktische Studienzeit gliedert,[408] haben die Polizeianwärter an den in der Studienordnung vorgeschriebenen Lehrveranstaltungen teilzunehmen und zahlreiche Leistungsnachweise zu erbringen[409] sowie die erworbenen Kenntnisse und Fähigkeiten im Rahmen der praktischen Ausbildung umzusetzen.[410] An Lerninhalten wird den Beamten unter anderem rechtliches Grundwissen im Bereich des Polizei-, Verkehrs-, Straf-, Strafprozeß-, Zivil-, Beamten- und Staatsrechts vermittelt. Weiterhin werden Grundlagen der Einsatzlehre, Kriminalistik, Kriminaltechnik, Soziologie, Psychologie und der Politikwissenschaften gelehrt.[411] Die Beamten sind ferner während der gesamten Studienzeit verpflichtet, sich zur Förderung ihrer körperlichen Leistungsfähigkeit sportlich zu betätigen und die Selbstverteidigung zu trainieren.[412] Die Anwärter werden im Rahmen der fachpraktischen Ausbildungsabschnitte darüber hinaus speziell in der Informationswahrnehmung, - verarbeitung und Streßbewältigung geschult.[413] Der Schwerpunkt der fachpraktischen Ausbildung liegt auf der Schießausbildung, bei der die Polizeianwärter mit den Sicherheitsbestimmungen und dem Schußwaffenumgang theoretisch und praktisch umfassend vertraut gemacht werden.[414] Bestandteil der Schießausbildung ist vor allem das praktische Situationstraining, bei dem ein sicherer Umgang mit der Schuß-

---

Deutsche Polizei 1997, 8 (12). Die Regelausbildung im mittleren Dienst in Nordrhein-Westfalen dauert hingegen nur zweieinhalb Jahre. (Zur Ausbildung der Polizeivollzugsbeamten im mittleren Dienst vgl.: Tabarelli, Kriminalistik 1982, 384 (384 ff.); Feest/Blankenburg, Die Definitionsmacht der Polizei S.23 f.).

408 Vgl. etwa § 12 VAPPol II NW. Die Ausbildung ist in den verschiedenen Ländern organisatorisch unterschiedlich strukturiert. Da hier nicht im einzelnen die länderspezifischen Besonderheiten im polizeilichen Ausbildungssystem aufgezeigt werden können, konzentrieren sich die nachfolgenden Ausführungen, soweit nicht anders gekennzeichnet, auf die Ausbildung des gehobenen Dienstes in Nordrhein-Westfalen. Vgl. zu den länderspezifischen Besonderheiten: Diefenthaler, Die Deutsche Polizei 1997, 8 (9 ff.).

409 Vgl. im einzelnen zur fachwissenschaftlichen Studienzeit: §§ 13 f. VAPPol II NW.

410 Vgl. im einzelnen zur fachpraktischen Studienzeit: §§ 15, 16 VAPPol II NW.

411 Vgl. zu den einzelnen Pflicht- und Wahlfächern: Anlage 8 zu den §§ 22 Abs.1, 25 Abs.1 VAPPol II NW (GV. NW 1988 S.386). Trotz der organisatorisch unterschiedlichen Ausgestaltung der Polizeiausbildung in den einzelnen Ländern, stimmen die Lehrinhalte im wesentlichen überein. Siehe zu den vereinzelten Unterschieden: Diefenthaler, Die Deutsche Polizei 1997, 8 (12). Vgl. zu den Lerninhalten: Feltes/Huser, Die Polizei 1994, 233 (238); Diefenthaler, Die Deutsche Polizei 1997; 8 (12); Feest/Blankenburg, Die Definitionsmacht der Polizei S.24. Die Ausbildungsinhalte im mittleren und gehobenen Dienst sind ebenfalls im wesentlichen identisch. Unterschiede bestehen in Nordrhein-Westfalen etwa insoweit, als daß die Ausbildung des mittleren Dienstes an den Polizeiausbildungsinstituten praxisorientierter ist als die Ausbildung im gehobenen Dienst an den Fachhochschulen. Derzeit liegt der Schwerpunkt der Ausbildung auf der rechtlichen Schulung. (Vgl.: Feltes/Huser, Die Polizei 1994, 233 (238); Busch/Funk, Polizei S.157; Fechner, Grenzen polizeilicher Notwehr S.103). Gegenwärtig umfaßt die rechtliche Ausbildung insgesamt etwa 50 % der Gesamtausbildung an den Fachhochschulen. 25-35 % der Unterrichtsstunden entfallen auf die Polizeiführungs- und Kriminalwissenschaften und ein Anteil von 10-20 % der Unterrichtsstunden auf Sozialwissenschaften. (Vgl.: Feltes/Huser, Die Polizei 1994, 233 (238)).

412 Vgl. etwa Ziff 4 des Runderlasses des Innenministers NW vom 24.05.1995, abgedruckt in Gesetzessammlung, Fachbereich Polizei S.21. Zu den einzelnen Lerninhalten der sportlichen Ausbildung siehe Anlage 3 zum Fachpraxiserlaß, abgedruckt in Gesetzessammlung, Fachbereich Polizei S.24 (28).

413 Siehe dazu Anlage 3 zum Fachpraxiserlaß, abgedruckt in Gesetzessammlung, Fachbereich Polizei S.24 (25).

414 Von den 630 Gesamtausbildungsstunden im zweiten Studienabschnitt entfallen 190 Unterichtsstunden auf die Schießausbildung. Die restlichen Unterrichtsstunden sind auf sechs weitere Unterrichtsfächer verteilt. Vgl. im einzelnen zur Verteilung der Gesamtausbildungsstunden und zum Inhalt der Schießausbildung in der fachpraktischen Ausbildung: Anlage 3 zum Fachpraxiserlaß, abgedruckt in Gesetzessammlung, Fachbereich Polizei S.24 (24).

waffe in Gefahrensituationen geübt wird. Während und auch nach der Ausbildung sind die Beamten zur regelmäßigen Teilnahme an den praktischen Schießübungen verpflichtet. Am Ende der Ausbildung legen die Polizeianwärter an der Fachhochschule eine Staatsprüfung ab, die sich aus mehreren schriftlichen und mündlichen Prüfungen zusammensetzt.[415] Nach dem erfolgreichen Abschluß ihrer Ausbildung an der Fachhochschule leisten die Polizeibeamten mindestens ein Jahr Dienst im Wach- und Wechseldienst bei einer Polizeiinspektion. Sodann werden die Beamten in den meisten Ländern für mehrere Jahre in Bereitschaftspolizeien eingesetzt, bis sie im Anschluß daran im Einzeldienst der Schutzpolizei zum Einsatz gelangen.

Demgegenüber existieren für das private Sicherheitsgewerbe derzeit keine einheitlichen und allgemeingültigen Ausbildungsbestimmungen.[416] Während die Einstellung in den Polizeidienst erfordert, daß der Polizeianwärter die Fachhochschul- oder allgemeine Hochschulreife erlangt hat und ein Auswahlverfahren durchläuft, bei dem die Eignung des Bewerbers für den Polizeivollzugsdienst geprüft wird,[417] ist der Zugang zum privaten Sicherheitsgewerbe an keine Qualifikation gebunden.[418] Mangels einheitlicher Ausbildungsrichtlinien ist der Ausbildungsstand privater Wachpersonen uneinheitlich und hängt von dem jeweiligen Sicherheitsunternehmen ab, bei dem die Sicherheitskräfte beschäftigt sind.[419] Da früher oftmals Wachpersonen ohne theoretische und praktische Kenntnisse auf dem Bewachungssektor eingesetzt wurden, ist jedoch mit der Neufassung des § 34 a GewO durch das Verbrechensbekämpfungsgesetz[420] ein Unterrichtungsverfahren eingeführt worden.[421] Nach § 34 a Abs.1 Nr.3 GewO muß der Unternehmer

[415] Zu den Einzelheiten des Prüfungsverfahrens vgl. §§ 17 ff. VAPPol II NW. Zu den Prüfungsfächern siehe: Anlage 8 zu den §§ 22 Abs.1, 25 Abs.1 VAPPol II NW, GV NW 1998 S.386.

[416] Eine Ausnahme bildet insoweit die Ausbildung zur *geprüften Werkschutzfachkraft* als bundeseinheitliche Qualifikation im Werkschutzbereich. Vgl. dazu: Olschok-Tautenhahn, Die Polizei 1994, 31 (33 f.); Schriml, W + S Information 1979, 181 (183 f.); Bauer, Werkschutz S.47; Mahlberg, Gewerbliche Sicherheitsunternehmen S.220. Die Qualifizierung ist jedoch nicht Voraussetzung für eine Werkschutztätigkeit, sondern erfolgt auf freiwilliger Basis. Etwas anderes gilt nach den *Anforderungen an den Objektsicherungsdienst in kerntechnischen Anlagen* nur für das Personal des Objektsicherungsdienstes in Kernkraftanlagen. Allgemein zur Ausbildung der Werkschutzangehörigen: BMI 1982, 128; 1986, 14; Siemon, der Kriminalist 1982, 113 (117); Hammacher, Die Neue Polizei 1980, 259 (262); Brehmer, W + S Information 1978, 31 (32 f.); Bauer, Werkschutz S.46 ff.

[417] Zum Auswahlverfahren für die Einstellung in den gehobenen Polizeidienst vgl.: §§ 2 ff. VAPPol II NW. Die Voraussetzungen für eine Einstellung in den höheren Polizeidienst weichen aber in den einzelnen Ländern zum Teil erheblich voneinander ab. In den meisten Ländern ist jedoch die Fachhochschul- oder allgemeine Hochschulreife Einstellungsvoraussetzung. Vgl. dazu: Diefenthaler, Die Deutsche Polizei 1997, 8 (9).

[418] Insbesondere in Ostdeutschland sind zahlreiche Sicherheitsfirmen aufgrunddessen in Verruf geraten, ehemalige Stasi-Mitarbeiter und Kriminelle zu beschäftigen. Vgl. dazu die Berichte in: Handelsblatt vom 10.11.1994 S.6; Die Zeit vom 20.05.1998 S.25.

[419] So auch: BMI 1982, 27; Stacharowsky, KrimJournal 17 (1985), 228 (230); Honigl, Tätigwerden von Privaten S.38. Der Ausbildungsstandard hängt maßgeblich von der Art und Größe des Wachunternehmens ab. Während nach Angaben des BDWS (BMI 1982, 27) einige Unternehmen über interne Ausbildungsabteilungen verfügen und ihren Beschäftigten eine umfassende Ausbildung vermitteln, bilden vor allem kleinere Betriebe ihre Beschäftigten nicht aus, da entweder der Firmeninhaber selbst kein entsprechendes Fachwissen hat oder nicht über die nötigen Geldmittel verfügt. (Vgl. auch: Honigl, Tätigwerden von Privaten S.38 f.).

[420] Gesetz zur Änderung des Strafgesetzbuches, der Strafprozeßordnung und anderer Gesetze (Verbrechensbekämpfungsgesetz) vom 28.10.1994, BGBl. I, 3185 ff.

[421] Eingehend zu dem durch § 34 a GewO n.F. eingeführten Unterrichtungsverfahren: Marcks, GewArch 1996, 133 (135 f.); Beinhofer, DVBl 1997, 481 (484); Stober, GewArch 1997, 217 (225);

eines Bewachungsunternehmens nunmehr durch eine Bescheinigung der Industrie- und Handelskammer nachweisen, daß er über die für die Ausübung des Gewerbes notwendigen rechtlichen Vorschriften unterrichtet worden ist und mit ihnen vertraut ist. Nach § 34 a Abs. 1 S.4 GewO ist der Gewerbetreibende darüber hinaus verpflichtet, zur Durchführung von Bewachungsaufgaben nur Personen zu beschäftigen, die ebenfalls nach § 34 a Abs.1 Nr.3 GewO an einem Unterrichtungsverfahren teilgenommen haben. Die Anforderungen an den Unterrichtungsnachweis werden durch die auf der Grundlage des § 34 a Abs. 2 Nr.1 GewO erlassenen Vorschriften der Bewachungsverordnung[422] konkretisiert. Gem. § 4 der BewachV umfaßt die Unterrichtung insbesondere die fachspezifischen Pflichten und Befugnisse auf dem Gebiet der öffentlichen Sicherheit und Ordnung, einschließlich dem Gewerberecht, dem bürgerlichen Recht, dem Straf- und Strafverfahrensrecht einschließlich dem Umgang mit Waffen, der Unfallverhütungsvorschrift Wach- und Sicherheitsdienste, dem Personenumgang und der Grundzüge der Sicherheitstechnik. Gem. § 3 Abs.1 der Bewachungsverordnung beträgt die Unterrichtung für selbständige Gewerbetreibende im Bewachungsgewerbe mindestens vierzig Stunden, für unselbständig Beschäftigte hingegen nur vierundzwanzig Unterrichtsstunden.[423] [424] Ein Sachkundenachweis muß hingegen nicht erbracht werden.[425]

Waffentragende Wachpersonen, die eine Schußwaffe lediglich innerhalb des bewachten befriedeten Besitztums tragen, bedürfen keiner Erlaubnis; § 13 Abs.1 Satz 2 BewachV schreibt allerdings vor, daß der Unternehmer einer Wachperson die Schußwaffe nur dann überlassen darf, wenn die Waffenrechtsbehörde zuvor bestätigt hat, daß die Person die

---

Schnekenburger, DSD 1999, 3 (7).

422 Verordnung über das Bewachungsgewerbe (Bewachungsverordnung-BewachV) vom 7.12.1995, BGBl. I, 1602 ff.

423 Vgl. zur Aufteilung der Unterrichtstunden im einzelnen: Anlage 2, und Anlage 3 zu § 4 BewachV (BGBl. I, 1607 f.). Eine Unterrichtsstunde beträgt 45 Minuten, § 3 Abs.1 S.3 BewachV.

424 Die Unterrichtung erfolgt durch die Industrie- und Handelskammern, § 2 BewachV. Der Unterrichtsnachweis wird ebenfalls durch die Industrie- und Handelskammern ausgestellt, wenn die Unterrichtsperson an den erforderlichen Unterrichtsstunden ohne Fehlzeiten teilgenommen hat, § 3 Abs.2 BewachV.

425 Der Gesetzeswortlaut ist in dieser Hinsicht indessen nicht eindeutig. Nach § 34 a Abs.1 Nr.3 GewO n.F. muß der Antragsteller nachweisen, daß er *über die für die Ausübung des Gewerbes notwendigen rechtlichen Vorschriften unterrichtet worden ist und mit ihnen vertraut ist.* § 3 Abs.2 BewachV konkretisiert die Voraussetzungen für die Erteilung des Unterrichtungsnachweises dahingehend, daß *die unterrichtete Person am Unterricht ohne Fehlzeiten teilgenommen* haben muß und die Kammer sich *durch geeignete Maßnahmen davon überzeugt hat, daß die Person mit den für die Ausübung des Gewerbes notwendigen rechtlichen Vorschriften und fachspezifischen Pflichten und Befugnissen sowie deren praktischer Anwendung* [...] *vertraut ist.* Ein schriftliches Prüfungsverfahren ist hingegen gesetzlich nicht geregelt. Angesichts der verfassungsrechtlichen Problematik, die mit der Einführung eines Sachkundenachweises verbunden war, entsprach es dem Willen des Gesetzgebers einen Kompromiß zwischen der uneingeschränkten Gewerbefreiheit und einem Fachkundenachweis zu schaffen. (Vgl. dazu: Marcks, GewArch 1996,133 (134)). Der Bund-Länder-Ausschuß, der sich auf seiner 78.Tagung mit den Anforderungen nach § 3 Abs.2 BewachV befaßte, führte daher aus, es solle ein *aktives Unterrichtungsgespräch oder ein schriftlicher Verständnistest* erfolgen. Vgl. den Bericht zur Sitzung vom 20./21.November 1995 von Fuchs/Demmer, GewArch 1996, 62 (66). Siehe zur Konkretisierung des § 3 Abs.2 BewachV weiterhin auch die Berichte zur 74. und 75.Sitzung des Bund-Länder-Ausschußes von Schmitz, GewAch 1994, 101 (102); Fuchs, GewArch 1994, 316 (317). Inwieweit sich das Unterrichtungsverfahren auf den bloßen Nachweis der Anwesenheit während der Unterrichtszeit beschränkt oder darüber hinaus tatsächlich fachspezifische Kenntnisse bescheinigt, ist daher primär eine Frage der praktischen Handhabung durch die zuständigen Handelskammern. (So auch: Beinhofer, BayVBl 1997, 481 (484)).

für den Erwerb der Schußwaffe erforderliche Zuverlässigkeit, Sachkunde und körperliche Eignung aufweist. Waffentragende Wachpersonen, die eine Schußwaffe führen, daß heißt, die die tatsächliche Gewalt über eine Schußwaffe außerhalb eines befriedeten Besitztums ausüben, bedürfen eines Waffenscheins. Für die Erteilung des Waffenscheins muß die Wachperson, wie jeder sonstige Antragsteller, aufgrund der mit dem Waffenbesitz verbundenen besonderen Gefahren die erforderliche Sachkunde und Zuverlässigkeit besitzen.[426] [427] Nach § 29 Abs.1 1.WaffV umfaßt die in der Prüfung nachzuweisende Sachkunde ausreichende Kenntnisse über die Handhabung der Schußwaffe und den Umgang mit Munition, die Reichweite und Wirkungsweise der Geschosse sowie die wichtigsten Vorschriften über den Umgang mit Waffen und Munition und über Notwehr und Notstand. Nicht in den Sachkundenachweis miteinbezogen ist jedoch die Schießfertigkeit und der praktische Umgang mit Schußwaffen.[428] Waffentragende Sicherheitskräfte müssen daher anders als Polizeibeamte, die regelmäßig Schießübungen absolvieren, weder an Ausbildungsschießübungen teilnehmen noch ausreichende Mindestschießleistungen nachweisen.[429]

Insgesamt läßt sich festhalten, daß bei der Schutzpolizei ein einheitlicher Ausbildungsstandard existiert, der eine Ausbildung der Polizeibeamten für die ihnen obliegenden Aufgaben gewährleistet. Auch wenn durch die Einführung eines Unterrichtungsnachweises mit der Neufassung des § 34 a GewO versucht wurde, den Ausbildungsstandard der Beschäftigten des Sicherheitsgewerbes anzugleichen, ist der Ausbildungsstand privater Sicherheitskräfte weder in qualitativer noch in quantitativer Hinsicht mit der Ausbildung bei der Polizei vergleichbar.[430]

Im Hinblick auf die Ausrüstung ist vor allem die Bewaffnung der Polizeibeamten und der privaten Wachpersonen von Bedeutung. Während die Schußwaffe zur Standardausrüstung der im Wach- und Wechseldienst eingesetzten Polizeibeamten gehört, sind

---

[426] Im folgenden werden nur die an die Sachkunde zu stellenden Anforderungen des Antragstellers ausgeführt. Zur Zuverlässigkeit des Antragstellers nach dem WaffG vgl.: Beinhofer, BayVBl. 1997, 481 (486). Kritik an den Regelungen des WaffG und den Verwaltungsvorschriften zur Konkretisierung des WaffG wird insoweit geübt, als daß die waffenrechtlichen Vorschriften periodisch wiederholte Zuverlässigkeitsprüfungen nicht bei Wachpersonen vorsehen, die die Schußwaffe lediglich innerhalb des befriedeten Besitztums tragen. Vgl.: Beinhofer, BayVBl. 1997, 481 (486).

[427] Maßgeblich sind insoweit die näheren Festlegungen des Bundesministers des Inneren über die Anforderungen an die waffentechnischen und waffenrechtlichen Kenntnisse sowie über das Prüfungsverfahren in der Verordnung zum Waffengesetz (1.WaffV- Erste Verordnung zum Waffengesetz vom 10.03.1987, BGBl I, 777, geändert durch Gesetz vom 25.10.1994, BGBl I, 3082) auf der Grundlage des § 31 Abs.2 WaffG.

[428] Kritisch diesbezüglich: BMI 1982, 24 ff.; BT Drucksachen 13 /3432 S.7; Beinhofer, BayVBl. 1997, 481 (486). Teilweise wird gefordert, den Schußwaffengebrauch der privaten Schutzdienste nach den Vorschriften über den polizeilichen Schußwaffengebrauch anzupassen. (So: Götz in Isensee/ Kirchhof, Handbuch des Staatsrechts III, § 79 Rn.33; Stober, GewArch 1997, 217 (225). Ablehnend dagegen: Schnekenburger, DSD 1999, 3 (10)).

[429] Im Schrifttum wird überwiegend kritisiert, die waffenrechtlichen Vorschriften berücksichtigten nicht in hinreichendem Maße die höheren Anforderungen an die Sachkunde von Berufswaffenträgern. Vgl.: Beinhofer, BayVbl. 1997, 481 (485). Vgl. auch: Stober, GewArch 1997, 217 (225).

[430] Vgl. zur Kritik an der Ausbildungssituation des privaten Wachgewerbes: Gallus, BKA-Vortragsreihe 1976, 71 (75); Stacharowsky, KrimJournal 17 (1985), 228 (230); Bernhardt, Die Polizei 1994, 55 (57); Stüllenberg, Kriminalistik 1995, 596 (597); Stober, GewArch 1997, 217 (225); ders., NJW 1997, 889 (895); Mahlberg, KrimJournal 1992, 209 (213 f.); ders., Gewerbliche Sicherheitsunternehmen S.218 ff.; Honigl, Tätigwerden von Privaten S.38 f.; Ahlf in Weiß/Plate, Privatisierung von polizeilichen Aufgaben S.18 f.; Schnekenburger, DSD 1999, 3 (7 ff.).

die privaten Sicherheitskräfte nur zum Teil mit Schußwaffen ausgestattet. Zwar existieren derzeit auf Bundesebene keine verbindlichen Angaben über die Anzahl der an private Wachunternehmen und ihre Beschäftigten ausgegebenen Waffenscheine und Waffenbesitzkarten. Schätzungen zufolge sind zur Zeit jedoch lediglich 15 % der im Bewachungsgewerbe Beschäftigten Waffenträger.[431] Derzeit sollen in Brandenburg insgesamt 1.100 Schußwaffen, in Hessen 2059 und in Nordrhein-Westfalen 1.917 Schußwaffen auf gewerbliche Bewachungsunternehmen zugelassen sein.[432] [433]

Anhand des Vergleichs der Ausbildungs- und Ausrüstungssituation bei der Polizei und dem privaten Sicherheitsgewerbe zeigt sich eine grundsätzliche *Übermacht des Hoheitsträgers*[434] im Verhältnis zu den gewerblichen Wachpersonen. Die hoheitlichen Maßnahmen der Polizei sind nach den Gesamtumständen danach aller Wahrscheinlichkeit nach erfolgssicherer als entsprechende Maßnahmen privater Wachpersonen.

V) Gefahrtragungspflichten von Polizisten und privaten Wachpersonen

Des weiteren besteht Übereinstimmung darüber, daß Polizeibeamte im Dienst nicht nur zur effektiven Wahrnehmung ihrer Aufgaben besondere öffentlich-rechtliche Eingriffsbefugnisse beanspruchen können, sondern daß ihnen im Rahmen ihrer Tätigkeit auch besondere Gefahrtragungspflichten obliegen. Da private Schutzpersonen im Rahmen ihrer Tätigkeit ebenfalls mit berufstypischen Gefahren konfrontiert werden, fragt sich, ob ihnen ebenfalls strafrechtlich relevante Pflichten zur Hinnahme solcher Gefahren auferlegt sind.

---

431 Vgl.: Schnekenburger, DSD 1999, 3 (10). Dabei soll es sich vorwiegend um zivile Wachpersonen zum Schutz militärischer Anlagen der Bundeswehr sowie um private Sicherheitskräfte handeln, die bei Geld- und Wertransporten und beim Industrie- und Personenschutz eingesetzt werden. Nach Angaben des BDWS wird der Geld- und Werttransport ausnahmslos bewaffnet durch geführt. (Vgl.: BMI 1982, 11). Nach Loyo (der Kriminalist 1995, 2 (4)) sollen unter 10 % der privaten Wachpersonen bewaffnet sein.

432 Vgl.: BT Drucksachen 13/3432 S.7; Stüllenberg, Kriminalistik 1995, 596 (598); Weichert in Gössner S.265. Loyo (der Kriminalist 1995, 2 (4)) beruft sich auf Angaben des hessischen Landtags, denen zufolge in Hessen von insgesamt 172.000 Waffenbesitzkarten lediglich 185 Waffenbesitzkarten an gewerbliche Bewacher ausgegeben wurden und von insgesamt 1925 Waffenscheinen nur 1.296 an Bewachungsunternehmen und Bedienstete des Bewachungsgewerbes ausgegeben worden seien. Vgl. auch zu den älteren Zahlen: BMI 1982, 11 f., 1986, 5 f.; Diederichsen, Bürgerrechte & Polizei 43 (1992), 24 (25 f.). Danach läßt sich zumindest in den meisten Ländern ein Zuwachs der Waffenträger bei privaten Schutzdiensten verzeichnen, der sich jedoch auch auf die wirtschaftliche Expansion und die damit gestiegenen Anzahl der im Bewachungsgewerbe Beschäftigten zurückführen läßt. Zur Bewaffnung und zum Schußwaffengebrauch der gewerblichen Sicherheitskräfte vgl. ferner: Antwort der Bundesregierung auf die Kleine Anfrage von Abgeordneten der SPD-Fraktion (BT Drucksachen 12/4949) vom 23.03.1993, BT Drucksachen 12/5246 S.5, 6; Antwort der Landesregierung Nordrhein-Westfalen auf die Kleine Anfrage eines FDP-Abgeordneten (LT Drucksachen 10/5000) vom 21.02.1990, LT Drucksachen 10/5253 S.2.

433 Zur weiteren technischen Ausstattung privater Schutzdienste vgl.: Weichert in Gössner S.265 f.; ders., Die Polizei 1994, 313 (313).

434 So bereits: Seelmann, ZStW 89 (1977), 36 (55).

1) Gefahrtragungspflicht im Sinne des § 34 StGB

Eine besondere Gefahrtragungspflicht, kraft derer Personen dazu verpflichtet sind, die mit ihren Aufgaben typischerweise verbundenen Risiken zu tragen, erlangt zunächst im Rahmen des rechtfertigenden Notstands nach § 34 StGB Bedeutung. Dabei soll zunächst auf der Grundlage der herrschenden Meinung[435] von der Anwendbarkeit der in § 34 StGB enthaltenen Notstandsregelung auf das hoheitliche Handeln der Polizeibeamten ausgegangen werden. Unter der Prämisse, daß die öffentlich-rechtlichen Vorschriften nicht unterlaufen werden und § 34 StGB auf die polizeiliche Tätigkeit Anwendung findet, ist im strafrechtlichen Schrifttum[436] einhellig anerkannt, daß den Polizeibeamten eine besondere Gefahrtragungspflicht obliegt, so daß sie sich innerhalb der Reichweite ihrer Sonderpflicht nicht oder nur eingeschränkt auf den rechtfertigenden Notstand berufen können.[437] Die rechtfertigende Wirkung des Notstands ist den Gefahrtragungsverpflichteten gegenüber relativiert, so daß an sich zulässige Abwehrmaßnahmen unter dem Gesichtspunkt ausgeschlossen sind, daß sich die Gefahrtragungspflichtigen ihren Pflichten zur Risikoübernahme nicht auf Kosten fremder Interessen entziehen dürfen. Eine besondere Gefahrtragungspflicht besteht zunächst für Angehörige von Berufen mit besonderen Schutzpflichten gegenüber der Allgemeinheit.[438] Private Sicherheitskräfte handeln jedoch, anders als Polizeibeamte, deren Tätigkeit berufstypisch gefährlich ist und im Dienste der Allgemeinheit steht, lediglich auf vertraglicher Grundlage. Sie sind aufgrund des zivilrechtlichen Vertrages nur ihren Auftraggebern, nicht aber der Allgemeinheit gegenüber verpflichtet, Schutz- und Überwachungsaufgaben im persönlichen Gefahrenverantwortungsbereich ihres Vertragspartners wahrzunehmen.[439] Demnach läßt

[435] Vgl.: Schönke/Schröder-Lenckner, § 34 Rn.7; Lackner/Kühl, § 34 Rn.14; Tröndle/Fischer, § 34 Rn.24 f.; Roxin, Strafrecht Allgemeiner Teil, § 16 Rn.89 f.; Otto, Grundkurs Strafrecht I, § 8 Rn.196; Maurach/Zipf, Strafrecht Allgemeiner Teil I, § 27 Rn.33. A.A.: Leipziger Kommentar-Hirsch, § 34 Rn.6 ff.; Systematischer Kommentar-Rudolphi, Vor § 331 Rn.12; Systematischer Kommentar-Samson, § 34 Rn.10 f.; Nomos-Neumann, § 34 Rn.113.

[436] Vgl.: Schönke/Schröder-Lenckner, § 34 Rn.34; Tröndle/Fischer, § 34 Rn.13 f.; Nomos-Neumann, § 34 Rn.101; Systematischer Kommentar-Samson, § 34 Rn.46; Roxin, Strafrecht Allgemeiner Teil, § 16 Rn.57; Jescheck/Weigend, Lehrbuch des Strafrechts Allgemeiner Teil S.364; Jakobs, Strafrecht Allgemeiner Teil 13/28; Köhler, Strafrecht Allgemeiner Teil S.292; Schmidhäuser, Strafrecht Allgemeiner Teil 6/43; Blei, Strafrecht Allgemeiner Teil S.168; Lugert, Gefahrtragungspflichtige S.44; Fechner, Grenzen polizeilicher Notwehr S.117.

[437] Umstritten ist lediglich die systematische Einordnung der Gefahrtragungspflicht im Rahmen des § 34 StGB. Während die besonderen Gefahrtragungspflichten überwiegend der Interessenabwägung des § 34 S.1 StGB zugeordnet werden (so: Lackner/Kühl, § 34 Rn.6; Schönke/Schröder-Lenckner, § 34 Rn.34, 47; Systematischer Kommentar-Samson, § 34 Rn.17; Leipziger Kommentar-Hirsch, § 34 Rn.67; Roxin, Strafrecht Allgemeiner Teil § 16 Rn.81; Jakobs, Strafrecht Allgemeiner Teil 13/28 Anm.64; Küper, JZ 1980, 755 (755 ff.)), unterfallen sie nach anderer Ansicht der Angemessenheitsklausel nach § 34 S.2 StGB (vgl.: Nomos-Neumann, § 34 Rn.100; Tröndle/Fischer, § 34 Rn.12 f.; Jescheck/Weigend, Lehrbuch des Strafrechts Allgemeiner Teil S.364; Maurach/Zipf, Strafrecht Allgemeiner Teil I, § 27 Rn.35, 38 f.; Lugert, Gefahrtragungspflichtige S.78 ff.).

[438] Vgl.: Schönke/Schröder-Lenckner, § 34 Rn.34; Nomos-Neumann, § 34 Rn.100; Tröndle/Fischer, § 34 Rn.13 f.; Schmidhäuser, Strafrecht Allgemeiner Teil 6/43; Kühl, JZ 1980, 755 (755); Lugert, Gefahrtragungspflichtige S.17, 39. Vgl. auch Bernsmann (Entschuldigung durch Notstand S.394 ff.; Festschrift Blau S.23 ff., 38), der dargelegt hat, daß die besonderen Gefahrtragungspflichten im Sinne des § 35 Abs.1 S.2 StGB auch entsprechende Restriktionen der Notrechte begründen. Zu den Gefahrtragungspflichten im Sinne des § 35 Abs.1 S.2 StGB vgl. nachfolgend unter 2).

[439] Daran ändert auch der Umstand nichts, daß die privaten Sicherheitskräfte von ihrem Auftraggeber etwa den Auftrag zum Schutz der Kunden einer Ladenpassage oder der Fahrgäste eines Verkehrsbetriebes erhalten. Das Sicherheitspersonal erfüllt in diesem Fall seine Verpflichtung gegenüber dem

sich keine besondere Gefahrtragungspflicht gewerblicher Sicherheitskräfte aus einer beruflichen Pflichtenstellung gegenüber der Allgemeinheit ableiten. Darüber hinaus kommt jedoch nach überwiegender Auffassung[440] eine Verpflichtung zur Hinnahme typischer Gefahren auch bei übernommenen Schutzpflichten im Individualinteresse in Betracht. Die danach bestehende besondere Gefahrtragungspflicht besteht jedoch nur im Verhältnis zum Auftraggeber und den Rechtsgütern, zu deren Schutz die gewerblichen Sicherheitskräfte *unmittelbar* bestellt sind.[441] [442] Eine weitere Beschränkung der Gefahrtragungspflichten ergibt sich daraus, daß sich die Pflicht zur Hinnahme von Gefahren nur auf die mit der gefährlichen Tätigkeit typischerweise verbundenen Gefahren

---

Auftraggeber und hat keine unmittelbare Schutzpflicht gegenüber der Allgemeinheit. Die Allgemeinheit ist lediglich mittelbar durch die Weisungen des Auftraggebers in den Schutzauftrag des Sicherheitspersonals einbezogen. Die Lage ist insoweit mit dem zivilrechtlichen Vertrag mit Schutzwirkung für Dritte vergleichbar. Anders als bei dem echten Vertrag zugunsten Dritter erlangt der in den Schutzbereich des Vertrages einbezogene Dritte keinen Erfüllungsanspruch gegen das Wachunternehmen. Vgl. zur Einbeziehung Dritter in den Schutzauftrag bereits oben im 1.Teil unter: B), III). Zur drittschützenden Wirkung der Bewachungsverträge vgl. eingehend auch: Dubischar, NJW 1989, 3241 (3245).

440 Vgl.: Schönke/Schröder-Lenckner, § 34 Rn.34; Leipziger Kommentar-Hirsch, § 34 Rn.67; Roxin, Strafrecht Allgemeiner Teil, § 16 Rn.57; Jakobs, Strafrecht Allgemeiner Teil 13/28; Blei, Strafrecht Allgemeiner Teil S.168; Lugert, Gefahrtragungspflichtige S.43 f. A.A. hingegen: Küper, Grund und Grenzfragen S.107, der die Auffassung vertritt, bei speziell Obhutspflichtigen fehle die *Typizität der Selbstgefährdung*. Vgl. auch: Nomos-Neumann, § 34 Rn.102 f.; Köhler, Strafrecht Allgemeiner Teil S.292. Im allgemeinen wird bezüglich der Gefahrtragungspflichten im Individualinteresse auf den Begriff der Garantenstellung zurückgegriffen. (Vgl.: Schönke/Schröder-Lenckner, § 34 Rn.34; Leipziger Kommentar-Hirsch, § 34 Rn.67; Jakobs, Strafrecht Allgemeiner Teil 13/28; Roxin, Strafrecht Allgemeiner Teil, § 16 Rn.57). Die strafrechtlichen Garantenstellungen sind jedoch, wie sich im 1.Teil der vorliegenden Untersuchung gezeigt hat, von einer Klärung noch weit entfernt, so daß nach wie vor allgemeingültige und hinreichend verifizierbare Kriterien zur Ermittlung der Garantieverhältnisse fehlen. Der Rückgriff auf die Garantenstellungen vermag somit nur den unbestimmten Begriff der besonderen Gefahrtragungspflicht durch einen anderen, nicht hinreichend konturierten Begriff zu ersetzen. Abgesehen davon, daß im vorliegenden Kontext ein Rückgriff auf die strafrechtlichen Garantenpflichten auch deshalb nicht in Betracht kommt, weil auf der Grundlage der vorliegenden Ausführungen die maßgeblichen Garantenstellungen erst noch erarbeitet werden sollen, erscheint es jedoch auch äußerst fragwürdig, ob die Garantenpflichten und die besonderen Gefahrtragungspflichten kongruent sind. (Vgl. dazu die Ausführungen zum Verhältnis der Gefahrtragungspflichten im Sinne des § 35 Abs.1 S.2, 2.HS StGB und der Garantenstellungen unter 2).

441 Vgl. Lugert (Gefahrtragungspflichtige S.40, 47), wonach sich die spezielle Obhutspflicht des Handelnden gerade auf das virtuell beeinträchtigte Rechtsgut beziehen muß. Vgl. insoweit auch die zutreffenden Ausführungen bei Schönke/Schröder-Lenckner, § 34 Rn.34, nach denen bei dem Notstandstäter, der Pflichten im Allgemeininteresse übernommen hat, eine Rechtfertigung im Verhältnis zu dem Verpflichteten im Individualinteresse dadurch erschwert wird, daß das Allgemeininteresse an der Funktionsfähigkeit von gemeinnützigen Gefahrabwehrinstitutionen ins Gewicht fällt.

442 Insoweit ist wiederum zu berücksichtigen, daß der Schutzauftrag und damit die besondere Gefahrtragungspflicht einer privaten Wachperson, die von dem Inhaber einer Ladenpassage damit beauftragt wurde, für Sicherheit und Ordnung in den Geschäftsräumen zu sorgen, nicht die Sicherheit aller Kunden in den Geschäftsräumen umfaßt. Die Rechtsgüter der Kunden sind nur mittelbar vom Schutzauftrag erfaßt. Dem entspricht es auch, daß allein der Ladeninhaber als Auftraggeber und Vertragspartner des Schutzunternehmens zivilrechtlich einen Anspruch auf Vertragserfüllung hat. Der Kompetenzbereich des Auftraggebers beschränkt sich auf das an der Ladenpassage bestehende Hausrecht, dessen Schutz unmittelbar vom Auftrag erfaßt wird. Nur bezüglich berufstypischer Gefahren beim Schutz des betreffenden Hausrechts kann dem Sicherheitspersonal demzufolge eine Gefahrenhinnahme zugemutet werden. Vgl. zum Umfang des Schutzauftrags im einzelnen bereits: 1.Teil, B), III).

erstreckt.[443] Folglich obliegt privaten Wachpersonen nur eine beschränkte Gefahrtragungspflicht gegenüber ihrem Auftraggeber, bezogen auf berufstypische Risiken im Zusammenhang mit dem Schutz von unmittelbar vom Auftrag erfaßten Rechtsgütern. Demgegenüber unterliegen die hoheitlich handelnden Polizeibeamten wegen ihrer im Allgemeininteresse erfolgenden Schutztätigkeit einer umfassenderen Gefahrtragungspflicht.

2) Gefahrtragungspflicht im Sinne des § 35 Abs.1 S.2, 2.HS StGB

Eine besondere Gefahrtragungspflicht, bei der dem Täter die Hinnahme der Gefahr zugemutet werden kann, kommt ferner in § 35 Abs.1 S.2, 2.HS StGB zum Ausdruck. Nach § 35 Abs.1 S.2, 2.HS StGB ist die Notstandsprivilegierung des § 35 Abs.1 S.1 StGB[444] ausgeschlossen, wenn der Täter in einem *besonderen Rechtsverhältnis*[445] steht und aufgrund einer bestehenden Sonderpflicht zur Gefahrtragung verpflichtet ist.[446] Der Ausschluß der Notstandswirkung soll dabei auf dem Umstand beruhen, daß der verminderte Unrechtsgehalt der Notstandstat[447] durch die Verletzung der Gefahrtragungspflicht wieder aufgewogen wird.[448] Nach allgemeiner Auffassung[449] obliegt

---

443 Vgl.: Schönke/Schröder-Lenckner, § 34 Rn.34; Roxin, Strafrecht Allgemeiner Teil, § 16 Rn.57; Küper, JZ 1980, 755 (755); Lugert, Gefahrtragungspflichtige S.39, 42 f.

444 Die Rechsnatur des § 35 Abs.1 S.1 StGB ist im Schrifttum indessen umstritten. Während die überwiegende Meinung (vgl.: Lackner/Kühl, § 35 Rn.1; Leipziger Kommentar-Hirsch, § 35 Rn.5; Jescheck/Weigend, Lehrbuch des Strafrechts Allgemeiner Teil S.480; Müller-Christmann, JuS 1995, L 65 (L 65)) davon ausgeht, es handele sich um einen Entschuldigungsgrund, stellt die Vorschrift nach einer Gegenansicht einen Schuldausschließungsgrund (Roxin, Strafrecht Allgemeiner Teil, § 22 Rn.1 ff.; Tröndle/Fischer, § 35 Rn.9; Blei, Strafrecht Allgemeiner Teil S.208) und nach anderer Ansicht (vgl.: Bernsmann, Entschuldigung durch Notstand S.379 ff.) einen Strafausschließungsgrund dar.

445 Kritisch zu dem Begriff des besonderen Rechtsverhältnisses: Bernsmann, Entschuldigung durch Notstand S.116 ff., 398 f.; ders., Festschrift Blau S.39 ff. Vgl. auch: Schönke/Schröder-Lenckner, § 35 Rn.22.

446 Vgl. dazu, daß die Gefahrtragungspflicht auf einer Sonderpflicht und nicht unmittelbar auf dem Rechtsverhältnis beruht: Bernsmann, Entschuldigung durch Notwehr S.121 f.; ders. Festschrift Blau S.43.

447 Die dogmatische Begründung des Notstands ist hingegen umstritten. Während die Notstandswirkung überwiegend auf einen gesteigerten Motivationsdruck und eine Unrechtsminderung, die sich aus einem Handeln zur Rettung des geschützten Rechtsgutes ergeben soll, zurückgeführt wird (vgl.: Schönke/Schröder-Lenckner, Vorbem §§ 32 ff. Rn.111; Systematischer Kommentar-Rudolphi, § 35 Rn.2 ff.; Jescheck/Weigend, Lehrbuch des Strafrechts Allgemeiner Teil S.477, 480, 484; Welzel, Strafrecht S.178 f.) wird sie teilweise auch mit generalpräventiven Erwägungen erklärt (Roxin, Strafrecht Allgemeiner Teil, § 22 Rn.4, 6 f.). Zu den einzelnen Voraussetzungen des Notstands nach § 35 Abs.1 S.1 StGB vgl.: Systematischer Kommentar-Rudolphi, § 35 Rn.5 ff.; Wessels/Beulke, Strafrecht Allgemeiner Teil Rn.434 ff.; Roxin, Strafrecht Allgemeiner Teil, § 22 Rn.15 ff.; Haft, Strafrecht Allgemeiner Teil S.142 ff.

448 So: Schönke/Schröder-Lenckner, § 35 Rn.21; Systematischer Kommentar-Rudolphi, § 35 Rn.11; Leipziger Kommentar-Hirsch, § 35 Rn.47; Jescheck/Weigend, Lehrbuch des Strafrechts Allgemeiner Teil S.486 f.; Kühl, Strafrecht Allgemeiner Teil, § 12 Rn.73. Kritisch dagegen: Roxin, Strafrecht Allgemeiner Teil, § 22 Rn.38; Bernsmann, Entschuldigung durch Notstand S.212.

449 Vgl. nur: Lackner/Kühl, § 35 Rn.9; Schönke/Schröder-Lenckner, § 35 Rn.23; Systematischer Kommentar-Rudophi, § 35 Rn.12; Leipziger Kommentar-Hirsch, § 35 Rn.54; Wessels/Beulke, Strafrecht Allgemeiner Teil Rn.440; Jescheck/Weigend, Lehrbuch des Strafrechts Allgemeiner Teil S.486; Kühl, Strafrecht Allgemeiner Teil § 12 Rn.69; Roxin, Strafrecht Allgemeiner Teil, § 22 Rn.35; Haft, Strafrecht Allgemeiner Teil S.144; Bernsmann, Entschuldigung durch Notstand S.121, 429; ders., Festschrift Blau S.33; Fechner, Grenzen polizeilicher Notwehr S.120. Eine andere Frage ist indessen, woraus die Sonderpflicht der Polizeibeamten konkret abzuleiten ist. Vgl. dazu instruktiv: Bernsmann, Entschuldigung durch Notstand S.121 ff.; ders., Festschrift Blau S.38 ff.

Polizeibeamten eine erhöhte Gefahrtragungspflicht im Sinne des § 35 Abs.1 S.2, 2.HS StGB, kraft derer ihnen die Hinnahme berufstypischer Gefahren bei der Ausübung ihres Amtes zumutbar ist. Bei der Frage, ob gewerbliche Sicherheitskräfte in gleichem Maße gefahrtragungspflichtig sind, so daß sie sich nach § 35 Abs.1 S.2, 2.HS StGB nicht auf die Notstandswirkung berufen können, ist zunächst von den Voraussetzungen der Gefahrtragungspflicht auszugehen, deren Konkretisierung jedoch erhebliche Schwierigkeiten bereitet.[450] Nach der überwiegenden Meinung im Schrifttum[451] beruht die Gefahrtragungspflicht auf einer berufsbezogenen Pflichtenstellung gegenüber der Allgemeinheit, die sich für besondere Personengruppen aus ihrer sozialen Rolle ergibt und deren Erfüllung typischerweise mit erhöhten Gefahren verbunden ist. Die Gefahrtragungspflicht soll dabei auf dem Gedanken beruhen, daß bestimmte gefahrbekämpfende und gefahrtragende Institutionen für den Rechtgüterschutz von immenser Wichtigkeit sind und die Angehörigen bestimmter Berufszweige auf typische Gefahrenlagen vorbereitet sind, die für sie deshalb keine besonderen Notlagen darstellen.[452] Wie bereits ausgeführt, sind private Wachpersonen jedoch nur gegenüber ihren Auftraggebern verpflichtet und handeln nicht im unmittelbaren Allgemeininteresse.[453] Ferner kann bei der kommerziellen Schutztätigkeit privater Wachunternehmen auch nicht davon ausgegangen werden, daß sie für den Rechtsgüterschutz der Gesellschaft unentbehrlich wäre und daß die Gesellschaft auf die Aufgabenerfüllung der Privatunternehmen vertraue. Nach überwiegender Meinung[454] sollen indessen auch berufsbezogene Pflichten, die nur einzelnen Personen gegenüber bestehen, im Ausnahmefall eine Gefahrtragungspflicht begründen.[455] Die Einbeziehung individueller Pflichtenstellungen in die Gefahrtragungspflichten beruht dabei auf dem Gedanken, daß der Täter aufgrund der besonderen Pflicht zur Rücksicht-

---

[450] Vgl. dazu: Bernsmann, Entschuldigung durch Notstand S.116 ff., 428; ders., Festschrift Blau S.39 ff.

[451] Vgl. etwa: Schönke/Schröder-Lenckner, § 35 Rn.23; Systematischer Kommentar-Rudolphi, § 35 Rn.12; Roxin, Strafrecht Allgemeiner Teil, § 22 Rn.39 ff.; Kühl, Strafrecht Allgemeiner Teil, § 12 Rn.70 f.; Müller-Christmann, JuS 1995, L 65 (L 68). Hingegen soll nach Hirsch (Leipziger Kommentar, § 35 Rn.53) eine gegenüber der Allgemeinheit bestehende Schutzpflicht entbehrlich sein. Kritisch zur herrschenden Meinung dagegen: Bernsmann, Entschuldigung durch Notstand S.116 ff.

[452] Vgl.: Systematischer Kommentar-Rudolphi, § 35 Rn.12; Schönke/Schröder-Lenckner, § 35 Rn.19; Kühl, Strafrecht Allgemeiner Teil, § 12 Rn.73; Bernsmann, Entschuldigung durch Notstand S.181 ff., 400, 429.

[453] Vgl. dazu bereits die Ausführungen zu § 34 StGB oben unter 1).

[454] Vgl.: Systematischer Kommentar-Rudolphi, § 35 Rn.18; Schönke/Schröder-Lenckner, § 35 Rn.31; Roxin, Strafrecht Allgemeiner Teil, § 22 Rn.53 f.; Kühl, Strafrecht Allgemeiner Teil, § 12 Rn.82 f.; Müller-Christmann, JuS 1995, L 65 (L 68). Im Ergebnis so wohl auch: Maurach/Zipf, Strafrecht Allgemeiner Teil I, § 34 Rn.10. Systematisch ordnet die herrschende Meinung die Gefahrtragungspflichten aus einer individuellen Pflichtenstellung den unbenannten Gefahrtragungspflichten der Generalklausel zu. (Vgl.: Roxin, Strafrecht Allgemeiner Teil, § 22 Rn.40; Kühl, Strafrecht Allgemeiner Teil, § 12 Rn.81 ff.; Müller-Christmann, JuS 1995, L 65 (L 68). Kritisch: Bernsmann, Entschuldigung durch Notstand S.117, 134 ff.).

[455] Zur Konkretisierung solcher individuellen Pflichtenstellungen wird im Schrifttum (vgl. nur: Leipziger Kommentar-Hirsch, § 35 Rn.59; Kühl, Strafrecht Allgemeiner Teil, § 12 Rn.82, Müller-Christmann, JuS 1995, L 65 (L 68)), wie auch schon bei § 34 StGB, auf die strafrechtlichen Garantenstellungen abgestellt. Der Rückgriff auf den gesetzlich ebensowenig konkretisierten Begriff der Garantenstellungen hilft auch in dem vorliegenden Zusammenhang nicht weiter. Darüber hinaus hat Bernsmann (Entschuldigung durch Notstand S.119 f., 135 f.; Festschrift Blau S.41 f.) zutreffend nachgewiesen, daß die strafrechtlichen Garantenstellungen und die gesetzlichen Gefahrtragungspflichten nicht deckungsgleich sind, denn aus der Garantenstellung ergibt sich zunächst nur eine Handlungspflicht und nicht zugleich eine besondere Gefahrtragungspflicht. Weiterhin kommen Überwachungsgaranten, mit Ausnahme der explizit in § 35 Abs.1 S.2, 1.HS StGB genannten Ingerenten, nicht als Gefahrtragungspflichtige in Betracht.

nahme verpflichtet ist und sich nicht auf Kosten bestimmter, seinem Schutz anvertrauter Personen retten darf.[456] Auch insoweit besteht jedoch Übereinstimmung, daß die gegenüber nur einzelnen Personen bestehenden Schutzpflichten lediglich Gefahrtragungspflichten *inter partes* begründen[457] und auf typische Risiken beschränkt sind.[458] Damit obliegt privaten Sicherheitskräften lediglich im Verhältnis zu ihren Auftraggebern eine Gefahrtragungspflicht im Hinblick auf typische mit der Schutztätigkeit verbundene Risiken, so daß sie im Verhältnis zu dem zivilrechtlichen Vertragspartner zur Rücksichtnahme verpflichtet sind und sich nicht auf Kosten der ihnen zum Schutz anvertrauten Rechtgüter mit strafbefreiender Wirkung auf eine Notstandslage nach § 35 Abs.1 S.1 StGB berufen können. Anders als Polizeibeamte, die aufgrund ihres umfassenden Schutzauftrags im Allgemeininteresse generell gefahrtragungspflichtig sind, ist privaten Sicherheitspersonen hingegen im übrigen eine Hinnahme der Gefahr nicht zuzumuten, so daß die Notstandswirkungen nach § 35 Abs.1 S.1 StGB insoweit eingreifen.

3) Gefahrtragungspflicht und Zumutbarkeit der Hilfeleistung nach § 323 c StGB

Die Zumutbarkeit einer Handlung erlangt schließlich im Rahmen des echten Unterlassungsdelikts[459] der unterlassenen Hilfeleistung nach § 323 c StGB Bedeutung. Gem. § 323 c StGB ist bei schweren Unglücksfällen der in § 323 c StGB genannten Art jedermann verpflichtet, im Rahmen der Erforderlichkeit und Zumutbarkeit Hilfe zu leisten.[460] Im Rahmen der Prüfung der Zumutbarkeit sind auf Tatbestandsebene[461] insbesondere die Schwere und Wahrscheinlichkeit des drohenden Schadens, die Wahrscheinlichkeit des Rettungserfolges, für die es vor allem auf die individuellen Fähigkeiten des Verpflichteten und die ihm zur Verfügung stehenden Hilfsmittel und seine Erfahrungen ankommt, sowie sonstige Umstände wie schutzwürdige kollidierende Interessen zu berücksichtigen.[462] Da im Rahmen der Zumutbarkeit im Sinne des § 323 c

---

[456] So: Systematischer Kommentar-Rudolphi, § 35 Rn.18.

[457] Vgl. insoweit: Schönke/Schröder-Lenckner, § 35 Rn.31: *für dessen Schutz der Täter einzustehen hat*; Systematischer Kommentar-Rudolphi, § 35 Rn.18: *seinem Schutz anvertrauter Personen*; Kühl, Strafrecht Allgemeiner Teil, § 12 Rn.70: *Schutzpflichten, die nur einzelnen Personen gegenüber bestehen.*

[458] Vgl.: Systematischer Kommentar-Rudolphi, § 35 Rn.13; Schönke/Schröder-Lenckner, § 35 Rn.23; Kühl, Strafrecht Allgemeiner Teil, § 12 Rn.72.

[459] Zur Qualifizierung des § 323 c StGB als echtes Unterlassungsdelikt vgl.: Schönke/Schröder-Cramer, § 323 c Rn.1; Tröndle/Fischer, § 323 c Rn.1; Systematischer Kommentar-Rudolphi, § 323 c Rn.3; Leipziger Kommentar-Spendel, § 323 c Rn.19. Siehe allgemein zur Abgrenzung der unechten von den echten Unterlassungsdelikten bereits oben: 1.Teil, C), II).

[460] § 323 c StGB schützt nach h.M. (vgl.: Lackner/Kühl, § 323 c Rn.1; Systematischer Kommentar-Rudolphi, § 323 c Rn.1; Nomos-Seelmann, § 323 c Rn.8; Systematischer Kommentar-Rudolphi, § 323 c Rn.1; Leipziger Kommenar-Spendel, § 323 c Rn.29; Geilen, Jura 1983, 138 (141 f.); Frellesen, Zumutbarkeit der Hilfeleistung S.144 ff.) die in der konkreten Situation bedrohten Individualrechtsgüter; Strafgrund des § 323 c StGB ist das Allgemeininteresse an mitmenschlicher Solidarität. (Vgl.: Otto, Grundkurs II, § 67 Rn.1; ähnlich auch: Leipziger Kommentar-Spendel, § 323 c Rn.26 f.).

[461] Nach überwiegender Meinung (vgl.: Lackner/Kühl, § 323 c Rn.7; Otto, Grundkurs Strafrecht II, § 67 Rn.12; Geilen, Jura 1983, 138 (145 f.); Seelmann, JuS 1995, 281 (285 f.); Pawlik, GA 1995, 360 (372); Frellesen, Zumutbarkeit der Hilfeleistung S.209 ff.) handelt es sich bei dem Kriterium der Zumutbarkeit der Hilfeleistung um ein Tatbestandsmerkmal. Nach a.A. (vgl.: Systematischer Kommentar-Rudolphi, § 323 c Rn.24; Leipziger Kommentar-Spendel, § 323 c Rn.159; Maurach/Gössel/Zipf, Strafrecht Allgemeiner Teil II, § 46 Rn.160) handelt es sich dagegen um ein Schuldelement.

[462] Vgl.: Tröndle/Fischer, § 323 Rn.7; Lackner/Kühl, § 323 c Rn.7; Otto, Grundkurs Strafrecht II, § 67

StGB die Wertungen der §§ 34, 35 StGB heranzuziehen sind,[463] kann zur Vermeidung von Wiederholungen auf die bisherigen Ausführungen Bezug genommen werden.[464] Danach erweitern die bei §§ 34, 35 StGB zu berücksichtigenden besonderen Gefahrtragungspflichten auch den Umfang der zumutbaren Hilfeleistung nach § 323 c StGB.[465] Daraus ergibt sich für den vorliegenden Zusammenhang, daß Polizeibeamten im Rahmen der Hilfeleistung nach § 323 c StGB allgemein ein größeres Maß an Einsatz als anderen Personen zuzumuten ist,[466] wohingegen gewerbliche Sicherheitskräfte jedenfalls im Verhältnis zu ihren Auftraggebern und den von ihrem Schutzauftrag umfaßten Rechtsgütern mehr Risiken zumutbar sind, als dem unbeholfenen Bürger. Die Gefahrtragungspflichten der Polizeibeamten und der privaten Sicherheitskräfte, die den Umfang der Zumutbarkeit nach § 323 c StGB bestimmen, stimmen insoweit nur teilweise überein.

4) Zusammenfassung

Damit zeigt sich im Hinblick auf die strafrechtlichen Gefahrtragungspflichten ein einheitliches Bild. Den Beschäftigten des privaten Sicherheitsgewerbes obliegen allenfalls im Vergleich zu dem Normalbürger erhöhte strafrechtliche Gefahrtragungspflichten im Verhältnis zu ihren Auftraggebern und bezogen auf die von ihrem Schutzauftrag unmittelbar erfaßten Rechtsgüter. Demgegenüber sind Polizeibeamte aufgrund ihrer im Allgemeininteresse erfolgenden Schutztätigkeit allgemein zu einer erhöhten Gefahrtragung verpflichtet. Während besondere Gefahrtragungspflichten der privaten Wachpersonen somit lediglich *inter partes* im Verhältnis zum Auftraggeber des Schutzdienstes im Betracht kommen, bestehen erhöhte Gefahrtragungspflichten der Polizeibeamten gegenüber der Allgemeinheit. Die strafrechtliche Verpflichtung der Polizei und der Angehörigen privater Schutzdienste zur Hinnahme berufstypischer Gefahren ist mithin nicht vergleichbar.

Rn.12; Geilen, Jura 1983, 138 (146).

463 So: Pawlik, GA 1995, 360 (371 f.); Frellesen, Zumutbarkeit der Hilfeleistung S.124 ff., 166 ff. et passim. Insbesondere Frellesen (a.a.O.) hat den engen sachlichen Zusammenhang der in §§ 34, 35 StGB enthaltenen Wertungen zur Zumutbarkeitsklausel des § 323 c StGB eingehend dargelegt, so daß auf diese Ausführungen verwiesen werden kann. Anders hingegen in etwa: BGHSt 11, 135 (136); 11, 353 (354); OLG Hamm, NJW 1968, 212 (214); Schönke/Schröder-Cramer, § 323 c StGB Rn.20; Tröndle/Fischer, § 323 c Rn.7, die für die Zumutbarkeit auf das *allgemeine Sittlichkeitsempfinden* abstellen. Der Rückgriff auf ethische Grundnormen ist hingegen nicht geeignet, hinreichend bestimmte und objektiv nachprüfbare Kriterien für die Zumutbarkeit hervorzubringen und aus diesem Grund abzulehnen. Kritisch ebenfalls: Systematischer Kommentar-Rudolphi, § 323 c Rn.26; Geilen, Jura 1983, 138 (147); Pawlik, GA 1995, 360 (372); Frellesen, Zumutbarkeit der Hilfeleistung S.163 ff.

464 Vgl. eingehend die Ausführungen zu den besonderen Gefahrtragungspflichten im Rahmen der §§ 34, 35 StGB oben unter: 1), 2).

465 So auch: Systematischer Kommentar-Rudolphi, § 323 c Rn.25; Frellesen, Zumutbarkeit der Hilfeleistung S.207. Im Ergebnis übereinstimmend wohl auch: Geilen, Jura 1983, 138 (146); Seelmann, JuS 1995, 281 (286).

466 Vgl. auch: Schönke/Schröder-Cramer, § 323 c StGB Rn.20; Systematischer Kommentar-Rudolphi, § 323 c Rn.25; Fechner, Grenzen polizeilicher Notwehr S.121.

VI) Sonderstellung und Sonderpflichten der Polizisten und privaten Wachpersonen

Darüber hinaus zeigen sich auch außerhalb der strafrechtlichen Gefahrtragungspflichten Besonderheiten aufgrund der professionellen und organisierten Tätigkeit beider Berufsgruppen. Des weiteren sind teilweise gesetzliche Sonderpflichten normiert.

1) Auftreten sog. asthenischer Affekte beim Notwehrexzeß, § 33 StGB

Nicht in unmittelbarem Zusammenhang mit einer Gefahrtragungspflicht[467] steht die Frage, ob sich Polizeibeamte und Bedienstete privater Schutzdienste in gleichem Maße auf den Entschuldigungsgrund[468] des Notwehrexzeßes nach § 33 StGB berufen können. Dabei soll zunächst unterstellt werden, daß die Vorschrift des § 33 StGB grundsätzlich auch auf die hoheitlich handelnden Polizeibeamten Anwendung findet.[469] Nach herrschender Meinung[470] findet § 33 StGB nur auf sog. asthenische Affekte, also auf solche Gemütsbewegungen Anwendung, die auf Schwäche beruhen. Der Straflosigkeit auf der Grundlage des § 33 StGB liegt nach h.M.[471] eine Minderung des Schuldgehalts der Tat

---

[467] Die Besonderheiten des § 33 StGB bei den Polizeibeamten und privaten Wachpersonen sollen dennoch in unmittelbarem Anschluß an die Gefahrtragungspflichten behandelt werden, da die in §§ 34, 35 StGB normierten Gefahrtragungspflichten auf einer professionellen Tätigkeit der Sicherheitsinstitutionen beruhen, die gleichsam im Rahmen des § 33 StGB eine besondere Rolle spielen.

[468] Zur Qualifizierung des Notwehrexzeßes als Entschuldigungsgrund: BGHSt 3, 194 (198); Lackner/Kühl, § 33 Rn.1; Systematischer Kommentar- Rudolphi, § 33 Rn.1 f.; Schönke/Schröder-Lenckner, § 33 Rn.2; Leipziger Kommentar-Spendel, § 33 Rn.34 ff.; Kühl, Strafrecht Allgemeiner Teil, § 12 Rn.127 f. Schmidhäuser, Strafrecht Allgemeiner Teil 8/29 f.; Jescheck/Weigend, Lehrbuch des Strafrechts Allgemeiner Teil S.491; Blei, Strafrecht Allgemeiner Teil S.211; Welzel, Strafrecht S.88.

[469] Die Anwendbarkeit des § 33 StGB auf Polizeibeamte begegnet indessen erheblichen Bedenken, die darauf beruhen, daß § 33 StGB nach h.M. und Rspr. (vgl. nur: RGSt 54, 36 (37); 61, 216 (217); 62, 76 (77); Lackner/Kühl, § 33 Rn.2; Maurach/Zipf, Strafrecht Allgemeiner Teil I, § 34 Rn.27; Haft, Strafrecht Allgemeiner Teil S.141; Geilen, Jura 1981, 370 (379). A.A. hingegen: Leipziger Kommentar-Spendel, § 33 Rn.6 ff.; Jakobs, Strafrecht Allgemeiner Teil 20/31) nur für den intensiven, nicht jedoch für den extensiven Notwehrexzeß gilt. Danach setzt die Berufung auf den Notwehrexzeß nach § 33 StGB voraus, daß eine Notwehrlage und damit eine rechtliche Notwehrbefugnis tatsächlich gegeben war und der Täter lediglich die Grenzen der zulässigen Verteidigung überschritten hat. Eine tatsächliche Notwehrlage mit einer entsprechenden Notwehrbefugnis und damit ein intensiver Notwehrexzeß liegt jedoch dann nicht vor, wenn in Übereinstimmung mit einer beachtlichen Meinung im Schrifttum (vgl.: Leipziger Kommentar-Hirsch, Vor § 32 Rn.153; Systematischer Kommentar-Samson, § 32 Rn.61; Jakobs, Strafrecht Allgemeiner Teil 12/41 ff.; Blei, Strafrecht Allgemeiner Teil S.148; Bernsmann, Festschrift Blau S.37; Kunz, ZStW 95 (1983), 973 (981); Seelmann, ZStW 89 (1977), 36 (50 ff.); Hoffmann-Riem, ZRP 1977, 277 (282); Haas, Notwehr und Nothilfe S.319 ff.) die öffentlich-rechtlichen Eingriffsbefugnisse als vorrangig angesehen werden und den Polizeibeamten eine Berufung auf das Nothilferecht nach § 32 StGB verwehrt wird. In diesem Fall ist eine Überschreitung des Notwehrrechts bereits begrifflich ausgeschlossen. Vgl. zur Anwendbarkeit des § 32 StGB auf Hoheitsträger unten: 2.Teil, C), II), 2), b), bb), (3).

[470] Vgl. zur Unanwendbarkeit des § 33 StGB auf die sog. sthenischen Affekte, wie Zorn, Wut und Kampfeslust: BGH, GA 1969, 23 (24); Systematischer Kommentar-Rudolphi, § 33 Rn.3; Schönke/Schröder-Lenckner, § 33 Rn.4; Maurach/Zipf, Strafrecht Allgemeiner Teil I, § 34 Rn.30; Roxin, Strafrecht Allgemeiner Teil § 22 Rn.75 f.; Kühl, Strafrecht Allgemeiner Teil § 12 Rn.146; differenzierend dagegen: Leipziger Kommentar-Spendel, § 33 Rn.68 f.

[471] Neben dem Schuldgehalt ist bei dem Notwehrexzeß (§ 33 StGB) auch der Unrechtsgehalt der Tat wesentlich herabgesetzt. Vgl. zur Minderung des Unrechts- und Schuldgehaltes: Schönke/Schröder-Lenckner, § 33 Rn.3; Systematischer Kommentar- Rudolphi, § 33 Rn.1; Leipziger Kommentar-Spendel, § 33 Rn.39 ff., 50 f.; Jescheck/Weigend, Lehrbuch des Strafrechts Allgemeiner Teil S.491.

zugrunde, die darauf zurückzuführen ist, daß dem Täter die normgemäße Willensbildung aufgrund des durch das Gefühl des Bedrohtseins ausgelösten Erregungszustandes wesentlich erschwert war.[472] Der Umstand, daß sich Polizeibeamte und zivile Wachpersonen vorbereitet und trainiert in Situationen erhöhten Gefährdungsrisikos begeben und im Umgang mit Angriffssituationen erfahren und geschult sind, legt die Annahme nahe, daß bei ihnen Affekte im Sinne von besonders intensiven, gesteigerten Gefühlsbewegungen, die körperlich mit Begleiterscheinungen und seelisch mit einer Einengung des Bewußtseins und einer Einschränkung der Willenskontrolle verbunden sind,[473] zumindest nicht in gleichem Maße auftreten wie bei einem Bürger, der unversehens in eine Angriffssituation gerät und in Gefahr und Bedrängnis leichter die Selbstbeherrschung verliert.[474] Bei Polizeibeamten ist im Vergleich zu Bediensteten privater Schutzdienste wegen ihrer spezifischen physiologischen und psychischen Ausbildung, die unter anderem auch die Streßbewältigung in Gefahrenlagen umfaßt,[475] von einer besseren Vorbereitung auf physische und psychische Einsatzbelastungen in Gefahrensituationen auszugehen, die das Auftreten von asthenischen Affekte nahezu ausschließt. Die unterschiedliche Wahrscheinlichkeit eines Auftretens der Affekte zeigt sich insbesondere bei dem Schußwaffengebrauch, der bei dem ungeübten Bürger in der Regel erhebliche Erregungszustände hervorbringt, die bei den zumindest theoretisch im Umgang mit Schußwaffen vertrauten bewaffneten Wachperson in abgeschwächter Form und bei den theoretisch und praktisch im Schußwaffenumgang geschulten und trainierten Polizeibeamten, wenn überhaupt, nur selten anzutreffen sein werden. Allerdings sind die jeweiligen Umstände des Einzelfalles maßgeblich, denn die Voraussehbarkeit oder Erwartung eines tatsächlichen Angriffs schließt das Auftreten der in § 33 StGB privilegierten Affekte nicht per se aus.[476] In jedem Fall kann Polizeibeamten und privaten Wachpersonen nicht pauschal die Berufung auf einen entschuldigenden Notwehrexzeß verwehrt werden.[477] Dies folgt bereits aus dem Umstand, daß § 33 StGB keine dem § 35 Abs.1 S.2 StGB entsprechende Beschränkung bei besonders Gefahrtragungspflichtigen enthält.[478] Es bedarf jedoch einer besonders sorgfältigen Prüfung, ob der Polizist und der

---

[472] Der Affekt muß für die Notwehrüberschreitung zumindest mitursächlich gewesen sein. Vgl. dazu: Leipziger Kommentar-Spendel, § 33 Rn.70 f.; Lackner/Kühl, § 33 Rn.3; Schönke/Schröder-Lenckner, § 33 Rn.5; Maurach/Zipf, Strafrecht Allgemeiner Teil, § 34 Rn.30; Kühl, Strafrecht Allgemeiner Teil § 12 Rn.147. Demgegenüber ist nicht erforderlich, daß der asthenische Affekt ausschließlicher Grund für die Überschreitung des Notwehrrechts war. (Vgl.: BGH, GA 1969, 23 (24); Schönke/Schröder-Lenckner, § 33 Rn.5; Systematischer Kommentar-Rudolphi, § 33 Rn.3). Größtenteils wird jedoch gefordert, daß der Affekt das notwehrüberschreitende Verhalten dominiert. (So: Schönke/Schröder-Lenckner, § 33 Rn.5; Tröndle/Fischer, § 33 Rn.3; Jescheck/Weigend, Lehrbuch des Strafrechts Allgemeiner Teil S.491 f.; Maurach/Zipf, Strafrecht Allgemeiner Teil I, § 34 Rn.30; Roxin, Strafrecht Allgemeiner Teil § 22 Rn.80. Anders hingegen: Leipziger Kommentar-Spendel, § 33 Rn.69).

[473] Vgl. die Begriffsbestimmung bei: Leipziger Kommentar-Spendel, § 33 Rn.59 m.w.N.

[474] Vgl. auch: Kunz, ZStW 95 (1983), 973 (991); Ehlers, Festschrift Lukes S.353; Britsch, Wirtschaftsschutz 1979, 36 (38), die privaten Sicherheitskräften im Ergebnis übereinstimmend die Berufung auf den Notwehrexzeß (§ 33 StGB) erschweren wollen.

[475] Siehe eingehend zu der Ausbildung der Polizeibeamten oben unter IV).

[476] Vgl.: Lackner/Kühl, § 33 Rn.3; Tröndle/Fischer, § 33 Rn.3; Schönke/Schröder-Lenckner, § 33 Rn.3; Kühl, Strafrecht Allgemeiner Teil § 12 Rn.147.

[477] So aber Fechner (Grenzen polizeilicher Notwehr S.142 f.) für Polizeibeamte mit Hinweis auf die Übermacht des Staates und die Überlegenheit staatlicher Organe.

[478] Die eingeschränkte Möglichkeit der Polizeibeamten und gewerblichen Schutzpersonen, sich auf einen Notwehrexzeß nach § 33 StGB berufen zu können, beruht -anders als bei §§ 34, 35 StGB- nicht auf einer normativen Gefahrtragung. Vgl. insoweit zutreffend zu § 35 StGB: Bernsmann, Entschuldigung durch Notstand S.182: *Wer sich häufig oder dauernd in Gefahr begibt und/oder für*

private Wachmann tatsächlich aus Verwirrung, Furcht oder Schrecken gehandelt haben. Damit ist im Ergebnis eine Sonderstellung der Polizeibeamten im Rahmen des § 33 StGB indiziert. In gewissem Maße kommt auch den Bediensteten privater Schutzdienste aufgrund ihrer professionellen Tätigkeit eine Sonderstellung zu, der im Rahmen des § 33 StGB jedoch im Vergleich zu den Polizisten eine schwächere Indizwirkung beizumessen ist.

2) Gesetzlich normierte Sonderpflichten der Amtsdelikte

Gesetzlich normierte und strafrechtsrelevante Sonderpflichten ergeben sich aus den sog. Amtsdelikten. Die generelle oder erhöhte Strafbarkeit bei den echten und unechten Amtsdelikten[479] beruht auf einer dem Amtsträger und dem für den öffentlichen Dienst besonders Verpflichteten obliegenden Sonderpflicht sowie der unrechtsbegründenden oder -erhöhenden Wirkung der Amtsträgerschaft[480] nach § 11 Abs.1 Nr.2, 4 StGB. Die Mehrzahl der Amtsdelikte schützt die ordnungsgemäße Amtsführung, das staatliche Interesse an der Rechtmäßigkeit der Verwaltung und Rechtspflege und das öffentliche Vertrauen in die Integrität des Staatsapparats.[481] Der Grund für die Strafbarkeitsbegründung oder -schärfung bei den Amtsdelikten ist dabei darin zu sehen, daß der Amtsträger sein Amt zur Begehung einer Straftat mißbraucht und damit die Verwaltung und ihr öffentliches Ansehen schädigt.[482]

Die Amtsträgereigenschaft von Schutzpolizeibeamten ergibt sich bereits aus § 11 Abs.1 Nr.2 a StGB, denn die Polizisten werden regelmäßig in ein öffentlich-rechliches Beamtenverhältnis berufen.[483] Demgegenüber fehlt den privaten Sicherheitskräften die

---

das Bestehen von Gefahren (damit) besonders ausgebildet ist, muß zwar nicht notwendigerweise weniger Angst als ein Ungeübter haben, gleichwohl kann sich bei ihm der (angstbedingte) „Zwang" später bemerkbar machen als bei einem „normalen" Menschen. Unter diesen Voraussetzungen ist es psychologisch einsichtig, daß Personen, die in einem so verstandenen Pflichtenverhältnis stehen mehr abverlangt wird, weil sie typischerweise mehr „können". [...] *Der Trainierte kann (und muß) ggf. seine Fassung schneller zurückgewinnen als der Unvorbereitete.*

479 Zur Unterscheidung der unechten und der echten Amtsdelikte vgl.: Sytematischer Kommentar-Rudolphi, Vor § 331 Rn.4 f.; Lackner/Kühl, Vor § 331 Rn.2; Schönke/Schröder-Cramer, Vorbem §§ 331 ff. Rn.6 ff. Dagegen unterteilt Wagner (Amtsverbrechen S.236 f.) die Amtsdelikte in *Staatszurechnungsdelikte, individualrechtsgutsverletzende Nichtstaatszurechnungsdelikte* und *reine Nichtstaatszurechnungsdelikte*. Vgl. eingehend dazu bereits oben: 1.Teil, D) II).

480 Die Begriffe des Amtsträgers und der Amtsträgerschaft werden im vorliegenden Zusammenhang als Oberbegriffe für die Amtsträger im eigentlichen Sinne (§ 11 Abs. 1 Nr.2 StGB) und die für den öffentlichen Dienst besonders Verpflichteten (§ 11 Abs.1 Nr.4 StGB) verwendet.

481 Vgl.: Schönke/Schröder-Cramer, Vorbem §§ 331 ff. Rn.1; Leipziger Kommentar-Jescheck, Vor § 331 Rn.8; Systematischer Kommentar-Rudolphi, Vor § 331 Rn.6; Tröndle/Fischer, Vor § 331 Rn.1. Vgl. zum Ganzen bereits oben unter: 1.Teil, D), II).

482 Dabei handelt es sich jedoch nur um eine grobe Umschreibung des Unwertgehaltes. Ein einheitliches Rechtsgut aller Amtsdelikte läßt sich von vornherein nicht bestimmen. So auch: Schönke/Schröder-Cramer, Vorbem §§ 331 ff. Rn.1; Leipziger Kommentar-Jescheck, Vor § 331 Rn.8; Haft, Strafrecht Besonderer Teil S.295. Anders hingegen: Tröndle/Fischer, § 331 Rn.3; Systematischer Kommentar-Rudolphi, Vor § 331 Rn.7. Vgl. zu den Amtsdelikten bereits oben: 1.Teil, D), II).

483 Bei den in § 11 Abs.1 Nr.2 a StGB genannten Beamten ist unerheblich, ob sie auf Lebenszeit, auf Widerruf oder lediglich auf Probe in das Beamtenverhältnis berufen worden sind. (Vgl.: Schönke/Schröder-Eser, § 11 Rn.17-18; Leipziger Kommentar-Tröndle, § 11 Rn.18). Ebensowenig kommt es auf die Art der konkreten Tätigkeit des Beamten an. (Vgl.: Schönke/Schröder-Eser, § 11 Rn.19; Lackner/Kühl, § 11 Rn.4; Leipziger Kommenar-Tröndle, § 11 Rn.19).

Amtsträgereigenschaft nach § 11 Abs.1 Nr.2, 4 StGB.[484] Die Privatisierung und Übernahme der öffentlichen Aufgaben auf dem Gebiet der öffentlichen Sicherheit und Ordnung durch private Schutzdienste führt nicht dazu, daß die gewerblichen Wachpersonen mit der Übernahme der Aufgabe die Eigenschaft des Amtsträgers im strafrechtlichen Sinne erlangen. Eine Ausnahme gilt lediglich für die im Rahmen der Bundeswehr zum Schutz militärischer Anlagen tätigen zivilen Wachpersonen sowie für die Hilfspersonen, denen auf der Grundlage des LuftVG Hoheitsbefugnisse übertragen wurden..[485] Darüber hinaus läßt sich jedoch eine Amtsträgereigenschaft auch nicht aus § 11 Abs.1 Nr.2 c StGB für die im Auftrag einer Behörde oder sonstiger Stellen tätigen Sicherheitskräfte ableiten, denn die gewerblichen Wachleute nehmen bei der Bewachung keine Aufgaben der öffentlichen Verwaltung wahr.[486] Eine Wahrnehmung von Aufgaben der öffentlichen Verwaltung im Sinne des § 11 Abs.1 Nr.2 c StGB setzt eine Tätigkeit voraus, die aus der Staatsgewalt abgeleitet ist und staatlichen Zwecken dient.[487] Zu den Aufgaben der öffentlichen Verwaltung gehört neben der staatlichen Eingriffsverwaltung auch schlicht hoheitliche staatliche Verwaltung, insbesondere die Daseinsvorsorge, die dazu bestimmt ist, unmittelbar für die Daseinsvoraussetzungen der Allgemeinheit und ihrer Mitglieder zu sorgen.[488] Erforderlich ist, daß der Amtsträger dazu bestellt ist, die

---

484 Anders hingegen: Mahlberg, Gewerbliche Sicherheitsunternehmen S.192 ff.

485 Die zivilen Wachpersonen im Sinne des § 1 Abs.2 UZwGBw sind Amtsträger im Sinne des § 11 Abs.1 Nr.2 b StGB, denn sie stehen in einem sonstigen öffentlich-rechtlichen Amtsverhältnis, da ihnen regelmäßig ein Amt mit hoheitlichen Befugnissen übertragen wird. Zur Amtsträgereigenschaft der zivilen Wachpersonen vgl.: Mahlberg, Gewerbliche Sicherheitsunternehmen S.193. Eingehend zu der Tätigkeit und den hoheitlichen Befugnissen der zivilen Wachpersonen unten unter: 2.Teil, C), II), 2), a). Die nach dem LuftVG Beliehenen sind Amtsträger i.S.d. § 11 Abs.1 Nr.2 c StGB. (Vgl.: BGH, NJW 1999, 2378 (2379)).

486 Anders aber das OLG Hamburg (NJW 1984, 624 (624 f.)) für die Mitglieder einer von den Hamburger Verkehrsbetrieben aufgestellten Ordnungstruppe. Das Gericht (NJW 1984, 624 (624)) begründet die Amtsträgereigenschaft der Sicherheitskräfte des unter staatlichem Einfluß stehenden U-Bahn- und Busbetriebs nach § 11 Abs.1 Nr.2 c StGB damit, daß die Mitglieder die öffentliche Sicherheit und Ordnung wahren und somit Aufgaben wahrnehmen sollten, die üblicherweise den polizeilichen Vollzugsorganen zugewiesen seien. Als unerheblich wertete das Gericht hingegen, daß den Mitgliedern keine hoheitlichen Eingriffsrechte zustünden; entscheidend sei vielmehr ihr äußerliches Auftreten. (NJW 1984, 624 (624 f.)). Dem ist jedoch entgegenzuhalten, daß die funktionelle Wahrnehmung von Verwaltungsaufgaben alleine noch keine Amtsträgereigenschaft begründet. Bereits nach dem Wortlaut des § 11 Abs.1 Nr.2 c StGB muß eine von einer Behörde oder sonstigen Stelle abgeleitete Aufgabenwahrnehmung vorliegen. (Vgl. dazu: Lenckner ZStW 106 (1994), 502 (510 f.); Ransiek, NStZ 1997, 519 (521 f.)). Aufgrunddessen sind die Mitglieder der Ordnungstruppe ebensowenig Amtsträger im Sinne des § 11 Abs.1 Nr.2 c StGB, wie Bürger, die sich zu Hilfspolizisten berufen fühlen und in Nachbarverbänden die Sicherheit in ihrem Wohngebiet schützen. (Zu den vor allem in den USA, mittlerweile aber auch in Deutschland zu beobachtenden Nachbarschaftsinitiativen (sog. Neighborhoodwatch) und Bürgerwehren: Wilson/Kelling, Krim Journal 1996, 121 (134 f.); Hitzler, Bürgerrechte & Polizei 48 (1994), 67 (67 ff.)). Erst recht kann die angemaßte Amtsbefugnis durch äußerliches Auftreten nicht die Amtsträgereigenschaft nach § 11 Abs.1 Nr.2 c StGB begründen. Kritisch zum Urteil des OLG Hamburg auch: Schröder, NJW 1984, 2510 (2510 f.); Wagner, JZ 1987, 594 (595 f.).

487 Vgl.: BGHSt 37, 191 (194); 38, 199 (201); Lackner/Kühl, § 11 Rn.9; Leipziger Kommentar-Tröndle, § 11 Rn.25; Systematischer Kommentar-Rudolphi, § 11 Rn.9, 23.

488 Vgl.: BGHSt 12, 89 (90); 38, 199 (202); Lackner/Kühl, § 11 Rn.9; Tröndle/Fischer, § 11 Rn.22 a; Leipziger Kommentar-Tröndle, § 11 Rn.25; Schönke/Schröder-Eser, § 11 Rn.22; Systematischer Kommentar-Rudolphi, § 11 Rn.9, 23; Maurach/Zipf, Strafrecht Allgemeiner Teil I, § 9 Rn.12; Lenckner, ZStW 106 (1994), 502 (525 ff.); Weiser, NJW 1994, 968 (970); Ransiek, NStZ 1997, 519 (521 f.). Liegen diese Voraussetzungen vor, so soll unerheblich sein, ob die Behörde oder sonstige Stelle die Aufgaben in öffentlich- rechtlicher oder privatrechtlicher Form erfüllt. Insoweit ist im Rahmen des § 11 Abs.1 Nr.2 c StGB auf den materiellen Charakter der Aufgabe und nicht auf die

Aufgaben der öffentlichen Verwaltung bei einer Behörde oder sonstigen Stelle oder in deren Auftrag wahrzunehmen. Nach dem Sinn und Zweck des § 11 Abs.1 Nr.2 c StGB sind unter Aufgaben der öffentlichen Verwaltung jedoch nur solche Aufgaben zu verstehen, durch oder bei deren Wahrnehmung die Integrität und Funktionsfähigkeit der Verwaltung und das äußere Erscheinungsbild des Verwaltungsapparates, insbesondere das öffentliche Vertrauen in die Verwaltung berührt werden kann.[489] Der Betreffende muß daher grundsätzlich zu einer Tätigkeit bestellt sein, die ihn als verantwortlichen Vertreter der öffentlichen Verwaltung erscheinen läßt. Nur für diesen Fall ist gewährleistet, daß das Amtsträgererfordernis geeignet ist, das besondere Unrecht der Amtsdelikte zu begründen.[490] Eine Bestellung zur Wahrnehmung von Aufgaben der öffentlichen Verwaltung *bei einer Behörde oder sonstigen Stelle* setzt danach voraus, daß der Betreffende in die Organisation der Behörde eingegliedert ist, so daß seine Tätigkeit der Behörde als Träger öffentlicher Verwaltung nach außen erkennbar zugerechnet wird.[491] Die privaten Wachpersonen stehen jedoch in der Regel lediglich in einem Beschäftigungsverhältnis zu dem von der öffentlichen Hand beauftragten Schutzdienst und sind nicht in die Verwaltungsorganisation eingebunden.[492] Die Wahrnehmung von Verwaltungsaufgaben *im Auftrag einer Behörde oder sonstigen Stelle* erfordert dagegen eine Tätigkeit, kraft derer der Extraneus dem Bürger als Träger öffentlicher Verwaltung in einem Über- und Unterordnungsverhältnis gegenübertritt.[493]

---

formelle Organisationsform abzustellen. Vgl.: Tröndle/Fischer, § 11 Rn.27; Systematischer Kommentar-Rudolphi, § 11 Rn.11 f., 24; Ransiek, NStZ 1997, 519 (521). Anders hingegen: BGHSt 38, 199 (203). Die Bedeutungslosigkeit der Organisationsform hat der Gesetzgeber nunmehr mit dem durch das *Antikorruptionsgesetz* vom 13.08.1997 (BGBl. I, 2038) in § 11 Abs.1 Nr.2 c StGB eingefügten Zusatz *unbeschadet der zur Aufgabenerfüllung gewählten Organisationsform* klargestellt.

489 Grundlegend zur teleologischen Auslegung des § 11 Abs.1 Nr.2 c StGB: Lenckner, ZStW 106 (1994), 502 (531); Otto, JR 1998, 73 (74); Weiser, NJW 1994, 968 (970); Haft, NStZ 1998, 29 (30); Ransiek, NStZ 1997, 519 (519 ff.). Die restriktive Auslegung des § 11 Abs.1 Nr.2 c StGB hat sich mittlerweile im Schrifttum durchgesetzt. Vgl.: Tröndle/Fischer, § 11 Rn.19 a; Lackner/Kühl, § 11 Rn.9; Systematischer Kommentar-Rudolphi, § 11 Rn.27 ff.; Schönke/Schröder-Eser, § 11 Rn.21.

490 Vgl.: Lenckner, ZStW 106 (1994), 502 (502 ff.). Im Ergebnis übereinstimmend, aber mit einer anderen Begründung gelangt Ransiek (NStZ 1997, 519 (523 f.)) zu einer restriktiven Auslegung des § 11 Abs. 1 Nr.2 c StGB, indem er besondere Anforderungen an den Bestellungsakt stellt und fordert, der Extraneus müsse *persönlich* von der Behörde oder sonstigen Stelle beauftragt sein. (Hervorhebung im Original). Ebenso: Otto, JR 1998, 73 (74). Diese Auffassung läßt sich indessen nur schwer mit der h. M. und Rspr. (vgl.: BGHSt 31, 264 (277); BayObLG, NJW 1996, 268 (270); Leipziger Kommentar-Tröndle, § 11 Rn.23; Tröndle/Fischer, § 11 Rn.20; Schönke/Schröder-Eser, § 11 Rn.27; Alternativ Kommentar-Wassermann, § 11 Rn.21; Lenckner, ZStW 106 (1994), 502 (519 ff.); Haft, NStZ 1998, 29 (30)) in Einklang bringen, nach der an den Bestellungsakt keine besonderen Anforderungen zu stellen sind; der erforderliche öffentlich-rechtliche Bestellungsakt kann damit auch konkludent in dem Abschluß des privatrechtlichen Vertrages liegen.

491 Vgl.: Lenckner, ZStW 106 (1994), 502 (532 f.), der insoweit vom institutionellen Element des § 11 Abs.1 Nr.2 c StGB spricht. Vgl. auch: Haft, NStZ 1998, 29 (30); Otto, JR 1998, 73 (74); im Ergebnis übereinstimmend auch Ransiek, NStZ 1997, 519 (522). Vgl. auch: BGH, NJW 1999, 2378 (2379).

492 Eine Ausnahme gilt für die zivilen Wachpersonen nach § 1 Abs.2 UZwGBw, die mit militärischen Wachaufgaben der Bundeswehr beauftragt sind und die bei ihrem Einsatz unmittelbar der Weisungsbefugnis des Wachvorgesetzten der Bundeswehr unterstehen. (Vgl.: BMI 1982, 10). Siehe eingehend zur Bewachung militärischer Anlagen durch zivile Wachpersonen: 2.Teil, C), II), 2), a).

493 Vgl.: Lenckner, ZStW 106 (1994), 502 (533 ff.), der das Erfordernis der verwaltungsspezifischen Handlungsform als funktionelles Element des § 11 Abs.1 Nr.2 c StGB bezeichnet. Vgl. auch: Schönke/Schröder-Eser, § 11 Rn.21; Lackner/Kühl, § 11 Rn.9; Tröndle/Fischer, § 11 Rn.19 a, 22 a; Systematischer Kommentar-Rudolphi, § 11 Rn.29; ähnlich auch Ransiek, NStZ 1997, 519 (524); Otto, JR 1998, 73 (74); Haft, NStZ 1998, 29 (30).

Der Betreffende muß danach nach außen als verantwortlich handelnde Person und als Repräsentant der öffentlichen Verwaltung in Erscheinung treten. Den mit der Bewachung öffentlicher Gebäude oder sonstiger Anlagen beauftragten privaten Wachpersonen sind jedoch keine hoheitlichen Befugnisse übertragen;[494] ihnen stehen allenfalls die für jedermann geltenden Selbsthilferechte zu.[495] Die gewerblichen Sicherheitskräfte treten demnach nicht nach außen als Repräsentanten der Verwaltung in Erscheinung, so daß staatliche Schutzinteressen grundsätzlich nicht berührt werden. Dies gilt auch dann, wenn sich die Wachpersonen aufgrund ihres äußerlichen Auftretens im öffentlichen Verkehrsraum als Hoheitsträger gerieren, denn die Anmaßung von Hoheitsrechten ist alleine noch nicht geeignet, eine Amtsträgereigenschaft zu begründen. Insgesamt läßt sich aber festhalten, daß Angehörige privater Schutzdienste, mit Ausnahme der zivilen Wachpersonen nach § 1 Abs.2 UZwGBw, im Gegensatz zu den Polizeibeamten keine Amtsträger im strafrechtlichen Sinne darstellen. Mangels Amtsträgereigenschaft statuieren die Amtsdelikte für die privaten Wachpersonen daher keine gesetzlichen Sonderpflichten.

3) Zusammenfassung

Zusammenfassend läßt sich damit die Feststellung treffen, daß im Rahmen des § 33 StGB eine Sonderstellung der Polizeibeamten indiziert wird. Privaten Sicherheitskräften kommt allenfalls im Vergleich zu den unvorbereiteten Bürgern aufgrund ihrer professionellen Tätigkeit ebenfalls eine Sonderstellung zu, der bei § 33 StGB jedoch im Vergleich zu der Position der Polizeibeamten eine schwächere Indizwirkung zukommt. Demgegenüber statuieren die Amtsdelikte nur für Polizeibeamte entsprechende Sonderpflichten. Gewerblichen Sicherheitskräften obliegen, mit Ausnahme der zivilen Wachpersonen (§ 1 Abs.2 UZwGBw) und der im Luftverkehr Beliehenen, keine aus dem Amtsdelikten resultierenden Sonderpflichten, denn sie sind nicht Amtsträger im strafrechtlichen Sinne.

VII) Sorgfaltsmaßstab bei der Polizeitätigkeit und der Tätigkeit gewerblicher Sicherheitsdienste

Des weiteren stellt sich die Frage, ob den Polizeibeamten und den privaten Sicherheitskräften ein vergleichbares Maß an Sorgfalt bei der Ausübung ihrer Tätigkeit abverlangt werden kann. Aus der Ausbildungs- und Ausrüstungssituation bei der Polizei und bei dem privaten Sicherheitsgewerbe lassen sich möglicherweise Rückschlüsse auf den allgemeinen und im konkreten Einzelfall von den Amtsträgern und von den im Wachgewerbe Beschäftigten anzulegenden Sorgfaltsmaßstab ziehen.

1) Fahrlässigkeitshaftung, § 15 StGB

Dabei ist zunächst fraglich, ob an Polizeibeamte und private Sicherheitskräfte im Rahmen der Fahrlässigkeitsdelikte gleich hohe Sorgfaltsanforderungen zu stellen sind. Diese

[494] Eine Ausnahme gilt wiederum für die zivilen Wachpersonen nach § 1 Abs.2 UZwGBw. Siehe dazu eingehend später unter: 2.Teil, C), II), 2), a). Eine weitere Ausnahme gilt für Hilfspersonen, denen auf der Grundlage des LuftVG Hoheitsbefugnisse übertragen wurden. Durch die Übertragung der egenständlich beschränkten hoheitlichen Befugnisse werden die Personen jeweils zu Beliehenen und damit zu Amtsträgern i.S.d. § 11 Abs.1 Nr.2 c StGB. (Vgl.: BGH, NJW 1999, 2378 (2379)).

[495] Ob die Selbsthilferechte auf die professionell tätigen Wachleute Anwendung finden, ist jedoch umstritten. Vgl. zum Ganzen eingehend die Ausführungen unten: 2.Teil, C), II), 2), b), aa).

Frage erlangt vor allem bei dem Gebrauch von Schußwaffen und der sorgfaltswidrig verursachten Rechtsgutsverletzung bei dem Angreifer oder einem Dritten erhebliche praktische Bedeutung. Ausgangspunkt der Betrachtung müssen dabei die allgemeinen Grundsätze zur Art und zum Ausmaß der anzuwendenden Sorgfalt im Rahmen der Fahrlässigkeitsdelikte sein. Nach herrschender Meinung und Rechtsprechung[496] beurteilt sich der Sorgfaltsmaßstab grundsätzlich nach den Anforderungen, die an einen besonnenen und gewissenhaften Menschen in der konkreten Situation und der sozialen Lage des Handelnden zu stellen sind. Der Sorgfaltsmaßstab orientiert sich nach dieser Auffassung vor allem an den standardisierten Fähigkeiten des Verkehrs- und Berufskreises, dem der Täter zugehört. Auf der Grundlage dieser Auffassung ist zur Ermittlung der Sorgfaltsanforderungen jeweils objektiv auf den besonnenen und einsichtigen Polizeibeamten und Sicherheitsbediensteten abzustellen. Abweichend von dieser generalisierenden Betrachtung ist nach einer Gegenauffassung[497] die Sorgfaltswidrigkeit nach den individuellen Fähigkeiten des Täters zu bestimmen. Maßgeblich ist danach nicht, ob den Beamten oder dem Sicherheitspersonal nach ihrem Berufsbild eine Pflichtverletzung vorzuwerfen ist, sondern ob der jeweils Handelnde individuell sorgfaltswidrig handelte. Insoweit ist auf den jeweils Handelnden abzustellen, wobei seine individuellen Kenntnisse und Fähigkeiten, seine Intelligenz und Vorbildung sowie seine Geschicklichkeit, seine Befähigung und seine Erfahrung berücksichtigt werden. Die Frage, ob ein generalisierender oder individueller Maßstab bei der Betrachtung ausschlaggebend ist, erlangt jedoch im vorliegenden Zusammenhang lediglich dann Bedeutung, wenn die individuellen Fähigkeiten des Polizeibeamten und des privaten Wachmannes im Einzelfall von den allgemein im sozialen Umfeld des Täters vorausgesetzten Fähigkeiten abweichen. Aufgrund der einheitlichen Ausbildungsstruktur der Polizeibeamten wird der Amtsträger nur selten nicht in der Lage sein, den an ihn als Polizeibeamten zu stellenden Anforderungen gerecht werden zu können. Demgegenüber wird infolge der nach wie vor uneinheitlichen Ausbildungssituation im privaten Wachgewerbe häufiger der Fall anzutreffen sein, daß private Sicherheitskräfte nicht den an Durchschnittsbeschäftigte in diesem Gewerbezweig zu stellenden Anforderungen genügen.[498] Welcher Auffassung der Vorzug gebührt, kann jedoch im vorliegenden Zusammenhang dahinstehen, denn beide Auffassungen gelangen, wenn auch mit unterschiedlichen Begründungen, im wesentlichen zu übereinstimmenden Ergebnissen. Für den Fall, daß der Polizeibeamte oder Wachmann in seinen individuellen Fähigkeiten hinter dem Durchschnitt in seinem sozialen Umkreis zurückbleibt, gelangt auch die herrschende Meinung[499] grundsätzlich

---

[496] Vgl.: BGHSt 20, 315 (321); BGH, NStZ 1991, 30 (30); Lackner/Kühl, § 15 Rn.37, 39; Tröndle/Fischer, § 15 Rn.16; Schönke/Schröder-Cramer, § 15 Rn.133 ff.; Maurach/Gössel/Zipf, Strafrecht Allgemeiner Teil II, § 43 Rn.28 ff.; Jescheck/Weigend, Lehrbuch des Strafrechts Allgemeiner Teil S.564 f.; Kühl, Strafrecht Allgemeiner Teil, § 17 Rn.29 f.; Wessels/Beulke, Strafrecht Allgemeiner Teil Rn.669; Blei, Strafrecht I S.300; Roxin, Strafrecht Allgemeiner Teil § 24 Rn.32 f., 50 ff.; Bockelmann/Volk, Strafrecht Allgemeiner Teil S.158 ff. Im Ergebnis auch: Leipziger Kommentar-Schroeder, § 16 Rn.149 ff., der jedoch für die Fahrlässigkeit lediglich die objektive Voraussehbarkeit der Tatbestandsverwirklichung fordert.

[497] Vgl.: Systematischer Kommentar-Samson, Anh. zu § 16 Rn.12 f.; Jakobs, Strafrecht Allgemeiner Teil 9/ 5 ff.; Otto, Grundkurs Strafrecht I, § 19 Rn.13 f.

[498] Umgekehrt weisen die Sicherheitskräfte, die bei größeren Unternehmen beschäftigt sind und speziell von dem Unternehmen ausgebildet und trainiert werden, besondere Kenntnisse und Fähigkeiten im Verhältnis zu den sonstigen Wachpersonen auf.

[499] Vgl.: Jescheck/Weigend, Lehrbuch des Strafrechts Allgemeiner Teil S.565 ff.; Wessels/Beulke, Strafrecht Allgemeiner Teil Rn.692; Roxin, Strafrecht Allgemeiner Teil, § 24 Rn.51; Maurach/Gössel/Zipf, Strafrecht Allgemeiner Teil II § 43 Rn.30; Bockelmann/Volk, Strafrecht Allgemeiner Teil S.169; Blei, Strafrecht I S.303.

zu einer Straflosigkeit des Handelnden, indem sie die individuellen Fähigkeiten des Täters auf der Schuldebene berücksichtigt und eine Fahrlässigkeitsstrafbarkeit nur annimmt, wenn objektive und individuelle Sorgfaltswidrigkeit kumulativ vorliegen. Des weiteren nähert sich die herrschende Meinung[500] dem von der Gegenansicht vertretenen subjektiven Sorgfaltsmaßstab an, indem sie im Rahmen des objektiven Sorgfaltsmaßstabes vorhandenes Sonderwissen und etwaige Sonderfähigkeiten des Täters berücksichtigt, so daß ein objektiver Sorgfaltspflichtverstoß auch dann gegeben ist, wenn der Polizeibeamte und der Wachmann über spezielle Kenntnisse und Fähigkeiten verfügen, die innerhalb ihres Berufes nicht vorausgesetzt werden und wenn sie, gemessen an diesen Voraussetzungen sorgfaltswidrig handeln.

Der Polizeibeamte erlangt im Rahmen seiner mehrjährigen Ausbildung theoretische und praktische Kenntnisse und Fähigkeiten auf dem Gebiet des Sicherheitsrechts, insbesondere wird er mit dem Umgang und dem Gefährdungspotential einer Schußwaffe eingehend vertraut gemacht. Er erlernt und trainiert in regelmäßig stattfindenden Schießübungen den sorgfaltsgemäßen Umgang mit Waffen in und außerhalb von Gefahrenlagen. Die Polizeianwärter werden dabei geschult, die Gefährdungslage konkret einzuschätzen, das mit einem Schußwaffeneinsatz verbundene Risiko abzuwägen und die Waffe gezielt und dem tatsächlichen Gefährdungsgrad entsprechend einzusetzen, so daß jegliche unnötige Gefährdung fremder Rechtsgüter vermieden wird.[501] An den objektiven Sorgfaltsmaßstab von Polizeibeamten sind daher strenge Anforderungen zu stellen. Dagegen wurde bereits ausgeführt,[502] daß die Ausbildung im Sicherheitsgewerbe weder in qualitativer noch in quantitativer Hinsicht der den Polizeibeamten gewährten Aus- und Fortbildung entspricht. Aufgrund des gesetzlich nach § 34 a Abs.1 Nr.3 GewO n.F. in Verbindung mit §§ 1 ff.BewachV vorgeschriebenen Unterrichtungsverfahren ist jedoch zumindest gewährleistet, daß die Wachpersonen mit den Grundlagen des Sicherheitsrechts vertraut gemacht wurden. Bei waffentragenden Sicherheitskräften ist ferner durch die waffenrechtlichen Vor-chriften sichergestellt, daß die Waffenträger zumindest über die theoretischen Kenntnisse im Hinblick auf den Umgang und die Handhabung der Schußwaffe verfügen, auch wenn die waffenrechtliche Sachkunde des privaten Wachpersonals erheblich hinter dem Wissensstand der Polizisten zurückbleibt. Angesichts der Ausbildungsdefizite und der fehlenden praktischen Übung im Umgang mit Schußwaffen sind an die Art und das Ausmaß der von privater Wachpersonen zu stellenden Sorgfalt weniger strenge Anforderungen zu stellen als an die Sorgfaltspflichten speziell geschulter Polizisten. Andererseits unterliegen sie strengeren Sorgfaltsanforderungen als der zufällig in eine Gefahrenlage geratene Bürger, der nicht über spezielle Kenntnisse im Umgang mit Gefahrensituationen verfügt und im Regelfall nicht

---

[500] Vgl.: Kühl, Strafrecht Allgemeiner Teil § 17 Rn.29 ff.; Schönke/Schröder-Cramer, § 15 Rn.133, 139 ff.; Wessels/Beulke, Strafrecht Allgemeiner Teil Rn.670; Roxin, Strafrecht Allgemeiner Teil, § 24 Rn.50 ff.; Blei, Strafrecht I S.301; einschränkend auf standardisierte Sonderfähigkeiten: Jescheck/Weigend, Lehrbuch des Strafrechts Allgemeiner Teil S.565, Anm. 15. A.A. auch: Leipziger Kommentar- Schroeder, § 16 Rn.147; Maurach/Gössel/Zipf, Strafrecht Allgemeiner Teil II § 43 Rn.30 f.; Bockelmann/Volk, Strafrecht Allgemeiner Teil S.160 f. Die Nichtberücksichtigung oder lediglich eingeschränkte Berücksichtigung von Sonderwissen und Sonderfähigkeiten ist jedoch abzulehnen, denn sie führt zu einer ungerechtfertigten Privilegierung des überdurchschnittlich Befähigten, der aufgrund überdurchschnittlicher Kenntnisse oder Fähigkeiten auch überdurchschnittliche Pflichten zu tragen hat. (So auch: Schönke/Schröder-Cramer, § 15 Rn.141; Roxin, Strafrecht Allgemeiner Teil § 24 Rn.54 f.).

[501] Zur Ausbildung im Polizeidienst siehe oben im 2.Teil unter IV).

[502] Siehe zur Ausbildungssituation im privaten Sicherheitsgewerbe bereits oben unter IV).

mit dem Umgang von Schußwaffen vertraut ist. Für den Fall, daß die privaten Sicherheitskräfte nicht über die vorausgesetzten Mindestkenntenisse im Umgang mit Gefahrensituationen und Schußwaffen verfügen, kommt jedoch eine Haftung wegen Übernahmefahrlässigkeit in Betracht, mit der ihnen zum Vorwurf gemacht wird, sich in eine Gefahrensituation gebracht zu haben, ohne über die zur Gefahrenbewältigung erforderlichen und vorausgesetzten Kenntnisse und Fähigkeiten zu verfügen.[503]

Insgesamt wird auch im Rahmen der Fahrlässigkeitsdelikte deutlich, daß die Polizeibeamten eine Sonderstellung einnehmen, die mit der Rechtsstellung privater Wachpersonen nur in eingeschränktem Maße vergleichbar ist.

2) Irrtümer, §§ 16, 17 StGB

Die soeben angesprochenen erhöhten Sorgfaltspflichtanforderungen von Polizeibeamten und gewerblichen Schutzpersonen sind ferner maßgeblich bei Irrtümern über die zum gesetzlichen Tatbestand gehörenden Voraussetzungen (sog.Tatbestandsirrtum), bei Irrtümern über die sachlichen Voraussetzungen eines anerkannten Rechtfertigungsgrundes (sog. Erlaubnistatbestandsirrtum), sowie bei Irrtümern über die rechtlichen Grenzen oder die Existenz eines von der Rechtsordnung anerkannten Rechtfertigungsgrundes (sog. Erlaubnisirrtum).[504] Unterliegen Polizeibeamte oder private Wachpersonen im Rahmen ihrer Tätigkeit einem Tatbestandsirrtum oder einem Erlaubnistatbestandsirrtum, entfällt eine Bestrafung wegen vorsätzlicher Deliktsbegehung.[505] Nach § 16 Abs.1 S.2 StGB (analog) bleibt jedoch eine Strafbarkeit wegen fahrlässiger Begehung unberührt. In diesem Zusammenhang kommt erneut der im Rahmen der Fahrlässigkeitshaftung erörterte unterschiedliche Sorgfaltsmaßstab von Polizeibeamten und Angehörigen privater Schutzdienste zum Tragen.[506] Liegt dagegen ein Erlaubnisirrtum vor, so kommt es nach § 17 StGB darauf an, ob der Polizeibeamte oder die gewerbliche Schutzperson den Irrtum vermeiden konnte. An die in diesem Zusammenhang zu stellenden Anforderungen an die Vermeidbarkeit sind die gleichen Anforderungen wie im Rahmen des Sorgfaltsmaßstabes bei der Fahrlässigkeitshaftung bei einem Tatbestands-

---

[503] Vgl. zur sog. Übernahmefahrlässigkeit: Lackner/Kühl, § 15 Rn.39 a; Schönke/Schröder-Cramer, § 15 Rn.136, 142; Roxin, Strafrecht Allgemeiner Teil, § 24 Rn.34, 35, 47; Kühl, Strafrecht Allgemeiner Teil, § 17 Rn.35; Jescheck/Weigend, Lehrbuch des Strafrechts Allgemeiner Teil S.580; Bockelmann/Volk, Strafrecht Allgemeiner Teil S.169.

[504] Zur Abgrenzung des Tatbestandsirrtums vom Verbotsirrtum vgl.: BGH [GrS] 2, 194 (197); Jescheck/Weigend, Lehrbuch des Strafrechts Allgemeiner Teil S.307 ff., 460 f. Vgl. insbesondere zur im Einzelfall schwierigen Abgrenzung des Erlaubnistatbestandsirrtums vom Erlaubnisirrtum: Schönke/Schröder-Cramer, § 16 Rn.19 ff., § 17 Rn.12; Wessels/Beulke, Strafrecht Allgemeiner Teil Rn.484; Kühl, Strafrecht Allgemeiner Teil § 13 Rn.78 ff.; Jescheck/Weigend, Lehrbuch des Strafrechts Allgemeiner Teil S.465 f.

[505] Bei einem Tatbestandsirrtum ergibt sich der Vorsatzausschluß aus einer unmittelbaren Anwendung des § 16 Abs.1 S.1 StGB. Bei dem Vorliegen eines Erlaubnistatbestandsirrtums ist innerhalb der herrschenden Lehre lediglich umstritten, ob § 16 Abs.1 S.1 StGB unmittelbar Anwendung findet (so die Lehre von den negativen Tatbestandsmerkmalen), ob es entsprechend § 16 Abs.1 S.1 StGB am Vorsatzunrecht fehlt (so die eingeschränkte Schuldtheorie) oder ob analog § 16 Abs.1 S.1 StGB nur der Vorsatzschuldvorwurf entfällt (so die herrschende rechtsfolgenverweisende eingeschränkte Schuldtheorie). Vgl. zum Streitstand: Lackner/Kühl, § 17 Rn.9 ff.; Schönke/Schröder-Cramer, § 16 Rn.14 ff.; Tröndle/Fischer, § 16 Rn.20 ff.; Kühl, Strafrecht Allgemeiner Teil Rn.73 ff.; Maurach/Zipf, Strafrecht Allgemeiner Teil I, § 37 Rn.20 ff.; Wessels/Beulke, Strafrecht Allgemeiner Teil Rn.467 ff.; Haft, Strafrecht Allgemeiner Teil S.257 f.; Otto, Grundkurs Strafrecht I; § 15 Rn.5 ff.; Jescheck/Weigend, Lehrbuch des Strafrechts Allgemeiner Teil S.462 ff.).

[506] Vgl. dazu unter 1).

irrtum zu stellen.[507] Auch insoweit ist demnach auf die unterschiedlichen Sorgfaltsanforderungen von Polizisten und gewerblichen Wachpersonen zurückzugreifen. In diesem Zusammenhang ist zu berücksichtigen, daß Polizisten und private Sicherheitskräfte, wenn auch in unterschiedlichem Ausmaß, mit den Rechtsgrundlagen ihrer Tätigkeit vertraut gemacht werden, so daß sie sich prinzipiell nicht mit strafbefreiender Wirkung darauf berufen können, sie hätten den Umfang ihrer Befugnisse nicht erkannt.[508]

Auch im Hinblick auf das Vorliegen privilegierender Irrtümer sind demnach an Polizeibeamte aufgrund ihrer sozialen Rolle, die eine sachgerechte und richtige Einschätzung ihres Verhaltens verlangt, strenge Anforderungen zu stellen. Demgegenüber wird auch von gewerblichen Sicherheitskräften als professionellen Nothelfern nach ihrem Berufsbild in Gefahrenlagen ein umsichtigeres Verhalten zu erwarten sein als von unerfahrenen Bürgern. Im Verhältnis zu Personen, die zufällig in eine Ausnahmesituation geraten sind, ist bei privaten Sicherheitskräften eine bessere und umsichtigere Situationseinschätzung und folglich ein gesteigertes Maß an Sorgfalt zu erwarten. Andererseits unterliegen gewerbliche Sicherheitskräfte jedoch nicht derart strengen Sorgfaltsanforderungen, wie die speziell ausgebildeten Polizeibeamten.

3) Zusammenfassung

Auch im Rahmen der Fahrlässigkeitshaftung und der Irrtumsproblematik wird deutlich, daß an Angehörige privater Schutzdienste im Vergleich zu Polizeibeamten und im Vergleich zum Bürger unterschiedliche Anforderungen gestellt werden.

VIII) Zwischenergebnis

Damit hat sich gezeigt, daß die Tätigkeit privater Schutzdienste nur zum Teil Übereinstimmungen mit der hoheitlichen Aufgabenwahrnehmung durch die staatliche Schutzpolizei aufweist.

Durchaus vergleichbar ist die Rechtsstellung privater Wachpersonen mit der Position der Polizeibeamten insoweit, als daß beide Berufsgruppen innerhalb ihrer Tätigkeit regelmäßig damit rechnen müssen, in Gefahrenlagen zu geraten, auch wenn diese möglicherweise unterschiedlichen Ausmaßes sind. Das berufstypische Risiko, welches in einer im Rahmen der §§ 34, 35 StGB und bei § 323 c StGB zu berücksichtigenden besonderen Gefahrtragungspflicht zum Ausdruck kommt sowie die berufliche Erfahrung im Umfang

---

[507] So auch: Lackner/Kühl, § 17 Rn.7; Schönke/Schröder-Cramer, § 17 Rn.14 ff.; Systematischer Kommentar-Rudolphi, § 17 Rn.30 a; Leipziger Kommentar-Schroeder, § 17 Rn.27; Kühl, Strafrecht Allgemeiner Teil § 13 Rn.61; Jescheck/Weigend, Lehrbuch des Strafrechts Allgemeiner Teil S.458. Nach der Rspr. (vgl.: BGHSt 4, 236 (243); 21, 18 (20); BGH, VRS 14, 30 (31)) sollen dagegen die an den Täter hinsichtlich des Erkennens der Rechtswidrigkeit zu stellenden Anforderungen höher sein als bei der Fahrlässigkeit. So auch: Maurach/Zipf, Strafrecht Allgemeiner Teil I, § 38 Rn.35. Es besteht jedoch Einigkeit darüber, daß für die Beurteilung der Vermeidbarkeit eines Verbotsirrtums auf den Lebens- und Berufskreis des Täters abzustellen ist. (Vgl.: BGH, [GrS] 2, 194 (201); BGHSt 4, 80 (86); 21, 18 (20); OLG Frankfurt, NJW 1964, 508 (509); Tröndle/Fischer, § 17 Rn.8; Schönke/Schröder-Cramer, § 17 Rn.17; Leipziger Kommentar-Schroeder, § 17 Rn.30; Otto, Grundkurs Strafrecht I, § 13 Rn.50).

[508] Im Ergebnis so auch: Kunz, ZStW 95 (1983), 973 (991); Ehlers, Festschrift Lukes S.353; Britsch, Wirtschaftsschutz 1979, 36 (38); Schulte, DVBl 1995, 130 (134) für die privaten Sicherheitskräfte; Fechner, Grenzen polizeilicher Notwehr S.141 für die Polizeibeamten.

mit Gefahrensituationen, führen bei beiden Berufsgruppen zu erhöhten Sorgfaltsanforderungen im Bereich der Irrtums- und Fahrlässigkeitshaftung. Des weiteren ist im Rahmen des Notwehrexzeßes nach § 33 StGB eine Sonderstellung der Polizei und des privaten Bewachungsgewerbes indiziert. Die Ausgangslage der Bediensteten des privaten Sicherheitsgewerbes ist unter diesen Gesichtspunkten mit der Position der Polizeibeamten vergleichbar.

Indessen ist zu berücksichtigen, daß die den Polizisten und privaten Wachpersonen obliegenden Gefahrtragungspflichten unterschiedlichen Ausmaßes sind. Ferner sind im Bereich der Fahrlässigkeits- und Irrtumshaftung unterschiedlich strenge Sorgfaltsmaßstäbe anzulegen. Schließlich kommt der im Rahmen des Notwehrexzeßes bestehenden Sonderstellung von privaten Sicherheitskräften keine derart weitgehende Indizwirkung für eine Entschuldigung wie bei der Polizei zu.

Fundamentale Unterschiede bestehen zwischen der Schutztätigkeit privater Schutzdienste und dem Auftrag der Schutzpolizei. Darüber hinaus lassen sich zumindest gegenwärtig noch grundlegend verschiedene Voraussetzungen bei dem privaten Sicherheitsgewebe und der Polizei im Hinblick auf die Ausbildungs- und Ausrüstungslage feststellen. Wesentliche Unterschiede bestehen ferner im Hinblick auf den an die Berufsgruppen jeweils gestellten Erwartungshorizont. Darüber hinaus obliegen den privaten Sicherheitskräften, anders als den Polizeibeamten, nicht die in den Amtsdelikten gesetzlich normierten Sonderpflichten, da sie nicht Amtsträger im strafrechtlichen Sinne sind. Aufgrund dieser wesentlichen Unterschiede sind ernsthafte Zweifel angebracht, ob eine Gleichbehandlung der privaten Sicherheitskräfte mit Polizeibeamten im Rahmen der strafrechtlichen Unterlassungshaftung gerechtfertigt ist. Eine abschließende Beurteilung, ob die bislang indizierte Sonderstellung der Amtsträger auch im Rahmen der strafrechtlichen Garantenhaftung Bedeutung erlangt, ist jedoch erst im Rahmen der Erörterung der strafrechtlichen Garantenstellungen der Amtsträger möglich.

C) Garantenproblematik

Im Rahmen dieses Abschnitts der Untersuchung ist zunächst der Frage nachzugehen, ob und inwieweit Polizeibeamten eine Garantenstellung zukommt, mit der Folge, daß sie nach § 13 StGB für unechte Unterlassungen einzustehen haben. Sodann ist zu prüfen, ob und inwieweit sich die im Rahmen des Amtswalterunterlassens tragenden Gründe auf das private Sicherheitsgewerbe übertragen lassen.

I) Garantenstellungen von Polizeibeamten

Die Frage, ob und unter welchen Voraussetzungen Amtsträger eine Garantenstellung innehaben, kraft derer sie für solche Unrechtserfolge haften, die sie durch pflichtwidriges Untätigbleiben innerhalb ihres dienstlichen Aufgabenbereichs herbeiführen, stellt sich vor dem Hintergrund, daß eine Übernahme des strafrechtlichen Haftungsrisikos der Privaten von staatlichen Funktionsträgern nur für den Bereich in Betracht kommt, in dem Hoheitsträger im Falle eines Untätigbleibens als Garanten für den Unrechtserfolg einzustehen haben. Kommt den Amtsträgern in dem entsprechenden Bereich keine Garantenverantwortlichkeit zu, so lassen sich auch keine entsprechenden Garantenpflichten des

Wachpersonals des privaten Sicherheitsgewerbes ableiten.[509] Die Garantenproblematik beim Amtswalterunterlassen gehört jedoch nach wie vor zu den ungelösten und heftig umstrittenen Problemen der strafrechtlichen Garantendogmatik.[510] Da private Wach- und Sicherheitsunternehmen, wie bereits mehrfach ausgeführt wurde,[511] vermehrt allgemeine Gefahrenabwehraufgaben übernehmen, die ursprünglich dem Aufgabenbereich der Schutzpolizei zuzuordnen waren, sollen sich die nachfolgenden Ausführungen im wesentlichen auf die Garantenhaftung von Polizeibeamten beschränken. Nicht oder allenfalls am Rande erörtert werden soll dagegen, ob und inwieweit sonstigen Amtsträgern, die mit speziellen Gefahrenabwehraufgaben betraut sind, eine Garantenpflicht zukommt.[512] Dabei wird im folgenden die von der herrschenden Lehre[513] vertretene Funktionenlehre zugrundegelegt, die Garantenstellungen zur Verteidigung bestimmter Rechtsgüter (sog. Beschützergarantenstellung) und Garantenstellungen zur Überwachung von Gefahrenquellen (sog. Überwachungsgarantenstellung) unterscheidet.

1) Beschützergarantenstellung

Zunächst soll der Frage nachgegangen werden, ob Polizeibeamten eine Garantenstellung zum Schutz der durch rechtswidriges Verhalten Dritter gefährdeten Rechtsgüter der Bürger zukommt.

---

509 Dies gilt jedenfalls, für die in diesem Zusammenhang relevante Ableitung strafrechtlicher Garantenstellungen aus der Übernahme von gefahrenabwehrenden Aufgaben. Eine andere Frage, die in dem vorliegenden Zusammenhang nicht weiter vertieft werden soll, ist hingegen, ob sich entsprechende Garantenpflichten der privaten Sicherheitskräfte aus tatsächlicher Übernahme von den Auftraggebern des Schutzdienstes ableiten lassen. (Vgl. dazu unten: 2.Teil, C), II), 1), 3)).

510 Vgl. aus der umfangreichen Literatur nur die Monographien zu diesem Themenbereich aus neuerer Zeit: Gürbüz, Strafbarkeit von Amtsträgern (1997); Rogall, Strafbarkeit von Amtsträgern (1991); Sangenstedt, Garantenstellung (1989); Hüwels, Fehlerhafter Gesetzesvollzug (1986); Schultz, Amtswalterunterlassen (1984); Zeitler, Haftung für Verwaltungsentscheidungen (1982); Rudolphi, Festschrift Dünnebier S.561 ff.; Horn, NJW 1981, 1 (5 ff.); Winkelbauer, JZ 1986, 1119 (1119 ff.).

511 Siehe dazu oben im 2.Teil, A), I); 2), 3), II), 2), 3).

512 Vgl. insbesondere zu den Garantenstellungen von Amtswaltern, die innerhalb der Wasserbehörden zur Abwehr von Gewässerverunreinigungen tätig sind: Tröndle/Fischer, Vor § 324 Rn.6 b; Leipziger Kommentar-Steindorf, § 324 Rn.63 ff.; Jakobs, Strafrecht Allgemeiner Teil 29/77 c mit Anm.156; Winkelbauer, NStZ 1986, 149 (151 f.); Rudolphi, Festschrift Dünnebier S.571 ff.; Schünemann, wistra 1986, 235 (242 ff.); Seier, JA 1985, 23 (28 f.); Horn, NJW 1981, 1 (5 ff.); Otto/Brammsen, Jura 1985, 592 (597); Brammsen, Entstehungsvoraussetzungen S.197 f.; Sangenstedt, Garantenstellung S.633 ff.; Schultz, Amtswalterunterlassen S.166 ff.; Immel, Strafrechtliche Verantwortlichkeit S.169 ff.; Rogall, Strafbarkeit von Amtsträgern S. 202 ff.

513 Grundlegend: Kaufmann, Dogmatik S.283 ff. Vgl. im Anschluß an Kaufmann auch: Systematischer Kommentar-Rudolphi, § 13 Rn.24 ff.; ders., Gleichstellungsproblematik S.103; Schönke/Schröder-Stree, § 13 Rn.9 ff.; Leipziger Kommentar-Jescheck, § 13 Rn.19; Kühl, Strafrecht Allgmeiner Teil § 18 Rn.44; Schmidhäuser, Strafrecht Allgemeiner Teil 12/22; Jescheck/Weigend, Lehrbuch des Strafrechts Allgemeiner Teil S.621; Jescheck/Goldmann, ZStW 77 (1965), 109 (123); Henkel, MSchrKrim 44 (1961), 178 (190); Androulakis, Studien S.205 ff.; Herzberg, Unterlassung im Strafrecht S.315 ff. Dagegen wird von Lackner/Kühl (§ 13 Rn.7 ff.) und Arzt (JA 1980, 647 (648)) nach wie vor auf die formellen Rechtsquellen (Vertrag, Gesetz, freiwillige Übernahme, Lebens- und Gefahrengemeinschaft und Ingerenz) abgestellt. Auch insoweit wird jedoch die wechselseitige Ergänzung von formeller und materieller Einteilung betont. (So etwa: Arzt JA 1980, 647 (648)).

a) Meinungsstand

Einigkeit besteht im Schrifttum[514] insoweit, als daß Amtswalter eine Garantenstellung zum Schutz staatlicher Rechtsgüter haben sollen. Dabei soll die Garantenstellung nicht nur den Schutz fiskalischer Rechtsgüter, sondern auch den Schutz vor Angriffen auf sonstige Rechtsgüter des Staates, wie Staats- und Amtsgeheimnisse umfassen. Aufgrund dessen macht sich ein Polizeibeamter grundsätzlich wegen Strafvereitelung im Amt, begangen durch Unterlassen (§§ 258 a, 13 StGB) strafbar, wenn er trotz dienstlich erlangter Kenntnis von einer Straftat nicht zur Strafverfolgung einschreitet.[515] Unter welchen Umständen Polizisten darüber hinaus Inhaber einer Garantenpflicht zum Schutz von Rechtsgütern der Allgemeinheit oder der Bürger sind, ist dagegen umstritten. Die wohl herrschende Meinung und Rechtsprechung[516] geht davon aus, daß Polizeibeamte Garanten zum Schutz der Bürger vor rechtswidrigen Angriffen Dritter sind. Als staatliche Ordnungshüter seien sie zum Schutz der Bürger und ihrer Rechtsgüter vor Straftaten verpflichtet. Der Polizist, der beispielsweise in einer Einkaufs- und Ladenpasage nicht gegen eine Brandstiftung vorgeht, haftet danach grundsätzlich als Beschützergarant für die verletzten Rechtsgüter. Zum Teil[517] wird diese Straftatverhinderungspflicht aus

---

514 Vgl. Schönke/Schröder-Stree, § 13 Rn.31; Systematischer Kommentar-Rudolphi, § 13 Rn.54 a; ders., JR 1987, 336 (338); Nomos-Seelmann, § 13 Rn.139; Otto, Grundkurs Strafrecht, § 9 Rn.69; Jakobs, Strafrecht Allgemeiner Teil 29/77; Ranft, JZ 1988, 908 (915); Laubenthal, JuS 1993, 907 (909); Winkelbauer, JZ 1986, 1119 (1120); Schultz, Amtswalterunterlassen S.173 ff.

515 Vgl.: RGSt 70, 251 (252); BGHSt 15, 21 (22); Schönke/Schröder-Stree, § 13 Rn.31, § 258 a Rn.10; Systematischer Kommentar-Rudolphi, § 13 Rn.54 a; ders., JR 1987, 336 (338); Leipziger Kommentar-Ruß, § 258 a Rn.4, 6; Jakobs, Strafrecht Allgemeiner Teil 29/77; Baumann/Weber/Mitsch, Strafrecht Allgemeiner Teil, § 15 Rn.56; Laubenthal, JuS 1993, 907 (910); Winkelbauer, JZ 1986, 1119 (1120); Schultz, Amtswalterunterlassen S.174; Freund, Erfolgsdelikt und Unterlassen S.305. Umstritten ist hingegen, ob dies auch im Falle der außerdienstlichen Kenntniserlangung von dem Verdacht einer Straftat gilt. Der BGH (BGHSt 5, 225 (228 f.); 12, 277 (280 f.); BGH, NJW 1993, 544 (544 f.)) billigt den Polizeibeamten bei außerdienstlich erlangter Kenntnis grundsätzlich einen nach Art.1, 2 GG geschützten Raum persönlicher Freiheit zu und bejaht eine entsprechende Garantenhaftung, wenn durch die Straftat *Belange der Öffentlichkeit und der Volksgesamtheit in besonderem Maße berührt* werden. Diese Rechtsprechung hat in der Literatur (vgl.: Kleinknecht/Meyer, StPO, § 160 Rn.10; Systematischer Kommentar-Samson, § 258 a Rn.13; Laubenthal, JuS 1993, 907 (911); Mitsch, NStZ 1993, 384 (384); Wagner, Amtsverbrechen S.296) aufgrund der fehlenden Bestimmtheit und Bestimmbarkeit der vom BGH verwendeten Generalklausel erhebliche Kritik erfahren.

516 Vgl.: RGSt 70, 251 (252); BGHSt 2, 150 (153); 4, 167 (170); 5, 225 (229); BGH, NJW 1993, 544 (544); Leipziger Kommentar-Jescheck, § 13 Rn.27, 29; Nomos-Seelmann, § 13 Rn.139; Alternativ Kommentar-Seelmann, § 13 Rn.139; Schönke/Schröder-Stree, § 13 Rn.52; Tröndle/Fischer, § 13 Rn.6 a; Otto, Grundkurs Strafrecht Allgemeiner Teil, § 9 Rn.68; Wessels/Beulke, Strafrecht Allgemeiner Teil Rn.721; Köhler, Strafrecht Allgemeiner Teil S.226 f.; Jakobs, Strafrecht Allgemeiner Teil 29/77 d; Horn, NJW 1981, 1 (9 f.); Arzt, JA 1980, 647 (651 f.); Böhm, JuS 1961, 177 (181); Otto/Brammsen, Jura 1985, 592 (596 f.); Brammsen, Entstehungsvoraussetzungen S.190 ff.; Wagner, Amtsverbrechen S.250 ff., 256; Gallas, Studien zum Unterlassungsdelikt S.84; Sangenstedt, Garantenstellung S.606 ff.; Schultz, Amtswalterunterlassen S.160 ff.; Freund, Erfolgsdelikt und Unterlassen S.291 ff. Zur Garantenstellung des Ordnungsamtleiters: BGH, NJW 1987, 199 (199). Die Garantenstellung zur Verhinderung von Straftaten besteht nach der Rechtsprechung (vgl.: BGH, NJW 1993, 544 (544)) nur im Rahmen der Dienstausübung und der örtlichen und sachlichen Zuständigkeit des Beamten.

517 So insbesondere die Rechtsprechung, vgl.: RGSt 70, 251 (252): *allgemeine Dienstaufgabe*; BGH, NJW 1993, 544 (544): *öffentlich-rechtliche Pflichtenstellung*. Vgl. ferner: Arzt, JA 1980, 647 (651 f.); Jakobs, Strafrecht Allgemeiner Teil 29/76 ff.; Tröndle/Fischer, § 13 Rn.6 a.

einer Amts- oder Berufspflicht abgeleitet, während überwiegend[518] angenommen wird, der Polizeibeamte habe eine entsprechende Beschützerposition übernommen. Gegen eine derartige uferlose Ausweitung der Garantenhaftung für die im Bereich der Gefahrenabwehr tätigen Beamten, in deren Folge der Staat und seine Organe zu allumfassenden Garanten avancieren, wird eingewandt, daß -wie die Vorschriften der §§ 138, 323 c StGB zeigten-[519] nicht jede Rechtspflicht zum Handeln eine Garantenstellung begründe.[520] Hinzukommen müsse vielmehr eine personale Beziehung zwischen dem Amtsträger und dem Bürger, eine besondere Überantwortung des Schutzgutes, namentlich durch tatsächliche Übernahme im Einzelfall. Zwischen dem zum Einschreiten kraft öffentlichen Rechts verpflichteten Polizeibeamten und dem bedrohten Bürger fehle hingegen die erforderliche Abhängigkeitsbeziehung. Eine Beschützergarantenstellung setze voraus, daß der bedrohte Bürger zumindest partiell zum Schutz der eigenen Rechtsgüter außerstande sei und dem Staat und seinen Funktionsträgern aufgrund dieses Schutzmankos als Korrelat eine Schutzpflicht auferlegt worden sei. Im allgemeinen Verhältnis des Bürgers zum Staat sei der Rechtsgüterschutz jedoch nicht beschränkt, so daß für eine besondere Obhutsgarantenstellung der Polizeibeamten für die Rechtsgüter des Bürgers kein Raum sei.

b) Stellungnahme

Zutreffend ist zunächst, daß vor allem die Rechtsprechung eine tragfähige Begründung der Garantieverhältnisse im Rahmen des Amtswalterunterlassens vermissen läßt und sich damit dem Vorwurf aussetzt, durch die Ableitung der Garantenverantwortlichkeit aus öffentlich-rechtlichen Pflichten zu der längst überwunden geglaubten streng formellen Rechtspflichttheorie zurückzukehren.[521] Wie sich im Rahmen der eingehenden Auseinandersetzung mit der formellen Rechtspflichttheorie gezeigt hat,[522] darf sich die Strafrechtsordnung nach dem Grundsatz der Einheit der Rechtsordnung zwar nicht zur sonstigen Rechtsordnung in Widerspruch setzen, indem sie strafrechtliche Verhaltenspflichten statuiert, obwohl der Amtsträger nach öffentlichem Recht nicht zu einem Einschreiten befugt wäre. Insoweit sind die Wertungen der Gesamtrechtsordnung für das Strafrecht präjudiziell. Umgekehrt hat sich aber gezeigt, daß kein Ableitungszusammenhang zwischen den strafrechtlichen und den außerstrafrechtlichen Handlungs-

---

518 Vgl.: Leipziger Kommentar-Jescheck, § 13 Rn.27, 29; Jescheck/Weigend, Lehrbuch des Strafrechts Allgemeiner Teil S.624; Otto, Grundkurs Strafrecht Allgemeiner Teil, § 9 Rn.67; Horn, NJW 1981, 1 (9); Otto/Brammsen, Jura 1985, 592 (597); Gallas, Studien zum Unterlassungsdelikt S. 84.

519 Vgl. dazu bereits die Ausführungen zur formellen Rechtspflichttheorie im 1.Teil unter A), II). Die §§ 138, 323 c StGB statuieren Handlungspflichten des einzelnen, die gerade keine Garantenstellungen des Täters begründen.

520 Eine Garantenverantwortlichkeit des Polizeibeamten für die von Dritten begangenen Straftaten wird aufgrund dessen verneint von: Systematischer Kommentar-Rudolphi, § 13 Rn.54 c; ders., JR 1987, 336 (338 f.); Ranft, JZ 1987, 908 (914 f.); Herzberg, Unterlassung im Strafrecht S.356; Landscheidt, Problematik der Garantenpflichten S.108 f.; Schünemann, wistra 1986, 235 (243 f.); ders., ZStW 96 (1984), 287 (311); ders., Grund und Grenzen S.363; Winkelbauer, JZ 1986, 1119 (1120). Differenzierend: Mitsch, NStZ 1993, 384 (384 f.).

521 Vgl. auch die Kritik von: Rudolphi, JR 1987, 336 (336); ders., Festschrift Dünnebier S.574; ders., NStZ 1991, 361 (363 f.); Schünemann, ZStW 96 (1984), 287 (311); Jescheck/Weigend, Lehrbuch des Strafrechts Allgemeiner Teil S.624; Winkelbauer, JZ 1986, 1119 (1120); Laubenthal, JuS 1993, 907 (908); Sangenstedt, Garantenstellung S.609.

522 Siehe dazu oben: 1.Teil, A), II).

pflichten besteht, so daß sich die maßgeblichen Garantenpflichten nicht aus öffentlich-rechtlichen Handlungspflichten der Amtsträger ableiten lassen.[523]

Die an der öffentlich-rechtlichen Stellung der Amtswalter orientierte Auffassung, die eine Obhutsgarantie im Ergebnis ablehnt, kann jedoch weder von der Begründung noch von ihrem Ergebnis her überzeugen. Für die Annahme einer Beschützergarantenstellung der Polizeibeamten spricht, daß es sich bei den Aufgaben der Gefahrenabwehr und Strafverfolgung um originär staatliche Angelegenheiten handelt.[524] Aufgabe der Polizei ist nach den Polizeigesetzen der Länder die Abwehr von Gefahren für die öffentliche Sicherheit und Ordnung. Da der Schutz der öffentlichen Sicherheit nicht nur Rechtsgüter der Allgemeinheit, sondern grundsätzlich auch Individualrechtsgüter umfaßt,[525] sind die Polizeivollzugskräfte grundsätzlich auch zum Schutz von rechtlich geschützten Individualinteressen berufen. Wenn Mahlberg[526] demgegenüber aus dem polizeirechtlichen Subsidiaritätsprinzip[527] den Schluß zieht, daß der Schutz der Individualrechtsgüter Eigentum und Ehre dem ausschließlichen Kompetenzbereich Privater zuzuordnen sei, beruht dies zunächst auf der unzutreffenden Annahme, der Schutz dieser Rechtsgüter liege regelmäßig im ausschließlich privaten Interesse. Dabei wird jedoch verkannt, daß diese Rechtsgüter Schutzgüter von Strafrechtsvorschriften[528] sind, so daß auch ein öffentliches Interesse tangiert ist.[529] Das Subsidiaritätsprinzip, nach dem der Schutz von

---

523 Eingehend dazu siehe oben unter: 1.Teil, A), II).

524 Vgl. statt vieler: Drews/Wacke/Vogel/Martens, Gefahrenabwehr S.1 f.; Wolff/Bachof/Stober, Verwaltungsrecht I, § 12 Rn.18; Isensee in ders./Kirchhof, Handbuch des Staatsrecht III, § 57 Rn.44 ff.; Götz in Isensee/Kirchhof, Handbuch des Staatsrechts III, § 79 Rn.1 ff.; Friauf in Schmidt-Aßmann, Besonderes Verwaltungsrecht, 8.Abschnitt Rn.2; Bracher, DVBl 1989, 520 (520); Peters, Festschrift Nipperdey S.892; Bull, Allgemeines Verwaltungsrecht Rn.37; Hengstschläger, VVDStRL 54 (1995), 165 (174); Bauer, VVDStRL 54 (1995), 243 (255). Anders hingegen Mahlberg (Gewerbliche Sicherheitsunternehmen S. 66 ff.), der zwischen obrigkeitlicher und nichtobrigkeitlicher Verwaltungstätigkeit differenziert. Allgemeine polizeiliche Gefahrenabwehraufgaben -so Mahlberg (a.a.O. S.71)- erforderten nicht den Einsatz obrigkeitlicher Mittel und seien demgemäß nicht ausschließlich dem Staat vorbehalten. Gleiches gelte für repressive Aufgaben, die jedenfalls dann keinen Einsatz obrigkeitlicher Mittel voraussetzten, wenn sich die Maßnahme gegen eine fortdauernde Störung richte; in diesem Fall enthalte die repressive Maßnahme regelmäßig ein präventives Element, denn sie sorge weiteren Gefahren in der Zukunft vor. Lediglich die repressive Tätigkeit unter Anwendung von Gewalt oder Zwang, die sich nicht gegen eine fortdauernde Störung richte, sei obrigkeitliche staatliche Domäne, weil die Selbsthilferechte mangels einer gegenwärtigen Angriffslage keine Eingriffsbefugnisse gewährten. (Mahlberg, a.a.O. S.71 f.). Mahlberg verkennt jedoch, daß die privaten Selbsthilferechte keine den hoheitlichen Ermächtigungsnormen vergleichbare Eingriffsbefugnisse verleihen. Die Selbsthilferechte durchbrechen lediglich punktuell das staatliche Gewaltmonopol für den Fall, daß obrigkeitliche Hilfe nicht zur Stelle und auch nicht rechtzeitig zu erlangen ist. Eingehend zum Ganzen sogleich im Text.

525 Vgl.: OVG Münster, DVBl 1967, 546 (547 f.); OVG Berlin, NJW 1980, 2484 (2484); Götz, Allgemeines Polizei- und Ordnungsrecht Rn.78; Meixner, HSOG § 1 Rn.4; Drews/Wacke/Vogel/Martens, Gefahrenabwehr S.232 ff.; Friauf in Schmidt-Aßmann, Besonderes Verwaltungsrecht S.119; Ule/Rasch, Allgemeines Polizei- und Ordnungsrecht § 1 Rn.33 ff.

526 Gewerbliche Sicherheitsunternehmen S.72 f.

527 Vgl.: § 1 Abs.2 ME PolG; § 1 Abs.2 nw PolG; § 1 Abs. 4 bln ASOG; § 1 Abs.2 mv SOG; § 1 Abs.3 nds GefAG; § 1 Abs.3 rh-pf POG, § 1 Abs.2 sanh SOG, § 162 Abs.2 schlh LVwG, § 2 Abs.2 thür PAG; Art.2 Abs.2 bay PAG; § 2 Abs. 2 bw PolG; § 1 Abs.2 bbg PolG; § 1 Abs.2 br PolG; § 1 Abs.3 hess SOG; § 1 Abs.3 saarl PolG; § 2 Abs.2 sächs PolG.

528 Siehe §§ 242 ff., 303 ff., 285 ff. StGB.

529 Bei Gefahren für die Individualrechtsgüter Leben, Gesundheit und Freiheit, bei denen auch Mahlberg (Gewerbliche Sicherheitsunternehmen S.72 Anm.128) ein öffentliches Interesse bejaht, wird sogar in der Regel ein subjektives Recht des Bürgers auf ein polizeiliches Einschreiten aufgrund einer Ermessensreduzierung auf Null gegeben sein.

Individualrechtsgütern der Polizei nur im Einzelfall obliegt, wenn gerichtliche Hilfe nicht rechtzeitig zu erlangen ist, kommt damit nicht zur Anwendung, denn die Begrenzungsfunktion des Subsidiaritätsprinzips bezieht sich nur auf rein privatrechtswidrige Gefahren und greift dann nicht, wenn, wie dies im strafrechtlich relevanten Bereich generell der Fall ist, zugleich öffentliche Interessen berührt werden.[530] Eine Zuständigkeit der Polizei im strafrechtsrelevanten Bereich kann nicht mit dem Hinweis auf ein fehlendes öffentliches Interesse an der polizeilichen Gefahrenabwehr verneint werden, denn der Gesetzgeber hat mit der Pönalisierung bestimmter Verhaltensweisen und dem strafrechtlichen Schutz eines Rechtsgutes das Bestehen eines öffentlichen Interesses hinreichend zum Ausdruck gebracht.[531] Zum anderen verkennt Mahlberg, daß der Schutz von Eigentum und Ehre, selbst wenn man ein Einschreiten der Polizei wegen einer ausschließlich privatrechtswidrigen Gefahr als unzulässig ansehen würde, jedenfalls nicht dem Zuständigkeitsbereich des privaten Eigenschutzes zuzuordnen ist. Auch in diesem Fall ist der Rechtsgutsinhaber gehalten, staatliche Hilfe durch Anrufung der Zivilgerichte oder Vollstreckungsorgane in Anspruch zu nehmen. Die Aufgabe, den einzelnen Bürger vor Straftaten zu schützen, ist damit nicht nur Reflex- oder Nebenwirkung einer Berufspflicht anderen Inhalts,[532] sondern unmittelbare Aufgabe der Schutzpolizei. Eine andere Sichtweise würde zudem nicht hinreichend die grundlegend gewandelte Stellung des Individuums zum Staat berücksichtigen, die darin zum Ausdruck kommt, daß im Einzelfall subjektive Rechte des Bürgers auf ein polizeiliches Einschreiten[533] und grundrechtliche Schutzpflichten[534] bestehen können.

---

530 So zutreffend auch: Drews/Wacke/Vogel/Martens, Gefahrenabwehr S.239; Friauf in Schmidt-Aßmann, Besonderes Verwaltungsrecht, 2.Abschnitt Rn.30; Bernet/Groß, Polizeirecht § 1 Rn.11; Meixner, HSOG § 1 Rn.31; Ule/Rasch, Allgemeines Polizei- und Ordnungsrecht, § 1 Rn.58; Laubenthal, JuS 1993, 907 (908); Ehlers, Festschrift Lukes S.341. Anders hingegen Baur (JZ 1962, 73 (76 f.)), der die polizeiliche Schutztätigkeit auch für subsidiär hält, wenn Strafrechtsgüter betroffen sind. Das Subsidiaritätsprinzip greife auch dann ein, wenn das Strafrecht private Rechtspositionen lediglich flankiere und verstärke, nicht aber als originäre Rechtsgüter des öffentlichen Rechts schütze. Baur weitet jedoch den Anwendungsbereich des Subsidiaritätsprinzips in unzulässiger Weise zu Gunsten des Vorrangs des privaten Rechtsschutzes aus und läßt außer acht, daß der staatlichen Tätigkeit im strafrechtsrelevanten Bereich absoluter Vorrang zukommt. Im repressiven Bereich sind die staatlichen Organe im Geltungsbereich des Legalitätsprinzips (§§ 152 Abs.2, 160, 163 Abs.1 StPO) zur Aufnahme von Ermittlungen verpflichtet und zwar *ex officio*, also unabhängig von dem Willen des Verletzten. In gleicher Weise sind die staatlichen Organe befugt, zur Abwehr dementsprechender Straftaten auch unabhängig von dem Willen des Betroffenen gefahrenabwehrend einzuschreiten, denn die polizeiliche Schutztätigkeit erfolgt im öffentlichen Interesse, welches bei der drohenden Verwirklichung eines Straftatbestandes grundsätzlich berührt wird.

531 So zutreffend auch: Baur, JZ 1962, 73 (76).

532 So aber: Herzberg, Unterlassung im Strafrecht S.356. Vgl. auch: Immel, Strafrechtliche Verantwortlichkeit S.183. Dagegen zu Recht: Hüwels, Fehlerhafter Gesetzesvollzug S.85 f.; Sangenstedt, Garantenstellung S.609 f.; Freund, Erfolgsdelikt und Unterlassen S.293 f.

533 Ein Anspruch des Bürgers auf polizeiliches Einschreiten nach allgemeinem Polizei- und Ordnungsrecht besteht jedoch nur im Falle einer Ermessensreduzierung auf Null. (Vgl.: BVerwGE 11, 95 (97); Bernet/Groß, Polizeirecht § 5 Rn.3; Gornig/Jahn, Sicherheits- und Polizeirecht S.38; Meixner, HSOG § 5 Rn.4; Ule/Rasch, Allgemeines Polizei- und Ordnungsrecht § 3 Rn.9). Für eine Ermessensreduzierung kommt es im wesentlichen auf die Bedeutung des Schutzgutes, die Intensität der Gefahr sowie den Grad der Hilflosigkeit des Betroffenen an. (Vgl.: Gornig/Jahn, Sicherheits- und Polizeirecht S.38; Meixner, HSOG § 5 Rn.4). Da dem einzelnen kein allgemeiner Gesetzesvollziehungsanspruch zusteht, setzt ein subjektives Recht des Bürgers darüber hinaus voraus, daß die pflichtbegründende Rechtsnorm zumindest auch dem individuellen Schutz des Betreffenden dienen soll. (Siehe: OVG Münster, NVwZ 1983, 101 (102); Friauf in Schmidt-Aßmann, Besonderes Verwaltungsrecht, 2.Abschnitt, Rn.65).

Rudolphi,[535] der eine Angewiesenheit des Bürgers auf eine polizeiliche Schutztätigkeit verneint, verkennt darüber hinaus, daß dem Bürger der Schutz seiner Rechtsgüter nur in eingeschränktem Maße möglich ist. Zum Rechtsgüterschutz unter Anwendung physischer Gewalt ist gemäß dem staatlichen Gewaltmonopol[536] primär der Staat mit seinen Organen und Amtsträgern befugt. Das Monopol staatlicher Gewalt statuiert, soweit es das Verhältnis der Bürger untereinander betrifft, ein Gewaltverbot *inter privatos* und steht einer eigenmächtigen Rechtsdurchsetzung des einzelnen entgegen.[537] Dabei ist das Gewaltmonopol zum einen Bedingung staatlicher Souveränität und folglich Mittel zur Selbsterhaltung des Staates,[538] zum anderen wird die innergesellschaftliche Konfliktaustragung reguliert und damit der inneren Ordnung Geltung verschafft.[539] Der Bürger kann seine Rechtsgüter daher nur eingeschränkt durch Wahrnehmung der Notwehr- und Selbsthilfebefugnisse vor rechtswidrigen Angriffen selbst schützen; die Selbsthilferechte gewähren ihm nur im Ausnahmefall unter Durchbrechung des staatlichen Gewaltmonopols ein Selbsthilferecht für den Fall, daß der Staat mit seinen Funktionsträgern nicht präsent ist und aufgrund dessen die Rechtsgüter des einzelnen Bürgers nicht schützen kann. [540] [541] Dies ergibt sich aus dem Umstand, daß die Selbstschutzrechte Ausdruck der grundrechtlich verbürgten freien Entfaltung der Persönlichkeit (Art.2 Abs.1 GG) sind,[542] die gem. Art.2 Abs.1 GG jedoch von vornherein unter dem Vorbehalt der verfassungsmäßigen Ordnung steht, zu der insbesondere auch das

---

534 Grundlegend zu den staatlichen Schutzpflichten: BVerfGE 39, 1 (41 ff.); 46, 160 (164); 49, 24 (53); 49, 89 (140 ff.). 53, 30 (57); 56, 54 (73 ff.). Vgl. ferner: Klein, NJW 1989, 1633 (1636); Würtemberger in Achterberg/Püttner, Besonderes Verwaltungsrecht S.331; Götz in Isensee/Kirchhof, Handbuch des Staatsrechts III, § 79 Rn.13 ff.

535 Systematischer Kommentar, § 13 Rn.54 c; JR 1987, 336 (339).

536 Zum staatlichen Gewaltmonopol: Götz in Isensee/Kirchhof, Handbuch des Staatsrechts III, § 79 Rn.8, 29; Isensee in ders./Kirchhof, Handbuch des Staatsrechts I, § 13 Rn.74 ff.; ders., Festschrift Sendler S.46 ff.; Faller, Festschrift Geiger S.10 ff.; Burr, JR 1996, 230 (230 ff.); Schuster, Die Polizei 1989, 5 (6); Ludwig, Notwehr und Notstandsrecht S.59 ff.; Merten, Rechtsstaat und Gewaltmonopol S.29 ff. Zur historischen Entwicklung des staatlichen Gewaltmonopols vgl.: Faller, Festschrift Geiger S.5 ff.; Bracher, Gefahrenabwehr durch Private S.104 ff.

537 So: Merten, Rechtsstaat und Gewaltmonopol S.56.

538 Vgl.: Burr, JR 1996, 230 (230); Isensee, Festschrift Eichenberger S.25; Bracher, Gefahrenabwehr durch Private S.109; Merten, Rechtsstaat und Gewaltmonopol S.32 ff.

539 Zur Bedeutung des staatlichen Gewaltmonopols für die Friedenssicherung: Scholz, NJW 1983, 705 (707); Schnapp, Jura 1986, 113 (115); Schuster, Die Polizei 1989, 5 (6); Burr, JR 1996, 230 (230); Isensee, Festschrift Eichenberger S.26, 34; Mahlberg, Gewerbliche Sicherheitunternehmen S.79; Bracher, Gefahrenabwehr durch Private S.110 f.; Merten, Rechtsstaat und Gewaltmonopol S.60.

540 Der Ausnahmecharakter der Nothilferechte und die durch die Selbsthilferechte bewirkte Durchbrechung des staatlichen Gewaltmonopols ist im Schrifttum weitgehend anerkannt. Vgl.: Isensee in ders./Kirchhof, Handbuch des Staatsrechts I, § 13 Rn.85; Seebode, Festschrift Krause S.387, Faller, Festschrift Geiger S.8; Schroeder, Festschrift Maurach S.138; Kinnen, MDR 1974, 631 (633); Burr, JR 1996, 230 (231); Pelz, NStZ 1995, 305 (305); Schuster, Die Polizei 1989, 5 (6); Eberstein, BB 1980, 863 (867); Ludwig, Notwehr und Notstandsrecht S.61 f.; Isensee, Festschrift Eichenberger S.27; Merten Rechtsstaat und Gewaltmonopol S.57, 59. Vgl. auch Isensee, (Festschrift Sendler S.52), der in diesem Zusammenhang von den Selbsthilferechten als *immanente Schranken des Gewaltmonopols* spricht. Einschränkend hingegen: Götz in Isensee/Kirchhof, Handbuch des Staatsrechts III, § 79 Rn.32.

541 Eingehend zur Subsidiarität der Selbsthilferechte siehe unten: 2.Teil, C), II), 2), b), bb), (2).

542 So vor allem Faller (Festschrift Geiger S.9 f.) mit Hinweis darauf, daß die allgemeine Handlungsfreiheit (Art.2 Abs.1 GG) auch Rechtspositionen schütze, die für die freie Entfaltung der Persönlichkeit notwendig sind, wie Leben, Freiheit, Gesundheit und Eigentum. Geschützt werde ferner die Befugnis zur Abwehr von Angriffen auf diese Rechtsgüter.

Gewaltmonopol des Staates und die Friedenspflicht des Bürgers gehören. Aus diesem Grund korrespondiert mit dem staatlichen Gewaltmonopol auch ein Anspruch des Bürgers auf staatlichen Schutz.[543] In dem Maße, wie der Staat seinen Bürgern eine Friedenspflicht auferlegt und ihnen den Schutz der Rechtsgüter unter Gewaltanwendung verwehrt, ist er selbst zu einem Einschreiten verpflichtet.[544] Mit der Gewährung der Selbsthilferechte verzichtet der Staat damit teilweise auf sein Gewaltmonopol, aber nur in dem Umfang, in dem dies unerläßlich ist, weil der staatliche Rechtsgüterschutz nicht lückenlos gewährleistet ist.[545] Wenn Rudolphi[546] demgegenüber eine Angewiesenheit des Bürgers auf staatlichen Rechtsgüterschutz mit dem Hinweis auf die Notwehr- und Selbsthilferechte verneinen will, so verkennt er, daß die Verteidigungsmöglichkeiten des Bürgers durch das staatliche Gewaltmonopol grundsätzlich eingeschränkt sind. Darüber hinaus wird übersehen, daß Polizeibeamte kraft ihrer hoheitlichen Eingriffsrechte wirksamere Maßnahmen zum Schutz vor rechtswidrigen Angriffen ergreifen können.[547] Zwar unterliegen die öffentlich-rechtlichen Eingriffsbefugnisse zahlreichen rechtsstaatlichen Einschränkungen, die sich vor allem aus der Grundrechtsbindung, dem Gesetzesvorbehalt und der staatlichen Kompetenzordnung ergeben. Im Ergebnis berechtigen jedoch die hoheitlichen Eingriffsrechte gegenüber den jedermann zustehenden Selbsthilferechten zu weitergehenden Eingriffen in die Rechtssphäre des einzelnen. Dies ergibt sich etwa daraus, daß die polizeilichen Eingriffsbefugnisse anders als das private Notwehrrecht keinen gegenwärtigen Angriff voraussetzen, sondern in der Regel bereits bei einer drohenden Gefahr eingreifen. Weiterhin kann die Polizei unter bestimmten Voraussetzungen auch den Nichtstörer zur Gefahrenabwehr in Anspruch nehmen, während private Nothilfe nur gegen rechtswidriges Verhalten zulässig ist. Die Polizei kann den Angreifer andererseits nicht nur zur Duldung der Gegenwehr, sondern auch zur positiven Mitwirkung bei der Gefahrenabwehr verpflichten.[548] Die nur im Ausnahmefall als *ultima ratio* geltenden und unter Durchbrechung des staatlichen Gewaltmonopols gewährten Selbsthilferechte gewährleisten demgegenüber keine ausreichenden Schutz-

[543] So auch: Drews/Wacke/Vogel/Martens, Gefahrenabwehr S.1 f.; Isensee in ders./Kirchhof, Handbuch des Staatsrechts I, § 13 Rn.82; ders., Festschrift Sendler S.60 ff.; Burr, JR 1996, 230 (231); Schulte, DVBl 1995, 130 (132); Honigl, Tätigwerden von Privaten S.81; Faller, Festschrift Geiger S.17 f.; Isensee, Festschrift Eichenberger S.26; Merten, Rechtsstaat und Gewaltmonopol S.66. In Betracht kommen zum einen grundrechtliche Schutzpflichten des Staates sowie einfachgesetzliche subjektive Rechte.

[544] Siehe dazu auch Jakobs (Strafrecht Allgemeiner Teil 29/77 d, Anm.156 a), der ausführt, die mit dem staatlichen Gewaltmonopol korrespondierende Friedenspflicht des Bürgers würde ihre Grundlage verlieren, wenn der Staat die Sicherheit nicht gewährleisten würde. Die von Rudolphi geforderte Abhängigkeitsbeziehung entstehe mit dem Eintritt in den bürgerlichen Zustand.

[545] So auch: Kinnen, MDR 1974, 631 (633). Die Grenze zwischen dem Vorrang staatlicher Gewaltausübung und zulässiger Selbsthilfe des Bürgers ist folglich da zu ziehen, wo der Staat keinen ausreichenden Schutz gewähren kann oder will. Vgl.: Burr, JR 1996, 230 (231); Kühl, Jura 1993, 118 (125); Kunz, ZStW 95 (1983), 973 (989); Isensee, Festschrift Eichenberger S.27; Merten, Rechtsstaat und Gewaltmonopol S.57.

[546] Systematischer Kommentar, § 13 Rn.54 c; JR 1987, 336 (339). Ebenso: Schünemann, wistra 1986, 235 (244).

[547] Vgl. etwa die polizeirechtlichen Standardmaßnahmen in §§ 9 ff. nw PolG. Eingehend zu den Voraussetzungen der Standardmaßnahmen: Drews/Wacke/Vogel/Martens, Gefahrenabwehr S.183 ff.; Friauf in Schmidt-Aßmann, Besonderes Verwaltungsrecht, 2.Abschnitt Rn.119 ff.; Gusy, Polizeirecht Rn.179 ff.

[548] Eingehend zu den Unterschieden der polizeilichen Befugnisse und der privaten Notwehr: Leipziger Kommentar-Spendel, § 32 Rn.276 f.; Bernsmann, Festschrift Blau S.27 ff.; Kirchhof, NJW 1978, 969 (970 f.); Kunz, ZStW 95 (1983), 973 (988); Ludwig, Notwehr und Notstandsrecht S.64 ff.; Fechner, Grenzen polizeilicher Notwehr S.4 ff.

möglichkeiten. Der Hinweis auf die Notrechte kann dabei nicht darüber hinwegtäuschen, daß die primäre Zuständigkeit für den Rechtsgüterschutz bei dem Staat und seinen Funktionsträgern und nicht bei dem Rechtsgutsinhaber selbst liegt, der physischen Zwang nur im Falle einer *staatlichen Gewaltgestattung*[549] ausüben darf. Somit läßt sich grundsätzlich nicht leugnen, daß der Bürger zumindest partiell zum Schutz der Rechtsgüter außerstande ist. Als Korrelat der Schutzlosigkeit des Bürgers besteht eine entsprechende Schutzpflicht des Staates. Damit muß mit der herrschenden Ansicht davon ausgegangen werden, daß der einzelne zur Verteidigung seiner rechtlich geschützten Interessen auf staatlichen Schutz angewiesen ist.[550] Folglich obliegt den Polizeibeamten eine Garantenstellung zum Schutz der Bürger und ihrer Rechtsgüter; diese Garantenpflicht ist synallagmatisch mit dem Verzicht der Bürger auf Anwendung physischer Gewalt und unbeschränkte Selbsthilfe verbunden.

2) Überwachungsgarantenstellung

Fraglich ist des weiteren, ob den Polizeikräften eine Überwachungsgarantenstellung im Hinblick auf Straftäter zukommt, die fremde Rechtsgüter gefährden. Inwieweit Polizisten bei Inaktivität für das rechtswidrige Verhalten Dritter haften, ist in der Literatur strittig.

a) Meinungsstand

Unstreitig ist zunächst nur, daß Amtsträger eine Garantenstellung zur Überwachung von Gefahrenquellen im Herrschaftsbereich der Behörde haben.[551] Sie haften daher als Garanten für solche Rechtsgutsverletzungen, die beispielsweise auf Störfälle in unmittelbar von der öffentlichen Hand betriebenen Anlagen zurückzuführen sind. Fraglich ist in diesem Zusammenhang jedoch, inwiefern Amtsträger unter dem Gesichtspunkt der Überwachungsgarantenstellung für rechtswidrige Verhaltensweisen Dritter einzustehen haben, ob also z.B. Polizeivollzugsbeamte für die von ihnen zufällig im Dienst beobachteten Straftaten Dritter als Überwachungsgaranten haften. Ausgangspunkt der Betrachtung ist der Grundgedanke, daß eine Haftung für fremdes Verhalten nur im Falle einer dem Amtsträger eingeräumten Aufsichts- und Befehlsgewalt über den deliktisch Handelnden in Betracht kommt.[552] Mangels eines entsprechenden Aufsichts- und Befehlsverhältnisses

---

549 So: Merten, Rechtsstaat und Gewaltmonopol S.56; Burr, JR 1996, 230 (230); Schulte, DVBl 1995, 130 (133); Ludwig, Notwehr und Notstandsrecht S.60. Unter *Gewaltgestattung* versteht Merten (a.a.O. S.56 f.) zum einen die Gewaltübertragung in Form der Beleihung sowie die Gewaltermächtigung bei den Selbsthilferechten.

550 Anders hingegen Schünemann (wistra 1986, 235 (243 f.)), der gegen die von Schultz (Amtswalterunterlassen S.138 ff.) vertretene Ansicht, die Bürger würden auf den Schutz durch die Polizei vertrauen und deshalb von eigenen Sicherheitsvorkehrungen absehen, einwendet, die Polizei sei nach der sozialen Wirklichkeit nicht zur Verhinderung von Rechtsgutsverletzungen in der Lage. Dies sei dem Bürger auch bewußt, weshalb er Selbstschutzmaßnahmen ergreife. Dabei verkennt Schünemann jedoch den oben aufgezeigten normativen Zusammenhang zwischen den dem Bürger durch das staatliche Gewaltmonopol auferlegten Gewaltverzicht und der staatlichen Verpflichtung zur Sicherheitsgewährleistung. Auf ein faktisch vorhandenes Vertrauen der Bürger kommt es demgegenüber nicht an.

551 Vgl. nur: BGHSt 20, 315 (320 f.); BGH, VRS 18 (1960), 48 (51); Systematischer Kommentar-Rudolphi, § 13 Rn.27 f.; ders., JR 1987, 336 (338); ders., NStZ 1991, 361 (366); Horn, NJW 1981, 1 (5 f.); Schünemann, Grund und Grenzen S.363; Schultz, Amtswalterunterlassen S.153 f.; Sangenstedt, Garantenstellung S.463 f.

552 Vgl. dazu: Systematischer Kommentar-Rudolphi, § 13 Rn.32; ders., JR 1987, 336 (338); Schönke/

zwischen Polizeibeamten und Straftätern im allgemeinen Verhältnis des Bürgers zum Staat wird von der wohl überwiegenden Meinung im Schrifttum[553] eine Überwachungsgarantenstellung der Polizeibeamten daher abgelehnt. Demgegenüber finden sich im Schrifttum[554] vereinzelt auch Stimmen, die -wenn auch zum Teil ohne nähere Begründung[555]- eine Sicherungsgarantenstellung auch außerhalb von sog. Sonderstatusverhältnissen für möglich halten. Auf der Grundlage dieser Auffassung kommt grundsätzlich auch eine Garantenpflicht von Polizeibeamten für die von Delinquenten ausgehenden Gefahren für Rechtsgüter Dritter in Betracht.[556] Der Polizist, der etwa einen Betrug auf öffentlicher Straße beobachtet, ohne einzuschreiten, würde danach als Garant für die Tat des Straftäters haften. Zur Begründung dieser Ansicht wird angeführt, daß ein Herrschaftsverhältnis garantenpflichtbegründender Art nicht nur im Sonderstatusverhältnis, sondern auch im allgemeinen Verhältnis des Bürgers zum Staat bestehe, wenn die Verwaltung gegenüber dem Bürger im Einzelfall über weitreichende Kontroll- und Eingriffsbefugnisse zur effektiven Wahrnehmung ihrer Aufgaben verfügt.[557]

Schröder-Stree, § 13 Rn.51; Leipziger Kommentar-Jescheck, § 13 Rn.41 f.; Nomos-Seelmann, § 13 Rn.127; Otto, Grundkurs Strafrecht I, § 9 Rn.92; Otto/Brammsen, Jura 1985, 592 (598 f.); Winkelbauer, JZ 1986, 1119 (1120); Laubenthal, JuS 1993, 607 (608); Schünemann, Grund und Grenzen S.323 ff.; Freund, Erfolgsdelikt und Unterlassen S. 247 ff. Unter dem Gesichtspunkt der besonderen Aufsichts- und Befehlsgewalt über eine Person wird eine Garantenstellung des Dienstvorgesetzten zur Überwachung seiner Untergebenen gem. § 357 StGB (vgl.: Systematischer Kommentar-Rudolphi, § 13 Rn.35; ders., JR 1987, 336 (338); ders., NStZ 1991, 361 (363 ff.); Schmidhäuser, Strafrecht Allgemeiner Teil 12/36; Sangenstedt, Garantenstellung S.475) und eine Garantenstellung des Gefangenenaufsehers zur Verhinderung von Straftaten der Gefangenen (vgl.: Schönke/Schröder-Stree, § 13 Rn.52; Jescheck/Weigend, Lehrbuch des Strafrechts Allgemeiner Teil S.628; Systematischer Kommentar-Rudolphi, § 13 Rn.35; ders., JR 1987, 336 (338); ders., Festschrift Dünnebier S.575; Schultz, Amtswalterunterlassen S.154 f.; Brammsen, Entstehungsvoraussetzungen S.228 f.) angenommen.

553 Vgl.: Systematischer Kommentar-Rudolphi, § 13 Rn.36; ders., JR 1987, 336 (338); Nomos-Seelmann, § 13 Rn.141; Alternativ Kommentar-Seelmann, § 13 Rn.141; Kühl, Strafrecht Allgemeiner Teil § 18 Rn.118; Landscheidt, Problematik der Garantenpflichten S.107 f.; Schünemann, Grund und Grenzen S.329; ders., ZStW 96 (1984), 287 (311); ders., GA 1985, 341 (380); Horn, NJW 1981, 1 (9); Laubenthal, JuS 1993, 907 (908 f.); Schultz, Amtswalterunterlassen S.112; Sangenstedt, Garantenstellung S.487 ff.

554 Vgl.: Lackner/Kühl, Vor § 324 Rn.11 f.; Schönke/Schröder-Stree, § 13 Rn.52; Schmidhäuser, Strafrecht Allgemeiner Teil 12/36; Jakobs, Strafrecht Allgemeiner Teil 29/58, 29/76 ff.; Wessels/Beulke, Strafrecht Allgemeiner Teil Rn.721; Arzt, JA 1980, 647 (651 f.); Brammsen, Entstehungsvoraussetzungen S.224 ff.; Zeitler, Haftung für Verwaltungsentscheidungen S.58 ff.; Böhm, JuS 1961, 177 (181); Meyer, Garantenstellung beim unechten Unterlassungsdelikt S.149; Freund, Erfolgsdelikt und Unterlassen S.259 f. Vgl. auch bezüglich der Bau-, Gewerbe- und Bankaufsicht: Horn, NJW 1981, 1 (9); Schultz, Amtswalterunterlassen S.164, 172 f.

555 So vor allem: Schönke/Schröder-Stree, § 13 Rn.52; Wessels/Beulke, Strafrecht Allgemeiner Teil Rn.721; Schmidhäuser, Strafrecht Allgemeiner Teil 12/36; Horn, NJW 1981, 1 (9); Arzt, JA 1980, 647 (651 f.).

556 Eine Überwachungsgarantenstellung der Polizeivollzugsbeamten wird namentlich bejaht von: Schönke/Schröder-Stree, § 13 Rn.52; Arzt, JA 1980, 647 (652); Böhm, JuS 1961, 177 (181). Ablehnend dagegen: Schultz, Amtswalterunterlassen S.112.

557 So vor allem Zeitler (Haftung für Verwaltungsentscheidungen S.59), nach dessen Ansicht bereits eine besondere *punktuelle Pflichtenbindung* des Dritten gegenüber der Verwaltung für die Annahme einer Überwachungsgarantenstellung genügen soll. Vgl. auch: Brammsen, Entstehungsvoraussetzungen S.226 f.; Böhm, JuS 1961, 177 (181). Im übrigen wird vor allem auf die Aufgabe der Behörde und ihre öffentlich-rechtliche Verpflichtung zum Einschreiten abgestellt. (Vgl. nur: Lackner/Kühl, Vor § 324 Rn.11; Meyer, Garantenstellung beim unechten Unterlassungsdelikt S.149; Freund, Erfolgsdelikt und Unterlassen S.260).

b) Stellungnahme

Beurteilt sich die Frage nach der Garantenverantwortlichkeit im allgemeinen und der Garantenhaftung von Amtsträgern im besonderen nicht nach außerstrafrechtlichen, namentlich öffentlich-rechtlichen Vorgaben, sondern vielmehr nach spezifisch strafrechtlichen Erwägungen,[558] so kann im Rahmen der Überwachungsgarantenhaftung auch nicht auf das Vorliegen eines Sonderstatusverhältnisses abgestellt werden.

Das Kriterium des *besonderen Gewaltverhältnisses* ist zu einer Abgrenzung der Überwachungsgarantenstellungen von den allgemeinen Hilfspflichten nach § 323 c StGB nicht geeignet. Der Begriff des besonderen Gewaltverhältnisses stammt aus der konstitutionellen Staats- und Verwaltungslehre des ausgehenden 19.Jahrhunderts.[559] Nach der früher herrschenden Lehre vom besonderen Gewaltverhältnis[560] war es grundsätzlich zulässig, die Grundrechte ohne Gesetz oder gesetzliche Ermächtigung in besonderen Gewaltverhältnissen einzuschränken. Im Gegensatz zum allgemeinen Gewaltverhältnis, das jeden Bürger bezüglich seiner allgemeinen Rechte und Pflichten erfaßte, wurde unter dem besonderen Gewaltverhältnis die spezifische Beziehung des Staates zu dem Bürger verstanden, die durch die Einordnung in bestimmte Verwaltungsbereiche begründet wurde und damit besondere Rechte und Pflichten hervorbrachte.[561] Hintergrund der Lehre war der Gedanke, daß der in dem besonderen Gewaltverhältnis stehende Bürger gleichsam in den verwaltungsinternen und damit rechtsfreien Raum einbezogen sei. Die Exekutive sollte daher kraft eigenen Rechts und ohne gesonderte Ermächtigung die im besonderen Gewaltverhältnis erforderlichen Regelungen in Form von Verwaltungsvorschriften treffen können. Das BVerfG[562] hat die Lehre vom besonderen Gewaltverhältnis jedoch als grundsätzlich mit der Verfassung unvereinbar erklärt und ausgeführt, die Grundrechte seien auch im besonderen Gewaltverhältnis anwendbar und nur durch oder auf Grund eines formellen Gesetzes einschränkbar.[563] Indem das

---

558 Vgl. dazu bereits oben unter: 1.Teil, A), II).

559 Vgl. zu den historischen Ursprüngen und zur weiteren Entwicklung der Lehre vom besonderen Gewaltverhältnis: Maurer, Allgemeines Verwaltungsrecht, § 6 Rn.17 ff., § 8 Rn.26 ff.; Bull, Allgemeines Verwaltungsrecht Rn.275 ff.; Loschelder in Isensee/Kirchhof, Handbuch des Staatsrechts V, § 123 Rn.2 ff.; Ronnellenfitsch, DÖV 1981, 933 (933 ff.); ders. in: Merten, Das besondere Gewaltverhältnis S.35 f.; Klein, DVBl 1987, 1102 (1102 ff.); Stolleis, Geschichte des öffentlichen Rechts II S.411 f.

560 Grundlegend Mayer, Deutsches Verwaltungsrecht I S.101 f. Vgl. auch Forsthof, Verwaltungsrecht I S.127 ff. m.w.N. Vgl. auch die Nachweise bei: Klein, DVBl 1987, 1102 (1102 f.). Zur Argumentation und Begründung der Lehre vom besonderen Gewaltverhältnis im einzelnen vgl.: Fuß, DÖV 1972, 765 (767).

561 Vgl.: v. Münch in ders./Kunig, GG, Vorb. Art.1-19 Rn.59; Hesse, Grundzüge des Verfassungsrechts Rn.322; Ronellenfitsch, DÖV 1981, 933 (933). Zu den klassischen besonderen Gewaltverhältnissen zählten das Schulverhältnis, das Strafgefangenenverhältnis, das Beamten- und Wehrdienstverhältnis sowie sonstige Anstaltsverhältnisse. Vgl. dazu eingehend: Maurer, Allgemeines Verwaltungsrecht, § 8 Rn.27; Wolff/Bachof/Stober, Verwaltungsrecht I § 32 Rn.26; Loschelder in Isensee/Kirchhof, Handbuch des Staatsrechts V, § 123 Rn.1. Zum Teil (vgl. nur: Hesse, Grundzüge des Verfassungsrechts Rn.322; Wolff/Bachof/Stober, Verwaltungsrecht I § 32 Rn.27) wird unterschieden zwischen besonderen Gewaltverhältnissen durch freiwilligen Eintritt und besonderen Gewaltverhältnissen durch Inanspruchnahme aufgrund eines Gesetzes (ablehnend dagegen: Ronellenfitsch, DÖV 1984, 781 (782)).

562 BVerfGE 33, 1 (9 ff.) - Strafvollzug.

563 Eingehend zu dem Strafgefangenenbeschluß des Bundesverfassungsgerichts aus dem Jahre 1972: v.Münch in ders./Kunig, GG, Vorb Art.1-19 Rn.60; Klein, DVBl 1987, 1102 (1103 f.); Ronellenfitsch, DÖV 1981, 933 (937); Fuß, DÖV 1972, 765 (766 f.).

besondere Gewaltverhältnis dem rechtsstaatlichen Grundsatz vom Vorbehalt des Gesetzes unterstellt und der Zweck des Verhältnisses nicht mehr als eigenständige Grundrechtsschranke anerkannt wurde, der Grundrechtseingriffe auch ohne gesetzliche Rechtsgrundlage rechtfertigte, wurde der Lehre vom besonderen Gewaltverhältnis die Grundlage entzogen.[564] Die Lehre war nicht mehr haltbar, da die Annahme eines rechtsfreien Raumes der umfassenden Bindung der öffentlichen Gewalt an die Grundrechte (Art.1 Abs.3 GG) und dem rechtsstaatlichen Gesetzesvorbehalt (Art.19 Abs.1 Satz 1 GG) widersprach.[565] Verkannt wurde, daß die sich in einem Sonderstatusverhältnis befindlichen Bürger nicht lediglich Objekte besonderer Staatsgewalt sind, sondern dem Staat als eigenständige Rechtssubjekte und Träger freiheitsverbürgender Rechte gegenübertreten.[566] In Sonderverbindungen, die durch ein besonderes Näheverhältnis zum Staat gekennzeichnet sind, ist der Bürger darüber hinaus in besonderem Maße gegenüber dem Staat schutzwürdig und hat ein Interesse an der Entwicklung seiner Persönlichkeit und Freiheit. Ein neuerlicher Rückgriff auf das Relikt des besonderen Gewaltverhältnisses zur Begründung von Sicherungsgarantenstellungen verbietet sich von daher, will man dem mittlerweile als überholt geltenden Rechtsbegriff nicht eine neue Existenzberechtigung verschaffen.

Insbesondere Sangenstedt,[567] der in neuerer Zeit versucht hat, die Überwachungsgarantenstellungen der Amtsträger auf das besondere Gewaltverhältnis zurückzuführen, ist der Vorwurf zu machen, dem besonderen Gewaltverhältnis zu neuer Bedeutung verhelfen zu wollen. Seine Auffassung bleibt dem herkömmlichen Verständnis des besonderen Gewaltverhältnisses verhaftet, indem er die Gewaltunterworfenheit der sich in Sonderverbindungen befindlichen Bürger besonders hervorhebt und dabei verkennt, daß der Bürger im Sonderstatusverhältnis dem Staat, ebenso wie sonstige Bürger, als autonomes Rechtssubjekt und Träger von Freiheitsrechten gegenübertritt. Mit der Fest-

---

564 Im Schrifttum wird die Rechtsfigur vom besonderen Gewaltverhältnis im überkommenen Sinne allgemein abgelehnt und zum Teil als überholt angesehen. Vgl. nur: Maurer, Allgemeines Verwaltungsrecht, § 8 Rn.29; Wolff/Bachof/Stober, Verwaltungsrecht I, § 32 Rn.29; Bull, Allgemeines Verwaltungsrecht Rn.278, 712; Fuß, DÖV 1972, 765 (765 ff.). Dementsprechend ist auch die prinzipielle Geltung der Grundrechte und des Gesetzesvorbehaltes in Sonderrechtsverbindungen heute einhellig anerkannt. (Vgl.: Wolff/Bachof/Stober, Verwaltungsrecht I, § 32 Rn.29; v.Münch in ders./ Kunig, GG, Vorb Art.1-19 Rn.61; Fuß, DÖV 1972, 765 (767 ff.); Ronellenfitsch, DÖV 1984, 781 (782 f.); ders. in: Merten, Das besondere Gewaltverhältnis S.41; Loschelder in: Merten, Das besondere Gewaltverhältnis S.28). Umstritten ist lediglich die Frage, inwieweit die Grundrechte im Sonderstatusverhältnis einschränkbar sind. Zu den Versuchen, die Existenzberechtigung des besonderen Gewaltverhältnisses nach der Strafgefangenen-Entscheidung des BVerfGs in verwaltungsrechtlicher Hinsicht auf neue Grundlagen zu stellen vgl.: Fuß, DÖV 1972, 765 (773 f.). Siehe dazu auch unten.

565 Vgl. zur Kritik an der Lehre vom besonderen Gewaltverhältnis: Maurer, Allgemeines Verwaltungsrecht, § 8 Rn 29; Bull, Allgemeines Verwaltungsrecht Rn.277; Hesse, Grundzüge des Verfassungsrechts Rn.323; Fuß, DÖV 1972, 765 (765 ff.); Zeitler, Haftung für Verwaltungsentscheidungen S.57.

566 Vgl.: BVerfGE 33, 1 (12); v.Münch in ders./Kunig, GG, Vorb Art.1-19 Rn.61; Ronellenfitsch, DÖV 1981, 933 (938 f.); Fuß, DÖV 1972, 765 (767 f.).

567 Garantenstellung S.309 ff., 404, 491 ff., 563 ff. Ebenso Jakobs (Strafrecht Allgemeiner Teil 29/74), der im Rahmen seiner Begründung der Garantenstellungen kraft *Organisationszuständigkeit* und kraft *institutioneller Zuständigkeit* (a.a.O. 29/28 ff.) auf die *staatlichen Gewaltverhältnisse* abstellt. Ähnlich zuvor bereits Schünemann (Grund und Grenzen S.330), der auf die *Eingliederung des Menschen in einen fremden Befehlsapparat* abstellt. Schünemann (GA 1985, 341 (380)) lehnt demgemäß eine Überwachungsgarantenstellung des Polizeibeamten mit der Begründung ab, daß *zwischen Polizist und Bürger kein einer persönlichen Befehlsgewalt vergleichbares Hierarchieverhältnis* bestehe. Im Ergebnis so wohl auch: Rogall, Strafbarkeit von Amtsträgern S.210 f.

stellung, der *Befehlsunterworfene im besonderen Gewaltverhältnis* befinde sich *in einer Position der Unselbständigkeit und Fremdbestimmung,*[568] er werde *unter den Gesetzen und Zwängen der Eingliederungslage rechtlicher Sonderbeziehungen derart massiv für die Ziele des Apparats vereinnahmt, daß seiner Aktionsfreiheit in praxi kein relevantes Betätigungsfeld*[569] mehr verbleibe, wird der Bürger zum reinen Befehlsempfänger und zum bloßen Objekt staatlicher Gewalt degradiert. Dieses Verständnis der Gewaltunterworfenheit des in die Verwaltung integrierten Bürgers ist Ausdruck des obrigkeitlichen Staates, der durch Willensunterwerfung sowie Befehl und Gehorsam gekennzeichnet ist und läßt sich mit dem heutigen grundgesetzlichen Leitbild nicht vereinbaren. Nach diesem Leitbild bedarf die staatliche Gewalt für freiheitsbeschränkende Eingriffe in die Rechtssphäre des einzelnen einer Legitimationsgrundlage, wobei der Bürger dem Staat grundsätzlich in einem durch Distanz geprägten Verhältnis als Träger von subjektiven freiheitsverbürgenden Abwehrrechten gegenübertritt. Es soll in diesem Zusammenhang nicht bestritten werden, daß die Sonderstatusverhältnisse sich von dem allgemeinen Verhältnis des Staates zum Bürger abheben und Besonderheiten aufweisen.[570] Ernsthaft in Zweifel gezogen werden muß jedoch, daß nur öffentlich-rechtliche Sonderverbindungen eine garantenpflichtbegründende Aufsichts- und Befehlsgewalt des Amtsträgers über eine gefährliche Person begründen. Dagegen spricht bereits, daß es sich bei dem besonderen Gewaltverhältnis nicht um eine Kategorie, sondern lediglich um eine Sammelbezeichnung für verschiedenartige Rechtsverhältnisse handelt, die im wesentlichen unterschiedlich ausgeprägt sind.[571] Auch Sonderstatusverhältnisse bringen im übrigen Pflichtenbindungen unterschiedlichen Ausmaßes hervor, die im Einzelfall erheblich hinter den im allgemeinen Verhältnis des Bürgers zum Staat normierten Pflichten zurückbleiben können.[572]

Steht damit grundsätzlich fest, daß sich das Kriterium des besonderen Gewaltverhältnisses nicht zur Abgrenzung der Sicherungsgarantenpflichten von Amtswaltern eignet, so stellt sich jedoch gleichzeitig die Frage, welcher Art die Aufsichts- und Befehlsgewalt über den deliktisch Handelnden zu sein hat, damit der Herrschaftsausübende für den bewirkten Unrechtserfolg haftet. Fraglich ist in diesem

---

568 So: Sangenstedt, Garantenstellung S.309.

569 Sangenstedt, Garantenstellung S.311.

570 Aus diesem Grund gibt es auch zahlreiche Stimmen im Schrifttum, die zwar das besondere Gewaltverhältnis im herkömmlichen Sinne ablehnen, aber das Rechtsinstitut als verwaltungsrechtliche Kategorie erhalten wollen. (So etwa: v.Münch in ders./Kunig, GG, Vorb Art.1-19 Rn.61; Hesse, Grundzüge des Verfassungsrechts Rn.322 ff.; Ronellenfitsch, DÖV 1981, 933 (933 ff.); ders., DÖV 1984, 781 (781); weitergehend: Klein, DVBl 1987, 1102 (1105 ff.). Dagegen zu Recht: Bull, Allgemeines Verwaltungsrecht Rn.344 ff.; Fuß, DÖV 1972, 765 (774)).

571 Kritisch im Hinblick auf eine Vereinheitlichung der Sonderstatusverhältnisse ohne Berücksichtigung ihrer Eigengesetzlichkeiten auch: v.Münch in ders./Kunig, GG, Vorb Art.1-19 Rn.61; Hesse, Grundzüge des Verfassungsrechts Rn.323; Fuß, DÖV 1972, 765 (766). Ähnlich auch Zeitler (Haftung für Verwaltungsentscheidungen S.58), der darauf verweist, daß im Schulverhältnis unterschiedliche Pflichten und Reglementierungen herrschen wie im Strafgefangenenverhältnis. Loschelder (Isensee/Kirchhof, Handbuch des Staatsrechts V, § 123 Rn.34) will daher die Sonderverbindungen nach der Bedeutung der Verwaltungszwecke und der Intensität einer Inpflichtennahme abstufen. Ebenso: Wolff/Bachof/Stober, Verwaltungsrecht I, § 32 Rn.30.

572 So kann das Überwachungs- und Kontrollinstrumentarium der Umwelt- und Finanzbehörden grundsätzlich eine höhere Regelungsdichte aufweisen als die Pflichtenbindungen in Verhältnissen, die herkömmlicherweise den Sonderstatusverhältnissen zugeordnet werden. Dies wird auch von Sangenstedt (Garantenstellung S.304 f., 491) eingeräumt. Vgl. ferner: Brammsen, Entstehungsvoraussetzungen S.225 f.

Zusammenhang vor allem, ob eine tatsächliche oder rechtliche Befehls- und Herrschaftsgewalt erforderlich ist. Obwohl es sich bei dieser Frage um ein, nicht nur im Rahmen des Amtswalterunterlassens, sondern allgemein bei der Garantenstellung zur Überwachung von Personen, zentrales Problem handelt, finden sich in der Literatur bis auf wenige Ausnahmen nur wenige Ausführungen, die sich mit dieser Frage auseinandersetzen. Sowohl Schünemann[573] als auch Herzberg[574] gehen jedoch übereinstimmend davon aus, daß im Rahmen der Überwachungsgarantenstellung eine *rechtliche* Aufsichts- und Befehlsgewalt über die für ihr Verhalten grundsätzlich verantwortliche Person erforderlich ist.[575] Eine tatsächliche Herrschaftsmacht reiche nicht aus, denn der Wille des unmittelbar Handelnden werde durch persönliche Beziehungen ohne rechtliche Einwirkungsmöglichkeiten nur motiviert, nicht aber beherrscht. Darüber hinaus sei der sonderpflichtige Täter im Rahmen der gesetzlich normierten Unterlassungstatbestände[576] regelmäßig Inhaber rechtlicher Befugnisse. Diese Ansicht verdient grundsätzlich Zustimmung. Ausgangspunkt der Betrachtung muß zunächst der Grund für das Erfordernis der Aufsichts- und Befehlsgewalt sein, den Schünemann[577] zutreffend in dem Prinzip der Selbstverantwortung sieht. Nach dem Grundsatz der Selbstverantwortung[578] beschränkt sich der Verantwortungsbereich des einzelnen grundsätzlich auf sein eigenes Handeln; eine Überbürdung der Haftung auf einen Dritten bedarf hingegen einer besonderen Legitimation. Aus diesem Grund erscheint es zumindest problematisch, den von einem vollverantwortlich Handelnden verursachten Erfolg einem Dritten zuzurechnen, indem ihm eine Garantenstellung zur Erfolgsverhinderung auferlegt wird.[579] Der besondere Legitimationsgrund für eine Mithaftung des Dritten und damit für eine Erweiterung des Verantwortungsbereichs ist hierbei aus dem Grundgedanken der Überwachungsgarantenhaftung abzuleiten. Bei der Innehabung einer sachlichen Gefahrenquelle beruht die Garantenhaftung auf der tatsächlichen Einwirkungsmöglichkeit des Gefahrenquelleninhabers auf die Sache und die damit gleichzeitig verbundene Möglichkeit, andere von der Einwirkung auf die gefahrenbringende Sache auszuschließen.[580] Die Überwachungs-

---

573 Grund und Grenzen S.329 f.

574 Unterlassung im Strafrecht S.320 f.

575 Im Ergebnis übereinstimmend die herrschende Lehre: Systematischer Kommentar-Rudolphi, § 13 Rn.32, 35; ders., Festschrift Dünnebier S.575 f.; ders., JR 1987, 336 (338); Rogall, Strafbarkeit von Amtsträgern S.210; Otto, Grundkurs Strafrecht I S.167 f.; Immel, Strafrechtliche Verantwortlichkeit S.198 f.; Brammsen, Entstehungsvoraussetzungen S.225. Abweichend dagegen Otto/Brammsen, Jura 1985, 592 (599), wo lediglich eine Aufsichts- oder Autoritätsstellung kraft tatsächlicher *oder* rechtlicher Machtmittel gefordert wird. (Hervorhebung nicht im Original).

576 Vgl. etwa § 357 StGB, §§ 143, 361 Nr.9 StGB a.F.

577 Grund und Grenzen S.330. Vgl. auch: Systematischer Kommentar-Rudolphi, § 13 Rn.32; Nomos-Seelmann, § 13 Rn.127; Kühl, Strafrecht Allgemeiner Teil § 18 Rn.116 f.; Arzt JA 1980, 647 (652); Otto/Brammsen, Jura 1985, 592 (599); Rogall, Strafbarkeit von Amtsträgern S.210; Freund, Erfolgsdelikt und Unterlassen S.252.

578 Vgl. dazu: Schönke/Schröder-Lenckner, Vorbem §§ 13 ff. Rn.101; Schönke/Schröder-Cramer, § 15 Rn.148; Systematischer Kommentar-Rudolphi, Vor § 1 Rn.72; Kühl, Strafrecht Allgemeiner Teil, § 4 Rn.83 ff.; Otto, Grundkurs Strafrecht I, § 6 Rn.48 ff.; Neumann, JA 1987, 244 (248 f.); Schumann, Prinzip der Selbstverantwortung S.6, 42.

579 Vgl. zu der ähnlich gelagerten Problematik bei der Mitwirkung an der fremden eigenverantwortlichen Selbstgefährdung: Tröndle/Fischer, Vor § 13 Rn.19; Schönke/Schröder-Lenckner, Vorbem §§ 13 ff. Rn. 101 a; Wessels/Beulke, Strafrecht Allgemeiner Teil Rn.187 f., 674; Roxin, Strafrecht Allgemeiner Teil § 11 Rn.97 ff.; Jescheck/Weigend, Lehrbuch des Strafrechts Allgemeiner Teil S.574; Maurach/Zipf, Strafrecht Allgemeiner Teil I § 17 Rn.4; Baumann/Weber/Mitsch, Strafrecht Allgemeiner Teil § 14 Rn.75 ff.; Neumann, JA 1987, 244 (244 ff.).

580 Vgl.: Systematischer Kommentar-Rudolphi, § 13 Rn.26; Leipziger Kommentar-Jescheck, § 13 Rn.35; Jescheck/Weigend, Lehrbuch des Strafrechts Allgemeiner Teil S.626 f.; Köhler, Strafrecht

garantenstellung ist unter diesem Gesichtspunkt die Kompensation für die tatsächliche und rechtliche Einwirkungsmöglichkeit des Gefahrenquellenbeherrschers und die fehlende Möglichkeit und Befugnis Außenstehender, auf die Sache einzuwirken. Demgemäß ist eine der tatsächlichen Sachherrschaft entsprechende Herrschaftsbeziehung in Form einer Aufsichts- und Befehlsgewalt als Legitimation einer Dritthaftung für die Erfolgsverursachung durch eine vollverantwortlich handelnde Person erforderlich. Diese Herrschaftsgewalt über den unmittelbar Handelnden muß dem Dritten auch durch die Rechtsordnung eingeräumt werden. Der Grundsatz der Eigenverantwortung, der eine uneingeschränkte Dritthaftung für das Handeln eines Schuldfähigen hindert, beruht auf einer normativen Zuordnung der eigenen Verhaltensweise, die sich aus dem Leitbild des Grundgesetzes ergibt, nach dem bei jedem als Kehrseite der allgemeinen Handlungsfreiheit (Art.2 Abs.1 GG) die intellektuelle und seelische Fähigkeit zu verantwortlicher Selbstbestimmung vorausgesetzt wird. Wenn demnach aber eine normative Zuordnung einer Sicherungsgarantenstellung eines Dritten entgegensteht, kann dieses Hindernis auch nur wieder durch eine anderweitige normative Zuordnung beseitigt werden. Diese abweichende Zuordnung erfolgt durch eine von der Rechtsordnung vermittelte Autoritätsstellung des Dritten. Das Kriterium der rechtlichen Aufsichts- und Befehlsmacht bei der Garantenhaftung für fremdes rechtswidriges Verhalten entspricht insoweit der dem Sachinhaber von der Rechtsordnung eingeräumten Befugnis bei der Garantenhaftung für Gefahrenquellen, andere von der Einwirkung auf die Sache auszuschließen. Es handelt sich insoweit jeweils um normative Zuordnungen.[581] Das Erfordernis der tatsächlichen Aufsichts- und Befehlsgewalt findet dagegen eine Entsprechung in dem Merkmal der tatsächlichen Sachherrschaft bei der Innehabung von Gefahrenquellen. Damit ist die von der Rechtsordnung eingeräumte Aufsichts- und Befehlsgewalt über die vollverantwortlich handelnde Person eine für die Entstehung einer Sicherungsgarantenpflicht unerläßliche Voraussetzung.

Eine weitere Frage ist nunmehr, ob die den Polizeibeamten nach den Landespolizeigesetzen und der Strafprozeßordnung zustehenden Eingriffsbefugnisse eine rechtliche Aufsichts- und Befehlsgewalt über den Delinquenten begründen. Dies ist zunächst insoweit bedenklich, als daß die Annahme, der durch den Polizeibeamten repräsentierte Staat sei Inhaber von Herrschaftsgewalt über den Bürger mit dem Leitbild der grundgesetzlich gewährleisteten Freiheitsordnung unvereinbar erscheint. Insoweit könnte eingewendet werden, die Anerkennung eines solchen Herrschaftsverhältnisses liefe im Ergebnis auf ein obrigkeitliches Staatsverständnis hinaus, wie es im Rahmen der bisherigen Untersuchung[582] abgelehnt wurde. Indessen ist auch in diesem Zusammenhang

---

Allgemeiner Teil S.220; Blei, Strafrecht I S.328 f.; Schmidhäuser, Strafrecht Allgemeiner Teil 12/28; Zeitler, Haftung für Verwaltungsentscheidungen S.25; Herzberg, Unterlassung im Strafrecht S.319, 320; Schünemann, Grund und Grenzen S.292 ff.; Bärwinkel, Struktur der Garantieverhältnisse S.235 ff.; Brammsen, Entstehungsvoraussetzungen S.235 ff.; Schultz, Amtswalterunterlassen S.142; Sangenstedt, Garantenstellung S.300, 381; Landau, Strafrechtliche Verantwortlichkeit S.126. Im Ergebnis besteht insoweit im wesentlichen Übereinstimmung, wobei jedoch wegen der unterschiedlichen dogmatischen Begründung strafrechtlicher Garantenverhältnisse (vgl. dazu eingehend im 1.Teil) jeweils unterschiedliche Aspekt hervorgehoben werden. So wird etwa von Köhler (Strafrecht Allgemeiner Teil S.220) die *besondere Abhängigkeit* der Allgemeinheit von einer Sicherung der Gefahrenquelle durch deren Inhaber betont, während Jescheck (Leipziger Kommentar, § 13 Rn.35) den Vertrauensgrundsatz hervorhebt.

581 Vgl. zu dem Erfordernis einer normativen Betrachtung bereits oben im 1.Teil unter: B), II).

582 Vgl. dazu insbesondere die kritischen Ausführungen zum besonderen Gewaltverhältnis unter: C), I), 2), b).

das staatliche Gewaltmonopol zu berücksichtigen, welches der effektiven Durchsetzung der Rechtsordnung dient.[583] Aus dem Monopol legitimer staatlicher Gewaltsamkeit folgt umgekehrt eine Pflicht des Staates zum Gewaltgebrauch. Das vom Staat beanspruchte Gewaltmonopol würde in Frage gestellt, wenn der Staat nicht hinreichenden Schutz - notfalls auch mit zwangsweisen Mitteln- gewährleisten würde.[584] Mit dem Gewaltverzicht des Bürgers korrespondieren, wie bereits festgestellt, Schutzansprüche des Bürgers gegen den Staat.[585] Der Staat muß aus diesem Grund die ihm grundsätzlich eingeräumte Herrschaftsmacht über den Straftäter ausüben. Die Gewaltausübung durch den Staat bringt dabei die sich widersprechenden Interessen des Straftäters und des Rechtsgutsinhabers in angemessenen Ausgleich.[586] Unter diesem Gesichtspunkt kommt der Ausübung der Herrschaftsmacht friedenssichernde und freiheitswahrende Funktion zu, die zugleich eine gleichmäßige Rechtsdurchsetzung und Rechtssicherheit gewährleistet. Von einem obrigkeitlichen Staatsverständnis kann daher keine Rede sein.

Darüber hinaus ist zu berücksichtigen, daß den Polizeibeamten durch den demokratischen Gesetzgeber umfangreiche Eingriffsbefugnisse zugewiesen werden, damit sie ihre Aufgaben effektiv wahrnehmen können. Als präventive Eingriffsbefugnisse stehen den Polizeibeamten etwa der Platzverweis,[587] die Sicherstellung[588] oder Ingewahrsamnahme[589] zu. Weiterhin können Polizisten gegenüber Straftätern, die eine Gefahr für die öffentliche Sicherheit begründen, nach den landespolizeilichen Generalklauseln[590] alle erforderlichen und angemessenen Maßnahmen ergreifen, um die drohende Straftat zu verhindern. Als repressive Eingriffsbefugnisse der Polizeibeamten sind etwa das besondere Festnahmerecht (§ 127 Abs.2 StPO), das Recht zur körperlichen Untersuchung des Beschuldigten (§ 81 a Abs.1, 2 StPO), das Recht zur Durchführung erkennungsdienstlicher Maßnahmen (§ 81 b StPO), das Recht zur Sicherstellung und Beschlagnahme (§§ 94 Abs.1, 2, 98 Abs.1 StPO) sowie das Recht zur Durchsuchung des Verdächtigen (§ 102 StPO) zu nennen. Bereits in anderem Zusammenhang wurde ausgeführt,[591] daß diese hoheitlichen Eingriffsrechte zu weitergehenderen Eingriffen in die Rechtsphäre des einzelnen ermächtigen als die jedermann

---

583 Vgl. Burr, JR 1996, 230 (230); Isensee in ders./Kirchhof, Handbuch des Staatsrechts I, § 13 Rn.77; ders., Festschrift Eichenberger S.25; Mahlberg, Gewerbliche Sicherheitsunternehmen S.79; Merten, Rechtsstaat und Gewaltmonopol S.55.

584 Vgl. Burr, JR 1996,230 (231); Bracher, Gefahrenabwehr durch Private S.110 f.; Merten, Rechtsstaat und Gewaltmonopol S.60.

585 Vgl.: Drews/Wacke/Vogel/Martens, Gefahrenabwehr S.1 f.; Isensee in ders./Kirchhof, Handbuch des Staatsrechts I, § 13 Rn.82; ders., Festschrift Sendler S.60 ff.; Burr, JR 1996, 230 (231); Faller, Festschrift Geiger, S.17 f.; Merten, Rechtsstaat und Gewaltmonopol S.66. Vgl. zum Ganzen bereits oben unter: C), I), 1), b).

586 Allgemein zum Ausgleich sich widerstreitender Interessen durch praktische Konkordanz: Hesse, Grundzüge des Verfassungsrechts Rn.72. Kritisch dagegen: Pieroth/Schlink, Staatsrecht II Rn.321 ff.

587 Vgl.: § 12 ME PolG; Art. 16 bay PAG; § 14 br PolG; § 52 m-v SOG; § 17 nds GefAG; § 34 nw PolG; § 13 rh-pf POG; § 31 hess SOG; § 12 saarl PolG; § 21 sächs PolG; § 201 schlh LVwG; § 18 thür PAG.

588 Vgl.: Art. 25 bay PAG; § 38 berl ASOG; § 23 br PolG; § 40 hess SOG; § 26 nds SOG; § 43 nw PolG; § 22 rh-pf POG; § 21 saarl PolG; § 45 s-anh SOG; § 27 thür PAG.

589 Vgl.: Art.17 bay PAG; § 28 Abs.1 Nr.2 bad-württ PolG; § 30 berl ASOG; § 17 bbg PolG; § 15 br PolG; § 13 hamb SOG; § 32 hess SOG; § 55 mv SOG; § 18 nds GefAG; § 35 nw PolG; § 14 rh-pf POG; § 13 saarl PolG; § 37 s-anh SOG; § 22 sächs PolG; § 204 schlh LVwG; § 19 thür PAG.

590 Vgl.: Art.11 Abs.1 bay PAG; § 17 Abs.1 berl ASOG; § 10 Abs.1 br PolG; § 3 Abs.1 hamb SOG; § 11 hess SOG; § 11 nds SOG; § 8 Abs. 1 nw PolG; §§ 1, 14 nw OBG; § 9 Abs.1 rh-pf POG; § 8 saarl PolG; § 174 schlesw-holst LVwG.

591 Siehe dazu oben: C), I), 1), b).

zustehenden Selbsthilferechte. Berücksichtigt man die aus dem staatlichen Gewaltmonopol resultierende Verpflichtung des Staates und seiner Beamten zum Schutz der Bürger durch, notfalls zwangsweise, Ausübung der eingeräumten Herrschaftsmacht, so ergeben sich aus diesen besonderen Eingriffsrechten auch besondere Pflichten der Beamten.[592] Damit ist grundsätzlich ein Herrschaftsverhältnis zwischen Polizeibeamten und Delinquenten und somit eine Garantenstellung zur Überwachung gegeben.

Mit der Annahme eines entsprechenden Herrschaftsverhältnisses ist auch keine unangemessene Ausweitung der Garantenhaftung verbunden. Insofern ist hervorzuheben, daß eine Garantenhaftung nur im Falle einer tatsächlichen Herrschaftsbeziehung eingreift und sich an dem Inhalt und Umfang der Herrschaftsbeziehung ausrichtet. Dies hat zur Folge, daß eine Garantenpflicht nicht gegenüber jedem Bürger, sondern nur gegenüber dem potentiellen Delinquenten besteht, wenn die Voraussetzungen für ein hoheitliches Einschreiten nach den öffentlich-rechtlichen Vorschriften vorliegen. Erst wenn sich die abstrakte Amtspflicht des Polizisten zu einer konkreten Eingriffsermächtigung verdichtet hat und der Beamte ohne Mißbrauch seiner Amtsgewalt tätig werden darf, kann von einem entsprechenden Herrschaftsverhältnis ausgegangen werden. Da das Herrschaftsverhältnis jedoch durch die Rechtsmacht des Amtsträgers begründet wird, besteht die garantenpflichtbegründende Herrschaftsbeziehung unabhängig davon, ob ein Einschreiten im pflichtgemäßen Ermessen des Beamten liegt oder ob sich eine Pflicht zum Einschreiten aufgrund einer Ermessensreduzierung ergibt.[593]

Damit vermitteln die den Polizeivollzugskräften zustehenden gesetzlichen Eingriffsbefugnisse gegenüber dem Straftäter ein rechtliches Herrschaftsverhältnis, kraft dessen Polizeibeamte im Fall einer Untätigkeit als Überwachungsgaranten für den Unrechtserfolg einzustehen haben.

3) Zusammenfassung

Als Ergebnis der bisherigen Untersuchung läßt sich damit festhalten, daß Beamte der Schutzpolizei im Rahmen ihrer örtlichen und sachlichen Zuständigkeit Garanten zum Schutz der durch deliktisches Verhalten Dritter gefährdeten Rechtsgüter des Bürgers sind. Sie haben daher im Falle einer Untätigkeit im Rahmen ihrer Dienstausübung für die durch Dritte verursachten Rechtsgutsverletzungen nach § 13 StGB als Täter oder Teilnehmer einzustehen. Dem liegt der Gedanke zugrunde, daß den Polizisten als staatlichen Funktionsträgern der Rechtsgüterschutz besonders überantwortet ist. Die für eine Schutzgarantenstellung erforderliche Abhängigkeitsbeziehung der Bürger findet ihre Grundlage in dem staatlichen Gewaltmonopol und dem Gewaltverzicht *inter privatos*. Daraus ergibt sich zwingend, daß der Rechtsgüterschutz unter Anwendung physischer Gewalt dem Staat und seinen Organen obliegt und dem Bürger eine eigenmächtige

---

[592] Ähnlich bereits: Böhm, JuS 1961, 177 (181).

[593] Dem läßt sich auch nicht der Grundsatz der Einheit der Rechtsordnung entgegensetzen, denn dieser Grundsatz verbietet lediglich, daß sich das Strafrecht zu den öffentlich-rechtlichen Vorgaben in Widerspruch setzt, indem es eine nach öffentlichem Recht gebotene Verhaltensweise mit einer Strafandrohung versieht.

Rechtsdurchsetzung grundsätzlich untersagt ist. Die nur im Ausnahmefall als *ultima ratio* und unter Durchbrechung des staatlichen Gewaltmonopols geltenden Selbsthilferechte gewähren demgegenüber keine hinreichende eigene Schutzmöglichkeit des Bürgers.

Darüber hinaus sind die Beamten der Schutzpolizei im Rahmen ihres Zuständigkeitsbereiches Garanten für die innerhalb ihrer Dienstausübung von dem delinquierenden Bürger ausgehenden Gefahren für Rechtsgüter Dritter. Das im Rahmen der Überwachungsgarantenstellung für das Handeln einer vollverantwortlichen Person erforderliche rechtliche Aufsichts- und Befehlsverhältnis gründet auf den, im Vergleich zu den für jedermann geltenden Selbsthilferechten, erweiterten öffentlich-rechtlichen Eingriffsbefugnissen der Polizeibeamten gegenüber dem deliktisch handelnden Täter. In diesem Zusammenhang folgt aus dem staatlichen Gewaltmonopol aber nicht nur ein Recht des Beamten zur Durchsetzung der Rechtsordnung, notfalls mittels Gewalt, sondern auch eine Pflicht zur zwangsweisen Rechtsdurchsetzung. Aus den besonderen Eingriffsrechten der Polizisten ergeben sich daher umgekehrt auch besondere Pflichten der Beamten.

II) Anwendung und Übertragung der eine Garantenhaftung von Polizeibeamten tragenden Gründe auf private Schutzdienste

Nachdem im vorangegangenen Abschnitt die eine Garantenhaftung von Polizeibeamten tragenden Gründe ausgeführt wurden, stellt sich nunmehr die Frage, ob und gegebenenfalls inwieweit sich diese Gründe auf die Bediensteten privater Wach- und Schutzunternehmen übertragen lassen. Erst auf der Grundlage dieser Prüfung läßt sich abschließend beurteilen, ob und in welchem Umfang sich die Entstaatlichung und Privatisierung im Bereich der öffentlichen Sicherheit und Ordnung auf die strafrechtliche Haftung wegen unechten Unterlassens auswirkt.

1) Korrelation von Handlungspflichten und Eingriffsrechten

a) Eingriffsbefugnisse privater Sicherheitskräfte als Grundlage einer strafrechtlichen Garantenhaftung

Bei der Frage, *ob* die Beschäftigten privater Wach- und Schutzunternehmen nach § 13 StGB als Garanten haften, ist, wie bereits zuvor bei den Polizeibeamten, zwischen sog. Beschützer- und Überwachungsgarantenstellungen zu differenzieren.

Als tragender Gesichtspunkt der Beschützergarantenstellungen hatte sich die besondere Überantwortung des Schutzgutes herausgestellt, die auf einer besonderen Abhängigkeitsbeziehung des Garanten zu dem Schutzgut beruht. Voraussetzung der Beschützergarantenstellung ist danach, daß der bedrohte Rechtsgutsinhaber zumindest partiell zum Schutz der eigenen Rechtsgüter außerstande ist und dem Garanten aufgrund dieses Schutzmankos als Korrelat eine Schutzpflicht auferlegt wurde.[594] Bei den Kriterien der Schutzunfähigkeit und der Schutzkompensation handelt es sich um variable Bezugsgrößen. Die generelle Schutzbedürftigkeit des einzelnen kann im Einzelfall erhöht oder reduziert werden. Begibt sich der Rechtsgutsinhaber in eine Gefahrenlage oder schränkt er seine Verteidigungsmöglichkeiten in sonstiger Weise über das allgemeine Maß hinaus

---

[594] Vgl. dazu oben unter: C), I), 1).

ein, erhöht sich seine allgemeine Schutzbedürftigkeit. Sichert sich der Rechtsgutsinhaber dagegen mit besonderen Vorkehrungs- und Schutzmaßnahmen ab oder erweitert er auf sonstige Art und Weise seine Verteidigungsmöglichkeiten, reduziert sich seine allgemeine Schutzbedürftigkeit. Dabei richtet sich die auf Seiten des Beschützers für eine Garantenstellung erforderliche Schutzkompensation nach dem Ausmaß der Schutzbedürftigkeit des Rechtsgutsinhabers. Die für eine Garantenpflicht erforderlichen Anforderungen an die Kompensationsmöglichkeiten sind daher um so höher, desto ausgeprägter die Schutzbedürftigkeit des Rechtsgutsinhabers ist. Dagegen sind niedrigere Anforderungen an die Kompensationsmöglichkeiten zu stellen, desto weniger ausgeprägt die Schutzbedürftigkeit des Rechtsgutsinhabers ist. Folglich verdichtet sich eine Obhutsstellung um so eher zu einer strafrechtlichen Garantenpflicht zum Schutz der in Obhut genommenen Rechtsgüter, je größer auf Seiten des Beschützers die Möglichkeiten zur Kompensation der Schutzunfähigkeit sind.

Wie bereits dargelegt wurde,[595] besteht grundsätzlich eine partielle Schutzlosigkeit des Bürgers (sog. allgemeine Schutzunfähigkeit). Aufgrund der dem einzelnen durch das staatliche Gewaltmonopol auferlegten Friedenspflicht und dem Verbot einer Gewaltanwendung *inter privatos* ist der Bürger nur eingeschränkt in der Lage, sich und seine Rechtsgüter hinreichend selbst zu schützen. Dabei wurde festgestellt, daß die dem Bürger im Ausnahmefall und unter Durchbrechung des staatlichen Gewaltmonopols gewährten Selbsthilferechte die grundsätzlich bestehende Schutzlosigkeit des einzelnen nicht kompensieren können.

Darüber hinaus ist diese allgemein bestehende Schutzlosigkeit im Einzelfall erhöht, wenn sich der Rechtsgutsinhaber ungeschützt in bestimmte Gefahrenlagen begibt oder in sonstiger Weise seine Verteidigungsmöglichkeiten über das normale Maß hinaus eingeschränkt sind (sog. besondere Schutzunfähigkeit). Die Erhöhung der allgemeinen Schutzunfähigkeit kann dabei verschiedene Ursachen haben. Sie kann zum einen auf tatsächlichen Umständen beruhen, so etwa, wenn der Rechtsgutsinhaber seine Rechtsgüter besonderer Gefahr ausliefert und sie mit dem ihm zur Verfügung stehenden Verteidigungsmitteln und Fähigkeiten nicht schützen kann. Sie kann zum anderen auch auf rechtlich begründeten Umständen beruhen, wie etwa dann, wenn der Rechtsgutsinhaber sein Rechtsgut als Angriffsmittel zum rechtswidrigen Angriff auf einen Dritten einsetzt, so daß ihm die Verteidigung seines Rechtsgutes verwehrt ist, wenn der Dritte sich seinerseits unter Berufung auf sein Notwehrrecht nach § 32 StGB gegen den rechtswidrigen Angriff des Rechtsgutsinhabers verteidigt.

Es stellt sich nunmehr die Frage, ob die Beschäftigten privater Wach- und Schutzunternehmen die allgemeine oder im Einzelfall erhöhte Schutzunfähigkeit ihrer Auftraggeber und sonstiger Personen kompensieren können. Ob eine Kompensationsmöglichkeit der Schutzunfähigkeit vorliegt, richtet sich maßgeblich nach den rechtlichen Befugnissen der privaten Schutzdienste. Sollte sich herausstellen, daß den gewerblichen Wachpersonen Eingriffsbefugnisse zustehen, die mit denen der Polizei vergleichbar sind, so kommt vor allem eine Kompensation der allgemeinen Schutzlosigkeit bei dem Rechtgutsinhaber in Betracht, auch wenn die privaten Wachpersonen nicht über vergleichbare faktische Schutzmöglichkeiten verfügen. Aber selbst dann, wenn die Wachpersonen des Sicherheitsgewerbes nicht über hoheitliche Eingriffsbefugnisse verfügen, ist denkbar, daß

---

[595] Vgl. dazu oben unter: C) I), 1), b).

sie aufgrund sonstiger Eingriffsbefugnisse die besonders begründete Schutzunfähigkeit des Rechtsgutsinhabers kompensieren. Damit kommt der Frage nach den rechtlichen Befugnissen privater Sicherheitskräfte für den weiteren Verlauf der Untersuchung zentrale Bedeutung zu.

Ähnlich stellt sich die Lage bei den Überwachungsgarantenstellungen dar. Die Überwachungsgarantenstellung über den Straftäter, der als vollverantwortlich handelnde Person die Rechtsgüter Dritter gefährdet, gründet, wie gesehen,[596] auf einer tatsächlichen und rechtlichen Aufsichts- und Befehlsgewalt des Bewachers über die Person. Bei den Polizeibeamten wurde die rechtliche Herrschaftsgewalt über den Delinquenten aus den öffentlich-rechtlichen Eingriffsbefugnissen und der aus dem Gewaltmonopol resultierenden Verpflichtung zur Herrschaftsausübung abgeleitet. Das eine Drittzurechnung hindernde Prinzip der Selbstverantwortung wurde dabei durch die ausgeprägte rechtliche Herrschaftgewalt der Polizeibeamten überlagert. Auch insoweit erlangt die Frage zentrale Bedeutung, ob den privaten Wachpersonen polizeiähnliche Eingriffsbefugnisse zustehen, die ein entsprechendes, das Eigenverantwortlichkeitsprinzip überlagerndes, Herrschaftsverhältnis begründen. Ein Herrschaftsverhältnis kann jedoch nicht nur durch hoheitliche Eingriffsrechte, sondern auch durch Einräumung entsprechender Herrschaftsmacht durch den Rechtsgutsinhaber begründet werden. Auch wenn den gewerblichen Wachpersonen keine Hoheitsbefugnisse zustehen, kann sich eine Überwachungsgarantenstellung folglich aus der von dem Rechtsgutsinhaber unmittelbar eingeräumten Herrschaftsmacht ergeben. Von zentraler Bedeutung ist jedoch zunächst, welche Eingriffsbefugnisse Bedienstete privater Schutzdienste für sich in Anspruch nehmen können. Je mehr Befugnisse den Bediensteten privater Wach- und Schutzunternehmen zustehen, desto ausgeprägter ist das Herrschaftsverhältnis über die Person oder Sache, welches das einer Drittzurechnung entgegenstehende Prinzip der Selbstverantwortung überlagert. Umgekehrt steht das Prinzip der Selbstverantwortung einer Erfolgszurechnung je mehr entgegen, umso weniger Rechte den privaten Wachpersonen zustehen und eine Herrschaftsbeziehung von geringerer Intensität begründen.

Damit stellen die Eingriffsbefugnisse gewerblicher Schutzpersonen ein zentrales Problem für die Begründung einer strafrechtlichen Beschützer- und Überwachungsgarantenstellung dar. *Ob* die Bediensteten strafrechtlich für die durch ihre Inaktivität bewirkten Unrechtserfolge haften, hängt demnach maßgeblich von den ihnen zustehenden Eingriffsrechten ab.

b) Eingriffsbefugnisse privater Sicherheitskräfte als rechtliche Schranke einer strafrechtlichen Garantenhaftung

Den Eingriffsbefugnissen kommt ferner Bedeutung für den Umfang der strafrechtlichen Garantenstellungen zu. Die den privaten Sicherheitskräften zustehenden Befugnisse fungieren unter dem Gesichtspunkt der Einheit der Rechtsordnung als rechtliche Schranke etwaiger Garantenstellungen.[597] Nach dem Grundsatz der Einheit der Rechtsordnung[598] darf sich die Strafrechtsordnung nicht mit ihren Verhaltensanforderungen in Widerspruch zur sonstigen Rechtsordnung setzen, indem sie etwa strafrechtliche Hand-

---

[596] Siehe dazu oben unter: C), I),2).
[597] Vgl. dazu bereits oben unter: 1.Teil C), II).
[598] Vgl. zum Grundsatz der Einheit der Rechtsordnung bereits die Ausführungen unter: 1.Teil, A), II).

lungspflichten auferlegt, obwohl der Normadressat eine entsprechende Handlung nach außerstrafrechtlichen Wertvorgaben zu unterlassen hat. Aufgrund dessen wird der Inhalt und Umfang etwaiger Garantenstellungen von Angehörigen gewerblicher Wachunternehmen maßgeblich von den ihnen zustehenden Rechten mitbestimmt. *Inwieweit* die Bediensteten strafrechtlich für die durch ihre Untätigkeit bewirkten Rechtsgutsverletzungen einzustehen haben, bestimmt sich damit ebenfalls nach den ihnen zustehenden Eingriffsbefugnissen.

2) Rechte der privaten Sicherheitskräfte als Maßstab für Grund und Grenzen der Garantenhaftung

Die soeben dargelegten Erwägungen machen es daher erforderlich, daß im Verlauf der weiteren Untersuchung zunächst die Eingriffsbefugnisse privater Sicherheitskräfte untersucht werden.

a) Hoheitliche Eingriffsbefugnisse

Im Verlauf der bisherigen Untersuchung ist bereits mehrfach angedeutet worden, daß Bediensteten privater Wach- und Schutzunternehmen grundsätzlich keine hoheitlichen Eingriffsbefugnisse zustehen.[599] Gewerbliche Wachpersonen sind daher nicht befugt, im Rahmen ihrer Tätigkeit aufgrund hoheitlicher Zwangsbefugnisse in Rechte Dritter einzugreifen. Insbesondere dürfen sie nicht wie Polizeibeamte Personen, die einer Straftat verdächtig sind, anhalten, durchsuchen oder vorläufig festnehmen. Ausnahmsweise stehen privaten Sicherheitskräften jedoch im Falle der spezialgesetzlichen Übertragung von hoheitlichen Befugnissen weitergehende Rechte zu. Abgesehen von der Beleihung Privater mit hoheitlichen Befugnissen,[600] der an dieser Stelle nicht weiter nachgegangen werden soll, sieht vor allem das *Gesetz über die Anwendung unmittelbaren Zwanges und die Ausübung besonderer Befugnisse durch Soldaten der Bundeswehr und zivile*

---

[599] Insoweit besteht allgemein Übereinstimmung. (Vgl. nur: BMI 1982, 15; Köhler, Die Polizei 1994, 49 (54); Schuster, Die Polizei 1989, 5 (8); Eberstein, BB 1980, 863 (868); Schmidt, W+S Information 1980, 155 (161); Roßnagel, ZRP 1983, 59 (60); Stober, NJW 1997, 889 (893)). Eine andere Frage ist hingegen, ob den privaten Schutzdiensten de lege ferenda umfassende Hoheitsrechte zugewiesen werden können. Überwiegend wird eine umfassende Übertragung von obrigkeitlichen Befugnissen auf private Schutzdienste im Hinblick auf das staatliche Gewaltmonopol als unzulässig angesehen. (Vgl.: Hoffmann-Riem, ZRP 1977, 277 (281); Lukes, ET 1975, 23 (29); Eberstein, BB 1980, 863 (865); Roßnagel, ZRP 1983, 59 (62); Rupprecht, Die Polizei 1994, 46 (46); Zimmermann, Die Polizei 1994, 60 (62); Jeand'Heur, AöR 119 (1994), 107 (133 ff.); Bracher, Gefahrenabwehr durch Private S.59 ff. et passim. Vgl. auch: Greifeld, DÖV 1981, 906 (912)). Im Ergebnis ablehnend auch: Mahlberg, Gewerbliche Sicherheitsunternehmen S.75 ff. Anders offenbar: Roßnagel, Radioaktiver Zerfall der Grundrechte S.142. Auch Kohler zieht anläßlich eines Seminars der Polizeiführungsakademie in Münster-Hiltrup im Jahre 1993 (vgl. den Bericht bei Bleck, Criminal Digest 4/93, 11 (12, 14)) eine generelle Übertragung hoheitlicher Befugnisse auf private Wachpersonen im Rahmen einer Kooperation von privatem Wachgewerbe und Polizei in Erwägung. Vgl. auch Schnekenburger (DSD 1/99, 3 (7)), der eine Beleihung bei der Bewachung öffentlicher Einrichtungen und Wahrnehmung sonstiger, bisher von staatlichen Stellen wahrgenommenen, Aufgaben durch private Schutzdienste befürwortet. Vgl. zu der Beleihung Privater mit öffentlichen Sicherheitsfunktionen: Gusy, Polizeirecht Rn.159 f.; Krölls, GewArch 1995, 129 (132). Allgemein zur Rechtsstellung der Beliehenen: Wolff/Bachof/Stober, Verwaltungsrecht II, § 104 Rn.1 ff.

[600] Eine Beleihung liegt etwa den obrigkeitlichen Eingriffsrechten des Schiffskapitäns (§ 106 SeemannsG), des Luftfahrtzeugführers (§ 29 Abs.2 LuftVG) und des Jagdaufsehers (§ 25 Abs.2 BJagdG) zugrunde. Vgl. dazu eingehend: Bracher, Gefahrenabwehr durch Private S.26 ff.

Wachpersonen (UZwGBw)[601] eine gesetzliche Übertragung hoheitlicher Befugnisse vor. Nach § 1 Abs.2 UZwGBw stehen zivilen Wachpersonen[602] bei Erfüllung ihrer Aufgaben die Befugnisse nach diesem Gesetz zu, soweit sie ihnen übertragen wurden.[603] Danach sind die zivilen Wachpersonen unter anderem zur Anwendung unmittelbaren Zwangs gem. §§ 9 ff. UZwGBw befugt. Daneben sind sie unter den Voraussetzungen des § 4 UZwGBw berechtigt, Personen die sich in einem militärischen Sicherheitsbereich aufhalten, anzuhalten und zu überprüfen und sie nach Maßgabe des § 5 UZwGBw zum Wachvorgesetzten oder zur nächsten Dienststelle der Bundeswehr zu verbringen. Ferner sind sie unter den Voraussetzungen der §§ 7, 8 UZwGBw zur Durchsuchung von Personen und Sachen sowie zur Sicherstellung oder Beschlagnahme von Gegenständen befugt. Soweit ersichtlich, stellt das UZwGBw jedoch bislang den einzigen Fall dar, in dem private Wachpersonen ausdrücklich durch Spezialgesetz hoheitliche Zwangsrechte zugewiesen erhalten. Da die zivilen Sicherheitskräfte in die hierarchische Struktur der Bundeswehr eingebunden sind,[604] die Hoheitsrechte von ihnen sozusagen als unselbständige, außerordentliche Organwalter der Bundeswehr ausgeübt werden[605] und die zivilen Sicherheitskräfte nicht im öffentlichen Raum, sondern im Bereich der militärischen Anlagen tätig sind,[606] ist auf ihre Tätigkeit nach dem Ziel der vorliegenden Untersuchung[607] nicht weiter einzugehen.

---

[601] UZwGBw vom 12.08.1965, BGBl. I 796, geändert durch Art.159 EGStGB vom 2.03.1974, BGBl. I 469.

[602] Nach der in § 1 Abs.2 UZwGBw enthaltenen Legaldefinition sind zivile Wachpersonen solche Personen, die, ohne Soldaten zu sein, mit militärischen Wachaufgaben der Bundeswehr beauftragt sind.

[603] Anfang des Jahres 1993 waren bundesweit 143 private Wachgesellschaften mit der Bewachung von insgesamt 753 militärischen Liegenschaften und Anlagen des Bundeswehr beauftragt. (Vgl. die Antwort der Bundesregierung (Bundestag Drucksachen 12/4419) vom 23.02.1993 auf die Kleine Anfrage der Abgeordneten Vera Wollenberger und der Gruppe Bündnis 90 / Die Grünen (Bundestag Drucksachen 12/ 4201) vom 25.01.1993).

[604] So unterstehen die zivilen Wachpersonen bei ihrem Einsatz der unmittelbaren Weisungsbefugnis des Wachvorgesetzten der Bundeswehr. (Vgl.: BMI 1982, 10).

[605] So: Jeand'Heur, AöR 119 (1994), 107 (124); Mahlberg, Gewerbliche Sicherheitsunternehmen S.189.

[606] Dementsprechend beschränken sich die Eingriffsbefugnisse der zivilen Sicherheitskräfte grundsätzlich auf die militärischen Bereiche und Sicherheitsbereiche im Sinne des § 2 UZwGBw. Nur ausnahmsweise gewährt § 4 Abs.2 UZwGBw Zwangsbefugnisse auch außerhalb des militärischen Geländes, wenn eine Person im Wege der Nacheile angehalten und überprüft wird.

[607] Siehe zum Untersuchungsziel oben in der Einleitung.

b) Private Selbsthilferechte

Können sich private Sicherheitskräfte, abgesehen von dem Einsatz ziviler Wachpersonen im Anwendungsbereich des UZwGBw, damit grundsätzlich im Rahmen ihrer Tätigkeit nicht auf hoheitliche Eingriffsbefugnisse stützen, ist fraglich, ob ihr Einschreiten zumindest von den sog. privaten Selbsthilferechten gedeckt ist. Angehörige von Wach- und Schutzunternehmen könnten sich in diesem Fall auf Eingriffsbefugnisse[608] aus Notwehr und Nothilfe (§§ 32 StGB, 15 OWiG, 227 BGB), aus Notstand (§§ 34 StGB, 228, 904 BGB, 16 OWiG), aus Selbsthilferechten (§§ 229, 859, 860 BGB) und aus dem allgemeinen Festnahmerecht (§ 127 Abs.1 StPO) stützen.[609]

aa) Anwendbarkeit der privaten Selbsthilferechte

Ob die privaten Selbsthilferechte, insbesondere die Notwehr (§ 32 Abs.1, Abs.2 1.Alt. StGB) und Nothilfe (§ 32 Abs.1, Abs.2 2.Alt. StGB)[610] auf die Tätigkeit der gewerblichen Wachpersonen Anwendung findet ist jedoch im Schrifttum umstritten. Der BGH[611] hat diese Frage jüngst in einer Entscheidung offen gelassen und die Rechtfertigung einer Wachperson des privaten Sicherheitsgewerbes aus anderem Grunde verneint.[612]

---

608 Nach heute herrschender Ansicht (vgl. nur: Schönke/Schröder-Lenckner, Vorbem §§ 32 ff. Rn.10; Leipziger Kommentar-Hirsch, Vor. § 32 Rn.17, 64; Maurach/Zipf, Strafrecht Allgemeiner Teil I, § 24 Rn.18 f.; Roxin, Strafrecht Allgemeiner Teil I, § 14 Rn.105) begründen die Rechtfertigungsgründe Eingriffsbefugnisse. Aus dem Recht zum Eingriff in die Rechtsgüter anderer folgt deshalb eine Duldungspflicht dessen, der die gerechtfertigte Handlung mit ihren Eingriffsfolgen hinzunehmen hat. Hintergrund einer Qualifikation der Rechtfertigungsgründe als Eingriffsbefugnisse ist die Annahme, daß die Rechtsordnung bestimmte Verhaltensweisen ausnahmsweise rechtlich gestatten muß, wenn sie bestimmte Rechtsgüter durch Normierung von Verbots- oder Gebotstatbeständen schützt und der rechtlich negativ beurteilte Verstoß gegen die Verbots- oder Gebotsnorm ausnahmsweise nicht rechtswidrig sein soll. Dabei muß die Rechtsordnung im Rahmen der bestehenden Konfliktlagen eine positive Entscheidung im Sinne einer Eingriffsbefugnis treffen und kann sich nicht jeder Bewertung enthalten. Vgl. insoweit die Kritik an der *Lehre vom rechtsfreien Raum* und an der *Neutralitätslehre* bei: Schönke/Schröder-Lenckner, Vorbem §§ 32 ff. Rn.8; Leipziger Kommentar- Hirsch, Vor. § 32 Rn.17.

609 Eberstein (BB 1980, 863 (866)) zählt auch § 35 StGB zu den Befugnisnormen. Mißverständlich auch Honigl (Tätigwerden von Privaten S.68 f.), der im Wege des *erst-recht*-Schlusses im Rahmen des rechtfertigenden Notstandes (§ 34 StGB) Abwägungskriterien des entschuldigenden Notstandes (§ 35 StGB) heranzieht. Dagegen zu Recht: Mahlberg, Gewerbliche Sicherheitsunternehmen S.129 f.

610 Da vor allem das Notwehr- und Nothilferecht im Rahmen des Einsatzes privater Schutzdienste Bedeutung erlangt, sollen sich die nachfolgenden Ausführungen auf die Frage nach der Anwendbarkeit des § 32 StGB konzentrieren.

611 NStZ-RR 1998, 50 (50).

612 Die Entscheidung des BGH (NStZ-RR 1998, 50 (50)) betraf das allgemeine Festnahmerecht nach § 127 Abs.1 StPO. Der Senat lehnte eine Rechtfertigung des Wachmannes ab, der auf *Streifenfahrt* über Funk von einem Autodiebstahl Kenntnis erhielt, die Verfolgung der Täter aufnahm und mit einer Selbstladepistole auf das flüchtende Fahrzeug schoß. Zur Begründung wurde angeführt, die Abgabe von zehn Schüssen auf das Fahrzeug aus einer Entfernung von acht bis zehn Metern stehe zu der Festnahme des Täters in krassem Mißverhältnis. Dabei wurde auf den Umstand, daß es sich bei dem Angeklagten um die Sicherheitskraft einer Wach- und Schließgesellschaft handelte, nicht explizit eingegangen. Der Senat (a.a.O.) führte lediglich aus, es könne dahinstehen, ob auch einem *Privaten* die Abgabe von Schüssen auf den fliehendenTäter gestattet sei.

(1) Unanwendbarkeit der privaten Selbsthilferechte im Rahmen des Einsatzes privater Schutzdienste nach einer Mindermeinung im Schrifttum

Nach einer von Hoffmann-Riem[613] begründeten Auffassung im Schrifttum[614] sind die privaten Selbsthilferechte grundsätzlich nicht auf die professionelle und gewerbliche Schutztätigkeit privater Sicherheitskräfte anwendbar. Die Restriktion der Notrechte wird dabei mit verfassungsrechtlichen Erwägungen sowie mit einer historischen und teleologischen Auslegung der Nothilferechte begründet. Die Abwehr von Rechtsgutsverletzungen stelle grundsätzlich eine originär staatliche Aufgabe dar. Privates Handeln zur Gefahrenabwehr sei dagegen gegenüber obrigkeitlichem Rechtsgüterschutz subsidiär. Nach dem staatlichen Gewaltmonopol sei allein dem Staat die Durchsetzung der Rechte mittels Gewalt vorbehalten. Das verfassungsrechtlich garantierte Prinzip des Vorrangs einer staatlichen Rechtsgutssicherung und das staatliche Gewaltmonopol seien nur im Ausnahmefall unter den Voraussetzungen der Selbsthilferechte zugunsten des Individualschutzes durchbrochen. Diesem Verhältnis des staatlichen Schutzes gegenüber dem individuellen Eigenschutz widerspräche es, die Rechtfertigungsgründe regelmäßig als Eingriffsbefugnisse gewerblicher Sicherheitskräfte heranzuziehen. Die Selbsthilferechte führten nur im Ausnahmefall unter dem Gesichtspunkt der Bewährung der Rechtsordnung zu einer Durchbrechung des staatlichen Gewaltmonopols und dürften deshalb bei der routinemäßigen Nothilfe keine Anwendung finden.[615] Darüber hinaus könnten die sog. Jedermannsrechte auch im Hinblick auf die rechtsstaatlich eingeschränkten polizeilichen Befugnisse bei der Tätigkeit gewerblicher Schutzpersonen nicht uneingeschränkt angewendet werden. Da die Eingriffsrechte nach dem Polizeirecht aufgrund der grundsätzlichen Übermacht und der Einbindung der staatlichen Hoheitsträger in die rechtsstaatliche Kontrolle beschränkt seien, begründeten die Selbsthilferechte keine Ermächtigungsgrundlagen für hoheitliches Handeln. Ansonsten würden die rechtsstaatlichen Bindungen des öffentlichen Rechts, insbesondere die Beschränkung obrigkeitlichen Handelns durch den Verhältnismäßigkeitsgrundsatz durch einen Rückgriff auf die Selbsthilferechte unterlaufen werden. Würden die professionellen Nothelfer gewerblicher Schutzdienste sich uneingeschränkt auf die Notrechte berufen können, so stünden ihnen weitergehende Befugnisse als den primär zur Gefahrenabwehr und Kriminalitätsbekämpfung berufenen polizeilichen Vollzugsorganen zu.[616] Des weiteren seien die Nothilferechte nach ihrer Entstehungsgeschichte und ihrem Sinn und Zweck auf den ohnmächtigen einzelnen zugeschnitten, der bei der Ausübung der Selbsthilferechte unvorbereiteterweise und außerroutinemäßig in eine persönliche Extremsituation geraten sei. Nur im Rahmen dieses sozialen Sinnzusammenhangs gewähre die Rechtsordnung dem Bürger unter Durchbrechung des staatlichen Gewaltmonopols die Notrechte mit ihren weitreichenden Folgen. Gewerbliche Schutzpersonen agierten hingegen im Rahmen ihres beruflichen Aufgabenbereichs routinemäßig und vorbereitet. Da sie professionell Angriffe auf

---

613 ZRP 1977, 277 (281 ff.).

614 Vgl.: Rössmann, W + S Information 1978, 171 (171 f.); Roßnagel, ZRP 1983, 59 (62); Stacharowsky, KrimJournal 17 (1985), 228 (233); Schuster, Die Polizei 1989, 5 (10); Zimmermann, Die Polizei 1994, 60 (61); Steegmann in Gusy, Privatisierung von Staatsaufgaben S.249 f.; Weiß/Plate-Schenkelberg, Privatisierung von polizeilichen Aufgaben S.52 f.; differenzierend: Bernhardt, Die Polizei 1994, 55 (57). Vgl. auch Greifeld (DÖV 1981, 906 (912 f.)), der aus der Unanwendbarkeit der Nothilferechte im öffentlichen Raum die generelle Unzulässigkeit eines Tätigwerdens privater Schutzdienste zum Schutz von Sachen im Gemeingebrauch und in Bereichen des allgemeinen öffentlichen Verkehrs folgert.

615 Vgl.: Hoffmann-Riem, ZRP 1977, 277 (279 ff.).

616 Vgl.: Hoffmann-Riem, ZRP 1977, 277 (282 f.).

Rechtsgüter abwehrten, könnten die Notrechte aufgrund ihrer Entstehungsgeschichte und ratio grundsätzlich keine Anwendung finden.[617] Der Anwendungsbereich der Nothilferechte sei ausnahmsweise nur dann eröffnet, wenn der professionelle Nothelfer zum Eigenschutz handele.[618]

(2) Anwendbarkeit der privaten Selbsthilferechte im Rahmen des Einsatzes privater Schutzdienste nach herrschender Meinung

Demgegenüber finden die privaten Selbsthilferechte nach herrschender Meinung[619] auch auf gewerbliche Wachpersonen Anwendung. Zur Begründung wird angeführt, eine extensive Handhabung des Nothilferechts im Rahmen des Einsatzes privater Wachunternehmen sei nicht zu befürchten;[620] das Notwehrrecht nach § 32 StGB sei hinreichend durch die Merkmale der Gebotenheit und Erforderlichkeit eingeschränkt.[621] Im übrigen müßte die Gegenauffassung konsequenterweise die Notrechtsbefugnisse auch bei sonstigen Personen einschränken, die sich geschult oder vorbereitet in eine Notwehrsituation begäben.[622] Darüber hinaus habe es professionelle Bewacher bereits bei Schaffung der Notrechte gegeben.[623] Der Gesetzgeber hätte, wäre dies tatsächlich intendiert gewesen, professionelle Nothelfer durch eine ausdrückliche und eindeutige gesetzliche Regelung aus dem Anwendungsbereich der Selbsthilferechte ausgenommen oder ihnen eine Berufung auf die Normen erschwert, wie dies beispielsweise in § 35 Abs.1 Satz 2 StGB geschehen sei. Indessen enthalte § 32 StGB bereits seinem Wortlaut nach keinerlei Anhaltspunkte dafür, daß die Norm bei professioneller Tätigkeit keine Anwendung

---

617 Vgl.: Hoffmann-Riem, ZRP 1977, 277 (281 ff.).

618 Auch insoweit will Hoffmann-Riem (ZRP 1977, 277 (283)) die Geltung der Notrechte jedoch angesichts der polizeilich limitierten Handlungsermächtigungen durch den Verhältnismäßigkeitsgrundsatz einschränken, um die Befugnisse privater Sicherheitskräfte entsprechend den polizeilichen Befugnissen zu begrenzen. Darüber hinaus seien, so Hoffmann-Riem (a.a.O.), die Regeln über die Notwehrprovokation heranzuziehen, um zu vermeiden, daß die Nothilferechte unter dem Vorwand des provozierten, individuellen Selbstschutzes mißbraucht würden.

619 Vgl.: BMI 1982, 20 ff., 23 f.; 1986, 9; Bull, Allgemeines Verwaltungsrecht Rn.42; Schwabe, ZRP 1978, 165 (165 ff.); Riester, W + S Information 1978, 176 (176); Finnberg, W + S Information 1978, 177 (178 ff.); Britsch, Wirtschaftsschutz 1979, 36 (37 f.); Häring, W + S Information 1979, 224 (227); Franzheim, W + S Information 1979, 152 (153 f.); Hammacher, Die Neue Polizei 1980, 259 (262); Eberstein, BB 1980, 863 (867 f.); Kunz ZStW 96 (1983), 973 (986); Mahlberg, KrimJournal 1992, 209 (211 ff.); ders., Gewerbliche Sicherheitsunternehmen S.97 ff.; Olschok - Tautenhahn, Die Polizei 1994, 31 (35); Rupprecht, Die Polizei 1994, 46 (46); Köhler, Die Polizei 1994, 49 (54); Stober, NJW 1997, 889 (894); Faller, Festschrift Geiger S.12; Kühl, Jura 1993, 233 (235); Schönke/Schröder-Lenckner, § 32 Rn.42; Roxin, Strafrecht Allgemeiner Teil I, § 15 Rn.103; Drews/Wacke/Vogel/Martens, Gefahrenabwehr S.61; Gusy, Polizeirecht Rn.161; Götz in Isensee/Kirchhof, Handbuch des Staatsrechts III § 79 Rn.33; Ehlers, Festschrift Lukes S.352 ff.; Honigl, Tätigwerden von Privaten S.76 ff.; Fechner, Grenzen polizeilicher Notwehr S.220 ff. Für den Werkschutz vgl. auch: BVerwG, DVBl 1989, 517 (518); Hintzen in Werkschutzhandbuch S.139 ff.

620 So auch Roxin (Strafrecht Allgemeiner Teil I, § 15 Rn.103), der die Ansicht vertritt, private Schutzdienste würden sich bereits wegen der Gefahr von Betriebsschließungen und Berufsverboten im eigenen Interesse hüten, den Boden des Gesetzes zu verlassen. Ob diese Auffassung zutreffend ist, unterliegt jedoch erheblichen Bedenken.

621 So: Schwabe, ZRP 1978, 165 (166); Hammacher, Die Neue Polizei 1980, 259 (262); Ehlers, Festschrift Lukes S.353; Fechner, Grenzen polizeilicher Notwehr S.222 f.; Honigl, Tätigwerden von Privaten S.78. Vgl. auch Eberstein (BB 1980, 263 (267 f.)), dem zufolge das Merkmal der Erforderlichkeit als Ausprägung des Verhältnismäßigkeitsgrundsatzes anzusehen sein soll.

622 So vor allem: Schwabe, ZRP 1978, 165 (166 Anm.9); Eberstein, BB 1980, 863 (867).

623 Zur historischen Entwicklung der Notwehr und Nothilfe vgl.: Haas, Notwehr und Nothilfe S.19 ff.; Suppert, Studien S.45 ff.

finden solle.[624] Weiterhin sei die Einbeziehung der professionellen Nothilfe in den Anwendungsbereich der Rechtfertigungsgründe aus verfassungsrechtlichen Gründen geboten. Zum einen begründe die Beschränkung der Notwehrrechte gegen den eindeutigen Wortlaut der Norm einen Verstoß gegen den in Art. 103 Abs.2 GG statuierten nullum-crimen-Grundsatz, wonach eine Tat nur dann bestraft werden könne, wenn ihre Strafbarkeit gesetzlich bestimmt gewesen sei, bevor die Tat begangen wurde.[625] Zum anderen sei die effektive Wahrnehmung der Grundrechte in einer arbeitsteilig angelegten Verfassungsordnung und Dienstleistungsgesellschaft nur dann hinreichend gewahrt, wenn der einzelne Bürger nicht zu einer höchstpersönlichen Wahrnehmung seiner Pflichten und Obliegenheiten gezwungen werde.[626] Das Grundgesetz gestatte es dem einzelnen aufgrund der Vertragsfreiheit, der Vereinigungsfreiheit und der Verfügungsbefugnis über das Eigentum, sich beim Eigenschutz im Wege der Arbeitsteilung und Spezialisierung der Hilfe dritter Personen und Unternehmen zu bedienen. Privaten Sicherheitskräften dürften jedoch nicht mehr Befugnisse als den an den Verhältnismäßigkeitsgrundsatz gebundenen Polizeikräften zustehen. Aufgrunddessen befürwortet ein Teil des Schrifttums[627] bei der Tätigkeit privater Schutzdienste eine polizeirechtsanaloge Beschränkung des Notwehr- und Nothilferechts durch den Verhältnismäßigkeitsgrundsatz. Obwohl im Rahmen der Notwehr nach § 32 StGB grundsätzlich keine Proportionalität zwischen dem angegriffenen und dem durch die Verteidigung verletzten Rechtsgut erforderlich sein soll,[628] unterlägen Bedienstete privater Wachunternehmen ausnahmsweise Einschränkungen nach Maßgabe des Verhältnismäßigkeitsprinzips, so daß ihnen das Notwehrrecht nicht im Umfang des zur Verteidigung Erforderlichen, sondern nur in dem Rahmen der Angemessenheit von Zweck und Wirkung zustehen soll.

---

[624] Vgl.: Eberstein, BB 1980, 863 (867); Stober, NJW 1997, 889 (894); Ehlers, Festschrift Lukes S.352 f.; Honigl, Tätigwerden von Privaten S. 77 f.

[625] So vor allem: Honigl, Tätigwerden von Privaten S.77; Mahlberg, Gewerbliche Sicherheitsunternehmen S. 127 Anm.3. Ähnlich auch: Ehlers, Festschrift Lukes S.353.

[626] So neuerdings: Stober, NJW 1997, 889 (894); ders., GewArch 1997, 217 (222).

[627] Vgl.: Ehlers, Festschrift Lukes S.353; Schuster, Die Polizei 1989, 5 (10); Schwabe, ZRP 1978, 165 (166 f.); Bauer, Werkschutz S.174 f.; Mahlberg, KrimJournal 1992, 209 (212 f.); ders., Gewerbliche Sicherheitsunternehmen S.97 ff., der jedoch allgemein von einer Beschränkung des Notwehrrechts durch den Grundsatz der Verhältnismäßigkeit ausgeht.

[628] H.M. und Rspr.: RGSt 55, 82 (86); 69, 308 (310); 72, 57 (58); BGH, GA 1968, 182 (183); 1969, 23 (24); Leipziger Kommentar-Spendel, § 32 Rn.224; Maurach/Zipf, Strafrecht Allgemeiner Teil I/1, § 26 Rn.30, 39 f.; Jakobs, Strafrecht Allgemeiner Teil 12 /30; Roxin, Strafrecht Allgemeiner Teil I, § 15 Rn.46; ders., ZStW 93 (1981), 68 (71); Welzel, Strafrecht S.86. In der Literatur (vgl.: Seelmann, ZStW 89 (1977), 36 (38, 44); Klose, ZStW 89 (1977), 61 (65); Burr, JR 1996, 230 (231)) ist aufgrunddessen auch von der *Schneidigkeit des Notwehrrechts* die Rede. Nach der Rechtsprechung und ganz überwiegenden Auffassung im Schrifttum ist eine Einschränkung der Notwehr nur bei ungewöhnlich krassem Mißverhältnis von angegriffenem und verletztem Rechtsgut vorzunehmen. Vgl.: BGHSt 26, 51 (52); BGH, MDR 1956, 372 (373); BGH, NStZ 1981, 22 (23); OLG Saarbrücken, VRS 17 (1958), 25 (25); OLG Hamm, NJW 1972, 1826 (1826); 1977, 590 (592); Maurach/Zipf, Strafrecht Allgemeiner Teil I § 26 Rn.39 f. Leipziger Kommentar- Spendel, § 32 Rn.313 ff.; Schönke/Schröder-Lenckner, § 32 Rn.50; Roxin, ZStW 93 (1981), 68 (94 f.). Anders hingegen mit beachtlichen Gründen Seelmann (ZStW 89 (1977), 36 (41 ff.)), der die Nothilfe unter den allgemeinen Vorbehalt des Verhältnismäßigkeitsgrundsatzes stellen will. Allgemein für eine Beschränkung des Notwehrrechts durch den Grundsatz der Verhältnismäßigkeit: Schwabe, NJW 1974, 670 (671 f.); Schroeder, Festschrift Maurach S.138 ff.; Bernsmann, ZStW 104 (1992), 290 (306 ff.). Vgl. zum Ganzen unter: C), II), 2), b), bb), (3).

(3) Stellungnahme

Mag es auch durchaus zutreffen, daß der Gesetzgeber bei der Schaffung der Notwehr- und Nothilferechte von dem Leitbild des hilflosen und unvorhersehbar in einer Abwehrlage geratenen Bürgers ausgegangen ist, so läßt sich jedoch nicht verkennen, daß § 32 StGB seinem eindeutigen Wortlaut nach nicht auf die *Person* des Notwehrausübenden abstellt, sondern die in einer gegenwärtigen und rechtswidrigen *Notwehrlage* geübte Verteidigungshandlung für gerechtfertigt erklärt. Dabei hat der Gesetzgeber die Nothilfe nach ihrem Inhalt und ihren Voraussetzungen der Notwehr gleichgestellt, indem er Notwehr als die Verteidigung definierte, die *erforderlich ist, um einen gegenwärtigen rechtswidrigen Angriff von sich oder einem anderen abzuwenden* (§ 32 Abs.2 StGB).[629] Bei der Beurteilung der Frage, ob eine Notwehrlage im Sinne des § 32 StGB vorliegt, ist eine objektive Betrachtung *ex post* anzustellen.[630] Im Rahmen der Prüfung des Rechtfertigungsgrundes kommt es demnach ausschließlich auf objektive Kriterien an;[631] subjektive Kriterien wie eine emotionale Zwangslage und eine psychische Ausnahmesituation des Notwehrübenden erlangen demgegenüber nicht im Bereich der Rechtfertigung, sondern erst im Bereich der Schuld Bedeutung.[632] [633] Die Heranziehung

---

629 Anders nur Seelmann ZStW 89 (1977), 36 (56 ff.), der die Nothilfe, im Gegensatz zur Notwehr, unter den Vorbehalt des Verhältnismäßigkeitsgrundsatzes stellen will. Kritisch dagegen: Schönke/ Schröder-Lenckner, § 32 Rn.42; Seier, NJW 1987, 2476 (2477 f.); Roxin, ZStW 93 (1981), 68 (71 f.); Haas, Notwehr und Nothilfe S.220 ff., 280 ff.

630 So auch: Schönke/Schröder-Lenckner, Vorbem §§ 32 ff. Rn.10 a, § 32 Rn.27; Lackner/Kühl, § 32 Rn.6; Tröndle/Fischer, § 32 Rn.3; Systematischer Kommentar-Samson, § 32 Rn.15; Jescheck/ Weigend, Lehrbuch des Strafrechts Allgemeiner Teil S.342. Davon abweichend ist im Rahmen des § 32 StGB nach einer Gegenauffassung (vgl.: Herzberg, JZ 1987, 536 (539 f.); ders., JA 1989, 243 (247 f.)) eine *ex ante* Sicht maßgeblich.

631 Aufgrund dessen ist die vollendete Tat auch dann nach § 32 StGB gerechtfertigt, wenn der Täter die Notwehrlage irrtümlich nicht erkennt. (Vgl.: Schönke/Schröder-Lenckner, Vorbem §§ 32 ff. Rn.10 a, 20, § 32 Rn.63). Insoweit kommt lediglich eine Versuchsstrafbarkeit in Betracht. (Vgl.: Lackner/ Kühl, § 22 Rn.16; Schönke/Schröder-Lenckner, Vorbem §§ 32 ff. Rn.15, § 32 Rn.63; Systematischer Kommentar-Günther, Vor § 32 Rn.91; Roxin, Strafrecht Allgemeiner Teil I, § 14 Rn.91 ff.; Jakobs, Strafrecht Allgemeiner Teil 11/18 ff.; Maurach/Zipf, Strafrecht Allgemeiner Teil I, § 25 Rn.32 ff.). Nicht zu überzeugen vermag es hingegen, wenn die Gegenauffassung (vgl.: Tröndle/Fischer, § 32 Rn.14; Leipziger Kommentar-Hirsch, Vor § 32 Rn.59 ff.; Schmidhäuser, Strafrecht Allgemeiner Teil 6/79) insoweit eine Strafbarkeit wegen vollendeter Deliktsverwirklichung annimmt, denn durch das objektive Vorliegen der Notwehrvoraussetzungen fehlt der Verteidigungshandlung des Notwehrübenden der Erfolgsunwert; der verbleibende Handlungsunwert vermag lediglich eine Strafbarkeit wegen untauglichen Versuchs begründen. Vgl. in diesem Zusammenhang auch zu den verschiedenen Begründungsansätzen zu dem allgemeinen Erfordernis eines subjektiven Rechtsfertigungselementes: Schönke/Schröder-Lenckner, Vorbem §§ 32 ff. Rn.13; Leipziger Kommentar-Hirsch, Vor § 32 Rn.50 ff.; Kühl, Jura 1993, 233 (233 ff.).

632 So auch: Seier, NJW 1987, 2476 (2477); Haas, Notwehr und Nothilfe S.196. Aufgrund dessen sind Überreaktionen des Angegriffenen aus Furcht, Erregung oder Schrecken, also aufgrund besonderer psychischer Belastung, die auf ein Gefühl des Bedrohtseins zurückgeht, nicht nach § 32 StGB gerechtfertigt, sondern allenfalls als Notwehrexzeß nach § 33 StGB entschuldigt. Vgl. zur Qualifizierung des Notwehrexzeßes als Entschuldigungsgrund: BGHSt 3, 194 (198); BGH, NStZ 1981, 299 (299); Tröndle/Fischer, § 33 Rn.3; Lackner/Kühl, § 33 Rn.1; Leipziger Kommentar-Spendel, § 33 Rn.34 ff. Zum Notwehrexzeß siehe bereits oben: B), IV), 1).

633 Speziell für den Rechtfertigungsgrund der Notwehr (§ 32 StGB) folgt dies aus dem Umstand, daß § 32 StGB ein echtes Eingriffsrecht und nicht lediglich eine schlichte Handlungsbefugnis des Angegriffenen begründet. Aufgrund der Gewährung einer Eingriffsbefugnis verliert das mit der Verteidigungshandlung verletzte Rechtsgut des Angreifers in der konkreten Situation seinen Schutz; die das entsprechende Rechtsgut schützende Gewährleistungsnorm wird suspendiert. Die Rechtsgutsbeeinträchtigung wird unter den Voraussetzungen des § 32 StGB deshalb auch ihrem Ergebnis nach

der psychologischen Zwangslage als Grundlage für eine restriktive Auslegung des Nothilferechts stellt sich aufgrund dessen als systemwidrig dar.[634]

Des weiteren ist zu berücksichtigen, daß die Notwehr in ihrer individualrechtlichen Ausprägung dem Schutz der Rechtsgüter des Angegriffenen dient (sog. Schutzprinzip) und in ihrer überindividuellen Ausprägung auf die Erhaltung und Bewährung der Rechtsordnung gerichtet ist (sog.Rechtsbewährungsprinzip). [635] Schutzprinzip und Rechtsbewährungsprinzip begründen die tragenden Prinzipien des Notwehrrechts, aus denen sich Inhalt und Grenzen des § 32 StGB erschließen lassen.[636] Sowohl mit der individuellen als auch mit der überindividuellen ratio des Notwehrrechts ist es jedoch unvereinbar, der psychischen Ausnahmesituation und mangelnden Übung des Notwehrübenden bei der Auslegung der Notwehrbefugnisse zentrale Bedeutung zuzuerkennen. Ist das aus § 32 StGB resultierende Verteidigungsrecht zum einen darauf zurückzuführen, daß das Rechtsgut des Angegriffenen geschützt wird und zum anderen darauf, daß der Notwehrübende die Rechtsordnung nach dem Grundsatz Recht braucht dem Unrecht nicht zu weichen, verteidigt und Störungen der Rechtsordnung beseitigt, so kann es auf die psychische Ausgangslage des Verteidigers nicht ankommen. Sowohl die von ihm geschützten Rechtsgüter, als auch der Bestand der Rechtsordnung sind in gleicher Weise schutzwürdig, ob der Nothelfer bei der Verteidigung vorbereitet und organisiert oder in einer psychischen Ausnahmelage agiert. Dementsprechend soll es auch nach allgemeinen Notwehrgrundsätzen unerheblich sein, ob sich der Notwehrübende auf die bevorstehende

---

von der Rechtsordnung toleriert, weil der mit der tatbestandsmäßigen Handlung an sich gegebene Erfolgsunwert entweder nach dem Prinzip des mangelnden Interesses wegfällt oder nach dem Prinzip des überwiegenden Interesses kompensiert wird. (Vgl. zum Ganzen: Schönke/Schröder-Lenckner, Vorbem §§ 32 ff. Rn.10). Demgegenüber läßt die psychische Zwangslage des Angegriffenen den Erfolgsunwert der herbeigeführten Rechtsgutsverletzung unberührt. Unter den Voraussetzungen des § 33 StGB wird dem Täter der objektive Normverstoß lediglich nicht persönlich zum Vorwurf gemacht. Vgl. allgemein zur Abgrenzung des Unrechts- vom Schuldbereich: Schönke/Schröder-Lenckner, Vorbem §§ 13 ff. Rn.20.

[634] Im Ergebnis ebenso: Schwabe, ZRP 1978, 165 (166); Mahlberg, Gewerbliche Sicherheitsunternehmen S.107 f.; Seier, NJW 1987, 2476 (2477).

[635] Die Rückführung des Notwehrrechts auf das Schutz- und Rechtsbewährungsprinzip entspricht im Ergebnis ganz herrschender Meinung (vgl.: BGH 24, 356 (359); Tröndle/Fischer, § 32 Rn.2; Lackner/Kühl, § 32 Rn.1; Schönke/Schröder-Lenckner, § 32 Rn.1 f.; Systematischer Kommentar-Samson, § 32 Rn.2 ff.; Leipziger Kommentar-Spendel, § 32 Rn.11 ff.; Otto, Grundkurs Strafrecht I, § 8 Rn.17; Blei, Strafrecht I S.150; Jescheck/Weigend, Lehrbuch des Strafrechts Allgemeiner Teil S.337; Roxin, Strafrecht Allgemeiner Teil I ,§ 15 Rn.1 ff.; ders., ZStW 93 (1981), 68 (70 ff.); Maurach/Zipf, Strafrecht Allgemeiner Teil I, § 26 Rn.4). Davon abweichend wird die Notwehr zum Teil ausschließlich auf das Individualschutzprinzip zurückgeführt (vgl.: Frister GA 1988, 291 (295 ff.); Klose ZStW 89 (1977), 61 (86 f.)) oder mit rein überindividualistischen Gesichtpunkten begründet (vgl: Schmidhäuser, Strafrecht Allgemeiner Teil 6/51; Haas, Notwehr und Nothilfe S.216 ff., 354 ff.). Die rein individualrechtliche Begründung der Notwehr, die unter Außerachtlassung der Interessen der Rechtsgemeinschaft, ausschließlich auf das subjektive Recht des Notwehrübenden abstellt, kann jedoch nicht überzeugen, denn sie vermag das Institut der Nothilfe nicht befriedigend zu erklären und kommt bei der Frage, warum nach § 32 StGB die Nothilfe gleichermaßen wie die Notwehr gerechtfertigt ist, in Begründungsschwierigkeiten. Gegen eine streng sozialrechtliche Notwehrbegründung spricht demgegenüber, daß die Notwehrbefugnis kein allgemeines Unrechtsverhinderungsrecht begründet, mit dessen Hilfe der einzelne quasi als Privatpolizist der Rechtsordnung im ganzen Geltung verschaffen kann. (Vgl. dazu: Schönke/Schröder-Lenckner, § 32 Rn.8; Leipziger Kommentar-Spendel, § 32 Rn.197 f.; Roxin, ZStW 93 (1981), 68 (76)). Die Notwehr läßt sich daher nur auf individual- und überindividualrechtlicher Grundlage begründen.

[636] Vgl.: Roxin, ZStW 75 (1963), 541 (557); ders., ZStW 93 (1981), 68 (70).

Notwehrsituation einstellen konnte[637] oder ob er sich für eine erwartete Auseinandersetzung mit besonderen Abwehrmitteln gerüstet hat[638]. Des weiteren soll die Notwehrbefugnis nach allgemeinen Grundsätzen auch dann erhalten bleiben, wenn sich der Verteidiger in Kenntnis einer potentiell drohenden Gefahr an den Gefahrenort begibt und sich damit bewußt einem erhöhten Gefahrenrisiko aussetzt.[639]

Schließlich stellt sich auch die Frage nach der Abgrenzung der organisierten von der unorganisierten Nothilfe, da zwischen den unterschiedlichen Formen fließende Übergänge herrschen.[640] Kriterien, die eine hinreichend klare Zuordnung ermöglichen und die sich unmittelbar aus dem Schutz- oder Rechtsbewährungsprinzip ableiten ließen, sind insoweit nicht erkennbar. Eine generelle Klassifizierung der von privatem Sicherheitspersonal geübten Nothilfe als professionell und organisiert stellt jedenfalls auch unter dem Gesichtspunkt, daß eine einheitliche Ausbildungslage innerhalb des Bewachungsgewerbes nicht feststellbar ist,[641] eine unzulässige Verallgemeinerung dar, die den im Einzelfall maßgeblichen Umständen nicht hinreichend Rechnung trägt und die im übrigen unterschiedliche Grundvoraussetzungen, unter denen Bedienstete des privaten Sicherheitsgewerbes tätig werden, außer acht läßt. Eine Abgrenzung der organisierten von der unorganisierten Nothilfe, wie sie von Hoffmann-Riem befürwortet wird, ist damit praktisch nicht durchführbar.

Nicht zu überzeugen vermag hingegen die Annahme, die Beschränkung der Notrechte auf die nicht professionell ausgeübte Nothilfe verstoße gegen die Garantiefunktion des Strafgesetzes. Abgesehen davon, daß bereits zweifelhaft ist, ob der nullum-crimen-Grundsatz (Art.103 Abs.2 GG) auf die Rechtfertigungsgründe überhaupt Anwendung findet,[642] handelt es sich bei der vorgenommenen Einschränkung der Notwehr jedenfalls lediglich um den Versuch, die notwehrimmanenten Schranken durch eine Zurückführung auf den Grundgedanken der Notwehr zu konkretisieren.

---

637 BGH, StV 1986, 15 (15); Schönke/Schröder-Lenckner, § 32 Rn.36; Pelzer, NStZ 1995, 305 (307).

638 BGH, NJW 1980, 2263 (2263 f.) mit kritischer Anm. Arzt JR 1980, 211 (212).

639 Vgl.: Schönke/Schröder-Lenckner, § 32 Rn.59; Roxin, Strafrecht Allgemeiner Teil I, § 15 Rn.65 ff.; ders., ZStW 93 (1981), 68 (89).

640 So auch: Kunz, ZStW 95 (1983), 973 (988).

641 Vgl. dazu oben unter: B), IV).

642 Zumindest findet die Garantiefunktion des Strafgesetzes (Art.103 Abs.2 GG) auf der Rechtfertigungsebene nur eingeschränkte Anwendung. Aufgrund dessen steht der nullum-crimen-Grundsatz weder einer gewohnheitsrechtlichen Anerkennung von Rechtfertigungsgründen entgegen noch folgt aus Art.103 Abs.2 GG die gesetzgeberische Pflicht zur positivrechtlichen Normierung bisher nur gewohnheitsrechtlich anerkannter Rechtfertigungsgründe. (Vgl.; Schönke/Schröder-Lenckner, Vorbem §§ 32 ff. Rn.25; Leipziger Kommentar-Hirsch, Vor § 32 Rn.36, 39). Auch unterliegen die Rechtfertigungsgründe unter dem Gesichtspunkt des Bestimmtheitsgebotes nicht den Anforderungen, die für die Umschreibung des Unrechtstatbestandes gelten. (Vgl.: Schönke/Schröder-Lenckner, Vorbem §§ 32 ff. Rn.25; Leipziger Kommentar-Hirsch, Vor § 32 Rn.40). Demgegenüber ist die Frage, ob das Gesetzlichkeitsprinzip einer auf richterlicher Rechtsfortbildung beruhenden gewohnheitsrechtlichen Einengung eines strafrechtlich normierten Rechtfertigungsgrundes, insbesondere einer teleologischen Reduktion des Erlaubnissatzes entgegensteht, weitgehend umstritten. Während eine einschränkende Auslegung zum Teil (vgl.: Schönke/Schröder-Lenckner, Vorbem §§ 32 ff. Rn.25; Systematischer Kommentar-Günther, Vor § 32 Rn.81; Roxin, ZStW 93 (1981), 68 (80)) für zulässig gehalten wird, lehnt die wohl überwiegende Auffassung im Schrifttum (vgl.: Schönke/ Schröder-Eser, § 1 Rn.14 a; Leipziger Kommentar-Hirsch, Vor § 32 Rn.37; Systematischer Kommentar-Rudolphi, § 1 Rn.25 a; Seebode, Festschrift Krause S.379 ff. m.w.N.) eine derartige Restriktionsmöglichkeit der Rechtfertigungsgründe zu Lasten des Täters ab.

Zweifelhaft ist auch die Behauptung, ein Mißbrauch der Selbsthilferechte durch gewerbliche Schutzdienste sei nicht zu befürchten. So haben bereits Arzt[643] und Hoffmann-Riem[644] auf eine amerikanische Untersuchung von Kakalik-Wildhorn verwiesen, nach der Bewachungsunternehmen grundsätzlich zu Befugnisüberschreitungen neigen.[645]

Entscheidend für eine Anwendbarkeit der allgemeinen Notrechte auf die kommerzielle Schutztätigkeit spricht jedoch, daß privaten Wachpersonen im Verhältnis zu anderen Bürgern kein Sonderstatus eingeräumt werden darf, der ihre Tätigkeit auf eine Ebene mit der hoheitlichen Gefahrenabwehr und Strafverfolgung durch die Polizei stellt. Im gesellschaftlichen Gefüge lassen sich gewerbliche Sicherheitskräfte, soll man sie dem privaten Eigenschutz oder der hoheitlichen Gefahrenabwehr zuteilen, nur der Sphäre der zum Eigenschutz tätigen Bürger zuordnen. Bei Betrachtung des allgemeinen Verhältnisses der Bürger zum Staat werden Bedienstete privater Schutzunternehmen lediglich im Wege der Arbeitsteilung und Spezialisierung anstelle der Bürger tätig, von denen sie Weisungen erhalten und ihre Rechte im Einzelfall ableiten. Die Sicherheitskräfte vertreten ihre Auftraggeber in dem ihnen zugewiesenen Bereich bei der Wahrnehmung des Eigenschutzes und leiten von ihnen ihre Rechte ab. De lege lata stehen ihnen nicht mehr und nicht weniger Rechte als ihren Auftraggebern zu. Die Tätigkeit privater Schutzdienste ist dabei klar von dem staatlichen Handeln und Kompetenzbereich abzugrenzen. Während die staatlichen Organe in rechtsstaatliche Kontrollmechanismen eingebunden sind und gem. Art.1 Abs.3 GG an die Grundrechte sowie gem. Art.20 Abs.3 GG an Gesetz und Ordnung gebunden sind, unterliegen private Schutzdienste grundsätzlich der freiheitlichen Selbstbestimmung im Wirtschaftsverkehr und werden lediglich durch die Gewerbeaufsicht kontrolliert.[646] Abgesehen davon, daß die Polizei und das private Sicherheitsgewerbe ähnliche faktische Sicherungsfunktionen wahrnehmen,[647] läßt sich insoweit zwischen der privaten und der hoheitlichen Schutztätigkeit keine Übereinstimmung feststellen. Als rechtspolitisch bedenklich sind insbesondere Entwicklungen anzusehen, die dazu führen, das kommerzielle Wachgewerbe im Verhältnis zu ihren privaten Auftraggebern zu privilegieren und ihnen einen Sonderstatus einzuräumen. Die Ausnahme der gewerblichen Schutztätigkeit aus dem Anwendungsbereich der Notrechte würde im Ergebnis faktisch auf die Einräumung einer Sonderstellung gewerblicher Sicherheitskräfte hinauslaufen. Insbesondere die Ausnahme mit der Begründung, private Schutzdienste würden *wie die Polizei* organisiert und professionell Sicherungsfunktionen wahrnehmen, führt dazu, daß der kommerziellen Schutztätigkeit zumindest faktisch halbhoheitlicher Charakter zugebilligt wird. Dies erhöht jedoch das Risiko einer stärkeren Verselbständigung[648] und Aufwertung des privaten Sicherheitsgewerbes. Die von

643 Der Ruf nach Recht und Ordnung S.45.

644 ZRP 1977, 277 (279).

645 Im übrigen ist fragwürdig, ob es sich bei den bekanntgewordenen Übergriffen der Wachpersonen des *Zivilen Sicherheitsdienstes (ZSD)* (vgl. im einzelnen den Bericht in der Süddeutschen Zeitung vom 3.01.1976), die aufgrund ihrer schwarzen Uniform auch *Schwarze Sheriffs* genannt werden, bei der Bewachung der Münchener U-Bahn um Einzelfälle handelt. Auch Faller (Festschrift Geiger S.12 f.) räumt ein, daß es insoweit *einige Schwierigkeiten* gegeben habe, meint aber, zumindest seriöse Wach- und Sicherheitsunternehmen hätten zwischenzeitlich die ihnen obliegenden Beschränkungen und Grenzen akzeptiert.

646 Eingehend dazu oben: B), I), II).

647 Vgl. dazu oben: B), I).

648 Vgl.: BMI 1982, 23. Der Bundesminister der Justiz, die Bundesländer und die beteiligten Wirtschaftsverbände stimmen nach dem Bericht des Bundesministers (BMI 1982, 23) darin überein, daß durch gesetzliche Sonderregelungen die Tendenz zur *Verselbständigung* der Wach- und Sicherheitsunternehmen gefördert werden könnte. (Hervorhebung im Original).

Hoffmann-Riem[649] geäußerten Bedenken im Hinblick auf das Entstehen einer Privatpolizei, die über ein Macht- und Gewaltpotential verfügt, welches dem des Staates vergleichbar ist, werden durch die faktische Anerkennung des kommerziellen Sicherheitsgewerbes als Machtfaktor neben der staatlichen Polizei bei einer derartigen Betrachtung erst real. Daher muß vor allem der Sichtweise entgegengetreten werden, Polizei und privates Sicherheitsgewerbe könnten in einer Sicherheitspartnerschaft kooperieren, in der sie als gleichberechtigte Partner agierten. Insgesamt läßt sich festhalten, daß es aus rechtspolitischer Sicht bedenklich erscheint, den privaten Sicherheitskräften die Berufung auf die Selbsthilferechte zu verwehren.

Private Wachpersonen können ferner, wie noch eingehend darzulegen sein wird,[650] im Ergebnis auch nicht mehr Rechte als die in einem öffentlichen Dienst- und Treueverhältnis stehenden Polizisten beanspruchen. Dem Umstand, daß gewerbliche Wachpersonen sich *ex professu* bewußt einem erhöhten Risiko aussetzen und nicht unvorhersehbar und unvorbereitet in eine Notwehrlage geraten, kann im ausreichenden Maße bei der Bestimmung des Inhaltes und Umfanges der Selbsthilferechte Rechnung getragen werden.[651]

Auch wenn im Hinblick auf eine Geltung der Notrechte ihrem Inhalt und Umfang nach Einschränkungen geboten sind, ist aufgrund strafrechtsdogmatischer wie auch rechtspolitischer Erwägungen im Ergebnis der herrschenden Meinung zuzustimmen, nach der die Selbsthilferechte grundsätzlich auch auf die gewerbliche Schutztätigkeit privaten Wachpersonals Anwendung findet.

bb) Inhalt und Umfang der privaten Selbsthilferechte

Eine andere Frage ist jedoch, welche Rechte gewerbliche Wachpersonen aus den ihnen zustehenden Selbsthilferechten im Einzelfall ableiten können. Zu klären sind mithin Inhalt und Umfang der Notrechte.

(1) Notwehrfähige Rechtsgüter

Fraglich ist zunächst, welche Angriffe private Wach- und Schutzunternehmen auf der Grundlage des § 32 StGB konkret abwehren dürfen. Vor allem die überindividuelle Ausprägung der Notwehr,[652] nach der § 32 StGB der Erhaltung und Bewährung der Rechtsordnung dient, könnte die Annahme rechtfertigen, private Sicherheitskräfte seien auf der Grundlage des allgemeinen Notwehrrechts zur Verteidigung der gesamten Rechtsordnung berechtigt. Ob sich die Befugnis der privaten Wachpersonen auf die Abwehr sämtlicher Angriffe gegen die öffentliche Ordnung, die guten Sitten und die Rechtsordnung als solche erstreckt, hängt jedoch maßgeblich von der Frage davon ab, welche Rechtsgüter notwehrfähig sind. Grundsätzlich ist jedes rechtlich geschützte Interesse der Angegriffenen ungeachtet seines strafrechtlichen Schutzes notwehrfähig.[653] Auch Rechts-

---

649 ZRP 1977, 277 (279, 283 f.).

650 Siehe dazu unter: C), II), 2), b), bb).

651 Siehe dazu eingehend unter: C), II), 2), b), bb).

652 Vgl. dazu bereits oben unter: C), II), 2), b), aa), (3).

653 Vgl.: Lackner/Kühl, § 32 Rn.3; Schönke/Schröder-Lenckner, § 32 Rn.4; Systematischer Kommentar-Samson, § 32 Rn.17; Baumann/Weber/Mitsch, Strafrecht Allgemeiner Teil, § 17 Rn.8; Blei, Strafrecht I S.142 f.; Jescheck/Weigend, Lehrbuch des Strafrechts Allgemeiner Teil S.339 mit

güter des Staates sind notwehrfähig, wenn es sich dabei um Individualrechtsgüter wie etwa Eigentum oder Vermögen des Fiskus handelt.[654] Nicht notwehrfähig ist hingegen die öffentliche Ordnung sowie die Rechtsordnung als solche.[655] Gleiches gilt für Rechtsgüter der Allgemeinheit, denn die Allgemeinheit ist kein Rechtssubjekt und damit auch nicht *anderer* im Sinne des § 32 Abs.2 StGB.[656] Demgegenüber wollen Schröder[657] und Zipf[658] auch eine Nothilfe zugunsten von Rechtsgütern der Allgemeinheit zulassen. Nach Zipf[659] begründe es angesichts der generellen Zulassung der Nothilfe zugunsten Dritter keinen Unterschied, ob individuelle Rechtsgüter oder Kollektivrechtsgüter verteidigt würden. Dagegen ist jedoch einzuwenden, daß die Abwehr von Angriffen auf die öffentliche Ordnung und auf Kollektivrechtsgüter nicht dem Bürger, sondern dem Staat und seinen Organen obliegt. Die Notwehr ist ein Verteidigungsrecht des einzelnen, welches nicht der allgemeinen Verbrechensbekämpfung und Gefahrenabwehr dient. Jedenfalls soweit nicht zugleich mit dem Angriff auf kollektive Rechtsgüter auch rechtlich geschützte Individualrechtsgüter betroffen sind, ist der einzelne auf der Grundlage des § 32 StGB nicht zur Abwehr von solchen Angriffen berechtigt. Der Bürger darf sich nicht über die Vorschrift des § 32 StGB die Funktion eines Hilfspolizisten anmaßen und sich als privater Ordnungshüter gerieren, der Aufgaben im Gemeininteresse wahrnimmt.[660] Würde der Staat solche Aufgaben der Privatinitiative überlassen und dem Anwendungsbereich der Notwehr unterstellen, würde er durch die übermäßige Ausdehnung des Notwehrrechts das staatliche Gewaltmonopol preisgeben

---

zahlreichen Beispielen.

654 Schönke/Schröder-Lenckner, § 32 Rn.6; Systematischer Kommentar-Samson, § 32 Rn.18; Leipziger Kommentar-Spendel, § 32 Rn.196; Lackner/Kühl, § 32 Rn.3; Jescheck/Weigend, Lehrbuch des Strafrechts Allgemeiner Teil S.340; Baumann/Weber/Mitsch, Strafrecht Allgemeiner Teil, § 17 Rn.9.

655 Nahezu einhellige Auffassung: BGHSt 5, 245 (247); BGH, VRS 40, 104 (107); BGH, NJW 1975, 1161 (1162); OLG Düsseldorf, NJW 1961, 1783 (1784); OLG Stuttgart, NJW 1966, 745 (748); Lackner/Kühl, § 32 Rn.3; Schönke/Schröder-Lenckner, § 32 Rn.8; Leipziger Kommentar, § 32 Rn.197; Systematischer Kommentar-Samson, § 32 Rn.9; Baumann/Weber/Mitsch, Strafrecht Allgemeiner Teil, § 17 Rn.9; Jescheck/Weigend, Lehrbuch des Strafrechts Allgemeiner Teil, S.340, 349; Kühl, Jura 1993, 57 (61); Geilen, Jura 1981, 200 (205); Haas, Notwehr und Nothilfe S.306 ff. Weitergehend: Tröndle/Fischer, § 32 Rn.7, nach deren Ansicht auch Störungen der öffentlichen Ordnung notwehrfähig sein sollen, wobei jedoch davon auszugehen sei, daß der Staat sich in der Regel selbst verteidigen wolle, wenn er Angegriffener oder Rechtsgutsinhaber sei. Von dem Schutz der öffentlichen Ordnung und der Rechtsordnung als solcher ist die Staatsnotwehr zu unterscheiden, bei der ein Schutz der höchsten Güter des Staates in Rede steht. Zur Staatsnotwehr vgl.: Leipziger Kommentar-Spendel, § 32 Rn.153 ff.; Schönke/Schröder-Lenckner, § 32 Rn.6 f.; Jescheck/Weigend, Lehrbuch des Strafrechts Allgemeiner Teil S.340; Schmidhäuser, Strafrecht Allgemeiner Teil 6/80.

656 H.M.: Schönke/Schröder-Lenckner, § 32 Rn.8; Lackner/Kühl, § 32 Rn.3; Leipziger Kommentar-Spendel, § 32 Rn.195, 198; Roxin, Strafrecht Allgemeiner Teil, § 15 Rn.36; ders., ZStW 93 (1981), 68 (75 f.); Jescheck/Weigend, Lehrbuch des Strafrechts Allgemeiner Teil S. 340; Kühl, Strafrecht Allgemeiner Teil § 7 Rn.38. Eine Ausnahme von diesem Grundsatz soll jedoch dann gelten, wenn mit dem Angriff auf die Rechtgüter der Allgemeinheit zugleich notwehrfähige Individualinteressen betroffen sind. (Vgl.: Schönke/Schröder-Lenckner, § 32 Rn.8; Leipziger Kommentar-Spendel, § 32 Rn.199; Jescheck/Weigend, Lehrbuch des Strafrechts Allgemeiner Teil S. 340; Kühl, Strafrecht Allgemeiner Teil § 7 Rn.38).

657 Festschrift Maurach S. 141.

658 Maurach/Zipf, Strafrecht Allgemeiner Teil I, § 26 Rn.12.

659 Vgl.: Maurach/Zipf, Strafrecht Allgemeiner Teil I, § 26 Rn.12.

660 So auch: Schönke/Schröder-Lenckner, § 32 Rn.8, Leipziger Kommentar-Spendel, § 32 Rn.198; Roxin, Strafrecht Allgemeiner Teil, § 15 Rn.37; ders., ZStW 93 (1981), 68 (76); Haas, Notwehr und Nothilfe S.308 f.

und damit seine Legitimationsgrundlage in Frage stellen.[661] Inhalt und Umfang des Notwehrrechts nach § 32 StGB müssen insoweit stets unter Berücksichtigung der durch das staatliche Gewaltmonopol gezogenen Grenzen bestimmt werden. Daß Rechtsgüter der Allgemeinheit keine notwehrfähigen Interessen im Sinne des § 32 StGB sind, zeigt darüber hinaus auch das allgemeine Recht zur vorläufigen Festnahme nach § 127 Abs.1 StPO. Der Schaffung einer solchen spezialgesetzlichen Befugnis hätte es nicht bedurft, wenn der einzelne ohnehin zur Verteidigung der Rechtsordnung Delinquenten im Wege der Nothilfe festnehmen könnte.[662] Insgesamt läßt sich daher festhalten, daß die Rechtsgüter der Allgemeinheit, die öffentliche Ordnung und die Rechtsordnung als solche keine notwehrfähigen Rechtsgüter darstellen. Private Schutzdienste dürfen aufgrund dessen auf der Grundlage des Notwehrrechts nicht zum Schutz dieser Rechtsgüter einschreiten, soweit nicht zugleich auch Individualrechtsgüter ihrer Auftraggeber oder dritter Personen beeinträchtigt werden. Reine Ordnungsfunktionen bleiben damit staatlichen Organen vorbehalten und dürfen grundsätzlich nicht von privaten Wachpersonen in Ausübung des Notwehrrechts wahrgenommen werden. Ein Einschreiten privater Sicherheitskräfte beispielsweise gegen Hausierer und Obdachlose, gegen lärmende Jugendliche oder sonstige *unerwünschte Subjekte* im öffentlichen Raum ist daher, weil insoweit allenfalls die öffentliche Ordnung tangiert wird, unzulässig. Demgegenüber dürfen gewerbliche Wachpersonen in Bereichen einschreiten, die trotz halböffentlichem Charakter dem privaten Hausrecht des Hausrechtsinhabers unterliegen, da insoweit nicht nur die öffentliche Ordnung sondern das individuelle Hausrecht als Individualrechtsgut betroffen ist.

(2) Subsidiarität der privaten Selbsthilferechte gegenüber obrigkeitlicher Hilfe

Weiterhin ist zu klären, ob und inwieweit die privaten Selbsthilferechte gegenüber der obrigkeitlichen Hilfe subsidiär sind. Während § 229 BGB ausdrücklich bestimmt, daß eine Selbsthilfe nur dann in Betracht kommt, wenn *obrigkeitliche Hilfe nicht rechtzeitig zu erlangen ist*, enthalten die sonstigen Notrechtsbefugnisse keine dementsprechende Regelung. Insbesondere im Rahmen des Notwehrrechts nach § 32 StGB ist daher die Abgrenzung der zulässigen privaten Nothilfe von der obrigkeitlichen Gefahrenabwehr durch staatliche Organe fraglich.

Nach der überwiegenden Meinung im Schrifttum[663] kommt dem Rechtsgüterschutz durch staatliche Organe grundsätzlich der Vorrang zu; die privaten Selbsthilferechte sind demgegenüber subsidiär.[664] Die den Notwehr- und Notstandsrechten immanente Schranke

---

661 Vgl. zur Bedeutung des staatlichen Gewaltmonopols bereits eingehend oben unter: C), I), 1), b), 2), b).

662 So zu Recht auch: Roxin, Strafrecht Allgemeiner Teil , § 15 Rn.36.

663 Vgl.: Schönke/Schröder-Lenckner, § 32 Rn.41; Leipziger Kommentar-Spendel, § 32 Rn.234; Tröndle/Fischer, § 32 Rb.16 d; Lackner/Kühl, § 32 Rn.11 a; Baumann/Weber/Mitsch, Strafrecht Allgemeiner Teil, § 17 Rn.29; Himmelreich, MDR 1967, 361 (362); Kinnen, MDR 1974, 631 (633); Eberstein, BB 1980, 863 (867); Burr, JR 1996, 230 (230 ff.); Seelmann, ZStW 89 (1977), 36 (58); Klose, ZStW 89 (1977), 61 (72); Kunz, ZStW 95 (1983), 973 (975 f.); Merten, Rechtsstaat und Gewaltmonopol S.57; Arzt, Festschrift Schaffstein S.84 f. Einschränkend Haas (Notwehr und Nothilfe S.291 ff.), der eine Subsidiarität in dem Sinne anerkennt, daß die staatliche Hilfe im Verhältnis zur privaten Nothilfe das mildere Mittel darstellt. (Im Ergebnis ebenso: Seebode, Festschrift Krause S.385 f.). Es handelt sich bei der Verweisung des Verteidigers auf das mildeste Mittel, aber nicht um eine spezifische Frage der Subsidiarität der privaten Selbsthilfe, sondern vielmehr um eine Anwendung des Grundsatzes der Erforderlichkeit der Verteidigungshandlung, die in diesem Zusammenhang außer Betracht bleiben kann.

664 In der Literatur wird zum größten Teil danach differenziert, ob staatliche Hilfe präsent ist oder

des Vorrangs obrigkeitlicher Hilfe[665] wird zum einen auf das staatliche Gewaltmonopol und zum anderen auf den in § 229 BGB explizit normierten allgemeinen Rechtsgedanken der Subsidiarität einer Selbsthilfe zurückgeführt.

Eine davon abweichende Auffassung speziell für gefahrenabwehrende Tätigkeit privater Wach- und Schutzunternehmen wird vor allem von Mahlberg[666] vertreten, der davon ausgeht, daß privaten Bewachern auch bei präsenter Polizei Eingriffe nach Maßgabe der Selbsthilferechte erlaubt sind. Zur Begründung beruft er sich im wesentlichen auf das öffentlich-rechtliche Subsidiaritätsprinzip, nach dem bei sich überschneidenden Kompetenzbereichen staatlichen und privaten Handelns grundsätzlich der privaten Aufgabenerledigung der Vorzug zu geben sei. Auf der Grundlage des Subsidiaritätsprinzips sei der Staat nicht gehalten für einen polizeilichen Rechtsgüterschutz zu sorgen, sondern könne den Bürger zum Selbstschutz anhalten.[667] Der Verweis auf den Eigenschutz sei um so mehr gerechtfertigt, als daß polizeiliche Einsatzkräfte im repressiven Bereich gebunden würden. Im präventiven Bereich sei der Selbstschutz des Bürgers unter dem Gesichtspunkt des polizeirechtlichen Subsidiaritätsprinzipes erforderlich, denn ein polizeiliches Einschreiten zum Schutz individueller Rechtsgüter in ausschließlich privatem Interesse sei ausgeschlossen.

---

herbeigeholt werden muß. Zum Teil (vgl.: Leipziger Kommentar-Spendel, § 32 Rn.234; Seelmann ZStW 89 (1977), 36 (58); Haas, Notwehr und Nothilfe S.291 ff.) wird dabei die Ansicht vertreten, der Verteidiger müßte präsente amtliche Hilfe in Anspruch nehmen, wohingegen die Herbeirufung staatlicher Unterstützung in der Angriffslage allenfalls im Ausnahmefall erforderlich sei. Auch insoweit steht jedoch nicht das allgemeine Verhältnis zwischen privater Nothilfe und staatlicher Hilfe in Rede. (So im Ergebnis auch: Suppert, Studien S.283 f.). Nach allgemeinen Notwehrprinzipien, namentlich nach dem Grundsatz der Erforderlichkeit der Verteidigungshandlung entfällt eine Rechtfertigung, wenn private oder öffentliche Hilfe mildere Abwehrmittel zur Verfügung stellen. Die Frage, ob solche Hilfe herbeigeholt werden muß, beurteilt sich nach den Umständen des Einzelfalls. Dabei ist zu berücksichtigen, daß der Verteidiger nach dem Grundsatz *Recht braucht dem Unrecht nicht zu weichen* sich nicht auf mildere Verteidigungsmittel verweisen lassen muß, die weniger effizient sind oder deren Wirksamkeit zumindest ungewiß ist. (Vgl.: BGHSt 25, 229 (230); Schönke/Schröder-Lenckner, § 32 Rn.36 ff.; Systematischer Kommentar-Samson, § 32 Rn.39; Leipziger Kommentar-Spendel, § 32 Rn.238; Maurach/Zipf, Strafrecht Allgemeiner Teil I, § 26 Rn.32; Kühl, Jura 1993,118, (122)).

665 Vgl. in diesem Sinne: Kunz ZStW 95 (1983), 973, 976; Kühl, Jura 1993, 118 (125).

666 Gewerbliche Sicherheitsunternehmen S.133 ff. Kritisch im Hinblick auf eine Subsidiarität der Selbsthilferechte auch: Pelz, NStZ 1995, 305 (306 ff.).Vgl. auch: Leipziger Kommentar-Baldus[9], § 53 Rn.32; v.Liszt-Schmidt, Strafrecht Allgemeiner Teil S.187, jeweils ohne Begründung. Gegen eine Subsidiarität der Notwehr allgemein für den Fall, daß obrigkeitlicher und privater Angriffsabwehr gleich intensive Mittel zur Verfügung stehen auch: Seebode (Festschrift Krause S.388 f.). Seebode (a.a.O. S.390) vertritt die Auffassung, die Annahme der Subsidiarität privater Angriffsabwehr gegenüber obrigkeitlichem Schutz unter Berufung auf das staatliche Gewaltmonopol verstoße gegen das strafrechtliche Analogieverbot (Art.103 Abs.2 GG, § 1 StGB). Dagegen ist jedoch anzuführen, daß eine verfassungskonforme Auslegung von Strafrechtsbestimmungen im Lichte des rechtsstaatlichen Gewaltmonopols des Staates von vornherein nicht als verfassungswidrig angesehen werden kann.

667 Mahlberg, Gewerbliche Sicherheitsunternehmen S.134. Vgl. auch: Eberstein, BB 1980, 863 (868); Häring, W + S Information 1979, 224 (226), nach deren Auffassung die Sicherung des Eigentums in erster Linie Sache des Eigentümers selbst ist. Eine gewisse Selbsthilfe sei unerläßliche Voraussetzung für ein Funktionieren des Staates. Im Ergebnis ebenso: Zimmermann, Kriminalprävention S.7, 11; Stümper, Kriminalistik 1975, 193 (194); Wehner, Kriminalistik 1980, 34 (35); Glavic, Die Polizei 1994, 36 (40). Kritisch hingegen: Arzt, Kriminalistik 1976, 433 (434 f.).

Zumindest für die Notwehr nach § 32 StGB können die Ausführungen Mahlbergs zur Konkurrenz der hoheitlichen und privaten Gefahrenabwehr nicht widerspruchslos hingenommen werden. Mahlberg verkennt, daß es Aufgabe des Staates und nicht des einzelnen Bürgers ist, die Unverletzlichkeit der objektiven Rechtsordnung zu garantieren. Das öffentlich-rechtliche Subsidiaritätsprinzip,[668] das nach der Ansicht Mahlbergs einen Vorrang der Privatinitiative auf dem Gebiet der Gefahrenabwehr begründen soll, findet in Tätigkeitsbereichen keine Anwendung, die zwingend und ausschließlich dem Staat vorbehalten sind. Der legitime Anwendungsbereich des Subsidiaritätsprinzips liegt daher außerhalb der hoheitlichen Eingriffsverwaltung im Bereich staatlicher Daseinsvorsorge.[669] Im Gegensatz zur öffentlichen Gefahrenabwehr, handelt es sich bei der Daseinsvorsorge nicht um eine notwendige Staatsaufgabe[670]. Die vom Staat im Rahmen der Leistungsverwaltung wahrgenommenen öffentlichen Aufgaben sind damit unter Berufung auf das Subsidiaritätsprinzip privatisierungsfähig.[671] Im übrigen begründet das Subsidiaritätsprinzip auch nur einen Vorrang der privaten Aufgabenwahrnehmung, wenn die entsprechenden Aufgaben von staatlichen und privaten Rechtssubjekten gleich effektiv erledigt werden können.[672] Bei der Angriffsabwehr ist dies angesichts der Tatsache, daß hoheitlichen Funktionsträgern spezielle hoheitliche Eingriffsbefugnisse zustehen und mit Rücksicht auf die besondere Ausrüstung, Ausbildung und Erfahrung der Polizeivollzugsbeamten aber gerade zu verneinen. Der Hinweis auf die Begrenzung durch das polizeirechtliche Subsidiaritätsprinzip geht bereits deshalb fehl, weil die polizeiliche Schutztätigkeit nur bei der Beeinträchtigung von ausschließlich privatrechtlich geschützten Interessen zurücktritt.[673] Auch dann sind jedoch die geschützten Interessen nicht vom Bürger im Wege des Selbstschutzes durchzusetzen. Der Betroffene muß vielmehr gerichtlichen Rechtsschutz, also staatliche Hilfe zur Durchsetzung seiner Rechtspositionen in Anspruch nehmen. Mit Hinweis auf die polizeiliche Subsidiarität wird folglich nur die Befugnis eines polizeilichen Eingriffs im Falle ausschließlich privatrechtswidriger Störungen ausgeschlossen, nicht aber zugleich die Zulässigkeit des Selbstschutzes durch den Bürger begründet.[674]

---

668 Vgl. zum Subsidiaritätsprinzip: Dürig in Maunz/Dürig/Herzog/Scholz, Art.1 Abs.2 Rn.54; Isensee, Subsidiaritätsprinzip und Verfassungsrecht S.99, 159; Kuttenkeuler, Subsidiaritätsprinzip S.29 ff.

669 Zum Subsidiaritätsprinzip als Schranke der staatlichen erwerbswirtschaftlichen Eigenbetätigung: Dürig in Maunz/Dürig/Herzog/Scholz, Art.2 Abs.1 Rn.52.

670 Zum Begriff der Staatsaufgabe siehe die Ausführungen in der Einleitung.

671 Zu den Grenzen einer zulässigen Privatisierung vgl. bereits oben in der Einleitung und im 2.Teil unter C), I), 1), b).

672 Zum Inhalt des öffentlichen Subsidiaritätsprinzips vgl.: Isensee, Subsidiaritätsprinzip und Verfassungsrecht S.29; Kuttenkeuler, Subsidiaritätsprinzip S.32 ff.; Honigl, Tätigwerden von Privaten S.83; Hoffmann-Riem, ZRP 1977, 277 (281). Die Tätigkeit privater Schutzdienste wird oftmals mit Hinweis auf das öffentlich-rechtliche Subsidiaritätsprinzip gerechtfertigt. (So etwa: Mahlberg, Gewerbliche Sicherheitsunternehmen S.53 ff.; Rupprecht, Die Polizei 1994, 46 (46); Amelunxen, Spionage und Sabotage im Betrieb S.42. Kritisch dagegen: Roßnagel, ZRP 1983, 59 (62); Honigl, Tätigwerden von Privaten S.83). Dabei werden Anwendungsbereich und Inhalt dieses Prinzips in der Regel fehlinterpretiert.

673 Siehe dazu bereits oben unter: B), I).

674 Soweit Mahlberg (Gewerbliche Sicherheitsunternehmen S.137) darüber hinaus argumentiert, die Gegenauffassung würde dazu führen, daß der tätlich Angegriffene gewissermaßen bewegungslos verharren müsse, wenn sich in unmittelbarer Nähe ein Polizeibeamter befinde und sei gehindert, Angriffe von sich oder einem Dritten abzuwenden, was bereits aus praktischen Gründen nicht befriedigen könne, muß er sich fragen lassen, aus welchem Grund er bei Präsenz von besonders geschulten und für solche Situationen speziell ausgestatteten Polizeibeamten dem Privaten das mit zahlreichen Unwägbarkeiten verbundene Notwehrrecht zugestehen will. Daß dieses Ergebnis aus *praktischen und auf der Hand liegenden Erwägungen* (so Mahlberg, Gewerbliche Sicherheits-

Damit ist die von Mahlberg vertretene Ansicht abzulehnen. Aufgrund des Vorrangs staatlicher Rechtsgutssicherung sind die privaten Selbsthilferechte grundsätzlich gegenüber obrigkeitlicher Hilfe subsidiär. Als Folge davon sind Wachpersonen des privaten Sicherheitsgewerbes zunächst gehalten, polizeiliche Hilfe in Anspruch zu nehmen. Erst wenn zu befürchten ist, daß obrigkeitliche Hilfe zu spät käme und die Rechtsgutsbeeinträchtigung nicht abwenden könnte, dürfen die gewerblichen Wachpersonen eingreifen. Auch insoweit dürfen sie jedoch nur vorläufige Sicherungsmaßnahmen bis zum Eintreffen der Polizei ergreifen. Sobald Polizeikräfte vor Ort präsent sind, ist ihnen eine weitere Angriffsabwehr auf der Grundlage der Selbsthilferechte verwehrt. Dies gilt unabhängig davon, ob die hoheitliche Tätigkeit gegenüber der gewerblichen Schutztätigkeit über mildere, gleich milde oder einschneidendere Mittel zur Verteidigung verfügt. Für den Fall, daß der Angriff von den hoheitlich handelnden Polizeibeamten mit milderen Mitteln abgewendet werden kann, ist ein Eingreifen der privaten Wachpersonen bei präsenter oder noch rechtzeitig herbeizuholender polizeilicher Hilfe nicht erforderlich. Die fehlende Erforderlichkeit der Verteidigungshandlung im Sinne des § 32 StGB ergibt sich aus dem Umstand, daß der Notwehrübende bereits nach allgemeinen Notwehrgrundsätzen nur das zur Abwehr des Angriffs geeignete und relativ mildeste Mittel anwenden darf.[675] Aber auch wenn der Polizei ausnahmsweise nur gleich milde oder sogar einschneidendere Abwehrmittel zustehen, müssen zivile Sicherheitskräfte wegen des Vorrangs der staatlichen Rechtsgutssicherung obrigkeitliche Hilfe in Anspruch nehmen, wenn diese rechtzeitig und ohne Risiko zu erlangen ist. In diesem Fall kommen das staatliche Gewaltmonopol und der Vorrang staatlicher Rechtsgutsicherung als immanente Schranken zum Tragen, die einer Auslegung der Notrechte Grenzen setzen. Zu der Situation, daß private Wachpersonen die Angriffsabwehr übernehmen, die Träger hoheitlicher Gewalt wegen den ihnen auferlegten öffentlich-rechtlichen Beschränkungen nicht leisten dürfen, kann es somit nicht kommen.

(3) Anwendbarkeit des Verhältnismäßigkeitsgrundsatzes

Schließlich stellt sich die Frage, ob der rechtsstaatliche Grundsatz der Verhältnismäßigkeit auf die professionelle Nothilfe privater Wachpersonen Anwendung findet.[676]

Nach ganz herrschender Lehre und Rechtsprechung[677] findet der Verhältnismäßigkeitsgrundsatz grundsätzlich im Rahmen der Notwehr und Nothilfe nach § 32 StGB keine

---

unternehmen S.137) nicht befriedige, vermag schon insoweit nicht zu überzeugen, als daß Mahlberg (a.a.O. S. 135 f.) bei nicht präsenter Hilfe eine Pflicht zum Herbeirufen der Polizei unter dem Gesichtspunkt des Verhältnismäßigkeitsgrundsatzes für den Fall bejaht, daß die Polizei den Angriff mit milderen Mitteln abwehren kann. In der Regel wird es aber so sein, daß den staatlichen Instanzen aufgrund ihres geschulten Vorgehens und ihrer speziell auf Angriffssituationen ausgerichteten Ausrüstung eine Angriffsabwehr grundsätzlich mit milderen Mitteln als dem Privaten möglich ist. Hinzu kommt, daß der Angriffsabwehr durch staatliche Funktionsträger in der Öffentlichkeit der Anschein der Legitimität zukommt, so daß dem Einsatz von Polizeivollzugskräften in der Bevölkerung ein größeres Vertrauen und gleichzeitig weniger Gegenwehr entgegengebracht wird, als dies bei einem Tätigwerden eines Privaten der Fall ist.

675 Vgl. zur Erforderlichkeit der Verteidigungshandlung: Schönke/Schröder-Lenckner, § 32 Rn.34, 36 ff.; Leipziger Kommentar-Spendel, § 32 Rn.218 ff.; Wessels/Beulke, Strafrecht Allgemeiner Teil Rn.333, 335, 338; Maurach/Zipf, Strafrecht Allgemeiner Teil I, § 26 Rn.28 ff.; Jakobs, Strafrecht Allgemeiner Teil 12/30 ff.; Roxin, Strafrecht Allgemeiner Teil § 15 Rn.42 ff.; Jescheck/Weigend, Lehrbuch des Strafrechts Allgemeiner Teil S.343; Kühl, Jura 1993, 118 (120).

676 Siehe dazu bereits auch schon oben unter b), aa), (2) und b),aa), (3).

Anwendung, so daß nach dem Grundsatz *Recht braucht dem Unrecht nicht zu weichen*, eine Proportionalität zwischen angegriffenem und durch die Verteidigungshandlung verletztem Rechtsgut entbehrlich ist. Das fehlende Erfordernis einer Güterabwägung bei der Notwehr wird vor allem damit gerechtfertigt, daß der Verteidiger nicht nur zugunsten des individuellen angegriffenen Rechtsgutes, sondern auch für die Bewährung der Rechtsordnung eintrete. Der Gesetzgeber habe der Verteidigung des Rechtes einen so hohen Stellenwert eingeräumt, daß er es dabei in Kauf genommen habe, daß im Rahmen der Notwehr ein höherwertiges Rechtsgut geopfert werde.[678] Um eine uferlose rechtsmißbräuchliche Inanspruchnahme des Notwehrrechts zu vermeiden, nimmt die herrschende Lehre und Rechtsprechung eine Einschränkung der Notwehr bei schuldlos Handelnden, bei engen persönlichen Beziehungen, bei der Notwehrprovokation sowie bei einem besonders krassen Mißverhältnis zwischen angegriffenem und verletztem Rechtsgut vor.[679]

Davon abweichend geht ein Teil des Schrifttums[680] von der Anwendbarkeit des Verhältnismäßigkeitsgrundsatzes auch bei dem Notwehrrecht nach § 32 StGB aus und stützt sich dabei auf den Umstand, daß der Verhältnismäßigkeitsgrundsatz die gesamte Rechtsordnung durchwalte. Speziell für die Nothilfe will Seelmann[681] § 32 StGB an eine auf die reine Güterproportionalität verengte Verhältnismäßigkeit der Mittel binden.

Im Rahmen der vorliegenden Untersuchung kann nicht abschließend zu sämtlichen bei der Notwehr auftretenden Problemen Stellung bezogen werden. Speziell für den im vorliegenden Zusammenhang bedeutsamen Bereich der professionellen und organisierten Nothilfe privater Schutzdienste gilt jedoch, daß deren Ausübung des Nothilferechts an den rechtsstaatlichen Grundsatz der Verhältnismäßigkeit zu binden ist. Dabei kann dahingestellt bleiben, ob sich dieses Ergebnis aus einer allgemeinen Geltung des Verhältnismäßigkeitsgrundsatzes im Rahmen des Notwehrrechtes ableiten läßt oder ob eine An-

---

677 Vgl.: RGSt 55, 82 (86); 69, 308 (310); 72, 57 (58); BGH, GA 1968, 182 (183); 1969, 23 (24); Lackner/Kühl, § 32 Rn.11, 12; Systematischer Kommentar-Samson, § 32 Rn.1, 39; Schönke/Schröder-Lenckner, § 32 Rn.34, 46; Leipziger Kommentar-Spendel, § 32 Rn.224; Maurach/Zipf, Strafrecht Allgemeiner Teil I, § 26 Rn.30, 39 f.; Wessels/Beulke, Strafrecht Allgemeiner Teil Rn.340; Jakobs, Strafrecht Allgemeiner Teil 12 /30; Jescheck/Weigend, Lehrbuch des Strafrechts Allgemeiner Teil S.308; Roxin, Strafrecht Allgemeiner Teil I, § 15 Rn.46; ders., ZStW 93 (1981), 68 (71); Blei, Strafrecht Allgemeiner Teil S.145; Welzel, Strafrecht S.86; Kühl, Strafrecht Allgemeiner Teil § 7 Rn.116; ders., Jura 1993, 118 (124); Kunz, ZStW 95 (1983), 973 (973); Burr, JR 1996, 230 (231); Ludwig, Notwehr- und Notstandsrecht S.66 f.; Fechner, Grenzen polizeilicher Notwehr S.9 ff.

678 So insbesondere: Roxin, ZStW 93 (1981), 68 (71). Ähnlich auch Ludwig, Notwehr- und Notstandsrecht S.67.

679 Zusammenfassend zu den sog. sozialethischen Beschränkungen des Notwehrrechts: Systematischer Kommentar-Samson, § 32 Rn.44 ff.; Schönke/Schröder-Lenckner, § 32 Rn.48 ff.; Lackner/Kühl, § 32 Rn.13 ff.; Wessels/Beulke, Strafrecht Allgemeiner Teil Rn.342 ff.; Jescheck/Weigend, Lehrbuch des Strafrechts Allgemeiner Teil S.345 ff.; Köhler, Strafrecht Allgemeiner Teil § 7 Rn.157 ff.; Otto, Grundkurs Strafrecht I, § 8 Rn.59 ff.; Maurach/Zipf, Strafrecht Allgemeiner Teil I § 26 Rn.38 ff.; Blei, Strafrecht Allgemeiner Teil S.146 f.; Jakobs, Strafrecht Allgemeiner Teil 12/39 ff.; Roxin, Strafrecht Allgemeiner Teil, § 15 Rn.53 ff.; ders., ZStW 93 (1981), 68 (81 ff.).

680 So: Schroeder, Festschrift Maurach S.137 ff.; Bernsmann, ZStW 104 (1992), 290 (306 ff.); Eser/Burkhardt, Strafrecht I 10/41 ff.; Dürig in Maunz/Dürig/Herzog/Scholz, Art.2 Abs.1 Rn.73; Mahlberg, Gewerbliche Sicherheitsunternehmen S.111 ff.

681 ZStW 89 (1977), 36 (48 ff.). Für eine Anwendung des Verhältnismäßigkeitsgrundsatzes zumindest für die Tätigkeit privater Schutzdienste: Ehlers, Festschrift Lukes S.353; Schuster, Die Polizei 1989, 5 (10); Schwabe, ZRP 1978, 165 (166 f.); Bauer, Werkschutz S.174 f.

bindung der professionellen Nothilfe nur ausnahmsweise bei der Tätigkeit der privaten Schutzdienste gelten soll. Die Anbindung an das rechtsstaatliche Verhältnismäßigkeitsprinzip ist jedenfalls geboten, da die von seiten der gewerblichen Wachpersonen und die von seiten der Normalbürger verübte Nothilfe grundverschieden und daher an unterschiedliche Voraussetzungen zu knüpfen sind. Bereits im Zusammenhang mit der Frage nach der grundsätzlichen Anwendbarkeit der Selbsthilferechte auf die privaten Schutzdienste wurde ausgeführt,[682] daß gewerbliche Schutzpersonen in der Regel, anders als der Bürger, der unvorbereitet in eine Notwehrlage gerät, professionell, organisiert und routinemäßig agieren. Der Umstand, daß zivile Wachpersonen sich geschult und vorbereitet auf Notwehrsituationen einrichten, muß bei der Frage, welche Maßnahmen sie zur Angriffsabwehr ergreifen dürfen, Berücksichtigung finden. Dies zeigt sich unter anderem darin, daß die privaten Sicherheitskräfte teilweise bewaffnet sind und lebensbedrohliche Verteidigungsmittel bei ihrer Tätigkeit mit sich führen. Die spezielle Ausrüstung birgt ein erhöhtes Risiko in sich, so daß die Angriffsabwehr durch einen privaten Schutzdienst, im Verhältnis zu der Notwehr des unvorbereitet in eine Angriffssituation geratenen Bürgers, eine besondere Gefährdung des Angreifers bedingt. Dies folgt aus dem Umstand, daß die zivilen Wachpersonen, die für die Kampflage in jeder Hinsicht gerüstet sind, über jederzeit einsatzbereite Verteidigungsmittel verfügen und auch geneigt sein werden, diese bis an die Grenze des Zulässigen einzusetzen. Demgegenüber ist der Normalbürger nur in Ausnahmefällen im Besitz solcher technischen Hilfsmittel und in den seltensten Fällen in der Lage, einen Rechtsbrecher gefährlich zu verletzen. Ist daher die uneingeschränkte Notwehr im Falle des unvorhergesehen in eine Notwehrlage geratenen Bürgers vielleicht unter diesem Aspekt noch hinnehmbar, so führt sie bei der Nothilfe professioneller Schutzunternehmen zu unhaltbaren Konsequenzen. Die von dem Normalbürger ausgeübte Zwangsgewalt birgt für den Angreifer und sonstige Unbeteiligte nicht solche Gefahren, die einer ungehemmten professionellen und geschulten Nothilfe anhaften. Die von privaten Schutzdiensten verursachte besondere Gefahrenlage, die leicht Konfrontationen und Gewalteskalationen schweren Ausmaßes provozieren kann, darf nicht über die Notwehr privilegiert werden.[683] Die besondere Gefahrverursachung muß vielmehr mit einer erhöhten Gefahrtragungspflicht gewerblicher Schutzpersonen korrespondieren, die in der Anwendung des Verhältnismäßigkeitsprinzips zum Ausdruck kommt.

Auch das Schutz- und Rechtsbewährungsprinzip,[684] auf welches sich die Notwehr zurückführen läßt, steht der geforderten Anbindung der Notwehr an den Verhältnismäßigkeitsgrundsatz nicht entgegen. Weder die Notwehr in ihrer individualrechtlichen noch in ihrer überindividuellen Ausprägung erfordert den Schutz eines Rechtsgutes und die Bewährung der Rechtsordnung um jeden Preis. Insbesondere die Begründung der Schneidigkeit der Notwehr durch die herrschende Lehre unter Hinweis auf das Rechtsbewährungsprinzip und den Grundsatz, wonach das Recht dem Unrecht nicht zu weichen braucht, vermag nicht zu überzeugen, denn die Wahrung der gesamten Rechtsordnung läßt sich nicht als Argument für die Auslegung eines Teils dieser Rechtsordnung anführen.[685] Zu berücksichtigen ist in diesem Zusammenhang auch, daß zu den nach dem

---

682 Siehe dazu oben: b), aa) sowie B), IV).

683 Vgl. auch Arzt, JR 1980, 211 (212), der jedoch für den Fall, daß sich der Verteidiger mit besonders schneidigen und mit dem Exzeßrisiko behafteten Verteidigungsmitteln rüstet, eine Einschränkung des Notwehrrechts unter dem Gesichtspunkt der Notwehrprovokation vertritt.

684 Vgl. dazu bereits oben unter: b), aa), (3).

685 So bereits: Seelmann ZStW 89 (1977), 36 (45). Vgl. auch Schroeder, Festschrift Maurach S.138.

Gedanken der Rechtsbewährung zu schützenden gesetzlichen Wertungen insbesondere die grundgesetzliche Wertordnung, namentlich der rechtsstaatliche Verhältnismäßigkeitsgrundsatz, das staatliche Gewaltmonopol und die staatlichen Schutzpflichten zum Schutz der Rechtsgüter des Angreifers, gehört.[686] Insofern ist eine verfassungskonforme Auslegung des Nothilferechts im Lichte der durch die Verfassung statuierten objektiven Wertordnung erforderlich.[687]

Eine Anbindung an das rechtsstaatliche Verhältnismäßigkeitsprinzip ist ferner geboten, um auf diese Weise zu gewährleisten, daß dem gewerblichen Sicherheitspersonal nicht mehr Rechte als der primär für die Rechtsverteidigung zuständigen Schutzpolizei zustehen. Zwar wurde bereits angedeutet,[688] daß die den Polizeivollzugsbeamten zustehenden hoheitlichen Eingriffsbefugnisse im Vergleich zu den Selbsthilferechten der privaten Sicherheitskräfte grundsätzlich zu weiterreichenden Eingriffen in die Rechtssphäre des einzelnen ermächtigen. Dies ergibt sich zum einen aus dem Umstand, daß den Hoheitsträgern eine Vielzahl von verschiedenen präventiven und repressiven Eingriffsbefugnissen[689] eingeräumt wird und zum anderen daraus, daß die Voraussetzungen der hoheitlichen Eingriffsnormen weiter gefaßt sind.[690] Andererseits unterliegen die polizeilichen Eingriffsbefugnisse jedoch zahlreichen rechtsstaatlichen Einschränkungen. Diese ergeben sich aus der nur für die öffentliche Gewalt geltenden unmittelbaren Grundrechtsbindung (Art.1 Abs.3 GG), aus dem Gesetzesvorbehalt (Art. 20 Abs.3 GG), aus den verwaltungsrechtlichen Kompetenzschranken sowie nicht zuletzt aus dem Übermaßverbot. Die Rechtsordnung gestattet den zu ihrem Schutz bestellten Hoheitsträgern eine Abwehr strafbarer Handlungen und sonstiger Gefahren nur nach Maßgabe des Verhältnismäßigkeitsgrundsatzes.[691] Soll nun aber gewährleistet werden, daß Bedienstete privater Wachunternehmen im Ergebnis nicht mehr Rechte beanspruchen und damit in Konkurrenz zum Staat treten und ihm das Gewaltmonopol streitig machen, muß die Nothilfe, auf die sich der Träger hoheitlicher Gewalt grundsätzlich nicht berufen kann, [692]

---

686 Vgl. in diesem Sinne: Bernsmann, ZStW 104 (1992), 290 (326).

687 Insoweit hat Mahlberg (Gewerbliche Sicherheitsunternehmen S.120) zutreffend ausgeführt, daß mit der verfassungskonformen Auslegung der Notwehrbestimmung nicht die unmittelbare Drittwirkung der Grundrechte postuliert wird, sondern daß es sich insoweit um einen Fall der mittelbaren Drittwirkung von Grundrechten handelt. Dem ist zuzustimmen, denn der Umstand, daß die Notwehrvorschrift das Verhältnis der Bürger untereinander und nicht etwa des Bürgers zum Staat regelt, ändert nichts an der Tatsache, daß die Grundrechte nach dem Gebot verfassungskonformer Auslegung auf die Anwendung und Auslegung des einfachen Rechts wirken. Zur sog. mittelbaren Drittwirkung der Grundrechte vgl.: BVerfGE 7, 198 (204 ff.); 18, 85 (92 f.); Pieroth/Schlink, Staatsrecht II Rn.173 ff; Hesse, Grundzüge des Verfassungsrechts Rn.351; Schmidt-Bleibtreu/Klein, GG, Vorb. v. Art.1 Rn.6 ff.; Dürig in Maunz/Dürig/Herzog/Scholz, Art.1 Abs.3 Rn.127 ff.

688 Vgl. dazu oben unter: C), I), 1), b).

689 Siehe zu den Eingriffsbefugnissen der Schutzpolizisten oben unter: C), I), 2), b).

690 So erfordern die präventiven hoheitlichen Eingriffsbefugnisse in der Regel lediglich das Vorliegen einer Gefahr für die öffentliche Sicherheit und Ordnung, während die Nothilfe nach § 32 StGB einen gegenwärtigen rechtswidrigen Angriff auf ein notwehrfähiges Rechtsgut voraussetzt. Siehe dazu eingehend oben unter: C), I), 1), b).

691 Vgl. etwa §§ 4 UZwG, 12 UZwGBw. Vgl. ferner die landespolizeigesetzlichen Regelungen.

692 Ob auch hoheitliche Maßnahmen nach § 32 StGB gerechtfertigt sein können oder ob in diesem Fall nur auf die speziellen öffentlich-rechtlichen Ermächtigungsgrundlagen zurückgegriffen werden kann, ist indessen nach wie vor umstritten. Zum Teil (vgl.: Leipziger Kommentar-Hirsch, Vor § 32 Rn.153; Systematischer Kommentar-Samson, § 32 Rn.61; Jakobs, Strafrecht Allgemeiner Teil 12/41 ff.; Blei, Strafrecht Allgemeiner Teil S.148; Bernsmann, Festschrift Blau S.37 f.; Kunz, ZStW 95 (1983), 973, 981; Seelmann, ZStW 89 (1977) 36 (50 ff.); Hoffmann-Riem, ZRP 1977, 277 (282); Haas, Notwehr und Nothilfe S.319 ff.) wird angenommen, § 32 StGB finde auf die hoheitliche

entsprechend den hoheitlichen Eingriffsbefugnissen an den verfassungsrechtlichen Verhältnismäßigkeitsgrundsatz angebunden werden.[693] Dies gilt umso mehr, als das im Zusammenhang mit dem Einsatz privater Schutzdienste die angeblich höhere Effizienz und Effektivität des Wachgewerbes im Vergleich zur Kriminal- und Schutzpolizei hervorgehoben wird.[694] Da sich nicht ausschließen läßt, daß die zugunsten der Privatunternehmen angeführte Effizienz und Effektivität auf die fehlende rechtsstaatliche Kontrolle und im Verhältnis zur Polizei erweiterten Befugnisse zurückzuführen sind,[695] ist die Nothilfe der gewerblichen Wachpersonen wie das hoheitliche Handeln dem Verhältnismäßigkeitsgrundsatz zu unterwerfen, so daß nur geeignete, erforderliche und angemessene Maßnahmen zur Angriffsabwehr gerechtfertigt sind.

4) Notwehrimmanente Beschränkungen

Private Sicherheitskräfte unterliegen des weiteren den allgemeinen notwehrimmanenten Beschränkungen. Besondere Bedeutung erlangt insoweit neben dem bereits erörterten Verhältnismäßigkeitsprinzip vor allem der Grundsatz der Erforderlichkeit der Verteidigungshandlung nach § 32 StGB. Darüber hinaus gewährt das Notwehrrecht nur bestimmte auf den Angreifer und den Angegriffenen bezogene Befugnisse.

(a) Erforderlichkeit der Verteidigungshandlung nach § 32 StGB

Wie bereits ausgeführt wurde, ist nach § 32 StGB nur die erforderliche Verteidigungshandlung gerechtfertigt, wobei unter Erforderlichkeit die Notwendigkeit der Handlung zur Angriffsabwehr zu verstehen ist, die sich nach der Intensität des Angriffs und den

---

Tätigkeit nicht oder nur in den Grenzen des Polizeirechts Anwendung. Demgegenüber ist nach anderer Ansicht (vgl.: Lackner/Kühl, § 32 Rn.17; Tröndle/Fischer, Vor § 32 Rn.6; Schönke/Schröder-Lenckner, § 32 Rn.42 b f.; Leipziger Kommentar-Spendel, § 32 Rn.275; Jescheck/Weigend, Lehrbuch des Strafrechts Allgemeiner Teil S.344; Roxin, Strafrecht Allgemeiner Teil, § 15 Rn.92 ff.; Kühl, Jura 1993, 233 (236 ff.)) das Notwehrrecht nach § 32 StGB auch auf die hoheitliche Tätigkeit der Polizeibeamten anwendbar. Eine vermittelnde Auffassung (vgl.: Otto, Grundkurs Strafrecht I, § 8 Rn.58; Drews/Wacke/Vogel/Martens, Gefahrenabwehr S.547 f.; Kirchhof, NJW 1978, 969 (969 ff.)) will auf strafrechtlicher Rechtfertigungsebene § 32 StGB anwenden, im Bereich des öffentlichen Rechts der Notwehr jedoch keine Rechtfertigungswirkung zuerkennen. Diese Auffassung begegnet aber erheblichen Bedenken im Hinblick auf den Grundsatz der Einheit der Rechtsordnung und ist bereits von daher abzulehnen. Die Ansicht, die § 32 StGB auch auf das hoheitliche Handeln der Polizeibeamten anwenden will, vermag jedoch ebensowenig zu überzeugen. Insbesondere das Argument, Polizisten dürften bei der Beurteilung der Rechtswidrigkeit einer Handlung nicht schlechter gestellt werden als der Bürger, andernfalls werde dies als ein Versagen des Staates aufgefasst, welches zu einem zunehmenden Einsatz gewerblicher Schutzunternehmen und privater Bürgerwehren führe (so nachdrücklich: Roxin, Strafrecht Allgemeiner Teil, § 15 Rn.92), verliert seine Durchschlagskraft, wenn -wie hier- die Nothilfe privater Helfer an den Verhältnismäßigkeitsgrundsatz gebunden wird.

[693] Seelmann (ZStW 89 (1977), 36 (51)) spricht insoweit von einer polizeirechtsanalogen Einschränkung des Notwehrrechts.

[694] Vgl. nur: Bleck, Die Polizei 1994, 42 (43); Rupprecht, Die Polizei 1994, 46 (47); Schwabe, ZRP 1978, 165 (165); Mikeler, W + S Information 1979, 94 (95); Gallus, BKA Vortragsreihe 1976, 71 (72); Stümper, Kriminalistik 1975, 193 (194); einschränkend: Mahlberg, Gewerbliche Sicherheitsunternehmen S.38 f. Kritisch dagegen: Murck, Deutsche Polizei 9/93, 10 (12). Vgl. ferner Köhler (Die Polizei 1994, 49 (54)), der darauf hinweist, daß private Schutzdienste nicht an die Regeln des Datenschutzes gebunden seien und nicht den Zwängen des Haushalts- und Besoldungsrecht unterlägen.

[695] So bereits: Hoffmann-Riem, ZRP 1977, 277 (279); Rössmann, W + S Information 1978, 171 (172).

sonstigen zur Verfügung stehenden Abwehrmitteln richtet. Der Verteidiger muß unter mehreren zur Angriffsabwehr gleich geeigneten Mitteln das mildeste Mittel auswählen.[696] Dabei bemißt sich die Erforderlichkeit nicht nur nach der Lage des Angriffs, sondern ebenso nach den individuellen Möglichkeiten und Fähigkeiten des Verteidigers.[697] Soweit die gewerblichen Sicherheitskräfte im Verhältnis zum Normalbürger besser ausgerüstet und in der Angriffsabwehr erfahren und geübt sind, finden diese individuellen Fähigkeiten im Rahmen der Beurteilung einer Erforderlichkeit der Verteidigungshandlung grundsätzlich Berücksichtigung und schränken gegebenenfalls das Nothilferecht gewerblicher Sicherheitskräfte ein.[698]

(b) Bindung der Nothilfe an den Willen des Angegriffenen

Eine weitere Einschränkung der Eingriffsbefugnisse[699] ergibt sich aus der Bindung der Nothilfe an den Willen des Angegriffenen. Nach herrschender Meinung und Rechtsprechung[700] ist eine Nothilfe gegen den Willen des Angegriffenen unzulässig. Die Nothilfe darf dem Angegriffenen demnach nicht aufgezwungen werden und ist daher unzulässig, wenn der Angegriffene sich nicht oder nur selbst verteidigen will. Demgegenüber wird man regelmäßig annehmen müssen, daß der Auftraggeber eines privaten Schutzdienstes die Hilfe der gewerblichen Sicherheitskräfte in Anspruch nehmen will. Dies gilt jedenfalls für die Abwehr von solchen Angriffen, für die der Schutzdienst beauftragt wurde. Bei unbeteiligten Dritten ist hingegen jeweils zu ermitteln, ob die Nothilfe des Wachdienstes dem erkennbaren oder mutmaßlichen Willen des Angegriffenen widerspricht. Bei der aufgezwungenen Verteidigung scheidet eine Rechtfertigung privater Wachpersonen nach § 32 StGB aus.

---

696 Zum Grundsatz der möglichsten Schonung des Angreifers: BGHSt 24, 356 (358); BGH, NStZ 1987, 172 (172); Tröndle/Fischer, § 32 Rn.16 d; Jescheck/Weigend, Lehrbuch des Strafrechts Allgemeiner Teil S.343; Lackner/Kühl, § 32 Rn.9; Schönke/Schröder-Lenckner, § 32 Rn.36 ff.; Leipziger Kommentar-Spendel, § 32 Rn.239; Maurach/Zipf, Strafrecht Allgemeiner Teil I § 26 Rn.30; Jakobs, Strafrecht Allgemeiner Teil 12/30 ff.; Otto, Grundkurs Strafrecht I § 8 Rn.43; Köhler, Strafrecht Allgemeiner Teil S.269; Schmidhäuser, Strafrecht Allgemeiner Teil 6/72; Blei, Strafrecht Allgemeiner Teil S.145 f.; Kühl, Jura 1993, 118 (120, 121 f.); Geilen, Jura 1981, 308 (314).

697 So: Tröndle/Fischer, § 32 Rn.16 c; Schönke/Schröder-Lenckner, § 32 Rn.36; Maurach/Zipf, Strafrecht Allgemeiner Teil I § 26 Rn.35; Jakobs, Strafrecht Allgemeiner Teil 12/30; Jescheck/Weigend, Lehrbuch des Strafrechts Allgemeiner Teil S.343; Otto, Grundkurs Strafrecht I § 8 Rn.45; Schmidhäuser, Strafrecht Allgemeiner Teil 6/72; Kühl, Jura 1993, 118 (121); Geilen, Jura 1981, 308 (315).

698 Im Ergebnis übereinstimmend: Kunz, ZStW 95 (1983), 973 (990 f.); Ehlers, Festschrift Lukes S.353; Schulte, DVBl 1995, 130 (134).

699 Vgl. dazu, daß die Rechtfertigungsgründe Eingriffsbefugnisse gewähren bereits oben unter: C), II), 2), b).

700 Vgl.: BGHSt 5, 245 (248); Tröndle/Fischer, § 32 Rn.22; Schönke/Schröder-Lenckner, § 32 Rn.25; Lackner/Kühl, § 32 Rn.12; Systematischer Kommentar-Samson, § 32 Rn.59; Jescheck/Weigend, Lehrbuch des Strafrechts Allgemeiner Teil S.349; Roxin, Strafrecht Allgemeiner Teil § 15 Rn.99 ff.; ders., ZStW 93 (1981), 68 (76); Blei, Strafrecht Allgemeiner Teil S.148; Maurach/Zipf, Strafrecht Allgemeiner Teil I, § 26 Rn.52. A.A.: Schroeder, Festschrift Maurach S.141 f., nach dessen Ansicht die Bindung an den Willen des Angegriffenen nicht mit dem Rechtsbewährungsprinzip vereinbar ist. Ablehnend auch: Leipziger Kommentar-Spendel, § 32 Rn.145; Schmidhäuser, Strafrecht Allgemeiner Teil 6/80. Differenzierend hingegen: Jakobs, Strafrecht Allgemeiner Teil 12/59 ff.; Seier, NJW 1987, 2476 (2478 ff.).

(c) Beschränkung der Rechtfertigungswirkung auf die Verletzung von Rechtsgütern des Angreifers

Eine weitere notwehrimmanente Beschränkung folgt aus der Zielrichtung der Verteidigungshandlung. Statthaft ist nach § 32 StGB nur die Verletzung des Angreifers und seiner Rechtsgüter.[701] Nicht von dem Notwehrrecht gedeckt ist hingegen die Verletzung von Rechtsgütern unbeteiligter Dritter. Soweit private Sicherheitskräfte bei der Ausübung ihrer Tätigkeit demnach Rechte Unbeteiligter beeinträchtigen, ist die Rechtsgutsverletzung grundsätzlich nicht durch Notwehr gerechtfertigt; in Betracht kommt allenfalls eine Rechtfertigung auf der Grundlage sonstiger Rechtfertigungsgründe. Von dem Grundsatz der fehlenden Drittwirkung der Notwehr will hingegen ein Teil des Schrifttums[702] eine Ausnahme machen, wenn sich der Angreifer bei der Durchführung des Angriffs fremder Sachen bedient. Da insoweit jedoch regelmäßig die speziellen Rechtfertigungsgründen der §§ 228, 904 BGB eingreifen dürften, besteht für die Anerkennung einer derartigen Ausnahme kein Bedürfnis.[703] Rechtsgüter Dritter dürfen daher nach § 32 StGB auch dann nicht von Angehörigen privater Schutzdienste beeinträchtigt werden, wenn sie von dem Angreifer bei der Durchführung des Angriffs eingesetzt werden; insoweit kommt jedoch eine von §§ 228, 904 BGB und § 34 StGB ausgehende Rechtfertigung in Betracht.

Die Notwehr entfaltet ferner auch keine Rechtfertigungwirkung für Verletzungen von Rechtsgütern der Allgemeinheit.[704] Bedeutung erlangt diese Problematik im Zusammenhang mit der Nothilfe von bewaffneten Wachpersonen, die nicht im Besitz einer Erlaubnis zum Führen einer Schußwaffe sind. Auch wenn die Nothilfe unter Einsatz einer Schußwaffe nach § 32 StGB gerechtfertigt ist,[705] kommt eine Rechtfertigung des

---

[701] Vgl.: BGHSt 5, 245 (248); 39, 374 (380); Lackner/Kühl, § 32 Rn.18; Schönke/Schröder-Lenckner, § 32 Rn.31; Leipziger Kommentar-Spendel, § 32 Rn.205; Wessels/Beulke, Strafrecht Allgemeiner Teil Rn.333; Eser/Burkhardt, Strafrecht I 9/52; Maurach/Zipf, Strafrecht Allgemeiner Teil I § 26 Rn.90; Schmidhäuser, Strafrecht Allgemeiner Teil 6/70; Roxin, Strafrecht Allgemeiner Teil § 15 Rn.106; Blei, Strafrecht Allgemeiner Teil S.144; Köhler, Strafrecht Allgemeiner Teil § 7 Rn.84; Geilen, Jura 1981, 256 (258 f.); Franzheim, W + S Information 1979, 152 (153). Die Beschränkung der Rechtfertigungswirkung auf die Rechtsgüter des Angreifers beruht auf der Überlegung, daß die einschneidenden Notwehrbefugnisse nur gegenüber dem rechtswidrigen Angreifer als dem für die Notwehrlage Verantwortlichen zum Tragen kommen können. (Vgl.: Schönke/Schröder-Lenckner, § 32 Rn.31; Eser/Burkhardt, Strafrecht I 9/52; Kühl, Jura 1993, 118 (119)) Hingegen besteht kein Grund, den unbeteiligten Dritten zur Duldung zu verpflichten und ihm sein Notwehrrecht zu entziehen.

[702] Vgl.: Leipziger Kommentar-Spendel, § 32 Rn.211; Tröndle/Fischer, § 32 Rn.15; Welzel, Strafrecht S.87.

[703] Im Ergebnis so auch die h.M.: Leipziger Kommentar-Hirsch, Vor § 32 Rn.32; Schönke/Schröder-Lenckner, § 32 Rn.32; Lackner/Kühl, § 32 Rn.18; Eser/Burkhardt, Strafrecht I 9/56; Roxin, Strafrecht Allgemeiner Teil § 15 Rn.109; Jakobs, Strafrecht Allgemeiner Teil 12/28; Baumann/Weber/Mitsch, Strafrecht Allgemeiner Teil § 17 Rn.21; Kühl, Jura 1993, 118 (119); Geilen, Jura 1981, 256 (260 f.).

[704] H.M.: Schönke/Schröder-Lenckner, § 32 Rn.32; Leipziger Kommentar-Spendel, § 32 Rn.207 ff.; Lackner/Kühl, § 32 Rn.18; Wessels/Beulke, Strafrecht Allgemeiner Teil Rn.332; Roxin, Strafrecht Allgemeiner Teil § 15 Rn.108; Jakobs, Strafrecht Allgemeiner Teil 12/28; Schmidhäuser, Strafrecht Allgemeiner Teil 6/70; Geilen, Jura 1981, 256 (260). A.A.: Maurach/Zipf, Strafrecht Algemeiner Teil I § 26 Rn.50, jedoch nur unter der Voraussetzung, daß in die öffentliche Sicherheit und Ordnung nur mit dem Ziele der Nothilfe eingegriffen wird. Erforderlich sei, daß sich die Nothilfe gegen Rechtsgüter der Allgemeinheit und zugleich gegen den Angreifer richte.

[705] Insoweit besteht Übereinstimmung, daß der waffenrechtliche Verstoß die Erforderlichkeit der Ver-

waffenrechtlichen Verstoßes gem. § 32 StGB nicht in Frage. Verstöße gegen das Waffengesetz können jedoch auf der Grundlage sonstiger Rechtfertigungsgründe oder Entschuldigungsgründe im Ergebnis straflos bleiben.

3) Ergebnis

Nachdem nunmehr Inhalt und Umfang der rechtlichen Befugnisse privater Sicherheitskräfte geklärt sind, ist auf den Ausgangspunkt der Fragestellung zurückzukommen.

Im Hinblick auf die im Rahmen der Beschützergarantenstellung bestehende Schutzunfähigkeit des Rechtsgutsinhabers läßt sich nunmehr anhand der vorstehenden Ausführungen feststellen, daß die Wachpersonen des privaten Sicherheitsgewerbes keine den polizeirechtlichen Eingriffsbefugnissen vergleichbaren Rechte haben,[706] so daß sie die allgemeine partielle Schutzunfähigkeit des Rechtsgutsinhabers nicht kompensieren können. Dies gilt auch für Aufgaben auf dem Gebiet der öffentlichen Sicherheit und Ordnung, die zuvor von polizeilichen Vollzugskräften wahrgenommen wurden und nunmehr von Privaten erfüllt werden. Die Polizei als Träger des staatlichen Gewaltmonopols ist folglich nach wie vor allein zur Kompensation der allgemeinen Schutzunfähigkeit in der Lage. Daraus folgt, daß auch im Hinblick auf die strafrechtliche Haftung im Unterlassungsbereich das Sicherheitsgewerbe nicht als Polizeiersatz fungiert. Auch wenn die Wachpersonen im öffentlichen Raum quasi wie Hilfspolizisten auftreten und den Anschein erwecken, sie seien zum Schutz der öffentlichen Sicherheit und Ordnung berufen, folgt aus der faktischen Übernahme von polizeirechtlichen Aufgaben weder eine entsprechende Eingriffskompetenz noch eine Beschützergarantenstellung von Bediensteten privater Schutzdienste für die Rechtsgüter der Bürger. Mit der faktischen Entstaatlichung und Privatisierung ist demzufolge nicht zugleich das strafrechtliche Haftungsrisiko im Bereich der unechten Unterlassungsdelikte auf die Privaten übergegangen.

Andererseits hat sich gezeigt, daß sich das private Wachpersonal auf die allgemeinen Selbsthilferechte berufen kann. Auch wenn den Sicherheitskräften nur eingeschränkte Eingriffsbefugnisse zustehen, die nicht die allgemeine Schutzunfähigkeit kompensieren, sind sie auf der Grundlage dieser Rechte jedoch grundsätzlich fähig, das besondere, etwa durch eine spezifische Gefahrenlage ausgelöste Schutzbedürfnis des Rechtsgutsinhabers zu kompensieren. Der einzelne Träger des Rechtsguts kann also ein privates Wach- und Schutzunternehmen zur Sicherung in besonderen Gefahrenlagen einschalten und sich damit in individuellen Gefahrenlagen oder in sonstigen Fällen erhöhter Schutzbedürftigkeit absichern. Die privaten Wachpersonen tragen in diesem Fall zur Sicherung bei, ohne daß damit jedoch die Sicherungsfunktion und das Schutzbedürfnis gegenüber der Polizei tangiert würde. Der Sicherheitsdienst ist dann bei erhöhter Schutzbedürftigkeit gewissermaßen zwischen den Bürger und die Polizei als zusätzliche Sicherungsinstanz

---

teidigung unter Einsatz einer Schußwaffe nicht tangiert. (Vgl. nur: Schönke/Schröder-Lenckner, § 32 Rn.37; Tröndle/Fischer, § 32 Rn.16 d; Eser/Burkhardt, Strafrecht I 10/30; Roxin, Strafrecht Allgemeiner Teil, § 15 Rn.108; Jakobs, Strafrecht Allgemeiner Teil 12/28; Kühl, Jura 1993, 118 (118)).

[706] Eine Ausnahme gilt, wie gesehen, für die zivilen Wachpersonen nach § 1 Abs.2 UZwGB, die hier jedoch außer Betracht bleiben sollen.

zwischengeschaltet. Eine Kompensation bestehender Schutzbedürftigkeit ist in diesem Fall ungeachtet der Tatsache möglich, daß private Wachpersonen bei der Nothilfe nach § 32 StGB an den Grundsatz der Verhältnismäßigkeit gebunden sind. Unterstellt man, daß sich der Rechtsgutsinhaber unbeschränkt auf das Notwehrrecht nach § 32 StGB berufen kann, so wird diese Diskrepanz jedenfalls dadurch ausgeglichen, daß die privaten Schutzdienste in der Regel faktisch über bessere Schutzmöglichkeiten für die bedrohten Rechtsgüter verfügen, denn sie agieren organisiert und profesionell und sind, wenn auch in unterschiedlichem Maße, auf Gefahrensituationen vorbereitet.

Indessen erfordert eine Beschützergarantenstellung, daß dem Beschützer aufgrund des bestehenden Sicherungsbedürfnisses des Rechtsgutsinhabers eine Obhutsstellung eingeräumt wurde. Daher begründete die allgemeine Schutzunfähigkeit des Bürgers und die Kompensationsmöglichkeit der polizeilichen Vollzugskräfte für sich alleine noch keine Beschützergarantenstellung der Polizeibeamten. Garantenpflichtkonstituierend wirkt sich vielmehr der *unmittelbare Zusammenhang* zwischen der Schutzunfähigkeit auf seiten der Bürger und der Schutzgewährleistung des Staates und seiner Organe aus.[707] Wie bereits ausgeführt, steht der aus dem rechtsstaatlichen Gewaltmonopol des Staates resultierende Gewaltverzicht des einzelnen in engem wechselseitigen Verhältnis zur staatlichen Schutzpflicht.[708] Nur aufgrund der synallagmatischen Verknüpfung besteht eine Garantenpflicht der Polizeibeamten zum Schutz der Rechtsgüter der Bürger. Dabei kann eine entsprechende Verbindung auch durch einen höchstpersönlichen Akt des Rechtsgutsträgers hergestellt werden, durch den er den Schutz seiner Rechtsgüter an ein privates Wach und Schutzunternehmen delegiert. Eine solche Delegation der Rechtsgüter liegt jedoch nur im Verhältnis des Auftraggebers zu den Wachpersonen des von ihm beauftragten Schutzunternehmens vor. Außerhalb dieses Verhältnisses fehlt demgegenüber eine entsprechende innere Verbindung zwischen der erhöhten Schutzbedürftigkeit des Rechtsgutsinhabers und der Kompensation dieses Schutzbedürfnisses durch das private Wachunternehmen. Damit liegen die eine Beschützergarantenstellung konstituierenden Kriterien lediglich im Verhältnis des Auftraggebers zu dem beauftragten Wachunternehmen vor. Außerhalb dieses Verhältnisses haften die gewerblichen Sicherheitskräfte nicht als Garanten. Zwar können auch außerhalb des Vertragsverhältnisses erhöhte Schutzbedürfnisse gegeben sein, die von privaten Sicherheitsbediensteten auch aufgrund der ihnen zustehenden Selbsthilferechte kompensiert werden können, diese sind aber weder durch eine hoheitliche noch durch eine höchstpersönliche Überantwortung des Rechtsgutsinhabers in eine Verbindung gebracht worden. Auf den konkreten Fall angewendet hat dies etwa zur Folge, daß private Schutzpersonen, die von dem Inhaber einer Geschäfts- und Ladenpassage zum Schutz der öffentlichen Sicherheit und Ordnung in den Geschäftsräumen bestellt wurden, aufgrund der höchstpersönlichen Bestellung durch den Geschäftsinhaber als Garanten für unmittelbare, bei ihrem Auftraggeber

---

[707] Vgl. dazu die Ausführungen: 2.Teil, C), I), 1).

[708] Das wechselseitige Verhältnis zwischen der Friedenspflicht des Bürgers und der staatlichen Schutzpflicht wird unter anderem im Rahmen der Notwehr nach § 32 StGB deutlich. Dem einzelnen ist aufgrund der Subsidiarität der Notwehr (vgl. dazu eingehend oben 2.Teil, C), II), 2), bb), (2)) eine Berufung auf § 32 StGB verwehrt, wenn obrigkeitliche Hilfe vorhanden ist. Dies gilt gleichermaßen für die präsente, wie für die erst noch herbeizuholende staatliche Hilfe. Nach allgemeiner Auffassung (vgl. nur: Lackner/Kühl, § 32 Rn.11 a ; Leipziger Kommentar-Spendel, § 32 Rn.234 m.w.N.) lebt das Notwehrrecht jedoch wieder auf, wenn die Hilfe durch staatliche Organe unberechtigt verweigert wird. Der Rechtsgutsinhaber, der sich etwa einem Angriff auf sein Leben versieht und den daneben stehenden Schutzpolizisten um Hilfe ersucht, der jedoch pflichtwidrig nicht einschreitet, kann uneingeschränkt von seinem Notwehrrecht nach § 32 StGB Gebrauch machen.

eintretenden Rechtsgutsverletzungen haften. Sie machen sich daher beispielsweise für Verletzungen des Hausrechts ihres Auftraggebers wegen Beihilfe zum Hausfriedensbruch durch Unterlassen nach §§ 123 Abs.1, 1.Alt, 27, 13 StGB strafbar, wenn sie bei einem widerrechtlichen Eindringen in die Geschäftsräume nicht einschreiten. Dagegen haften die Beschäftigten des Sicherheitsgewerbes mangels eines entsprechenden höchstpersönlichen Dispositionsaktes des Rechtsgutsinhabers nicht für Rechtsgutsverletzungen, die bei Kunden des Laden- und Geschäftslokals eintreten. Zwar mag der Geschäftsinhaber die Sicherheitskräfte gerade zum Schutz seiner Kunden beauftragt haben. Dadurch wird jedoch nicht der höchstpersönliche Akt zur Verbindung der erhöhten Schutzbedürftigkeit und der Schutzmöglichkeit durch das Sicherheitsunternehmen ersetzt. Zusammenfassend läßt sich somit festhalten, daß private Sicherheitskräfte lediglich *inter partes* im Verhältnis zu ihrem Auftraggeber und dessen Rechtsgüter als Beschützergaranten haften. Außerhalb dieses Verhältnisses haften sie nicht für die durch ihre Untätigkeit bewirkten Rechtsgutsverletzungen.

Für die Überwachungsgarantenstellungen ergibt sich aus den Ausführungen zu den rechtlichen Befugnissen privater Sicherheitskräfte, daß durch die den Wachpersonen zustehenden allgemeinen Selbsthilferechte keine Aufsichts- und Befehlsgewalt über potentielle Straftäter begründet wird. Mangels spezieller Eingriffsbefugnisse besteht keine rechtliche Herrschaftsmacht der gewerblichen Wachpersonen, die das Prinzip der Selbstverantwortung überlagert und eine Haftung für das durch den Delinquenten verursachte Unrecht auslöst. Eine Überwachungsgarantenstellung privater Wachpersonen kommt daher nur auf der Grundlage von tatsächlichen und rechtlichen Herrschaftsbefugnissen in Betracht, die dem Sicherheitspersonal unmittelbar von dem Rechtsgutsinhaber eingeräumt wurden. Eine Überwachungsgarantenpflicht liegt daher vor, wenn private Schutzpersonen zur Bewachung sachlicher Gefahrenquellen beauftragt werden. An der Einräumung einer entsprechenden Herrschaftsmacht fehlt es jedoch regelmäßig, wenn Delinquenten Rechtsgüter Dritter verletzen.

Auf den konkreten Fall angewendet bedeutet dies, daß private Wachpersonen, die von dem Inhaber einer Geschäfts- und Ladenpassage zum Schutz der öffentlichen Sicherheit und Ordnung in den Geschäftsräumen bestellt wurden, für solche Rechtsgutsverletzungen als Überwachungsgaranten einzustehen haben, die sich unmittelbar aus den aus ihrer Herrschaftsmacht unterstellten Geschäftsräumlichkeiten resultierenden Gefahren ergeben. Demgegemäß machen sich die Bediensteten privater Schutzdienste etwa wegen schwerer Brandstiftung durch Unterlassen nach §§ 306, 13 StGB strafbar, wenn sie den durch einen Kabelbrand in den Geschäftsräumen ausgelösten Schwelbrand nicht löschen. Dagegen haften die Bediensteten des privaten Wachdienstes nicht als Überwachungsgaranten für Straftaten eines Delinquenten, mit denen Rechtsgüter ihres Auftraggebers oder Kunden verletzt werden, denn es fehlt insoweit an der erforderlichen Herrschaftsmacht. Unerheblich ist demgegenüber, daß der private Schutzdienst zum Schutz der öffentlichen Sicherheit und Ordnung und vor allem zum Schutz der Kunden vor Handtaschendieben und sonstigen Straftaten in den Geschäftsräumen bestellt wurden. Insoweit handelt es sich um Aufgaben, die dem Staat und den polizeilichen Vollzugsorganen vorbehalten sind. Auch im Rahmen der Überwachungsgarantenstellungen haften private Sicherheitskräfte demnach nur *inter partes* im Verhältnis zu ihren Auftraggebern.

Die jeweils im Verhältnis zum Auftraggeber vorliegende Garantenstellung der Bediensteten privater Schutzdienste unterliegt den der Nothilfe und sonstigen Selbsthilferechten immanenten Eingriffsschranken. Eine Garantenstellung kommt von daher nicht in Betracht, wenn lediglich Rechtsgüter der Allgemeinheit, die Rechtsordnung als solche oder die öffentliche Ordnung tangiert ist, ohne daß zugleich ein Individualrechtsgut des Auftraggebers betroffen wäre oder die Tat aufgrund sonstiger Selbsthilferechte gerechtfertigt wäre. Ferner sind die privaten Wachpersonen nicht zu einer Erfolgsabwendung verpflichtet, wenn hoheitliche Hilfe präsent ist oder rechtzeitig herbeizuholen ist. Im Rahmen der Garantenhaftung nach § 13 StGB kann den gewerblichen Sicherheitskräften auch nur eine verhältnismäßige Vorgehensweise abverlangt werden. Die Garantenstellung findet ferner ihre Grenzen, wenn eine Rechtsverteidigung nicht erforderlich i.S.d. § 32 StGB oder von dem Angegriffenen nicht erwünscht ist. Im Rahmen der Garantenhaftung haften die gewerblichen Wachpersonen schließlich nicht nach § 13 StGB, wenn sie Rechtsgüter Dritter nicht zu Lasten des geschützten Rechtgutes opfern. Etwas anderes gilt nur dann, wenn sonstige Rechtfertigungsgründe eingreifen.

3.Teil: Gesamtergebnis und Schlußbetrachtung

Die vorliegende Untersuchung hat damit gezeigt, daß Bedienstete privater Wach- und Schutzunternehmen im strafrechtlichen Haftungssystem, soweit es unechte Unterlassungen angeht, keine Sonderstellung einnehmen. Ebenso wie ihnen im Rahmen ihrer Tätigkeit nur die für jedermann geltenden Selbsthilferechte zustehen, haften sie im Bereich der unechten Unterlassung nur wie sonstige, nichtgewerblich handelnde Personen, die eine bestimmte Schutzaufgabe übernommen haben. Dabei hat sich die Annahme, private Wachpersonen hafteten kraft ihres Auftretens im öffentlichen Raum quasi als Privatpolizisten wie die mit dem Rechtsgüterschutz betrauten Polizeivollzugskräfte oder sonstige mit speziellen Gefahrenabwehraufgaben betraute staatlichen Organe, im Rahmen der vorliegenden Untersuchung nicht bestätigen können.

Als Ergebnis der Untersuchung läßt sich festhalten, daß die Aufgaben der Schutzpolizei und des privaten Sicherheitsgewerbes grundverschieden sind. Dementsprechend sind Polizeibeamte Garanten zum Schutz der Rechtsgüter der Bürger und zur Überwachung von potentiellen Straftätern, die Rechtsgüter Dritter bedrohen. Demgegenüber haften Bedienstete des privaten Sicherheitsgewerbes lediglich *inter partes* für Verletzungen der Rechtsgüter ihres Auftraggebers sowie für Beeinträchtigungen fremder Rechtsgüter, die aus Gefahrenquellen im unmittelbaren Herrschaftsbereich ihres Vertragspartners hervorgehen. Dagegen haben sie grundsätzlich nicht für die Verletzung von Rechtsgütern Dritter einzustehen. Eine Ausnahme gilt insoweit, als daß Rechtsgüter eines konkret bestimmten Personenkreises von Anfang an und für die Wachperson erkennbar vom Schutzauftrag erfaßt wurden. Dabei reicht die generelle Einbeziehung einer unbestimmten Vielzahl von Personen, die bei dem Antritt der Wachtätigkeit lediglich nach allgemeinen Merkmalen konkretisierbar sind, nicht für eine Einbeziehung in den Schutzauftrag und damit für das Entstehen einer Beschützergarantenstellung. Eine Garantenstellung kommt ferner nur in einer spezifischen Gefahrenlage in Betracht, also dann, wenn der Wachdienst mit einer konkreten Wachaufgabe betraut ist, nicht dagegen bereits bei einer präventiven Tätigkeit in allgemeinen Gefahrenlagen. Für den Fall, daß die Wachpersonen lediglich den Auftrag erhalten haben, ohne konkreten Anlaß und ohne spezifizierte Gefahr *für Ordnung zu sorgen*, haften sie nicht für die in diesem Bereich eingetretenen Unrechtserfolge durch Unterlassen. Schließlich kommt eine Garantenhaftung auch nur im Bereich einer echten Privatisierung hoheitlicher Aufgaben in Betracht, so daß eine Garantenpflicht der Wachpersonen eines Sicherheitsdienstes ausscheidet, wenn sie lediglich unterstützend im öffentlichen Berech neben den primär zuständigen staatlichen Organen tätig werden. Auch im Verhältnis zu ihrem Auftraggeber werden die maßgeblichen Garantieverhältnisse der Bediensteten des privaten Sicherheitsgewerbes durch die den Selbsthilferechten immanenten Schranken sowie durch den Schutzzweck der Garantenpflicht beschränkt.

Dieses Ergebnis hält einer Überprüfung auch in rechtspolitischer Hinsicht unter dem Gesichtspunkt des staatlichen Gewaltmonopols und der Verantwortlichkeit des Staates für die innere Sicherheit stand. Will der Staat nicht seine Legitimationsgrundlage verlieren, kann er sich nicht den ihm originär zugewiesenen Staatsaufgaben und Anforderungen entziehen. Das staatliche Gewaltmonopol als Wesensmerkmal des modernen Staates und seine freiheits- und friedenssichernde Funktion verbieten grundsätzlich die physische Gewaltanwendung, die nicht von dem Staat und seinen Funktionsträgern ausgeht. Soweit im Zusammenhang mit dem Einsatz privater Schutzdienste eingewandt wird, dem Staat komme kein Sicherheitsmonopol zu, ist dies nur insoweit zutreffend, als die Gewährleistung von Sicherheit nicht mit der Anwendung von physischer Gewalt und Eingriffen in die Rechtssphäre Dritter verbunden ist. Als legitime Tätigkeitsbereiche der gewerblichen Sicherheitsunternehmen sind demnach vor allem die Beratung in sicherheitstechnischen Angelegenheiten und technische Schutzmaßnahmen, wie die technische Alarmverfolgung, Alarm- und Notrufzentralen sowie die reine Gefahrenvorsorge zu nennen, soweit sie der Gefahrenentstehung ohne Eingriff in die Rechte Dritter vorbeugen soll. Insoweit erlangt vor allem die Wahrnehmung von gesetzlichen Eigensicherungspflichten im Hinblick auf gefährliche Anlagen Bedeutung. Sonstige Einsatzbereiche privater Wachunternehmen im öffentlichen Vekehrsraum, bei denen in der Regel die Anwendung von physischer Gewalt erforderlich wird, sind demgegenüber zwar nicht unter dem Aspekt, das dem Staat für die Sicherheitsgewährleistung ein Monopol zusteht, sondern vielmehr im Hinblick auf das staatliche Gewaltmonopol rechtlich bedenklich.

Als unzutreffend hat sich des weiteren die Annahme herausgestellt, der Rückzug des Staates auf dem Gebiet der öffentlichen Sicherheit und Ordnung bedinge nach dem Grundsatz *in dubio pro libertate* einen Zuwachs an Freiheit für den Bürger. Eine derartige Annahme verkennt, daß die staatlichen Organe mit ihrem Rückzug privaten gesellschaftlichen und mit Gewinnorientierung arbeitenden Kräften Platz macht, die nicht in rechtsstaatliche Kontrollmechanismen eingebunden sind und die, um eine effektive Aufgabenwahrnehmung zu gewährleisten, Eingriffsbefugnisse gegenüber dem Bürger beanspruchen. Der staatliche Rückzug hat ferner zur Folge, daß Selbstjustiz und Faustrecht an Bedeutung gewinnen. Das durch die Reduzierung des staatlichen Aufgabenbereichs entstehende Sicherheitsbedürfnis kann nur in dem Maße durch den Einsatz privater Schutzdienste kompensiert werden, wie deren Tätigkeit auch finanzierbar ist. In den übrigen Fällen greift der Bürger zur Selbsthilfe.

Wenn geltend gemacht wird, die physische Gewaltanwendung sei in der gegenwärtigen Gesellschaft allgegenwärtig, so daß der Staat diesbezüglich kein Monopol beanspruchen könne, ist der Staat aufgerufen, das Gewaltmonopol gegenüber nichtstaatlichen Kräften effektiv zu behaupten. Soweit er die Anmaßung öffentlicher Gewalt im Einzelfall nicht verhindern kann, muß er jedenfalls gewährleisten, daß ihre Legitimität im Gemeinwesen nicht erhöht wird. Dies bedingt zum einen, daß privaten Wachpersonen keine weitergehenden hoheitlichen Eingriffsbefugnisse eingeräumt werden. Zum anderen darf der Staat eine physische Gewaltanwendung durch gewerbliches Sicherheitspersonal auch nicht auf dem Umweg legitimieren, daß er ihnen weitreichende Handlungspflichten auferlegt und die Verletzung solcher Handlungsgebote strafrechtlich sanktioniert.

Literaturverzeichnis

Achterberg, Norbert / Püttner, Günther:
Besonderes Verwaltungsrecht, Band II, Heidelberg 1992.
(zit.: Bearbeiter in Achterberg / Püttner, Besonderes Verwaltungsrecht II)

Ahlf, Ernst-Heinrich:
Einführung in die Thematik, in Weiß / Plate (Hrgb.), Privatisierung von polizeilichen Aufgaben, Wiesbaden 1996, S.9 ff.
(zit.: Ahlf in Weiß / Plate, Privatisierung von polizeilichen Aufgaben)

Alternativkommentar zum Grundgesetz:
Hrgb: Rudolf Wassermann,
Band 2, Neuwied, Darmstadt 1984.
(zit.: Alternativkommentar - Bearbeiter)

Alternativkommentar zum Strafgesetzbuch:
Hrgb: Rudolf Wassermann,
Band 1, Neuwied, Darmstadt 1990.
(zit.: Alternativkommentar - Bearbeiter)

Amelung, Knut:
Rechtsgüterschutz und Schutz der Gesellschaft, Frankfurt am Main 1972.
(zit.: Amelung, Rechtsgüterschutz)

Amelunxen, Clemens:
Spionage und Sabotage im Betrieb, Heidelberg, Hamburg 1977.
(zit.: Amelunxen, Spionage und Sabotage)

ders.:
Werkschutz und Betriebskriminalität, 4.Aufl. Hamburg 1973.

Androulakis, Nikolaos:
Studien zur Problematik der unechten Unterlassungsdelikte, München, Berlin 1963.
(zit.: Androulakis, Studien)

Arzt, Gunther:
Notwehr, Selbsthilfe, Bürgerwehr, Festschrift für Friedrich Schaffstein, Göttingen 1975, S.77 ff.

ders.:
Der Ruf nach Recht und Ordnung, Tübingen 1976.

ders.:
Kriminalitätsbekämpfung durch vorbeugende Sicherung - Ausweg oder Sackgasse ?, Kriminalistik 1976, 433 ff.

ders.:
Ursachen und Folgen der Kriminalitätsfurcht, JurBl. 1978, 173 ff.

ders.:
Zur Garantenstellung beim unechten Unterlassungsdelikt, JA 1980, 553 ff., 647 ff., 712 ff.

ders.:
Anmerkung zu BGH,
JR 1980, 211 ff.

Baak, Walter (Hrgb.):
Werkschutzhandbuch, Köln 1975.
(zit.: Bearbeiter in: Werkschutzhandbuch)

Bäck, Walter/ Hoffmann, Egon/ Janssen, Fritz/ Volmer, Bernhard:
Gewerbeordnung, Köln u.a. 1964.
(zit.: Bäck/Hoffmann/Janssen/Volmer, GewO)

Bärwinkel, Richard:
Zur Struktur der Garantieverhältnisse bei den unechten Unterlassungsdelikten, Berlin 1968.
(zit.: Bärwinkel, Struktur der Garantieverhältnisse)

Bauer, Fritz:
Der polizeiliche Schutz privater Rechte, JZ 1962, 73 ff.

Bauer, Günther:
Mehr Sicherheit durch „Schwarze Sheriffs?“, Sicherheits-Report 3/94, 22 ff.

Bauer, Hartmut:
Privatisierung von Verwaltungsaufgaben, VVDStRL 54 (1995), 243 ff.

Bauer, Regina:
Werkschutz, Heidelberg 1985.

Bauer, Günther / Haase, Karl H.:
Werkschutz und Betriebssicherheit, 2.Aufl. Düsseldorf 1980.
(zit.: Bauer / Haase, Werkschutz)

Baumann, Jürgen/ Weber, Ulrich/ Mitsch, Wolfgang:
Strafrecht Allgemeiner Teil, 10.Aufl. Bielefeld 1995.

Bechtler, Thomas W.:
Der soziologische Rechtsbegriff, Berlin 1977.

Becker, Hans-Jürgen:
Das Gewaltmonopol des Staates und die Sicherheit des Bürgers, NJW 1995, 2077 ff.

Behrendt, Hans-Joachim:
Die Unterlassung im Strafrecht, Baden-Baden 1979.
(zit.: Behrendt, Unterlassung)

Beinhofer, Paul:
Brauchen wir ein Gesetz über private Sicherheitsdienste ?- Zur gegenwärtigen Diskussion um den rechtlichen Standort des Bewachungsgewerbes-, BayVBl 1997, 481 ff.

Berner, Georg / Köhler, Michael:
Polizeiaufgabengesetz, Handkommentar, 15.Aufl. München, Berlin 1998.

Bernet, Peter C. / Groß, Rolf / Mende, Wolfgang:
Polizeirecht in Hessen, Band 1, Loseblattsammlung Stand: April 1995, Heidelberg 1995.
(zit.: Bernet/Groß, Polizeirecht)

Bernhardt, Heinrich:
Möglichkeiten der Zusammenarbeit mit privaten Sicherheitsdiensten aus der Sicht der Polizei, Die Polizei 1994, 55 ff.

Bernsmann, Klaus:
Tatbestandsprobleme des Hausfriedensbruchs, Jura 1981, 337 ff., 403 ff., 465 ff.

ders.:
Zum Handeln von Hoheitsträgern aus der Sicht des „entschuldigenden Notstandes“ (§ 35 StGB), Festschrift für Günter Blau, Berlin u.a. 1985, S.23 ff.

ders:
„Entschuldigung“ durch Notstand, Köln u.a. 1989.
(zit.: Bernsmann, Entschuldigung durch Notstand)

ders.:
Überlegungen zur tödlichen Notwehr bei nicht lebensbedrohlichen Angriffen, ZStW 104 (1992), 290 ff.

Beste, Hubert:
Policing the Poor, Gusy, Privatisierung von Staatsaufgaben S.180 ff.
(zit.: Beste in Gusy, Privatisierung von Staatsaufgaben)

Bettermann, Karl August / Nipperdey, Hans Carl / Scheuner, Ulrich:
Grundsätze der Strafrechtslehre, Band 3, 2.Halbband: Die Grundrechte, Berlin 1959.
(zit. nach Bearbeitern)

Binding, Karl:
Lehrbuch des Gemeinen Deutschen Strafrechts, Besonderer Teil, Erster Band, 2.Aufl. Leipzig 1902.
(zit.: Binding, Lehrbuch des Gemeinen Deutschen Strafrechts)

ders.:
Die Normen und ihre Übertretung, 2.Band, 1.Hälfte, 2.Aufl. Leipzig 1914.
(zit.: Binding, Normen und ihre Übertretung II/1)

Bleck, Siegfried:
Wer Sicherheit produzieren will, gehört zunächst selbst auf den Prüfstand, Die Polizei 1992, 178 ff.

ders.:
Verunsicherte Sicherheit, Criminal Digest 4/93, 10 ff.

ders.:
Polizei und gewerbliche Sicherheitsdienste müssen zusammenarbeiten, Magazin für die Polizei 7-8/93, 14 ff.

ders.:
Die Rechtsstellung des privaten Sicherheitsgewerbes, Die Polizei 1994, 42 ff.

Blei, Hermann:
Garantenpflichtbegründung beim unechten Unterlassen, Festschrift für Hellmuth Mayer, Berlin 1966 S.119 ff.

ders.:
Strafrecht I, Allgemeiner Teil, 18.Aufl. München 1983.
(zit.: Blei, Strafrecht I)

Bockelmann, Paul/Volk, Klaus:
Strafrecht Allgemeiner Teil, 4.Aufl. München 1987.

Böhm, Alexander:
Korreferat zu : Methodische Probleme der Gleichstellung des Unterlassens mit der Begehung, JuS 1961, 177 ff.

Boettcher, Otto:
Wahrnehmung von Sicherheitsaufgaben durch das private Sicherheitsgewerbe aus der Sicht der Polizei, W + S Information 1979, 45 ff.

ders.:
Private Sicherungseinrichtungen- Rechtsstellung und Befugnisse- aus polizeilicher Sicht, W + S Information 1980, 12 ff.

Bonner Kommentar zum Grundgesetz:
Kommentar zum Bonner Grundgesetz, Band 8, Stand Okt./Dez. 1994.
(zit.: Bonner Kommentar- Bearbeiter)

Bottke, Wilfried:
Suizid und Strafrecht, München 1982.

Bracher, Christian-Dietrich:
Gefahrenabwehr durch Private, Berlin 1987.

ders.:
Anmerkung zu BVerwG, DVBl 1989, 520 ff.

Brammsen, Joerg:
Die Entstehungsvoraussetzungen der Garantenpflichten, Berlin 1986.
(zit.: Brammsen, Entstehungsvoraussetzungen)

ders.:
Erfolgszurechnung bei unterlassener Gefahrverminderung durch einen Garanten, MDR 1989, 123 ff.

Brauser- Jung, Gerrit:
Eine gemeinsame Aufgabe von Polizei, öffentlichen Institutionen und Privaten: Kriminalitätsverhütung durch Sicherheitsvorsorge,
Die Polizei 1998, 326 ff.

Brehmer, Christian:
Grundsätze für die Prüfung von Werkschutzangehörigen der Industrie- und Handelskammern zu Münster, W + S Information 1978, 31 ff.

Britsch, Werner:
Rechtsstellung und Befugnisse des Werkschutzes, Wirtschaftsschutz 1979, 36 ff.

Bringewat, Peter:
Gewohnheitsrecht und Richterrecht im Strafrecht, ZStW 84 (1972), 585 ff.

Bruns, Hans-Jürgen:
Die Befreiung des Strafrechts vom zivilistischen Denken, 1938.

Bull, Hans Peter:
Die Staatsaufgaben nach dem Grundgesetz, Frankfurt am Main 1973.
(zit.: Bull, Staatsaufgaben)

ders.:
Privatisierung öffentlicher Aufgaben, VerwArch 1995 (86), 621 ff.

ders.:
Allgemeines Verwaltungsrecht, 5.Aufl. Heidelberg 1997.

Bundesminister des Innern:
Bericht des Bundesministers des Innern an den Innenausschuß und den Haushaltsausschuß des Deutschen Bundestages zur privaten Wahrnehmung von Wach- und Sicherheitsaufgaben, 1982.
(zit.: BMI 1982)

ders.:
Fortschreibung des Berichtes des Bundesministers des Innern an den Innenausschuß des Deutschen Bundestages zur privaten Wahrnehmung von Wach- und Sicherheitsaufgaben, 1986.
(zit.:BMI 1986)

Burr, Christian:
Notwehr und staatliches Gewaltmonopol, JR 1996, 230 ff.

Busch, Heiner / Funk, Albrecht / Kauß, Udo / Narr, Wolf - Dieter / Werkentin, Falko:
Die Polizei in der Bundesrepublik, Frankfurt am Main 1985.
(zit.: Busch / Funk, Polizei)

Cadus, Joachim-M.:
Die faktische Betrachtungsweise, Berlin 1984.
(zit.: Cadus, Faktische Betrachtungsweise)

Cahen, Ludwig:
Interessante Rechtsfragen, in Nelken, Das Bewachungsgewerbe S.439 ff, Berlin 1926.
(zit.: Cahen in Nelken, Das Bewachungsgewerbe)

Cunningham, William C. / Strauchs, John J. / van Meter, Clifford W.:
Private Security Trends 1970-2000, The Hallcrest Report II, Boston u.a. 1990.
(zit: Hallcrest Report II)

Diederichs, Otto:
„Sicherheit ist Kapital", Bürgerrechte & Polizei 43 (1992), 24 ff.

ders.:
Detekteien und Auskunfteien, Bürgerrechte & Polizei 43 (1992), 41 ff.

Diefenthaler, Gerd:
Fachhochschulausbildung, Deutsche Polizei 1997, 8 ff.

Dörmann, Uwe:
Wie sicher fühlen sich die Deutschen ?
BKA- Forschungsreihe, Band 40, Wiesbaden 1996.

Drews, Bill / Wacke, Gerhard / Vogel, Klaus / Martens, Wolfgang:
Gefahrenabwehr, 9.Aufl., Köln u.a. 1986.

Drost, Heinrich:
Der Aufbau der Unterlassungsdelikte, Gs 109 (1937), 1 ff.

Dubischar, Roland:
Inhalt und Schutzbereich von Bewachungsverträgen, NJW 1989, 3241 ff.

Ebert, Frank:
Polizei und private Sicherheitseinrichtungen - Abgrenzung und Zusammenarbeit, Der Reden-Berater 411, 1 ff.
(zit.: Ebert, Polizei und private Sicherheitseinrichtungen)

Eberstein, Hans Herrmann:
Rechtsgrundlagen für das Tätigwerden von gewerblichen Sicherheitskräften, BB 1980, 863 ff.

Ehlers, Dirk:
Der Schutz wirtschaftlicher Unternehmen vor terroristischen Anschlägen, Spionage, Sabotage, Festschrift für Rudolf Lukes S.337 ff.

Eick, Volker:
Die „Operative Gruppe City West"- Polizeiarbeit auf Zuruf des Einzelhandels, Bürgerrechte & Polizei 51 (1995), 30 ff.

Eisenberg, Ulrich:
Kriminologie, 4.Aufl. Berlin u.a. 1995.

EMNID Meinungsforschungsinstitut:
Umfrage zur Einstellung der Bundesbürger zu aktuellen Fragen der inneren Sicherheit, Die Polizei 1993, 234 f.

Engisch, Karl:
Die Kausalität als Merkmal der strafrechtlichen Tatbestände, Beiträge zur Strafrechtswissenschaft, Band 1, Tübingen 1931.
(zit.: Engisch, Kausalität)

ders.:
Die Einheit der Rechtsordnung, Heidelberg 1935.

Eser, Albin/ Burkhardt, Björn:
Strafrecht I, 4.Aufl. 1992.

Faller, Hans Joachim:
Gewaltmonopol des Staates und Selbstschutzrechte des Bürgers, Festschrift für Willi Geiger, Tübingen 1989, S.3 ff.

Fechner, Frank:
Grenzen polizeilicher Notwehr, Frankfurt am Main 1993.

Feest, Johannes / Blankenburg, Erhard:
Die Definitionsmacht der Polizei, Düsseldorf 1972.

Feltes, Thomas (Hrgb.):
Kommunale Kriminalitätsprävention in Baden-Württemberg.
Empirische Polizeiforschung Band 9, 1995.
(zit.: Feltes, Kommunale Kriminalitätsprävention)

Feltes, Thomas/ Huser, Dieter:
Die Ausbildung für den gehobenen Polizeivollzugsdienst an den Fachhochschulen des Bundes und der Länder, Die Polizei 1994, 233 ff.

Finnberg, E.:
Über Bestrebungen zur Neuregelung der rechtlichen Befugnisse privater Sicherheitseinrichtungen , W + S Information 1978, 177 ff.

Forsthoff, Ernst:
Lehrbuch des Verwaltungsrechts, Erster Band: Allgemeiner Teil, 10.Aufl. München 1973.
(zit: Forsthoff, Verwaltungsrecht I)

Frank, Reinhard:
Das Strafgesetzbuch für das Deutsche Reich, 18.Aufl. Tübingen 1931.
(zit.: Frank, Strafgesetzbuch)

Franzheim, Horst:
Strafrechtliche Probleme des Personenschutzes, W + S Information 1979, 152 ff., 199 ff.

Freiberg, Konrad:
Die Ökonomisierung der Inneren Sicherheit, Kriminalistik 1999, 362 ff.

Frellesen, Peter:
Die Zumutbarkeit der Hilfeleistung, Frankfurt am Main 1980.
(zit.: Frellesen, Zumutbarkeit der Hilfeleistung)

Freund, Georg:
Erfolgsdelikt und Unterlassen, Köln u.a. 1992.

Friauf, Karl Heinrich (Hrsg.):
Kommentar zur Gewerbeordnung- GewO, Band 1, Loseblattsammlung, Stand: Juli 1998.
(zit.: Friauf-Bearbeiter, GewO)

Frisch, Wolfgang:
Tatbestandsmäßiges Verhalten und Zurechnung des Erfolges, Heidelberg 1988.

ders.:
Selbstgefährdung im Strafrecht, NStZ 1992, 1 ff.
Frister, Helmut:
Die Notwehr im System der Notrechte, GA 1988, 291 ff.

Fröhler, Ludwig / Kormann, Joachim:
Kommentar zur Gewerbeordnung, Heidelberg 1978.
(zit.: Fröhler / Kormann, GewO)

Fuchs, Bärbel:
Sitzung des Bund - Länder- Ausschusses „ Gewerberecht“, GewArch 1994, 316 ff.

dies.:
Sitzung des Bund - Länder- Ausschusses „ Gewerberecht“, GewArch 1996, 62 ff.

Fünfsinn, Helmut:
Der Aufbau des fahrlässigen Verletzungsdelikts durch Unterlassen im Strafrecht, Frankfurt am Main u.a. 1985.
(zit.: Fünfsinn, Aufbau des fahrlässigen Verletzungsdelikts durch Unterlassen)

Fuß, Ernst-Werner:
Personale Kontaktverhältnisse zwischen Verwaltung und Bürger, DÖV 1972, 765 ff.

Gallus, Herbert:
Ist Sicherheit käuflich ?, BKA-Vortragsreihe 1976, 71 ff.

Gallwas, Hans-Ullrich:
Die Erfüllung von Verwaltungsaufgaben durch Private, VVDStRL 29 (1971), 211 ff.

Geerds, Friedrich:
Kriminalistik, Lübeck 1980.

Geiger, Theodor:
Vorstudien einer Soziologie des Rechts, 2.Aufl. München 1970.

Geilen, Gerd:
Garantenpflichten aus ehelicher und eheähnlicher Gemeinschaft, FamRZ 1961, 147 ff.

ders.:
Stillschweigen des Angehörigen beim Mordkomplott, FamRZ 1964, 385 ff.

ders.:
Notwehr und Notwehrexzeß, Jura 1981, 200 ff., 256 ff., 308 ff., 370 ff.

ders.:
Probleme des § 323 c StGB, Jura 1983, 78 ff., 138 ff.

van Gelder, Alfons:
Die Entwicklung der Lehre von der sog. Erfolgsabwendungspflicht aus vorangegangenem Tun im Schrifttum des 19.Jahrhunderts, Marburg 1967.
(zit.: van Gelder, Entwicklung der Lehre von der sog. Erfolgsabwendungspflicht)

Gewerkschaft der Polizei, Landesbezirk NRW (Hrsg.):
Sammlung wichtiger Vorschriften zum Studium an der Fachhochschule für öffentliche Verwaltung, Fachbereich Polizei, Düsseldorf, Stand 1997.
(zit.: Gesetzessammlung, Fachbereich Polizei)

Glavic, Jürgen J.:
Sicherheitsunternehmen als zuverlässige Partner der Polizei, Die Polizei 1994, 36 ff.

Gössel, Karl Heinz:
Zur Lehre vom Unterlassungsdelikt, ZStW 96 (1984), 321 ff.

ders.:
Strafrecht, 7.Aufl. Heidelberg 1997.

Gössner, Rolf (Hrgb.):
Mythos Sicherheit. Der hilflose Schrei nach dem starken Staat, Baden - Baden 1995.
(zit. nach Bearbeitern)

Götz, Volkmar:
Allgemeines Polizei- und Ordnungsrecht, 11.Aufl. Göttingen 1993.

ders.:
Statement aus der Sicht des öffentlichen Rechts, in Weiß / Plate (Hrgb.), Privatisierung von polizeilichen Aufgaben, Wiesbaden 1996, S.39 ff.
(zit.: Götz in Weiß / Plate, Privatisierung von polizeilichen Aufgaben)

Gornig, Gilbert / Jahn, Ralf:
Fälle zum Sicherheits- und Polizeirecht, München 1994.
(zit.: Gornig / Jahn, Sicherheits- und Polizeirecht)

Greifeld, Andreas:
Öffentliche Sachherrschaft und Polizeimonopol, DÖV 1981, 906 ff.

Gröger, Heinz:
Die Haftung des Amtsträgers nach § 324 StGB, Konstanz 1985.

Gromoll, Bernhard:
Rechtliche Grenzen der Privatisierung öffentlicher Aufgaben, München 1982.

Grünwald, Gerald:
Zur gesetzlichen Regelung der unechten Unterlassungsdelikte, ZStW 70 (1958), 412 ff.

ders.:
Bedeutung und Begründung des Satzes „nulla poena sine lege“, ZStW 76 (1964), 1 ff.

Günther, Hans-Ludwig:
Strafrechtswidrigkeit und Strafrechtsausschluß, Köln u.a. 1983.
(zit.: Günther, Strafrechtswidrigkeit)

Gürbüz, Sabahat:
Zur Strafbarkeit von Amtsträgern im Umweltstrafrecht, Frankfurt am Main 1997.
(zit.: Gürbüz, Strafbarkeit von Amtsträgern)

Gusy, Christoph:
Polizeirecht, 3.Aufl., Tübingen 1993.

ders.:
Rechtsgüterschutz als Staatsaufgabe, DÖV 1996, 573 ff.

ders. (Hrsg.):
Privatisierung von Staatsaufgaben: Kriterien - Grenzen - Folgen, Baden-Baden 1998.
(zit.: Bearbeiter in Gusy, Privatisierung von Staatsaufgaben)

ders.:
Privatisierung als Herausforderung an Rechtspolitik und Rechtsdogmatik, in Gusy, Privatisierung von Polizeiaufgaben S.330 ff.
(zit.: Gusy, in ders., Privatisierung von Polizeiaufgaben)

Haas, Robert:
Notwehr und Nothilfe, Frankfurt u.a. 1978.

Häring, Hermann:
Überlegungen zur sicherheitspolitischen Situation des zivilen Bewachungsgewerbes und der Sicherheitseinrichtungen der Wirtschaft, W + S Information 1979, 224 ff. = Wirtschaftsschutz 1979, 162 ff.

Haft, Fritjof:
Anmerkung zu BGH,
NStZ 1998, 29 f.

ders.:
Strafrecht Allgemeiner Teil, 7.Aufl. München 1996.

ders.:
Strafrecht Besonderer Teil, 6.Aufl. München 1997.

Hammacher, Norbert:
Wesen, Zweck und Aufgaben des Werkschutzes, Baak (Hrsg.): Werkschutzhandbuch S.19 ff., Köln 1975.
(zit.: Hammacher in Werkschutzhandbuch)

ders.:
Der betriebseigene Werkschutz, Die Neue Polizei 1980, 259 ff.

Hassemer, Raimund:
Schutzbedürftigkeit des Opfers und Strafrechtsdogmatik, Berlin 1981.
(zit.: Hassemer, Schutzbedürftigkeit)

Hassemer, Winfried:
Theorie und Soziologie des Verbrechens, Frankfurt am Main 1980.

Hassemer, Winfried / Topp, Cornelia:
Datenschutz und Verkehrsrecht, NZV 1995, 169 ff.

Hauptverband des Deutschen Einzelhandels (HDE):
Ordnungspartnerschaften sollen die Innenstädte sicherer machen, PdH Nr.16 / 1998, 1 f.

ders:
Gefährdung des Einzelhandels durch Kriminalität und Umfeldverschlechterung.

Heinz, Wolfgang: Kriminalprävention auf kommunaler Ebene,
Kriminalistik 1997, 426 ff.

Helmers, Josef / Murck, Manfred:
Staatliche Schutzpflicht und privates Sicherheitsgewerbe- Gesellschafts- und rechtspolitische Überlegungen, Die Polizei 1994, 64 ff.

Hengstschläger, Johannes:
Privatisierung von Verwaltungsaufgaben, VVDStRL 54 (1995), 165 ff.

Henkel, Heinrich:
Das Methodenproblem bei den unechten Unterlassungsdelikten, MschrKrim 44 (1961), 178 ff.

ders.:
Einführung in die Rechtsphilosophie, 2.Aufl., München 1977.
(zit.: Henkel, Rechtsphilosophie)

Hermanutz, M.: Prügelknaben der Nation oder Freund und Helfer ?
Die Polizei 1995, 281 ff.

Herzberg, Rolf Dietrich:
Die Unterlassung im Strafrecht und das Garantenprinzip, Berlin 1972.
(zit.: Herzberg, Unterlassung im Strafrecht)

ders.:
Strafrechtliche Verantwortung der Fachkräfte für Arbeitssicherheit, Dortmund 1978.
(zit.: Herzberg, Strafrechtliche Verantwortung)

ders.:
Die Verantwortung für Arbeitsschutz und Unfallverhütung im Betrieb, Köln u.a. 1984.
(zit.: Herzberg, Verantwortung für Arbeitsschutz)

ders.:
Die Sorgfaltswidrigkeit im Aufbau der fahrlässigen und der vorsätzlichen Straftat, JZ 1987, 536 ff.

ders.:
Erlaubnistatbestandsirrtum und Deliktsaufbau (Teil 1), JA 1989, 243 ff.

Hesse, Konrad:
Grundzüge des Verfassungsrechts der Bundesrepublik Deutschland, 20.Aufl. Heidelberg 1995.

Hillenkamp, Th.:
Anmerkung zu BayObLG, JR 1988, 298 ff, JR 1988, 301 ff.

Himmelreich, Klaus:
Nothilfe und Notwehr, insbesondere zur sog. Interessenabwägung, MDR 1967, 361 ff.

Hintzen, Sigrid:
Rechtsgrundlagen für das Einschreiten des Werkschutzes, Baak (Hrsg.): Werkschutzhandbuch S.139 ff., Köln 1975.
(zit.: Hintzen in Werkschutzhandbuch)

von Hippel, Robert:
Lehrbuch des Strafrechts, Berlin 1932.

Hirsch, Ernst E.:
Das Recht im sozialen Ordnungsgefüge, Berlin 1966.

Hitzler, Roland:
Die neuen Vigilanten - Über Formen der Bewältigung alltäglicher Verunsicherung, Bürgerrechte & Polizei 48 (1994), 67 ff.

Hoffmann-Riem, Wolfgang:
Übergang der Polizeigewalt auf Private ?, ZRP 1977, 277 ff.

Honig, Richard:
Die Intimsphäre als Kriterium strafbaren Begehens durch Unterlassen, Festschrift für Friedrich Schaffstein, Göttingen 1975, S.89 ff.

Honigl, Rainer:
Tätigwerden von Privaten auf dem Gebiet der öffentlichen Sicherheit und Ordnung, Stuttgart u.a. 1985.
(zit.: Honigl, Tätigwerden von Privaten)

Horn, Eckhard:
Strafbares Fehlverhalten von Genehmigungs- und Aufsichtsbehörden ?, NJW 1981, 1 ff.

Hsü, Yü-hsiu:
Garantenstellung des Betriebsinhabers zur Verhinderung strafbarer Handlungen seiner Angestellten ?, Pfaffenweiler 1986.
(zit.: Hsü, Garantenstellung des Betriebsinhabers)

Hueck, Ingo J.:
Staatliche Polizei und private Sicherheitsdienste in den Vereinigten Staaten und Deutschland, Der Staat 36 (1997), 211 ff.

Hüwels, Hermann:
Fehlerhafter Gesetzesvollzug und strafrechtliche Zurechnung, Berlin 1986.
(zit.: Hüwels, Fehlerhafter Gesetzesvollzug)

Immel, Burkhard:
Strafrechtliche Verantwortlichkeit von Amtsträgern im Umweltstrafrecht, Frankfurt am Main u.a. 1987.
(zit.: Immel, Strafrechtliche Verantwortlichkeit)

Isensee, Josef:
Subsidiaritätsprinzip und Verfassungsrecht, Heidelberg 1968.

ders.:
Die Friedenspflicht des Bürgers und das Gewaltmonopol des Staates, Festschrift für Kurt Eichenberger, Basel, Frankfurt am Main 1982, S.23 ff.

ders.:
Das staatliche Gewaltmonopol als Grundlage und Grenze der Grundrechte, Festschrift Horst Sendler, München 1991 S.39 ff.

Isensee, Josef / Kirchhof, Paul (Hrsg.):
Handbuch des Staatsrechts der Bundesrepublik Deutschland,

Band I, Heidelberg 1987.
(zit.: Bearbeiter in Isensee / Kirchhof, Handbuch des Staatsrechts I)

Band III, 2.Aufl. Heidelberg 1996.
(zit.: Bearbeiter in Isensee / Kirchhof, Handbuch des Staatsrechts III)

Band V, 2.Aufl. Heidelberg 1992.
(zit.: Bearbeiter in Isensee / Kirchhof, Handbuch des Staatsrechts V)

Jäde, Henning:
Bauordnungsrecht im Wandel, GewArch 1995, 187 ff.

Jakobs, Günther:
Strafrecht Allgemeiner Teil, 2.Aufl. Berlin 1991.

Janker, Helmut:
Verkehrsüberwachung durch Kommunen und Privatunternehmen - rechtlich unbedenklich?, DAR 5/89, 172 ff.

Jeand'Heur, Bernd:
Von der Gefahrenabwehr als staatliche Angelegenheit zum Einsatz privater Sicherheitskräft, AöR 119 (1994), 107 ff.

Jescheck, Hans-Heinrich / Weigend, Thomas:
Lehrbuch des Strafrechts Allgemeiner Teil, 5.Aufl. Berlin 1996.

Jescheck, Hans-Heinrich / Goldmann, Heinz Gerd:
Die Behandlung der unechten Unterlassungsdelikte im deutschen und ausländischen Strafrecht, ZStW 77 (1965), 109 ff.

Jeserich, Kurt G.A. / Pohl, Hans / von Unruh, Georg-Christoph (Hrgb.):
Deutsche Verwaltungsgeschichte,

Band 1, Stuttgart 1983
(zit.: Bearbeiter in Jeserich / Pohl / v.Unruh, Deutsche Verwaltungsgeschichte I)

Band 2, Stuttgart 1983
(zit.: Bearbeiter in Jeserich / Pohl / v.Unruh, Deutsche Verwaltungsgeschichte II)

Joachim, Norbert / Radtke, Henning:
Kommunale Geschwindigkeitsüberwachung und die Beweisverwertung im Ordnungswidrigkeitenverfahren, NZV 1993, 94 ff.

Jung, Heike:
Private Verbrechenskontrolle, in Kaiser / Kerner / Sack / Schellhoss (Hrsg.): Kleines Kriminologisches Wörterbuch, 3.Aufl. Heidelberg 1993.
(zit.: Jung, Private Verbrechenskontrolle)

dies.:
Anmerkungen zum Verhältnis von Strafe und Staat, GA 1996, 507 ff.

Kahl, Wolfgang:
Die Privatisierung der Entsorgungsordnung nach dem Kreislaufwirtschafts- und Abfallgesetz, DVBl 1995, 1327 ff.

Kahlo, Michael:
Das Bewirken durch Unterlassen bei drittvermittelten Rettungsgeschehen, GA 1987, 66 ff.

Kaiser, Günther:
Kriminologie, 3.Aufl. Heidelberg 1996.

Kaiser, Günther / Schöch, Heinz:
Kriminologie, Jugendstrafrecht, Strafvollzug, 4.Aufl. München 1994.

Kaiser, Günther / Kerner, Hans-Jürgen / Sack, Fritz / Schellhoss, Helmut (Hrgb.):
Kleines Kriminologisches Wörterbuch, 3.Aufl. Heidelberg 1993.
(zit.: Bearbeiter in Kaiser / Kerner / Sack / Schellhoss)

Katschke, Walter / Schmid, Albert:
Das Recht des Wachgewerbes, Berlin 1929.

Kaufmann, Arnim:
Die Dogmatik der Unterlassungsdelikte, Göttingen 1959.
(zit.: Kaufmann, Dogmatik)

ders.:
Methodische Probleme der Gleichstellung des Unterlassens mit der Begehung, JuS 1961, 173 ff.

Kaufmann, Arthur / Hassemer, Winfried:
Strafrecht: Der überfallene Spaziergänger, JuS 1964, 151 ff.

Kay, Wolfgang/ Böcking, Reinhold:
Polizeirecht Nordrhein Westfalen, München 1992.
(zit: Kay/Böcking, Polizeirecht)

Kindhäuser, Urs:
Strafrecht, Besonderer Teil II, Teilband 1, Baden-Baden 1998.
(zit.: Kindhäuser, Strafrecht Besonderer Teil II / 1)

Kinnen, Dieter:
Notwehr und Nothilfe als Grundlagen hoheitlicher Gewaltanwendung, MDR 1974, 631 ff.

Kirbach, Roland:
Geschäft im Zwielicht, Die Zeit vom 20.05.1998, S.23, 25.

Kirchhof, Paul:
Polizeiliche Eingriffsbefugnisse und private Nothilfe, NJW 1978, 969 ff.

Klein, Eckart:
Grundrechtliche Schutzpflichten des Staates, NJW 1989, 1633 ff.

Klein, Norbert:
Grundrechte und Wesensgehaltsgarantie im besonderen Gewaltverhältnis, DVBl 1987, 1102 ff.

Klein, Peter:
Die besonders polizeirelevanten Themen beim 36.Deutschen Verkehrsgerichtstag, Die Polizei 1998, 112 f.

Kleinknecht, Theodor / Meyer-Goßner, Lutz:
Strafprozeßordnung, 44.Aufl. München 1999.
(zit.: Kleinknecht / Meyer, StPO)

Klose, Peter:
Notrecht des Staates aus staatlicher Rechtsnot,
ZStW 89 (1977), 61 ff.

Kommunale Kriminalitätsprävention in Baden-Württemberg:
Viktimisierungen, Kriminalitätsfurcht und Bewertung der Polizei in Deutschland, MschrKrim 1998, 68 ff.

Knemeyer, Franz- Ludwig:
Polizei- und Ordnungsrecht, 7.Aufl. München 1998.

Köhler, Gerhard:
Sicherheitsaufgaben durch private Unternehmen, Die Polizei 1994, 49 ff.

Köhler, Michael:
Strafrecht Allgemeiner Teil, Berlin u.a. 1997.

König, René:
Das Recht im Zusammenhang der sozialen Normensysteme, in Hirsch, Ernst / Rehbinder, Manfred (Hrgb.): Studien und Materialien zur Rechtssoziologie, 1967 S.36 ff.
(zit.: König in Hirsch / Rehbinder, Studien und Materialien)

Kohlrausch / Lange:
Strafgesetzbuch, Berlin 1961.

Krahl, Matthias:
Die Rechtsprechung des Bundesverfassungsgerichts und des Bundesgerichtshofs zum Bestimmtheitsgrundsatz im Strafrecht (Art.103 Abs.2 GG), Frankfurt am Main u.a. 1986.
(zit.: Krahl, Rechtsprechung)

Krey, Volker:
Keine Strafe ohne Gesetz, Berlin 1983.

ders.:
Parallelitäten und Divergenzen zwischen strafrechtlichem und öffentlichrechtlichem Gesetzesvorbehalt, Festschrift Günter Blau, Berlin 1985 u.a. S.123 ff.

ders.:
Strafrecht Besonderer Teil, Band 2, 10.Aufl. Stuttgart u.a. 1995.

Krölls, Albert:
Rechtliche Grenzen der Privatisierungspolitik, GewArch 1995, 129 ff.

Kühl, Kristian:
Angriff und Verteidigung bei der Notwehr, Jura 1993, 57 ff., 118 ff., 233 ff.

ders.:
Strafrecht Allgemeiner Teil, 2.Aufl. München 1997.

Kühne, Hans Heiner:
Geschäftstüchtigkeit oder Betrug ?, Kehl am Rhein 1978.
(zit.: Kühne, Geschäftstüchtigkeit)

Küper, Wilfried:
Grund- und Grenzfragen der rechtfertigenden Pflichtenkollision im Strafrecht, Berlin 1979.
(zit.: Grund- und Grenzfragen)

ders.:
Die sog. "Gefahrtragungspflichten" im Gefüge des rechtfertigenden Notstandes, JZ 1980, 755 ff.

Kürzinger, Josef:
Kriminologie, 2.Aufl. Stuttgart u.a. 1996.

Kunz, Karl-Ludwig:
Die organisierte Nothilfe, ZStW 95 (1983), 973 ff.

Kusch, Ernst-Günther:
Das Wach- und Sicherheitsgewerbe heute, Die Polizei 1977, 14 ff.

Kuttenkeuler, Benedikt P.:
Die Verankerung des Subsidiaritätsprinzips im Grundgesetz, Frankfurt am Main 1998.
(zit.: Kuttenkeuler, Subsidiaritätsprinzip)

Lackner, Karl / Kühl, Kristian:
Strafgesetzbuch mit Erläuterungen, 23.Aufl. München 1999.
(zit.: Lackner / Kühl)

Lammel, Bernhard:
„Private Sicherheitsdienste - Kooperation oder Konkurrent?", Hessische Polizeirundschau 6/1993, 15 ff.

Lampe; Ernst-Joachim:
Ingerenz oder dolus subsequens, ZStW 72 (1960), 93 ff.

Landau, Peter Wolfgang:
Die strafrechtliche Verantwortlichkeit aus Eigentum und Besitz bei den unechten Unterlassungsdelikten, München 1976.
(zit.: Landau, Strafrechtliche Verantwortlichkeit)

Landmann / Rohmer:
Gewerbeordnung und ergänzende Vorschriften, Band I, Loseblattsammlung, Stand: Oktober 1997, München.
(zit.: Landmann / Rohmer - Bearbeiter, GewO)

Landscheidt, Christoph:
Zur Problematik der Garantenpflichten aus verantwortlicher Stellung in bestimmten Räumlichkeiten, Berlin 1985.
(zit.: Landscheidt, Problematik der Garantenpflichten)

Lange, Hans-Jürgen:
Privatisierung als nicht intendierte Folge staatlicher Aufgabenkritik, in Gusy, Privatisierung von Staatsaufgaben S.215 ff.
(zit.: Lange, in Gusy, Privatisierung von Staatsaufgaben)

Lange, Wilfried:
Rechtsprobleme der Privatisierung öffentlicher Unternehmen, JZ 1981, 698 ff.

Langer, Winrich:
Das Sonderverbrechen, Berlin 1972.

Laubenthal, Klaus:
Strafrechtliche Garantenhaftung von Polizisten und außerstrafrechtliche Kenntniserlangung - BGH, NJW 1993, 544, JuS 1993, 907 ff.

Lecheler, Helmut:
Privatisierung von Verwaltungsaufgaben, BayVBl 1994, 555 ff.

Lehmann, Herbert:
Die rechtlichen Voraussetzungen zur Bewachung von Leben und Eigentum durch gewerbliche Unternehmen, Die Neue Polizei 1980, 265 ff.

Leipziger Kommentar:
Strafgesetzbuch,
Band I, 10.Aufl., Berlin 1985,
Band I, 9.Aufl., Berlin 1974,
Band II, 10.Aufl., Berlin 1985,
Band VII, 10.Aufl. Berlin 1988.
(zit.: Leipziger Kommentar-Bearbeiter)

Lemmel, Hans-Peter:
Unbestimmte Strafbarkeitsvoraussetzungen im Besonderen Teil des Strafrechts und der Grundsatz nullum crimen sine lege, Berlin 1970.
(zit.: Lemmel, Unbestimmte Strafbarkeitsvoraussetzungen)

Lenckner, Theodor:
Wertausfüllungsbedürftige Begriffe im Strafrecht und der Satz „nullum crimen sine lege", JuS 1968, 249 ff., 304 ff.

ders.:
Privatisierung der Verwaltung und „Abwahl des Strafrechts"?
ZStW 106 (1994), 502 ff.

v.Liszt, Franz / Schmidt, Eberhard:
Lehrbuch des Deutschen Strafrechts, 25.Aufl. Berlin, Leipzig 1927.

Loyo, Harry: Das private Sicherheitsgewerbe,
der Kriminalist 1995, 2 ff.

Ludwig, Dominik:
„Gegenwärtiger Angriff", „drohende" und „gegenwärtige Gefahr" im Notwehr- und Notstandsrecht, Frankfurt am Main 1991.
(zit.: Ludwig, Notwehr- und Notstandsrecht)

Lugert, Georg:
Zu den erhöht Gefahrtragungspflichtigen im differenzierten Notstand, Berlin 1991.
(zit.: Lugert, Gefahrtragungspflichtige)

Lukes, Rudolf:
Werkschutz für Kernenergieanlagen, ET 1975, 23 ff.

Maaß, Wolfgang:
Betrug verübt durch Schweigen, Gießen 1982.

Mahlberg, Lothar:
Gefahrenabwehr durch gewerbliche Sicherheitsunternehmen, Berlin 1988.
(zit.: Mahlberg, Gewerbliche Sicherheitsunternehmen)

ders.:
„Privatpolizei" im System unserer Rechtsordnung, KrimJournal, 4.Beiheft 1992, 209 ff.

Maihofer, Werner:
Die gesellschaftliche Funktion des Rechts, Jahrbuch für Rechtssoziologie und Rechtstheorie, Band I: Die Funktion des Rechts in der modernen Gesellschaft (1970), 11 ff.

Maiwald, Manfred:
Zum fragmentarischen Charakter des Strafrechts, Festschrift Reinhart Maurach, Karlsruhe 1972, S.9 ff.

ders.:
Abschied vom strafrechtlichen Handlungsbegriff?, ZStW 86 (1974), 626 ff.

ders:
Literaturbericht, Strafrecht - Besonderer Teil (Vermögensdelikte), ZStW 91 (1979), 923 ff.

ders.:
Grundlagenprobleme der Unterlassungsdelikte, JuS 1981, 473 ff.

Marcks, Peter:
Neuerungen im Bewachungsgewerberecht, GewArch 1996, 133 ff.

Matt, Holger:
Strafrecht Allgemeiner Teil I, München 1996.

Maunz, Theodor / Dürig, Günter / Herdegen, Matthias / Herzog, Roman / Klein, Hans H. / Lerche, Peter / Papier, Hans-Jürgen / Randelzhofer, Albrecht / Schmidt-Assmann, E. / Scholz, Rupert (Hrgb.):
Grundgesetz Kommentar, Loseblattsammlung,

Band V (Stand: Juni 1998).
(zit.: Bearbeiter in Maunz / Dürig / Herzog / Scholz, GG)

Maurach, Reinhart / Gössel, Karl Heinz / Zipf, Heinz:
Strafrecht Allgemeiner Teil, Teilband 2, 7.Aufl. Heidelberg 1989.
(zit.: Maurach / Gössel / Zipf, Strafrecht Allgemeiner Teil II)

Maurach, Reinhart / Zipf, Heinz:
Strafrecht Allgemeiner Teil, Teilband 1, 8.Aufl. Heidelberg 1992.
(zit.: Maurach / Zipf, Strafrecht Allgemeiner Teil I)

Maurer, Hartmut:
Allgemeines Verwaltungsrecht , 10.Aufl. München 1995.

Mayer, Otto:
Deutsches Verwaltungsrecht, 1.Band, 3.Aufl. München, Leipzig 1924.

Meixner, Kurt:
Hessisches Gesetz über die öffentliche Sicherheit und Ordnung (HSOG), 4.Aufl. Stuttgart u.a. 1992.
(zit.: Meixner, HSOG)

Merten, Detlef:
Rechtsstaat und Gewaltmonopol, Tübingen 1975.

ders. (Hrgb.):
Das besondere Gewaltverhältnis, Berlin 1985.
(zit.: nach Bearbeitern)

Meyer, René:
Die Garantenstellung beim unechten Unterlassungsdelikt, Zürich 1972.
(zit.: Meyer, Garantenstellung beim unechten Unterlassungsdelikt)

Meyer- Bahlburg, Hartwig:
Beitrag zur Erörterung der Unterlassungsdelikte, Hamburg 1962.

Mezger, Edmund:
Strafrecht. Ein Lehrbuch, 3.Aufl. Berlin, München 1949.
(zit.: Meyer, Lehrbuch)

Mikeler, Rudolf:
Die Situation im Bewachungsgewerbe, W + S Information 1979, 94 ff.

Mitsch, Wolfgang:
Anmerkung zu BGH, NStZ 1993, 383 f., NStZ 1993, 384 f.

ders.:
Strafrecht Besonderer Teil 2, Berlin 1998.

Müller -Christmann, Bernd:
Warenhauspassage als Geschäftsraum oder befriedetes Besitztum ?-OLG Oldenburg, NJW 1985, 1352, JuS 1987, 19 ff.

ders.:
Der entschuldigende Notstand,
JuS 1995, L 65 ff.

Von Münch, Ingo / Kunig, Philip (Hrgb.):
Grundgesetz Kommentar
Band 1, 4.Aufl. München 1994,
Band 3, 3.Aufl. München 1996.
(zit.: Bearbeiter in v.Münch, GG)

Murck, Manfred:
Zurück zum Feudalismus ?, Deutsche Polizei 1993, 10 ff.

ders.:
Vorsicht Sackgasse, Über den schleichenden Abbau staatlicher Schutzpflichten, Polizei 1994, 14 ff.

ders.:
Polizei und Sicherheit in Europa - Die Sicht der Bürger, Kriminalistik 48 (1994), 447 ff.

ders.:
Statement aus der Sicht eines Sozialwissenschaftlers, in Weiß / Plate (Hrgb.), Privatisierung von polizeilichen Aufgaben, Wiesbaden 1996, S.119 ff.
(zit.: Murck in Weiß / Plate, Privatisierung von polizeilichen Aufgaben)

Nagler, J.:
Die Problematik der Begehung durch Unterlassung, Gs 111 (1938), 1 ff.

Narr, Wolf - Dieter:
Der Markt der Sicherheit, das Gewaltmonopol des Staates und die Bürgerrechte, Bürgerrechte & Polizei 3/1992, 6 ff.

Naucke, Wolfgang:
Schwerpunktverlagerungen im Strafrecht, KritV 1993, 135 ff.

Nelken, S.: Das Bewachungsgewerbe, Berlin 1926.
(zit: Bearbeiter in Nelken, Das Bewachungsgewerbe)

Neukirchner, Horst:
Aufgaben und Befugnisse des Werkschutzes, W + S Information 1978, 26 ff.

Neumann, Ulfrid:
Die Strafbarkeit der Suizidbeteiligung als Problem der Eigenverantwortlichkeit des „Opfers", JA 1987, 244 ff.

Neumann, Ulfrid / Schild, Wolfgang (Hrgb.):
Nomos Kommentar zum Strafgesetzbuch, Loseblattsammlung, Stand: August 1995, Baden-Baden.
(zit.: Nomos- Bearbeiter)

Nickel, Egbert:
Die Problematik der unechten Unterlassungsdelikte im Hinblick auf den Grundsatz 'nullum crimen sine lege' (Art.103 II GG), Berlin 1972.
(zit.: Nickel, Problematik der unechten Unterlassungsdelikte)

Niepoth, Burkhard:
Der untaugliche Versuch beim unechten Unterlassungsdelikt, Frankfurt am Main u.a. 1994.
(zit.: Niepoth, Der untaugliche Versuch)

Nogala, Detlef:
Sicherheit als Ware und Dienstleistung, Bürgerrechte & Polizei 3/92, 18 ff.

ders.:
Kommerzialisierung von Sicherheit als verbandspolitisches Projekt, DSD 1/99, 11 ff.

Nowakowski, Friedrich:
Buchbesprechung, JZ 1958, 380 f.

Obergfell - Fuchs, Joachim:
Einstellungen der Bürger zur Polizei und zu privaten Sicherheitsdiensten, in Weiß / Plate (Hrgb.), Privatisierung von polizeilichen Aufgaben, Wiesbaden 1996, S.131 ff.
(zit.: Obergfell - Fuchs in Weiß / Plate, Privatisierung von polizeilichen Aufgaben)

Olschok - Tautenhahn, Harald:
Aufgaben, personeller Bestand und Dimension privater Sicherheitsdienste, Die Polizei 1994, 31 ff.

Ortloff, Karsten- Michael / Rapp, Angela:
Genehmigungsfreies Bauen: Neue Haftungsrisiken für Bauherren und Architekten, NJW 1996, 2346 ff.

Osterloh, Lerke:
Privatisierung von Verwaltungsaufgaben, VVDStRL 54 (1995), 204 ff.

Ossenbühl, Fritz:
Die Erfüllung von Verwaltungsaufgaben durch Private, VVDStRL 29 (1971), 137 ff.

Ottens, Reinhard:
Die Überprüfung ist katastrophal, Kriminalistik 1987, 618 f.

Otto, Harro:
Kausaldiagnose und Erfolgszurechnung im Strafrecht, Festschrift Reinhart Maurach, Karlsruhe 1972, S.91 ff.

ders.:
Anmerkung zu BGH,
NStZ 1998, 73 f.

ders.:
Grundkurs Strafrecht, Allgemeine Strafrechtslehren, 5.Aufl. Berlin 1996.
(zit.: Otto, Grundkurs Strafrecht I)

ders.:
Grundkurs Strafrecht, Die einzelnen Delikte, 5.Aufl. Berlin 1998.
(zit.: Otto, Grundkurs Strafrecht II)

Otto, Harro / Brammsen, Joerg:
Die Grundlagen der strafrechtlichen Haftung des Garanten wegen Unterlassens, Jura 1985, 530 ff., 592 ff., 646 ff.

o.V.:
Polizeireform in NRW,
Kriminalistik 1996, 470.

o.V.:
Ziel nicht erreicht,
Kriminalistik 1996, 322.

Paulduro, Aurelia:
Die Verfassungsgemäßheit von Strafrechtsnormen, insbesondere der Normen des Strafgesetzbuches, München 1992.
(zit.: Paulduro, Verfassungsgemäßheit von Strafrechtsnormen)

Pawlik, Michael:
Unterlassene Hilfeleistung: Zuständigkeitsbegründung und systematische Struktur,
GA 1995, 360 ff.

Pelz, Christian:
Notwehr- und Notstandsrechte und der Vorrang obrigkeitlicher Hilfe, NStZ 1995, 305 ff.

Peters, Hans:
Öffentliche und staatliche Aufgaben, Festschrift Carl Nipperdey, Band II, München, Berlin 1965, S.877 ff.

Pfennig, Gerhard:
Die Wahrnehmung von Sicherheitsaufgaben durch private und öffentliche Einrichtungen, W + S Information 1980, 234 ff.

Pfleiderer, Klaus:
Die Garantenstellung aus vorangegangenem Tun, Berlin 1967.

Pieper, Siegmund:
Staatsmonopole im Wandel, VerwRdSch 1996, 12 ff.

Pieroth, Bodo / Schlink, Bernhard:
Grundrechte, Staatsrecht II, 13.Aufl. Heidelberg 1997.
(zit.: Pieroth / Schlink, Staatsrecht II)

Pippke, Nicole:
Öffentliche und private Abfallentsorgung, Berlin 1999.

Pitschas, Rainer:
Innere Sicherheit und internationale Verbrechensbekämpfung als Verantwortung des demokratischen Verfassungsstaates, JZ 1993, 857 ff.

ders.:
Thesen zur Privatisierung, in Weiß / Plate (Hrgb.), Privatisierung von polizeilichen Aufgaben, Wiesbaden 1996, S.35 ff.
(zit.: Pitschas in Weiß / Plate, Privatisierung von polizeilichen Aufgaben)

ders.:
Gefahrenabwehr durch private Sicherheitsdienste ? - Zur gesetzlichen Neuregelung der Beziehungen zwischen Polizei und Sicherheitsgewerbe-, DÖV 1997, 393 ff.

Pohl, Georg:
Dienstleistung Sicherheit - Stand der Dinge, Criminal Digest 1/89, 8 ff.

Püttner, Norbert:
Öffentlicher Nahverkehr - Sicherheit durch Private ?, Bürgerrechte & Polizei 3/92, 32 ff.

Radtke, Henning:
Privatisierung von Geschwindigkeitsüberwachung - Einbruch in das staatliche Gewaltmonopol ?, NZV 1995, 428 ff.

Raiser, Thomas:
Rechtssoziologie, Berlin 1987.

Ransiek, Andreas:
Zur Amtsträgereigenschaft nach § 11 Abs.1 Nr.2 c StGB,
NStZ 1997, 519 ff.

Rehbinder, Manfred:
Rechtssoziologie, 3.Aufl. Berlin 1993.

Riester, Albert:
Dikussion zum Artikel Egon Rössmann: „Über Bestrebungen zur Neuregelung der rechtlichen Befugnisse privater Sicherheitseinrichtungen“, W + S Information 1978, 176 f.

Ritter, Ernst - Hasso:
Bauordnungsrecht in der Deregulierung, DVBl 1996, 542 ff.

Rössmann, Egon:
Zur Abgrenzung des präventiven Grundschutzes gegenüber der Selbsthilfe, W + S Information 1978, 4.

ders.:
Das private Wach- und Sicherheitsgewerbe in der Diskussion. Über Bestrebungen zur Neuregelung der rechtlichen Befugnisse privater Sicherheitseinrichtungen, W + S Information 1978, 171 ff.

ders.:
Über die Problematik der Tätigkeit gewerblicher Sicherheitsdienste, Polizeinachrichten 1980, 10 ff.

Roßnagel, Alexander:
Zum Schutz kerntechnischer Anlagen gegen Angriffe von außen, ZRP 1983, 59 ff.

ders.:
Radioaktiver Zerfall der Grundrechte ?, München 1984.

Rogall, Klaus:
Die Strafbarkeit von Amtsträgern im Umweltbereich, Berlin 1991.
(zit.: Rogall, Strafbarkeit von Amtsträgern)

Ronellenfitsch, Michael:
Das besondere Gewaltverhältnis - ein zu früh totgesagtes Rechtsinstitut, DÖV 1981, 933 ff.

ders.:
Das besondere Gewaltverhältnis im Verwaltungsrecht, DÖV 1984, 781 ff.

Roxin, Claus:
Die provozierte Notwehrlage, ZStW 75 (1963), 541 ff.

ders.:
Literaturbericht. Allgemeiner Teil, ZStW 78 (1966), 214 ff.

ders.:
Unterlassung, Vorsatz und Fahrlässigkeit, Versuch und Teilnahme im neuen Strafgesetzbuch, JuS 1973, 197 ff.

ders.:
Die „sozialethischen Einschränkungen" des Notwehrrechts, ZStW 93 (1981), 68 ff.

ders.:
Anmerkung zu BGH, Urt.v. 14.21984 -1 StR 808 / 83, NStZ 1984, 411 f.

ders.:
Täterschaft und Tatherrschaft, 6.Aufl. Berlin 1994.

ders.:
Strafrecht Allgemeiner Teil, Band I, 3.Aufl. München 1997.
(zit.: Roxin, Strafrecht Allgemeiner Teil I)

Rudolphi, Hans - Joachim:
Die Gleichstellungsproblematik der unechten Unterlassungsdelikte und der Gedanke der Ingerenz, Göttingen 1966.
(zit.: Rudolphi, Gleichstellungsproblematik)

ders.:
Die verschiedenen Aspekte des Rechtsgutsbegriffs, Festschrift Richard M. Honig, Göttingen 1970, S.151 ff.

ders.:
Probleme der strafrechtlichen Verantwortlichkeit von Amtsträgern für Gewässerverunreinigungen, Festschrift Hanns Dünnebier, Berlin 1982, S.561 ff.

ders.:
Der Zweck staatlichen Strafrechts und die strafrechtlichen Zurechnungsformen, Grundfragen des modernen Strafrechtssystems, Hrgb.: Bernd Schünemann, Berlin 1984 S.69 ff.
(zit.: Rudolphi, Zweck staatlichen Strafrechts)

ders.:
Häusliche Gemeinschaften als Entstehungsgrund für Garantenstellungen ?, NStZ 1984, 149 ff.

ders.:
Der Dienstvorgesetzte als Garant für die gesetzmäßige Bestrafung seiner Untergebenen, NStZ 1991, 361 ff.

Rudolphi, Hans- Joachim / Horn, Eckhard / Günther, Hans - Ludwig u.a. (Hrgb.):
Systematischer Kommentar zum Strafgesetzbuch, Loseblattsammlung,

Band I, 7.Aufl. Neuwied, Stand: Oktober 1998,
Band II, 7.Aufl. Neuwied, Stand: Mai 1998.
(zit.: Systematischer Kommentar- Bearbeiter)

Rupprecht, Reinhard:
Ein Beitrag in der Podiumsdiskussion „ Die Rolle des privaten Sicherheitsgewerbes im demokratischen Rechtsstaat", Die Polizei 1994, 46 ff.

Samson, Erich:
Strafrecht I, 7.Aufl. Frankfurt am Main 1988.

Sangenstedt, Christof:
Garantenstellung und Garantenpflicht von Amtsträgern, Frankfurt am Main u.a. 1989.
(zit.: Sangenstedt, Garantenstellung)

Sax, Walter:
Grundsätze der Strafrechtslehre, in Bettermann, Karl August / Nipperdey, Hans Carl / Scheuner, Ulrich: Die Grundrechte. Band 3, 2.Halbband, Berlin 1959, S.909 ff.
(zit.: Sax in Bettermann / Nipperdey / Scheuner, Grundrechte III / 2)

Schaffstein, Friedrich:
Die Allgemeinen Lehren vom Verbrechen in ihrer Entwicklung durch die Wissenschaft des Gemeinen Strafrechts, Berlin 1930.
(zit.: Schaffstein, Lehren vom Verbrechen)

ders.:
Die unechten Unterlassungsdelikte im System des neuen Strafrechts, Festschrift Graf W. Gleispach, Berlin, Leipzig 1936, S.70 ff.

Schenkelberg, Herbert:
Private Sicherheitsdienste - Befugnisse gesetzlich regeln, Streife 6/95, 10 ff.

Schlüchter, Ellen:
Grundfälle zur Lehre von der Kausalität, JuS 1976, 793 ff.

Schmidt, Karl-Heinz:
Das private Sicherheitsgewerbe - Rechtsstellung, Qualifikation und Befugnisse, W + S Information 1980, 155 ff.

Schmidhäuser, Eberhard:
Strafrecht Allgemeiner Teil, 2.Aufl. Tübingen 1984.

Schmidt - Aßmann, Eberhard (Hrgb.):
Besonderes Verwaltungsrecht, 10.Aufl. Berlin 1995.
(zit.: Bearbeiter in Schmidt-Aßmann, Besonderes Verwaltungsrecht)

Schmidt - Bleibtreu, Bruno / Klein, Franz:
Kommentar zum Grundgesetz, 9.Aufl. Neuwied 1999.
(zit.: Schmidt - Bleibtreu / Klein, GG)

Schmitz, Norbert:
Sitzung des Bund - Länder - Ausschusses „Gewerberecht", GewArch 1994, 101 ff.

Schneider, Hans Joachim:
Kriminologie, Berlin 1987.

Schoch, Friedrich:
Rechtsfragen der Privatisierung von Abwasserbeseitigung und Abfallentsorgung, DVBl 1994, 1 ff.

ders.:
Privatisierung von Verwaltungsaufgaben, DVBl 1994, 962 ff.

Schöne, Wolfgang:
Unterlassene Erfolgsabwendungen und Strafgesetz, Köln u.a. 1973.
(zit.: Schöne, Unterlassene Erfolgsabwendungen)

Schönke, Adolf / Schröder, Horst:
Strafgesetzbuch, Kommentar, 25.Aufl. München 1997.
(zit.: Schönke / Schröder - Bearbeiter)

Schöpflin, Arnim:
Polizei und privates Sicherheitsgewerbe, Kriminalistik 1993, 689 ff.

Scholz, Rupert:
Rechtsfrieden im Rechtsstaat, NJW 1983, 705 ff.

ders.:
Verkehrsüberwachung durch Private ?, NJW 1997, 14 ff.

Schreiber, Hans-Ludwig
Gesetz und Richter. Zur geschichtlichen Entwicklung des Satzes nullum crimen, nulla poena sine lege, Frankfurt am Main 1976.
(zit.: Schreiber, Gesetz und Richter)

Schriml, Gerd:
Wir bieten Sicherheit - aber keinen Schutz vor Terror, W + S Information 1978, 5.

ders.:
Privatarmee im Wartestand, W + S Information 1979, 181 ff.

Schroeder, Friedrich-Christian:
Die Notwehr als Indikator politischer Grundanschauungen, Festschrift Reinhart Maurach, Karlsruhe 1972, S.127 ff.

Schrödter, Hans:
Vom Kreuzberg - Urteil zur Bauregelungsverordnung, DVBl 1975, 846 ff.

Schünemann, Bernd:
Grund und Grenzen der unechten Unterlassungsdelikte, Göttingen 1971.
(zit.: Schünemann, Grund und Grenzen)

ders.:
Zur Kritik der Ingerenz - Garantenstellung, GA 1974, 231 ff.

ders.:
Unternehmenskriminalität und Strafrecht, Köln u.a. 1979.

ders.:
Die Unterlassungsdelikte und die strafrechtliche Verantwortlichkeit für Unterlassungen, ZStW 96 (1984), 287 ff.

ders.:
Die deutschsprachige Strafrechtswissenschaft nach der Strafrechtsreform im Spiegel des Leipziger Kommentars und des Wiener Kommentars, GA 1985, 341 ff.

ders. (Hrgb.):
Grundfragen des modernen Strafrechtssystems, Berlin 1994.
(zit. nach Bearbeitern)

Schürmann, Hannes:
Unterlassungsstrafbarkeit und Gesetzlichkeitsgrundsatz, Berlin 1986.
(zit.: Schürmann, Unterlassungsstrafbarkeit)

Schult, Horst:
Innere Sicherheit am Wendepunkt ?, Die Polizei 1994, 25 f.

Schulte, Martin:
Gefahrenabwehr durch private Sicherheitskräfte im Lichte des staatlichen Gewaltmonopols, DVBl 1995, 130 ff.

Schultz, Michael:
Amtswalterunterlassen, Berlin 1984.

ders.:
Aufhebung von Garantenstellungen und Beteiligung durch Unterlassen - BGH, NJW 1984, 2639, JuS 1985, 270 ff.

Schumann, Heribert:
Strafrechtliches Handlungsunrecht und das Prinzip der Selbstverantwortung des anderen, Tübingen 1986.
(zit.: Schumann, Prinzip der Selbstverantwortung)

Schuppert, Gunnar Folke:
Rückzug des Staates ?, DÖV 1995, 761 ff.

Schuster, Leo:
Privates Sicherheitsgewerbe - Bedrohung des staatlichen Gewaltmonopols oder Notwendigkeit ? , Die Polizei 1989, 5 ff.

Schwabe, Jürgen:
Grenzen des Notwehrrechts, NJW 1974, 670 ff.

ders.:
Zum Status privater Sicherheitskräfte, ZRP 1978, 165 ff.

Schwind, Hans - Dieter:
Kriminologie, 8.Aufl. Heidelberg 1997.

Schnekenburger, Franz:
Brauchen wir ein „Sicherheitsgewerbegesetz“ ?, DSD 1999, 3 ff.

Schröder, Claus:
Zum Begriff des „Amtsträgers“,
NJW 1984, 2510 f.

Seebode, Manfred:
Gesetzliche Notwehr und staatliches Gewaltmonopol, Festschrift Friedrich- Wilhelm Krause, Köln u.a. 1990, S.375 ff.

Seelmann, Kurt:
Grenzen privater Nothilfe, ZStW 89 (1977), 36 ff.

ders.:
Opferinteresse und Handlungsverantwortung in der Garantendogmatik, GA 1989, 241 ff.

ders.:
„Unterlassene Hilfeleistung“ oder: Was darf das Strafrecht ?
JuS 1995, 281 ff.

Seier, Jürgen:
Probleme des Umweltstrafrechts, JA 1985, 23 ff.

ders.:
Umfang und Grenzen der Nothilfe im Strafrecht,
NJW 1987, 2476 ff.

Seysen, Michael:
Wahrnehmung polizeilicher Aufgaben durch private Sicherheitsdienste,
KrimJournal, 4.Beiheft 1992, 179 ff.

Sieg, Harald / Leifermann, Werner / Tettinger, Peter:
Gewerbeordnung, 5.Aufl. München 1988.
(zit.: Sieg / Leifermann / Tettinger, GewO)

Simon, Wilhelm:
Der Werkschutz, der Kriminalist 1982, 113 ff.

Sowada, Christoph:
Täterschaft und Teilnahme beim Unterlassungsdelikt, Jura 1986, 399 ff.

Spendel, Günter:
Zur Dogmatik der unechten Unterlassungsdelikte, JZ 1973, 137 ff.

Stacharowsky, Heiner:
Private Sicherheitsdienste: Polizeiersatz im Wartestand ?, KrimJournal 17 (1985), 228 ff.

Steffenhagen, Klaus:
Polizei und Sicherheitsgewerbe aus der Sicht der Gewerkschaft der Polizei,
Polizei 1994, 8 ff.

Steegmann, Christoph:
Verkehrsüberwachung durch Private, NJW 1997, 2157 ff.

ders.:
Die Privatisierung polizeilicher Aufgaben, in Gusy,
Privatisierung von Staatsaufgaben S.237 ff.
(zit.: Stegmann, in Gusy, Privatisierung von Staatsaufgaben)

Steiner, Udo:
Möglichkeiten und Grenzen kommunaler und privater Verkehrsüberwachung,
DAR 1996, 272 ff.

Steinke, Richard:
Das Bewachungsgewerbe im Blickpunkt der Polizei, Die Neue Polizei 1986, 38 ff.

Stober, Rolf:
Anmerkungen zu einer Gesetzesinitiative „Private Sicherheitsdienste",
GewArch 1997, 217 ff.

ders.:
Staatliches Gewaltmonopol und privates Sicherheitsgewerbe, NJW 1997, 889 ff.

Stolleis, Michael:
Geschichte des öffentlichen Rechts in Deutschland,
Band 1, München 1988
Band 2, München 1992.

Stratenwerth, Günter:
Unbewußte Finalität?, Festschrift Hans Welzel, Berlin 1974, S.289 ff.

ders.:
Strafrecht, Allgemeiner Teil, 3.Aufl. Köln u.a. 1981.

Stree, Walter:
Garantenstellung kraft Übernahme, Festschrift Hellmuth Mayer, Berlin 1966, S.145 ff.

Stüllenberg, Heinz:
Sicherheit als käufliche Ware, Kriminalistik 1987, 616 ff.

ders.:
Private Sicherheitsunternehmen und Polizei,
Kriminalistik 1995, 596 ff.

Stümper, Alfred:
Verlust des staatlichen Gewaltmonopols ?, Kriminalistik 1975, 193 ff.

Suppert, Hartmut:
Studien zur Notwehr und „notwehrähnlichen" Lage, Bonn 1973.
(zit.: Suppert, Studien)

Systematischer Kommentar:
Band I, Neuwied, Stand Oktober 1998,
Band II, Neuwied, Stand Mai 1999.
(zit.: Systematischer Kommentar-Bearbeiter)

Tabarelli, Winfred:
Die Kriminologie in der Ausbildung der Schutz- und Kriminalpolizei,
Kriminalistik 1982, 384 ff.

Tenckhoff, Jörg:
Garantenstellung des Wohnungsinhabers bei Angriffen auf einen Gast - BGHSt 27, 10,
JuS 1978, 308 ff.

Tettinger, Peter J.:
Besonderes Verwaltungsrecht I,
5.Aufl., Heidelberg 1998.

Timpe, Gerhard:
Strafmilderungen des Allgemeinen Teils des StGB und das Doppelverwertungsverbot,
Berlin 1983.
(zit.: Timpe: Strafmilderungen des Allgemeinen Teils)

Traeger, Ludwig:
Das Problem der Unterlassungsdelikte im Straf- und Zivilrecht, Festschrift Ludwig Enneccerus, Marburg 1913 S.1 ff.

Tröndle, Herbert / Fischer, Thomas:
Strafgesetzbuch und Nebengesetze, 49.Aufl. München 1999.
(zit.: Tröndle / Fischer)

Ule, Carl Hermann / Rasch, Ernst:
Allgemeines Polizei- und Ordnungsrecht, Band III, 1.Halbband, 2.Aufl. Köln u.a. 1982.
(zit.: Ule / Rasch, Allgemeines Polizei- und Ordnungsrecht)

Ulsenheimer, Klaus:
Strafbarkeit des Garanten bei Nichtvornahme der einzig möglichen, aber riskanten Rettungshandlung - BGH bei Dallinger, MDR 1971, 361, JuS 1972, 252 ff.

Versteyl, Ludger - Anselm / Wendenburg, Helge:
Änderungen des Abfallrechts, NVwZ 1994, 833 ff.

Villmow, Bernhard:
Kurzvortrag zu einzelnen kriminologischen Aspekten, in Weiß / Plate (Hrgb.), Privatisierung von polizeilichen Aufgaben, Wiesbaden 1996, S.89 ff.
(zit.: Villmow in Weiß / Plate, Privatisierung von polizeilichen Aufgaben)

Vogler, Theo:
Zur Bedeutung des § 28 StGB für die Teilnahme am unechten Unterlassungsdelikt, Festschrift Richard Lange, Berlin 1976, S.265 ff.

ders.:
Möglichkeiten und Wege einer Entkriminalisierung, ZStW 90 (1978), 132 ff.

Vogt, Alfons:
Das Pflichtproblem der kommissiven Unterlassung, ZStW 63 (1951), 381 ff.

Waechter, Kay:
Die Organisation der Verkehrsüberwachung, NZV 1997, 329 ff.

Wagner, Heinz:
Amtsverbrechen, Berlin 1975.

ders.:
Die Rechtsprechung zu den Straftaten im Amt seit 1975,
JZ 1987, 594 ff.

Wahl, Rainer:
Privatisierung im Umweltrecht, in Gusy, Privatisierung von Staatsaufgaben S.260 ff.
(zit.: Wahl in Gusy, Privatisierung von Staatsaufgaben)

von Walsleben, Burkhard:
Polizei, private Sicherheitsdienste und staatliches Gewaltmonopol,
Bürgerrechte & Polizei, 3/1992, 14 ff.

Wehner, Bernd:
„Privatpolizeien" - Verlust des staatlichen Gewaltmonopols ?, Wirtschaftsschutz und Sicherheitstechnik 1980, 220 ff.

Weichert, Thilo:
Die Privatisierung der öffentlichen Sicherheit,
in: Rolf Gössner (Hrsg.): Mythos Sicherheit, Baden-Baden 1995.
(zit: Weichert in Gössner)

ders.:
Datenschutz bei privaten Sicherheitsdiensten - und Polizei, Die Polizei 1994, 313 ff.

Weiser, Gregor:
Die Amtsträgereigenschaft der Mitarbeiter von staatlich beauftragten privaten Planungsbüros, NJW 1994, 968 ff.

Weiß, Heinz:
„Linke" Rechtsanwälte und Privatdetektive, Bürgerrechte & Polizei 43 (1992), 45 ff.

Weiß, Rüdiger / Plate, Monika (Hrgb.):
Privatisierung von polizeilichen Aufgaben, Wiesbaden 1996.
(zit. nach Bearbeitern)

Welp, Jürgen:
Vorangegangenes Tun als Grundlage einer Handlungsäquivalenz der Unterlassung,
Berlin 1968.
(zit.: Welp, Vorangegangenes Tun)

Welzel, Hans:
Das Deutsche Strafrecht, 11.Aufl., Berlin 1969.
(zit.: Welzel, Strafrecht)

Wessel, Markus:
Die umweltgefährdende Abfallbeseitigung durch Unterlassen,
Frankfurt am Main u.a. 1993.
(zit.: Wessel, Abfallbeseitigung durch Unterlassen)

Wessels, Johannes / Beulke, Werner:
Strafrecht Allgemeiner Teil, 28.Aufl. Heidelberg 1998.

Wessels, Johannes / Hillenkamp, Thomas:
Strafrecht Besonderer Teil II, 21.Aufl. Heidelberg 1999.

Wilson, W. James / Kelling, George L.:
Polizei und Nachbarschaftssicherheit: Zerbrochene Fenster,
KrimJournal 28 (1996), 121 ff.

Winkelbauer, Wolfgang:
Die strafrechtliche Verantwortung von Amtsträgern im Umweltstrafrecht, NStZ 1986, 149 ff.

ders.:
Anmerkung zu BGH, JZ 1986, 967, JZ 1986, 1119 ff.

Wolff, Ernst Amadeus:
Kausalität von Tun und Unterlassen, Heidelberg 1965.
(zit.: Wolff, Kausalität)

Wolff, Hans J. / Bachof, Otto / Stober, Rolf:
Verwaltungsrecht I, 10.Aufl. München 1994.

dies.:
Verwaltungsrecht II, 5.Aufl. München 1987.

Wolff, Hans J. / Bachof, Otto:
Verwaltungsrecht III, 4.Aufl. München 1978.

Wolffgang, Hans - Michael / Hendricks, Michael / Merz, Matthias:
Polizei- und Ordnungsrecht Nordrhein - Westfalen, München 1988.
(zit.: Wolffgang / Hendricks / Merz, Polizei- und Ordnungsrecht)

Zeitler, Stefan:
Die strafrechtliche Haftung für Verwaltungsentscheidungen nach dem neuen Umweltstrafrecht, Tübingen 1982.
(zit.: Zeitler, Strafrechtliche Haftung für Verwaltungsentscheidungen)

Zimmermann, Hans - Martin:
Kriminalprävention - Neue Wege in der Kriminalitätskontrolle, PFA 1992, 5 ff.
(zit.: Zimmermann, Kriminalprävention)

ders.:
Privates Sicherheitsgewerbe - Ausweg oder Fehlentscheidung ?, Die Polizei 1994, 60 ff.

Zippelius, Reinhold:
Grundbegriffe der Rechts- und Staatssoziologie, 2.Aufl. München 1991.

Zipf, Heinz:
Kriminalpolitik, 2.Aufl. Heidelberg, Karlsruhe 1980

ders.:
Innere Sicherheit durch Private ?, CD Sicherheits - Management 3/95, 11 ff.

FSC
www.fsc.org
MIX
Papier | Fördert gute Waldnutzung
FSC® C083411

Kolibri 360 GmbH
Ferdinand-Jühlke-Straße 7
99095 Erfurt, Deutschland
produktsicherheit@kolibri360.de

Druck:
CPI Druckdienstleistungen GmbH
im Auftrag der
Kolibri 360 GmbH
Ferdinand-Jühlke-Str. 7
99095 Erfurt